浙江省新形态教材

U0791418

企业纳税实务

（修订版）

主编　宣国萍

副主编　甘泉　赖丽娜

参编　潘玉琪　金强　王正兵　宣伟萍

Business Tax Practice

中国财经出版传媒集团

经济科学出版社

Economic Science Press

图书在版编目（CIP）数据

企业纳税实务/宣国萍主编．—2版（修订本）
—北京：经济科学出版社，2020.8
ISBN 978－7－5218－1809－3

Ⅰ.①企…　Ⅱ.①宣…　Ⅲ.①企业管理－税收管理－
中国－教材　Ⅳ.①F812.423

中国版本图书馆CIP数据核字（2020）第156632号

责任编辑：孙怡虹　刘　博
责任校对：隗立娜
版式设计：齐　杰
责任印制：李　鹏　范　艳

企业纳税实务
（修订版）
主　编　宣国萍
副主编　甘　泉　赖丽娜
参　编　潘玉琪　金　强　王正兵　宣伟萍
经济科学出版社出版、发行　新华书店经销
社址：北京市海淀区阜成路甲28号　邮编：100142
总编部电话：010－88191217　发行部电话：010－88191522
网址：www.esp.com.cn
电子邮箱：esp@esp.com.cn
天猫网店：经济科学出版社旗舰店
网址：http：//jjkxcbs.tmall.com
北京鑫海金澳胶印有限公司印装
787×1092　16开　22.75印张　480000字
2020年8月第2版　2020年8月第1次印刷
ISBN 978－7－5218－1809－3　定价：49.90元
（图书出现印装问题，本社负责调换。电话：010－88191510）

内容简介

本教材根据我国最新税法和财政部《企业会计准则》《企业会计制度》《小企业会计制度》等规定，结合当前大数据、智能化、云会计等技术变革引发的财会行业和人才需求新变化以及财经类专业课程改革的要求，从新型财税人员的实际岗位技能出发，模拟企业典型涉税业务，全面、科学、系统地介绍了企业税务会计所涉及的各税种的确定、税款的计算、税务处理和纳税申报等方法。

本教材通过系统的理论讲解、真实企业的实战案例，进行实务解析，开展“想一想”和“实战训练”，并针对性地提出术语解析和特别提示，另外通过二维码的形式提供了税法导航、随堂练习、课后作业、微课视频、补充资料等，有利于开展教、学、做、工融合的线上线下一体化教学。

本教材可作为高等职业院校、高等专科学校、成人高校、民办高校及本科院校举办的二级职业院校财经类专业教材，也可供五年制高职院校、中等职业学校和社会从业人员使用。

前言/PREFACE

大数据、智能化、云计算、物联网等新技术的广泛应用给财税行业带来了前所未有的新变化，我国的税收政策和会计制度也有了更多新要求，财经类专业教育改革、课程改革更是势在必行。为适应新岗位技能的变化，满足培养高智能财税人才目标，我们编写了此系列教材。

本教材是浙江省新形态教材。本教材以企业纳税工作过程为依据，将不同税种确定为不同的项目，将技术技能的培养和理论知识的学习相结合，本教材的编写体现了以下特点：

1. “项目化”的教材结构体现教、学、做融合

本教材根据每个税种设置一个项目，有利于开展项目化教学。整体结构充分体现了教、学、做相融合的特点。通过税法导读，了解本项目所需运用的税法条款；通过知识地图，从总体上了解本项目的知识框架；然后开展理论知识的学习，同时，整个项目以一个企业完整的经济业务为实战训练，进行“实务解析”，并结合“想一想”“随堂练习”等栏目，引发思考和训练；最终，在每个项目理论学习结束时，配套进行实战案例和课后作业。教材结构完全融合了教、学、做三个过程。

2. 立体化的教材建设既打破了纸质教材的局限，又有利于课堂教学模式改革

本教材在封面上设置了二维码，只要扫描一下，就可以访问同一课程的精品在线开放课程、禾兑知公众号，同时，在教材内部设置了大量二维码，完全打通了纸质教材和精品资源的通道，大大拓展了资源内容，电子资源中包含了大量的微课、题库以及PPT课件、税法导航、拓展资料等，更加有利于开展翻转课堂创新教学和学生随时随地学习。课程公众号又能及时根据最新的税法变化进行更新和建设，教材资源中体现了最新的增值税、资源税、个人所得税等变化情况，方便师生掌握最新税法理论和方法，改变了纸质教材的局限性。

3. 课证融通，服务于初级会计师考试和各类x证书

本教材依托国家税务总局纳税申报平台，根据1+x智能财税证书、财务共享服务职业技能证书、金税财务应用职业技能证书等考证内容，将实际企业纳税操作技能和各证书的实操训练相结合，形成了各税种的纳税流程，将纳税理论知识和纳税技能有机结合，通过本教材的学习与训练，可以有效提高学习者纳税职业技能和素养。同时，本教材还设计了初级会计师考试要点和大量的题库，方便学生在理论学习的同时，对接掌握初级会计师考试中《经济法基础》科目与税法相关的考点内容。

4. 校企双元合作开发更利于职业能力培养

本教材由学校专任教师和企业财务经理共同合作开发完成，训练流程、项目实施案例等均来源于真实企业的经济业务和项目，经由企业财务经理协同选择确定，这更加有利于学生职业能力的培养。

本教材的编者均为"双师型"人员，由宣国萍（浙江工业职业技术学院）担任主编，甘泉（浙江工业职业技术学院）与赖丽娜（浙江工业职业技术学院）担任副主编。宣国萍提出了编写构思，拟订了编写大纲和撰写要求，并对教材进行审定，还负责编写项目一的内容。甘泉和宣伟萍（浙江豪挺纤维有限公司）负责编写项目二。赖丽娜负责编写项目四。金强（浙江工业职业技术学院）负责编写项目三。潘玉琪（浙江工业职业技术学院）负责编写项目五。王正兵（浙江工业职业技术学院）负责编写项目六。

由于编写水平有限，错误和缺点在所难免，欢迎广大读者批评指正。

阅读指南

一、编写结构

根据企业税务会计岗位的工作内容，我们确定了企业纳税实务的具体内容范围，本教材共由六个项目组成。项目一为企业纳税认知，具体介绍企业纳税的基础知识；项目二到项目五为企业最常涉及的四大核心税种的税务处理，包括增值税、消费税、企业所得税和个人所得税的税务处理；项目六是其他税种的税务处理，具体包含关税、城市维护建设税、教育费附加、房产税、城镇土地使用税、土地增值税、印花税及其他更小税种的税务处理，如图 1 所示。

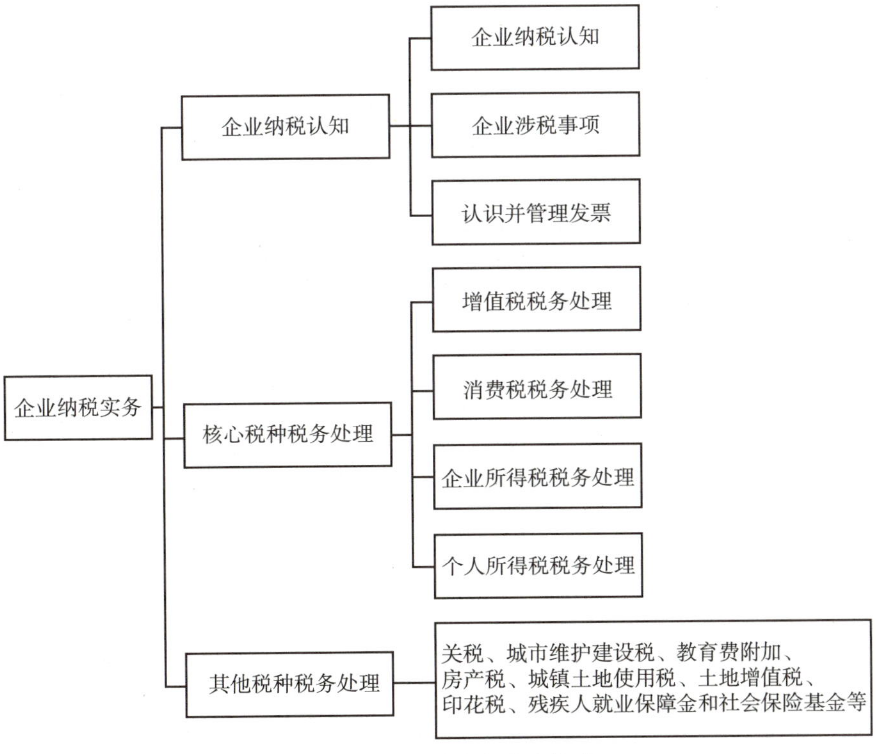

图 1　企业纳税实务内容构成

二、体例设计

本教材根据每个税种设置一个项目，每个项目依据真实企业常见业务，沿着工作处理进程设置各项任务，任务一是认识某税种，相当于判断是否缴纳该税；任务二是计算某税；任务三是某税种的会计处理；任务四是某税种的纳税申报，逐步递进，有利于教和学的思维递进。

整体结构充分体现了教、学、做相融合的特点：先提出“知识目标”“技能目标”“素质、思政目标”；接着给出“税法导航”和“知识地图”，从总体上了解本项目所依据的基本税法和所需学习的知识框架；再开展理论学习和实战训练，还穿插“想一想”“随堂练习”等进行思考和训练；教材还在边白处增设“术语解析”“特别提示”进行解惑；同时，教材在讲解相应知识点和技能的位置设置大量二维码，打通立体资源；最后“实战案例”“课后作业”用二维码的形式进行理论和实践的再次训练，从而真正实现教、学、做的相互融合，如图 2 所示。

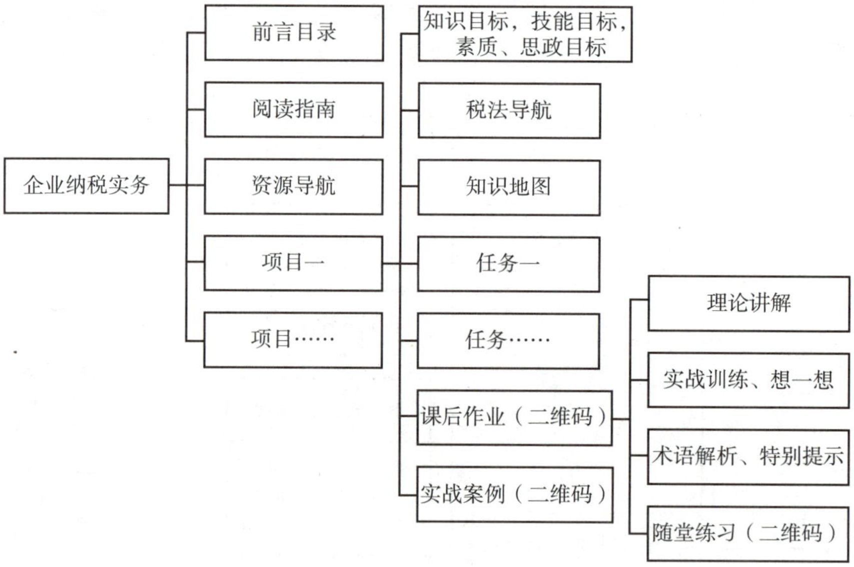

图 2　企业纳税实务体例

三、教法和学法

1. 线上线下一体化学习

本教材最适合进行翻转课堂，开展线上线下一体化教学。课前，教师可以要求学生扫描二维码，进行税法导航、核心知识点微课视频的学习，并完成随堂练习，测试自学的成效，完成线上学习的第一步；课中，教师通过各种课堂活动补充进行知识和技能的训练和学习，并综合运用教材中二维码提供的相关资源开展课堂教学；课后，教师可以运用课程公众号、课后作业二维码、企业纳税实训教材等多种途径开展课后弥补学习和练习，从而真正实现翻转课堂，线上线下一体化学习。

2. 师生互为教材的编写修订者、知识技能的传授学习者

本教材最大的特点是适应税法日新月异的变化，开发了课程公众号，教师可以将学生分成不同小组，课前，要求小组学生负责收集最新税法的变化，并及时在课程公众号上更新公布，以弥补税法变化大而纸质教材更新慢的缺陷，使师生共同成为教材的编写修订者；课后，教师可以及时将学生学习中产生的学习心得、项目内容总结、自创习题和案例、自制微视频等内容上传至公众号，使师生共同成为知识技能的传授学习者。

资 源 导 航

目录/CONTENTS

项目一　企业纳税认知

【知识目标】

1. 理解税收相关概念
2. 理解税务会计岗位设置及工作内容
3. 熟悉税务登记制度
4. 掌握发票的基本知识和管理方法

【技能目标】

1. 能根据经济业务判断税收的种类
2. 能够办理税务登记
3. 能配合税务部门进行税务检查工作
4. 能分析判断发票的真伪
5. 能够正确进行发票管理

【素质、思政目标】

1. 树立依法纳税、遵章办事的意识
2. 树立团队合作精神
3. 培养交流沟通能力

【税法导读】

1－1　《中华人民共和国税收征收管理法》

1－2　《中华人民共和国税收征收管理法实施细则》

1－3　《企业财务会计报告条例》

1－4　《国家税务总局关于修改〈税务登记管理办法〉的决定》

1－5 《中华人民共和国会计法》

【知识地图】

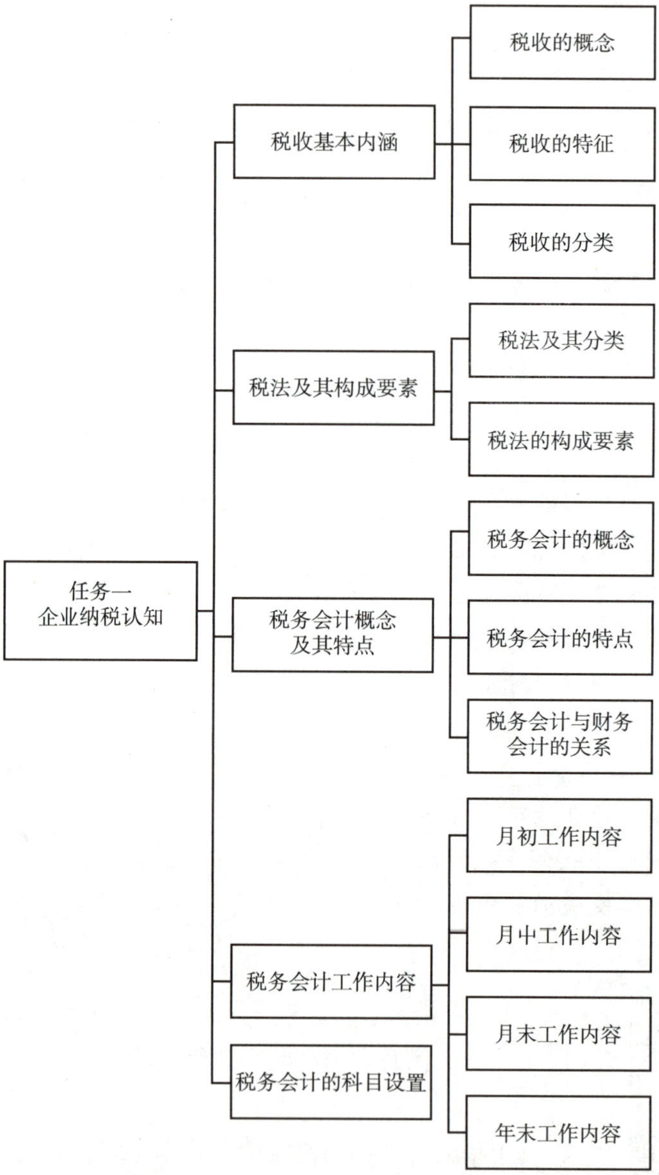

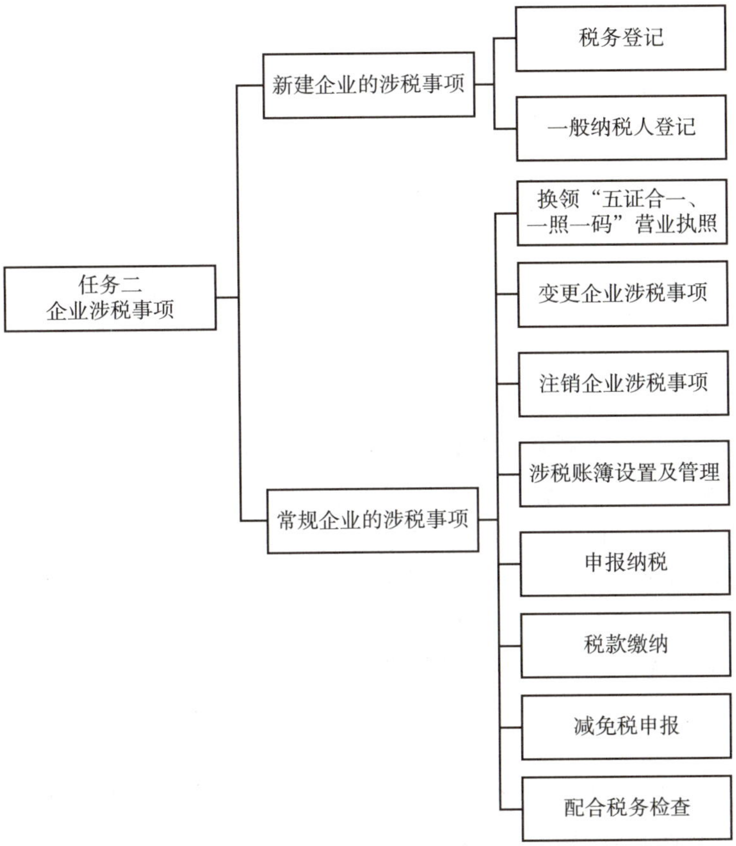

任务二
企业涉税事项
新建企业的涉税事项
税务登记
一般纳税人登记
常规企业的涉税事项
换领“五证合一、一照一码”营业执照
变更企业涉税事项
注销企业涉税事项
涉税账簿设置及管理
申报纳税
税款缴纳
减免税申报
配合税务检查

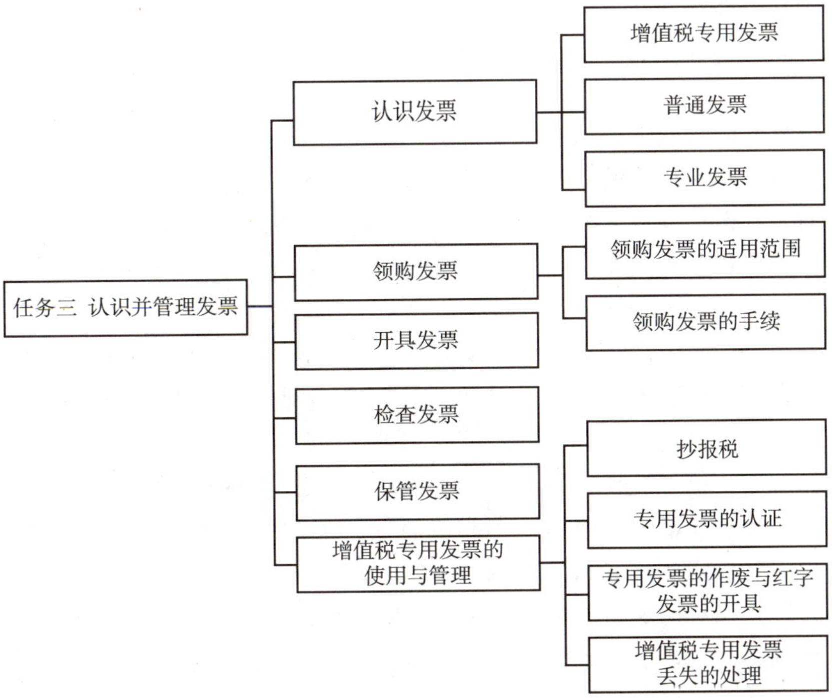

任务三 认识并管理发票
认识发票
增值税专用发票
普通发票
专业发票
领购发票
领购发票的适用范围
领购发票的手续
开具发票
检查发票
保管发票
增值税专用发票的使用与管理
抄报税
专用发票的认证
专用发票的作废与红字发票的开具
增值税专用发票丢失的处理

任务一　企业纳税认知

一、税收基本内涵

（一）税收的概念

税收是国家为满足社会公共需要，凭借公共权力，按照法律所规定的标准和程序，参与国民收入分配，强制地、无偿地取得财政收入的一种方式。税收可以这样理解：（1）国家征税的目的在于满足社会对公共产品的需要；（2）税收是国家凭借公共权力参与收入分配的一种特殊形式；（3）税收是一个国家财政收入的主要来源，是保证国家机器正常运转的物质基础；（4）税收必须借助法律的形式进行。

（二）税收的特征

税收区别于其他财政收入形式，具有强制性、无偿性和固定性。

税收的强制性是指国家凭借其公共权力以法律、法令的形式对税收征纳双方的权利（权力）与义务进行规范，依据法律进行征税。宪法规定我国公民有依法纳税的义务。税收的强制性主要体现在征税过程中。

税收的无偿性是指国家征税后，不直接向具体纳税人返还或支付报酬。从个体纳税人的角度看，其享有的公共利益与其缴纳的税款并非一一对等，但从纳税人整体而言则是对等的，政府使用税款的目的是向社会全体成员包括具体纳税人提供社会公共产品和公共服务。所以，税收的无偿性表现为个体的无偿性、整体的有偿性。

税收的固定性是指国家征税之前预先规定了统一的征税标准，包括纳税人、课税对象、税率、纳税期限、纳税地点等。这些标准一经确定，在一定时间内是相对稳定的。税收的固定性可以从两个方面来理解：首先，税收征收总量是有限的，预先规定的征税标准，保证了税收在国民经济总量中的适当比例和政府在一定时期内的征税数量。其次，税收征收具体操作具有确定性。税法确定了课税对象及征收比例或数额，具有相对稳定、连续的特点。既要求纳税人必须按税法规定的标准缴纳税额，也要求税务机关只能按税法规定的标准对纳税人征税，不能任意降低或提高。当然，税收的固定性是相对于某一个时期而言的，国家可以根据经济和社会发展需要适时地修订税法。

税收的三个特征是统一的整体，相互联系，缺一不可。无偿性是税收这种特殊分配手段本质的体现，强制性是实现税收无偿征收的保证，固定性是无偿性和强制性的必然要求。三者相互配合，保证了政府财政收入的稳定。

（三）税收的分类

1. 按征税对象分类

税收按征税对象可分为流转税类、所得税类、财产税类、资源税类和行为税类。（1）流转税是以流转额为征税对象的税种，如增值税、消费税、关税等。（2）所得税是以法定所得为课税对象的税种，如企业所得税和个人所得税。（3）财产税是以纳税人所拥有或支配的特定财产为征税对象的税，如房产税、车船税等。（4）资源税类是以自然资源和某些社会资源为征税对象的税种，如资源税、土地增值税、城镇土地使用税等。（5）行为税是以特定行为目的为征税对象的税种，如印花税、城市维护建设税等。

2. 按税收征收权限和收入分配权限分类

按税收征收权限和收入分配权限可将税收分为中央税、地方税和中央地方共享税。中央税是指由中央政府所有并支配使用的一类税；地方税是指由地方政府征收和管理的税收。共享税是指由国家税务总局负责征收管理，收入由中央与地方共同分享的税种。

3. 按计税标准不同分类

按照计税标准的不同可分为从价税、从量税和复合税。从价税是指以课税对象的价值或价格为计税依据的税种；从量税是以课税对象的数量为计税依据，按固定税额计税的税；复合税是指既按价值货价格计税又按数量计税。

4. 其他分类

以税收收入的实体形态为标准，可分为实物税和货币税；根据税收和价格的组成关系，可分为价内税和价外税；根据征税是否构成独立税种，可分为正税和附加税；依据税收负担的最终归宿，可分为直接税和间接税。

二、税法及其构成要素

（一）税法及其分类

税法是国家权力机关和行政机关在制定的用以调整国家与纳税人之

间税收征纳方面的权利与义务关系的法律规范总称。按照税法功能作用可以将税法划分为税收实体法和税收程序法，前者是规定税收法律关系主体的实体权利、义务的法律总称；后者是以国家税收活动中所发生的程序关系为调整对象的税法，是税务管理方面的法律总称。按照税收法律级次不同可将税法分为税收法律、税收行政法规、税收规章和税收规范性文件。

> **术语解析**
>
> 税收实体法具体规定了各种税种的征税对象、征税范围、税目和税率、纳税期限和纳税地点等，是税收法律法规的核心。

想一想：我国税收法律有哪些？

（二）税法的构成要素

税法的构成要素一般包括征税人、纳税义务人、征税对象、税目、税率、计税依据、纳税环节、纳税期限、纳税地点、减税免税、法律责任等。其中，纳税义务人、征税对象、税率是构成税法的三个基本要素。

1. 征税人

征税人是指代表国家行使税收征管职权的各级税务机关和其他征收机关。因税种的不同，可能有不同的征税人。如增值税征税人是税务机关，关税的征税人是海关。

2. 纳税义务人

纳税义务人（纳税主体，简称纳税人），是指税法规定的直接负有纳税义务的单位和个人。纳税人是纳税的主体，每一种税的税法都必须规定纳税人，包括自然人和法人。

> **术语解析**
>
> 自然人是指公民个人，根据《中华人民共和国民法通则》的规定，公民自出生起至死亡止，具有民事能力，依法享有民事权利，承担民事义务。
>
> 法人是指按照法律程序设立，具备必要的生产经营条件，实行独立经济核算并能独立承担经济责任和行使经济权利的社会组织。

想一想：法人和法人代表及自然人如何区分？

在税收的实体法和相关理论中，还涉及与纳税人有关的两个概念：扣缴义务人和负税人。扣缴义务人，是指税法规定的、在其经营活动中负有代扣税款并向国库缴纳义务的企业或单位，也称代扣代缴义务人。负税人，是指最终负担国家征收税款的单位和个人。

想一想：如何区分纳税人和负税人？

3. 征税对象

征税对象（纳税客体），是指税收法律关系中征纳双方权利义务所指向的物或者行为，即对什么征税的问题。

> **术语解析**
>
> 征税对象是不同税种相互区别的主要标志。

4. 税目

税目，是指征税对象的具体项目，反映具体的征税范围。

5. 税率

税率，是指应纳税额与征税对象之间的比例，是计算应纳税额的尺度，它体现征税的深度。

我国现行税率大致可分为下列四种：

（1）比例税率，对同一征税对象不论数额大小，都按同一比例征税。如我国的增值税、企业所得税，都采用比例税率。

（2）定额税率是按照征税对象的计量单位直接规定一个固定税额，一般适用于从量计征的税种。如我国的城镇土地使用税、车船税等，都采用定额税率。

（3）超额累进税率是按征税对象数额的大小，划分若干等级，每个等级由低到高规定相应的税率，征税对象数额越大税率越高，数额越小税率越低的一种税率。目前个人所得税中工资薪金所得等采用这种税率。

特别提示

征税对象规定对什么征税，计税依据则在确定征税对象之后解决如何计量的问题。

（4）超率累进税率是以征税对象数额的相对率划分若干等级，分别规定相应的差别税率，相对率每超过一个级距的，对超过的部分就按高一级的税率计算征税的一种税率。我国目前采用这种税率的是土地增值税。

6. 计税依据

计税依据也称计税标准，是指计算应纳税额的依据或标准，即根据什么来计算纳税人应缴纳的税额。

计税依据可以分为从价计征、从量计征、复合计征三种类型。

7. 纳税环节

纳税环节，是指税法规定的征税对象在从生产到消费的流转过程中应当缴纳税款的环节。如流转税在商品的生产和流通环节纳税，所得税在分配环节纳税。

8. 纳税期限

纳税期限，是指负有纳税义务的纳税人向国家缴纳税款的最后时间限制。它是税收强制性、固定性在时间上的体现。比如，企业所得税在月份或者季度终了后 15 日内预缴，年度终了后 5 个月内汇算清缴，多退少补。纳税人的具体纳税期限，由主管税务机关根据纳税人应纳税额的大小分别核定；不能按照固定期限纳税的，可以按次纳税。

9. 纳税地点

纳税地点，是指纳税人具体缴纳税款的地点。通常，在税法上规定的纳税地点主要是机构所在地、经济活动发生地、财产所在地、报关地等。

1－6 “税收与税法”视频

10. 减税免税

减税免税，是指税法规定的对某些特殊情况给予减轻或免除税收负担的一种税收优惠措施或特殊调节手段。减税是对应征税款减少征收一部分；免税是全部免除税收负担。

11. 法律责任

法律责任，是指对有违反税法行为的纳税人采取的惩罚措施，包括加收滞纳金、处以罚款、追究刑事责任等。罚则是税收强制性在税收制度中的体现，纳税人必须按期足额缴纳税款，凡有拖欠税款、逾期不缴税、偷税抗税等违反税法行为的，都应受到制裁（包括刑事制裁和行政处罚制裁等）。

1－7　随堂练习一

三、税务会计概念及其特点

（一）税务会计的概念

我国税务会计专家盖地认为，税务会计是以现行税收法规为准绳，运用会计学的理论、方法和程序，对企业涉税会计事项进行确认、计量、记录和申报（报告），以实现企业最大化税收利益的一门专业会计。

税务会计核算的依据是以税收法规为主，以会计准则和会计制度为辅。税务会计的原则是既保证国家及时足额地取得税金，从而保证国家财政收入稳定地增长；又使企业在不违反国家税法的前提下，经济地、合理地缴纳税金，提高企业的经济效益。税务会计的核算内容是企业的税务活动所引起的资金运动的全过程，即企业应纳税款的形成、计算和缴纳的全过程。

（二）税务会计的特点

1. 法定性

税务会计要严格依据国家税收法律法规进行核算，这是它区别于其他专业会计最典型的特点。在其他专业会计的核算中，企业可以根据自身生产、经营的实际情况和需要来自主选择适合的会计政策，特别是新会计准则更加强调会计的职业判断。而税务会计则必须严格遵循国家现行税收法律法规，当会计准则、财务会计制度的规定与现行税法的计税方法、计税范围等不一致时，税务会计必须以现行税收法规为准，作适当调整、修改或补充，以满足纳税的要求。税务会计必须以现行的税收法律法规为依据，接受税收法律法规的规范和制约，这是税务会计区别于其他专业会计的突出特点。

2. 广泛性

我国宪法规定公民具有依法纳税的义务，税收法规具体规定了具有纳税义务的单位和个人。这就是说，只要发生符合法律规定要件的行为，无论是自然人还是法人都可能成为纳税义务人。而法定纳税人的广泛性，决定了税务会计的广泛性。

3. 统一性

税法本身具有统一性、普遍适用性的特点。也就是说，同一种税对于不同纳税人而言，其规定具有统一性、规范性。如工业企业要缴纳增值税，不论城镇企业、乡镇企业、校办企业、军事企业、农场办企业、商办企业、机关团体办企业等都要严格执行，不分企业的隶属关系，也不分其所有制性质，而且在税法构成要素，诸如征税对象、税目、税率、征纳办法等方面，均适用统一的税法规定。这种税法的一致性决定了税务会计在对纳税行为进行核算和监督时的一致性。

4. 独立性

因为国家税收法律法规与会计准则、财务会计制度所遵循的原则不同，规范的对象不同，二者有可能存在一定的差异，在核算方法上，税务会计要求完全按照税法规定进行调整处理，由此反映了税务会计核算方法的相对独立性；在核算内容上，税务会计只对纳税人在税务活动过程中所表现的有关经济业务这部分内容进行全面、系统的核算和监督，由此反映了税务会计核算内容的相对独立性。

5. 可筹划性

税务会计可以在精准把握税收法规及国家相关政策的基础上，进行预先的经营安排，可以使纳税人实现税负的最小化，从而减轻税收负担。因此税收筹划也是税务会计的重要工作之一。

（三）税务会计与财务会计的关系

税务会计是从财务会计中分离出来的，税务会计与财务会计同属于会计学科范畴，二者既有联系，又有区别。

1. 税务会计与财务会计的联系

税务会计作为一项实质性工作并不是独立存在的，而是企业会计的一个特殊领域，是以财务会计为基础的。税务会计并不要求纳税人在财务会计的凭证、账簿、报表之外再设一套会计账表。税务会计资料来源于财务会计，它对财务会计处理中与现行税法不符合的会计事项，或出于税收筹划目的需要调整的事项，按税务会计方法计算、调整，并做调整分录，再融于财务会计账簿或报告之中。从企业会计机构的设置看，也可以不专门设置税务会计机构或专职人员，税法必须借助于会计技术才能得以实施和发展。另外，税法对会计也产生重要影响。税法使会计实务的处理更加规范化，它直接影响会计对某些会计方法的选择。同时也使会计人员的业务范围不断扩大。税务与会计相互联系、相互影响、相互制约、相互促进，决定了财务会计与税务会计之间密不可分的内在关系。

2. 税务会计与财务会计的区别

（1）核算目的不同。财务会计的核算目的在于真实、完整地反映企业的财务状况、经营业绩、现金流量以及财务状况变动的全貌，并通过会计报表向投资者、债权人、企业管理者以及其他会计报表使用者提供有用的财务信息，以利于不同信息使用者进行合理、有效的决策，其核算目的是复杂的、多元的。税务会计则提供税款的形成、计算、缴纳的核算和监督的信息，其目的：一是要保证国家及时足额地取得税金，从而保证国家财政收入稳定地增长；二是正确引导纳税人在不违反国家税法的前提下，经济地、合理地缴纳税金，以真正提高企业的经济效益。使企业按照现行税法规定，正确计算应纳税款，履行纳税义务，其核算目的相对单一。

（2）核算范围不同。财务会计的核算范围涵盖企业生产经营活动中能够用货币计量的各个方面，以全面反映企业的财务状况、经营成果和现金流量。对企业可以用货币计量的经济活动，无论是否涉及纳税事宜，均需通过财务会计进行核算与监督，以满足不同会计信息使用者的需要，其核算范围具有广泛性。税务会计核算的范围仅限于企业生产经营活动中的涉税业务，以全面反映企业各项税款的应缴、已缴、欠缴等情况，而对纳税人与税收无关的业务不予核算，其核算范围具有特定性。

（3）核算依据不同。财务会计必须遵循会计准则和财务会计制度，规范企业的会计行为，处理经济业务，当对某些业务的处理出现税法的规定与会计准则的规定不一致时，可以不必考虑税法的规定，而只依据会计准则进行核算，其核算依据具有单一性。税务会计既要依据国家税收法律法规，又要依据会计准则和企业会计制度，来规范企业的会计行为，严格按照税法规定处理经济业务，当会计准则、会计制度与国家税法对某些业务处理的规定不一致时，必须按税法的规定进行调整，以保证应纳税款的准确性，其核算依据具有双重性。

（4）会计计量属性不同。税务会计坚持历史成本原则，不考虑货币时间价值以及币值的变动情况，它坚持按纳税人实际取得或购建时发生的实际成本进行核算，较客观地、及时地反映税务资金的运动。而财务会计却可以有所不同，在对会计计量采用历史成本计价原则的同时，允许在市场价值波动的情况下，可局部或全面地采用成本市价孰低法进行物价变动会计计量。在进行财务管理时，则可充分考虑货币的时间价值。

财务会计与税务会计的差异是客观存在的，两者的差异不可能消失。我们应该辩证地理解和分析，应该遵循其各自的内在规律，在理论上不断发展完善。纳税人为了适应纳税的需要，税务会计必将显得越来越重要。

1－8 “认识税务会计”视频

四、税务会计工作内容

税务会计作为一般企业财务部门涉税事务处理的专门或兼职的人员，其主要工作内容可以说基本固定，特别是作为已经相对稳定发展的企业的税务会计，其工作内容可从不同时间阶段来划分如下：

1. 月初应处理的工作内容

第一，进行网上申报。按不同税种分别填写纳税申报表，进行网上申报，并打印出报表。

第二，根据“应交税费”科目的贷方余额划转税款，进入纳税账户。

第三，进入网上纳税系统，进行税款缴纳，打印完税凭证。

第四，根据完税凭证编制税款缴纳的记账凭证，完成上月的税务处理工作。

> **术语解析**
>
> 完税凭证，是指各种完税证、缴款书、印花税票、扣（收）税凭证以及其他完税证明。

2. 月中应处理的工作内容

（1）每天根据所发生的涉税业务的原始凭证编制记账凭证，并在“应交税费”明细账上登记。

（2）及时进行网上购买发票，切实做好发票的管理工作，防止发票错误使用和流失。

（3）做好退税和减免税办理工作。认真及时地办理好各种手续，顺利取得退税和减免税。

（4）积极配合税务机关征管员做好对本企业的税收征管工作。主动做好情况介绍、资料提供、纳税情况汇报等工作。

（5）做好相关新税收政策的学习。及时解答企业内的各种涉税事务的疑难问题。

（6）做好纳税筹划工作。结合本企业情况，及时根据学习的税法，提供税务筹划方案，并检查原有的筹划方案的实施情况，及时调整和处理不当之处。

（7）做好税法的宣传、解释工作。

（8）做好其他特殊工作。如税务变更登记、税务大检查等。

3. 月末应处理的工作内容

（1）做好“应交税费”账户的总分类账登记工作，并与明细账进行核对，进行月度结转，将各相关账户结出余额。

（2）进入开票系统中，进行自动抄税、清卡。

（3）将收到的各种发票重新进行检查，并进行网上认证。

（4）进行网上纳税申报。

4. 年末应处理的工作内容

（1）汇算清缴。对全年的涉税业务进行汇算清缴。需要调整的账项按税法进行调整。该补交的税款补交。

（2）编制并上报各种税务年报。并进行网上申报。

（3）协助税务机关做好税务年检工作。

1-9《企业税务会计岗位说明书》

五、税务会计的科目设置

目前，在我国税务会计尚未建立完整、独立的会计核算制度，企业税务会计核算是与财务会计核算融合为一体的，并从属于财务会计核算。税务会计核算相关规定只是散见于相关具体税收法规文件中，并无单行税务会计法规。在实务工作中，企业一般按照《企业会计准则》或《小企业会计准则》等规定，主要通过“应交税费”科目进行税务核算。

根据企业会计准则规定，“应交税费”科目核算企业按税法规定应交纳的各种税金和费用，包括增值税、消费税、企业所得税、资源税、土地增值税、城市维护建设税、房产税、城镇土地使用税、车船税、个人所得税、教育费附加、矿产资源补偿费、排污费等。企业交纳的印花税、耕地占用税以及其他不需要预计应交数的税金，不在“应交税费”科目核算。该科目为负债类科目，专门反映企业应交、未交和已交税金的情况。其贷方反映企业已经缴纳的各种税金、出口应交税金以及缴纳增值税的企业当月销项税额小于进项税额留待下月继续抵扣的进项税额的数额。余额一般在贷方，表示企业期末已经计提的应交而未交的税额，如为借方余额，则表示企业多交或尚未抵扣的税费。“应交税费”总账采用三栏式账页。

“应交税费”科目可按应交的税费项目进行明细核算。应当设置以下明细科目：

（1）应交增值税。企业应在“应交增值税”明细账内，设置“进项税额”“销项税额递减”“已交税金”“转出未交增值税”“减免税款”“出口递减内销产品应纳税额”“销项税额”“出口退税”“进项税额转出”“转出多交增值税”等专栏。

（2）未交增值税、预交增值税、待抵扣进项税额、待认证进项税额、待转销项税额、增值税留抵税额、简易计税、转让金融商品应交增值税、代扣代交增值税。

（3）应交消费税。

（4）应交资源税。

（5）应交所得税。

（6）应交土地增值税。

（7）应交城市维护建设税。

（8）应交房产税。

（9）应交城镇土地使用税。

（10）应交车船税。

（11）应交个人所得税。

（12）应交教育费附加。

在实际税务核算中，应区分下列情况分别进行相应的账务处理：

（1）企业按规定计算应交的消费税、资源税、城市维护建设税、教育费附加及房产税、土地使用税、车船税、印花税等相关税费，借记“税金及附加”科目，贷记本科目。实际缴纳时，借记本科目，贷记“银行存款”“库存现金”科目。

出售不动产计算应交增值税时，借记“固定资产清理”等科目，贷记本科目（应交增值税）。

（2）企业转让土地使用权应交的土地增值税，土地使用权与地上建筑物及其附着物一并在“固定资产”等科目核算的，借记“固定资产清理”等科目，贷记本科目（应交土地增值税）。土地使用权在“无形资产”科目核算的，按实际收到的金额，借记“银行存款”科目，按应交的土地增值税，贷记本科目，同时冲销土地使用权的账面价值，贷记“无形资产”科目，按其差额，借记“营业外支出”科目或贷记“营业外收入”科目。实际缴纳土地增值税时，借记本科目，贷记“银行存款”等科目。

（3）企业按规定计算应交的所得税时，借记“所得税费用”等科目，贷记本科目。

（4）企业按规定应交的增值税，将详见项目二。

《企业会计准则》规定“税金及附加”科目核算企业经营活动发生的消费税、城市维护建设税、资源税和教育费附加等相关税费。房产税、车船税、土地使用税、印花税在“管理费用”科目核算，但与投资性房地产相关的房产税、土地使用税在本科目核算。

《小企业会计准则》则规定“税金及附加”，是指小企业开展日常生产经营活动应负担的消费税、城市维护建设税、资源税、土地增值税、城镇土地使用税、房产税、车船税、印花税和教育费附加、矿产资源补偿费、排污费等。

任务二　企业涉税事项

一、新建企业的涉税事项

（一）税务登记：“五证合一、一照一码”

自2016年10月1日起，全国范围内正式实施“五证合一、一照一码”。由工商（市场监管）、质监、税务、人力资源和社会保障、统计五个部门分别核发不同证照，改为由工商（市场监管）部门核发加载法人和其他组织统一社会信用代码的营业执照，组织机构代码证、税务登记证、社会保险登记证、统计登记证不再发放。

> **术语解析**
>
> 统一社会信用代码用18位的阿拉伯数字或大写英文字母表示，由登记管理部门代码（1位）、机构类别代码（1位）、登记管理机关行政区划码（6位）、主体标识码（组织机构代码）（9位）和校验码（1位）5个部分组成。

此外，国家工商总局等5部门联合发布文件，自2016年12月1日起全面实施个体工商户营业执照和税务登记证“两证整合”，工商行政管理部门向新开业个体工商户发放加载统一社会信用代码的营业执照。

“五证合一、一照一码”的办理范围指：企业及其分支机构、外国（地区）企业在中国境内从事生产经营活动和外国（地区）企业常驻代表机构、农民专业合作社等（以下统称“企业”）。

1. “五证合一、一照一码”工作流程

“五证合一、一照一码”的办理主要由工商行政管理部门负责，其基本工作流程如下（见图1－1）。

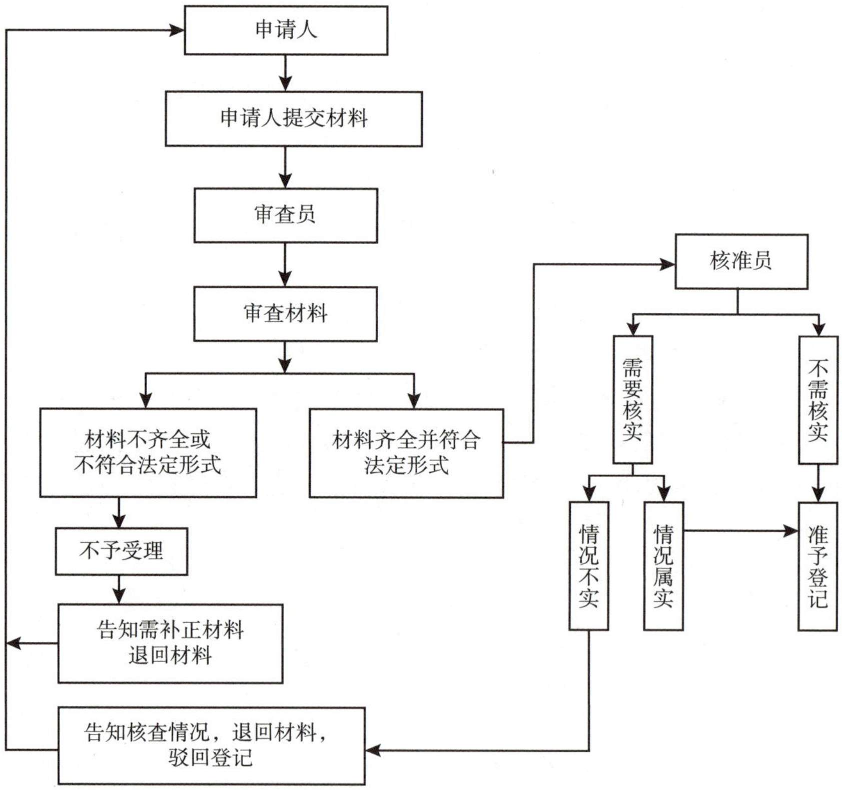

图1－1　“五证合一、一照一码”工作流程

2. 新设企业“五证合一、一照一码”办理所需材料

（1）公司登记（备案）申请书（见图1－2）。

公司登记（备案）申请书

<table>
<tr><td colspan="6">□基本信息</td></tr>
<tr><td>名称</td><td colspan="5"></td></tr>
<tr><td>名称预先核准文号/注册号/统一社会信用代码</td><td colspan="5"></td></tr>
<tr><td>住所</td><td colspan="5">____省（市/自治区）____市（地区/盟/自治州）____县（自治县/旗/自治旗/市/区）____乡（民族乡/镇/街道）____村（路/社区）号</td></tr>
<tr><td>生产经营地</td><td colspan="5">____省（市/自治区）____市（地区/盟/自治州）____县（自治县/旗/自治旗/市/区）____乡（民族乡/镇/街道）____村（路/社区）号</td></tr>
<tr><td>联系电话</td><td colspan="2"></td><td>邮政编码</td><td colspan="2"></td></tr>
<tr><td colspan="6">□设立</td></tr>
<tr><td>法定代表人姓名</td><td colspan="2"></td><td>职务</td><td colspan="2">□董事长　□执行董事　□经理</td></tr>
<tr><td>注册资本</td><td colspan="2">________万元</td><td>公司类型</td><td colspan="2"></td></tr>
<tr><td>设立方式（股份公司填写）</td><td colspan="5">□发起设立　　□募集设立</td></tr>
<tr><td>经营范围</td><td colspan="5"></td></tr>
<tr><td>经营期限</td><td colspan="2">□________年　□长期</td><td colspan="2">申请执照副本数量</td><td>____个</td></tr>
<tr><td colspan="6">□变更</td></tr>
<tr><td>变更项目</td><td colspan="2">原登记内容</td><td colspan="3">申请变更登记内容</td></tr>
<tr><td></td><td colspan="2"></td><td colspan="3"></td></tr>
<tr><td colspan="6">□备案</td></tr>
<tr><td rowspan="2">分公司
□增设　□注销</td><td>名称</td><td></td><td colspan="2">注册号/统一社会信用代码</td><td></td></tr>
<tr><td>登记机关</td><td></td><td colspan="2">登记日期</td><td></td></tr>
<tr><td rowspan="2">清算组</td><td>成员</td><td colspan="4"></td></tr>
<tr><td>负责人</td><td></td><td colspan="2">联系电话</td><td></td></tr>
<tr><td>其他</td><td colspan="5">□董事　□监事　□经理　□章程　□章程修正案　□财务负责人　□联络员</td></tr>
<tr><td colspan="6">□申请人声明</td></tr>
<tr><td colspan="6">本公司依照《公司法》、《公司登记管理条例》相关规定申请登记、备案，提交材料真实有效。通过联络员登录企业信用信息公示系统向登记机关报送、向社会公示的企业信息为本企业提供、发布的信息，信息真实、有效。

法定代表人签字：　　　　　　公司盖章

（清算组负责人）签字：　　　　　　年　　月　　日</td></tr>
</table>

图1－2　公司登记（备案）申请书

（2）法人代表信息（见图 1－3）。

法定代表人信息

<table>
<tr><td>姓　　名</td><td></td><td></td><td>固定电话</td><td></td></tr>
<tr><td>身份证件类型</td><td></td><td></td><td>身份证件号码</td><td></td></tr>
<tr><td colspan="5">（身份证件复印件粘贴处）</td></tr>
<tr><td colspan="5">法定代表人签字：　　　　　　　　　　年　　月　　日</td></tr>
</table>

图 1－3　法人代表信息

（3）董事、监事、经理信息（见图 1－4）和股东（发起人）出资情况（见图 1－5）。

董事、监事、经理信息

姓名______职务______身份证件类型______身份证件号码__________________ （身份证件复印件粘贴处）
姓名______职务______身份证件类型______身份证件号码__________________ （身份证件复印件粘贴处）
姓名______职务______身份证件类型______身份证件号码__________________ （身份证件复印件粘贴处）

图 1－4　董事、监事、经理信息

股东（发起人）出资情况

股东（发起人）名称或姓名	证件类型	证件号码	出资时间	出资方式	认缴出资额（万元）	出资比例

图 1-5 股东（发起人）出资情况

（4）财务负责人信息（见图 1-6）。

财务负责人信息

姓名		固定电话	
移动电话		电子邮箱	
身份证件类型		身份证件号码	
（身份证件复印件粘贴处）			

图 1-6 财务负责人信息

（5）经营场地证明，若为自有房证，需提供房产证明（见图 1-7），若为租赁，则提供经营用房租赁协议（见图 1-8），若无偿使用，则提供无偿提供使用证明（见图 1-9）。

房产证明

兹证明位于________________________的房屋产权属于______________所有，属于合法建筑。尚未取得房产证明，可以提供给______________________（筹）作为营业场所使用。特此证明。

图 1-7 房产证明

经营用房租赁协议

出租方：

承租方：

经双方协商一致，订立如下租房协议：

1. 出租方将位于____________________的营业（生产）用房________间，面积约_________平方米，出租给承租方作生产经营之用，租期为______年，自_______年_______月_____日起至______年________月______日止。

2. 租金共_______元，已在本协议签订之日一次性交清。

3. 租赁期间，房屋大修由出租方负责，一般维修和保养双方共同承担。

4. 本协议自签订之日起生效，未尽事宜双方协商解决。

图 1－8　经营用房租赁协议

无偿提供使用证明

本人×××，自愿将位于绍兴市柯桥区×××的房屋无偿提供给×××有限公司（筹）作为营业场所使用，使用年限×年，特此声明。

承诺人签名：

图 1－9　无偿提供使用证明

（6）股东大会决议（见图 1－10）。

×××××有限公司股东会决议

会议时间:

会议地点:

召集人:　　　　　主持人:

应到股东×方，实到股东×方，代表100%股权，全体股东一致通过如下决议：

1. 公司不设董事会，选举×××为执行董事，并担任法定代表人；

2. 公司不设监事会，选举×××为公司监事；

3. 聘任×××为公司经理。

全体股东：×××（签字或盖章）

×××（签字或盖章）

图1－10　股东大会决议

（7）有限公司章程（见图1－11）。

××××××有限公司章程

第一章 总则

第一条　为规范公司的组织和行为,维护公司、股东和债权人的合法权益,根据《中华人民共和国公司法》(以下简称《公司法》)和有关法律、法规规定,结合公司的实际情况,特制定本章程。

第二条　公司名称：××××××有限公司。

第三条　公司住所：××××××

第四条　公司经营期限为×年,自公司成立之日起至×年×月×日。

第五条　公司为有限责任公司。实行独立核算、自主经营、自负盈亏。股东以其认缴的出资额为限对公司承担责任,公司以其全部资产对公司的债务承担责任。

第六条　公司坚决遵守国家法律、法规及本章程规定,维护国家利益和社会公共利益,接受政府有关部门监督。

第七条　本公司章程对公司、股东、执行董事、监事、高级管理人员均具有约束力。

图1－11　有限公司章程

1－10 《指定代表或者共同委托代理人授权委托书》填写说明

1－11 “新建企业的涉税事项”视频

1－12 随堂练习二

（8）指定代表或者共同委托代理人授权委托书（见图1－12）。

指定代表或者共同委托代理人授权委托书

申请人：

指定代表或者委托代理人：

委托事项及权限：

1. 办理＿＿＿＿＿＿＿＿＿＿＿＿＿＿＿＿＿＿＿（企业名称）的

□名称预先核准 □设立 □变更 □注销 □备案 □撤销变更登记

□股权出质（□设立 □变更 □注销 □撤销）□其他手续。

2. 同意□不同意□核对登记材料中的复印件并签署核对意见；

3. 同意□不同意□修改企业自备文件的错误；

4. 同意□不同意□修改有关表格的填写错误；

5. 同意□不同意□领取营业执照和有关文书。

指定或者委托的有效期限：自 年 月 日至 年 月 日

指定代表或委托代理人或者经办人信息	签字：
	固定电话：
	移动电话：
（指定代表或委托代理人、具体经办人身份证明复印件粘贴处）	

（申请人签字或盖章）

年 月 日

图1－12 指定代表或者共同委托代理人授权委托书

（二）一般纳税人登记

新设立企业领取“一照一码”营业执照后，登记信息由企业登记机关发送给税务机关、纳税人无须再次进行税务登记，不再领取税务登记证。并在第一次办理税务事项时将涉税相关信息在税务部门进行补充登记。

1. 一般纳税人资格登记

增值税一般纳税人资格实行登记制，登记事项由增值税纳税人向其主管税务机关办理。小规模纳税人以及新开业的纳税人，可以向主管机关申请增值税一般纳税人登记。所需资料为《增值税一般纳税人资格登记表》（见图1－13）、法定代表人、财务负责人、办税员的身份证复印件。根据《税总函》要求，税务总局决定在全国范围内推广一般纳税人登记网上办理。

增值税一般纳税人资格登记表

纳税人名称			纳税人识别号		
法定代表人（负责人、业主）		证件名称及号码		联系电话	
财务负责人		证件名称及号码		联系电话	
办税人员		证件名称及号码		联系电话	
税务登记日期					
生产经营地址					
注册地址					
纳税人类别：企业□ 非企业性单位□ 个体工商户□ 其他□					
主营业务类别：工业 □ 商业 □ 服务业 □ 其他□					
会计核算健全：是□					
一般纳税人资格生效之日：当月1日 □ 次月1日 □					
纳税人（代理人）承诺： 上述各项内容真实、可靠、完整。如有虚假，愿意承担相关法律责任。 经办人： 法定代表人： 代理人： （签章） 年 月 日					
以下由税务机关填写					
主管税务机关受理情况	受理人： 主管税务机关（章） 年 月 日				

填表说明：1. 本表由纳税人如实填写。

2. 表中“证件名称及号码”相关栏次，根据纳税人的法定代表人、财务负责人、办税人员的居民身份证、护照等有效身份证件及号码填写。

3. 表中“一般纳税人资格生效之日”由纳税人自行勾选。

4. 主管税务机关（章）指各办税服务厅业务专用章。

5. 本表一式两份，主管税务机关和纳税人各留存一份。

图 1－13 增值税一般纳税人资格登记表

2. 发票领用

新办企业首次申领增值税发票主要包括纳税人领用发票票种核定表、增值税专用发票（防伪税控系统）最高开票限额审批、增值税税控系统专用设备初始发行、发票领用等涉税事项。税务机关为符合规定的首次申领增值税发票的新办企业办理发票票种核定，增值税专用发票最高开票限额不超过 10 万元，每月最高领用数量不超过 25 份，增值税普通发票最高开票限额不超过 10 万元，每月最高领用数量不超过 50 份。

首次领用发票，须持《纳税人领用发票票种核定表》（加盖公章）、经办人身份证明、发票专用印模、营业执照，向主管税务机关申请领用。

1－13 《会计档案保管期限表》

1－14 “常规企业的涉税事项”视频

二、常规企业的涉税事项

（一）换领“五证合一、一照一码”营业执照

换领“五证合一、一照一码”需要提供以下企业材料：

（1）指定代表或者共同委托代理人授权委托书（见图1－14）。

指定代表或者共同委托代理人授权委托书

申请人：

指定代表或者委托代理人：

委托事项及权限：

1. 办理____________________________（企业名称）的

□名称预先核准　□设立　□变更　□注销　□备案　□撤销变更登记

□股权出质（□设立　□变更　□注销　□撤销）□其他手续。

2. 同意□不同意□核对登记材料中的复印件并签署核对意见；
3. 同意□不同意□修改企业自备文件的错误；
4. 同意□不同意□修改有关表格的填写错误；
5. 同意□不同意□领取营业执照和有关文书。

指定或者委托的有效期限：自　　年　　月　　日至　　年　　月　　日

指定代表或委托代理人或者经办人信息	签字：
	固定电话：
	移动电话：
（指定代表或委托代理人、具体经办人身份证明复印件粘贴处）	

（申请人签字或盖章）

年　　月　　日

图1－14　指定代表或共同委托代理人授权委托书

（2）联络员信息（见图1－15）。

联络员信息

姓　名		固定电话	
移动电话		电子邮箱	
身份证件类型		身份证件号码	
（身份证件复印件粘贴处）			

图1－15　联络员信息

（3）财务负责人信息（见图1－16）。

财务负责人信息

姓　名		固定电话	
移动电话		电子邮箱	
身份证件类型		身份证件号码	
（身份证件复印件粘贴处）			

图1－16　财务负责人信息

（4）营业执照副本，组织机构代码证正、副本，税务登记证正、副本，社会保险登记证正、副本，统计证正、副本。

（5）第四项中有证书尚未办理的，出具尚未办理的声明书（见图1－17）。若证书遗失，则提供刊登遗失公告的报纸；若营业执照副本遗失，则在提供报纸的基础上，出具由公司盖章、法定代表人签字的遗失证明。

特别提示

联络员主要负责本企业与企业登记机关的联系沟通，以本人个人信息登录企业信用信息公示系统依法向社会公示本企业有关信息等。

联络员应了解企业登记相关法规和企业信息公示有关规定，熟悉操作企业信用信息公示系统。

声　明　书

________________（企业名称）尚未办理

组织机构代码证　□正本、□副本；

税务登记证　□正本、□副本；

社会保险登记证　□正本、□副本；

统计登记证　□正本、□副本。

特此声明。

盖章：

法定代表人签字：

年　　月　　日

注：

1. 请在“□”打“√”。

2. 落款处加盖本企业公章，分支机构加盖法人单位的公章。

图 1－17　声明书

工商部门根据会计人员提供的这些资料，检查无误后，作废旧的五证，重新发放新的营业执照。会计领到新的营业执照后，到税务部门进行新的税务登记号的确认和变更，并重新刻印新的发票专用章。

（二）变更企业涉税事项

“一照一码”企业办理变更登记，除生产经营地、财务负责人、核算方式变更由企业向税务机关提出变更申请以外，其他变更信息由企业登记机关统一采集。

企业生产经营过程中，当生产经营地、财务负责人、核算方式发生变更时，须向税务主管机关申请变更，税务主管机关应将变更后的生产经营地、财务负责人、核算方式等信息即时共享至信息交换平台。

（三）注销企业涉税事项

“一照一码”企业办理注销登记，可向主管税务机关提出清税申报，填报《清税申报表》。税务机关在结清应纳税款、多退（免）税款、滞纳金和罚款，缴销发票和税控设备后，由受理方税务机关向纳税人出具《清税证明》，企业再持《清税证明》申请办理注销登记。

（四）涉税账簿设置及管理

1. 账簿设置

从事生产、经营的纳税人应当自领取营业执照或者发生纳税义务之日起 15 日内，按照国家有关规定设置账簿。

生产、经营规模小又确无建账能力的纳税人，可以聘请经批准从事会计代理记账业务的专业机构或者经税务机关认可的财会人员代为建账和办理账务；聘请上述机构或者人员有实际困难的，经县以上税务机关批准，可以按照税务机关的规定，建立收支凭证粘贴簿、进货销货登记簿或者使用税控装置。纳税人、扣缴义务人采用电子计算机记账的，对于会计制度健全，能够通过电子计算机正确、完整计算其收入、所得的，其电子计算机储存和输出的会计记录，可视同会计账簿，但应按期打印成书面记录并完整保存；对于会计制度不健全，不能通过电子计算机正确、完整反映其收入、所得的，应当建立总账和与纳税或者代扣代缴、代收代缴税款有关的其他账簿。

从事生产、经营的纳税人应当自领取税务登记证件之日起 15 日内，将其财务、会计制度或者财务、会计处理办法报送主管税务机关备案。纳税人使用计算机记账的，应当在使用前将会计电算化系统的会计核算软件、使用说明书及有关资料报送主管税务机关备案。纳税人建立的会计电算化系统应当符合国家有关规定，并能正确、完整核算其收入或者所得。

扣缴义务人应当自税收法律、行政法规规定的扣缴义务发生之日起 10 日内，按照所代扣、代收的税种，分别设置代扣代缴、代收代缴税款账簿。

账簿、会计凭证和报表，应当使用中文。民族自治地方可以同时使用当地通用的一种民族文字。外商投资企业和外国企业可以同时使用一种外国文字。

纳税人应当按照税务机关的要求安装、使用税控装置，并按照税务机关的规定报送有关数据和资料。

2018 年 6 月 5 日，国家税务总局公布了《国家税务总局关于修改部分税务部门规章的决定》，其中《个体工商户建账管理暂行办法》规定：从事生产、经营场所的个体工商户，都应当按照法律、行政法规和本办法的规定设置、使用和保管账簿及凭证，并根据合法、有效凭证记账核算。并明确对不同类别的个体工商户规定了设置复式账和简易账。

税务会计应该按规定设置“应交税费”的总账和明细账。

2. 编制涉税业务会计凭证

涉税业务会计凭证是记载有关涉税业务发生情况，明确经济责任，具有法律效力，并据以登记账簿的书面证明文件。

涉税业务会计凭证按其填制程序和用途分为原始凭证和记账凭证两种。各项涉税业务的会计处理，都必须有原始凭证，并据审核无误的原始凭证归类整理填制记账凭证。在日常经济业务发生后，税务会计人员首先要分类审核相关的涉税业务的原始凭证，确保原始凭证内容的真实性和完整性、原始凭证取得的时效性和合法性，然后，根据企业涉税业务的原始凭证编制相应的记账凭证。

3. 登记涉税业务账簿

根据审核无误的记账凭证登记明细账、总账，月末结账、对账，做到账证相符、账账相符、账实相符。一般企业的涉税账簿，应设置“应交税费”的明细账和总账，其中“应交税费——应交增值税”使用多栏明细账，账页见图1－18；其他账户使用三栏明细账，账页见图1－19。

应交税费（增值税）明细账

月	日	凭证编号	摘要	借方						贷方					借或贷	余额
				合计	进项税额	已交税金	减免税款	出口抵减内销产品应纳税额	转出未交增值税	合计	销项税额	出口退税	进项税额转出	转出多交增值税		

图1－18　应交税费——应交增值税明细账

应交税费（　　）明细账

年		记账凭证号数	摘要	借方										贷方										借或贷	余额									
月	日			千	百	十	万	千	百	十	元	角	分	千	百	十	万	千	百	十	元	角	分		千	百	十	万	千	百	十	元	角	分

图1－19　应交税费明细账

纳税人、扣缴义务人必须根据合法、有效凭证进行记账核算。随着信息化发展步伐加快，纳税人、扣缴义务人使用征纳双方认可的电子凭证，可以作为记账核算、计算应纳税额的依据。

纳税人、扣缴义务人应当按照报送主管国家税务机关备案的财务、会计制度或财务、会计处理办法，真实、序时、逐笔记账核算；纳税人所使用的财务、会计制度和具体的财务、会计处理办法与有关税收方面的规定抵触时，纳税人可以继续使用原有的财务、会计制度和具体的财务、会计处理办法，进行会计核算，但在计算应纳税额时，必须按照国务院或者国务院财政、税务主管部门有关税收的规定计算应纳税款、代扣代缴和代收代缴税款。

4. 编制税务报表

税务报表是总括反映纳税人在一定纳税期间涉税事项的书面报告，包括各税种纳税申报表主表及附表等相关资料。纳税人、扣缴义务人应当依法自行计算应纳税额和扣缴税款，依照法律、行政法规规定或者税务机关依照法律、行政法规规定确定的申报期限、申报内容如实办理纳税申报，报送纳税申报表、财务会计报告或者代扣代缴、代收代缴税款报告表以及税务机关根据实际需要要求纳税人报送的其他纳税资料。纳税人、扣缴义务人对纳税申报、扣缴税款申报的真实性和合法性承担责任。

纳税人月末根据凭证、账簿、财务报表的相关数据编制纳税申报表。如增值税一般纳税人，国税税务报表每月主要报送：增值税纳税申报表及其附列资料。地税税务报表主要报送：地方税纳税申报表、社会保险费申报表等。

5. 保管涉税资料

涉税会计人员在年度结束后，应将各种账簿、凭证和有关资料按顺序装订成册，统一编号、归档保管。

从事生产、经营的纳税人、扣缴义务人必须按照国务院财政、税务主管部门规定的保管期限保管账簿、记账凭证、完税凭证及其他有关资料。

账簿、记账凭证、报表、完税凭证、发票、出口凭证以及其他有关涉税资料应当合法、真实、完整。账簿、记账凭证、完税凭证及其他有关资料不得伪造、变造或者擅自损毁。

账簿、记账凭证、报表、完税凭证、发票、出口凭证以及其他有关涉税资料应当合法、真实、完整。有关涉税资料应当保存 10 年；但是，法律、行政法规另有规定的除外。保存期满需要销毁时，应编制销毁清册，经主管国家税务机关批准后方可销毁。

（五）申报纳税

纳税申报是指纳税人、扣缴义务人按照税法规定定期就计算缴纳税款的有关事项向税务机关提出的书面报告，是纳税人依法履行纳税义务的法定手续，同样也是税务机关办理征收税款业务的法定程序。纳税人无论有无经营收入，是否亏损，是否正享受减税和免税，都应该按规定程序在纳税申报期内办理纳税申报。

纳税人、扣缴义务人应当依法自行计算应纳税额和扣缴税款，依照法律、行政法规规定或者税务机关依照法律、行政法规的规定确定的申报期限、申报内容如实办理纳税申报，报送纳税申报表、财务会计报告或者代扣代缴、代收代缴税款报告表以及税务机关根据实际需要要求纳税人报送的其他纳税资料。

纳税人、扣缴义务人对纳税申报、扣缴税款申报的真实性和合法性承担责任。

1. 纳税申报对象

纳税义务人和扣缴义务人为纳税申报的对象，二者均应在纳税申报期内进行纳税申报，无论其是否有收入，是否享受减免税优惠政策均应需要纳税申报。

2. 纳税申报的内容

纳税申报内容主要在各税种的纳税申报表和代扣代缴、代收代缴报告表中体现，同时也包含随附的财务报表。纳税人、扣缴义务人的纳税申报或者代扣代缴、代收代缴税款报告表的主要内容包括：税种、税目、应纳税项目或者应代扣代缴、代收代缴税款项目、计税依据、扣除项目及标准、适用税率或者单位税额、应退税项目及税额、应减免税项目及税额、应纳税额或者应代扣代缴、代收代缴税额、税款所属期限、延期缴纳税款、欠税、滞纳金等。

《税收征收管理法实施细则》规定：纳税人办理纳税申报时，应当如实填写纳税申报表，并根据不同的情况相应报送下列有关证件、资料：

（1）财务会计报表及其说明材料；

（2）与纳税有关的合同、协议书及凭证；

（3）税控装置的电子报税资料；

（4）外出经营活动税收管理证明和异地完税凭证；

（5）境内或者境外公证机构出具的有关证明文件；

（6）税务机关规定应当报送的其他有关证件、资料。

扣缴义务人办理代扣代缴、代收代缴税款报告时，应当如实填写代扣代缴、代收代缴税款报告表，并报送代扣代缴、代收代缴税款的合法凭证以及税务机关规定的其他有关证件、资料。

3. 纳税申报的方式

纳税申报方式是指纳税人和扣缴义务人在发生纳税义务和代扣代缴、代收代缴义务后，在其申报期限内，依照税收法律、行政法规的规定到指定税务机关进行申报纳税的形式。《税收征收管理法实施细则》规定，经税务机关批准，纳税人、扣缴义务人可以采取邮寄、数据电文方式办理纳税申报或者报送代扣代缴、代收代缴税款报告表。

（1）直接申报。直接申报指网上申报或上门申报。网上申报是指纳税人、扣缴义务人在网上完成纳税申报，并完成自动缴纳税款的行为。上门申报是纳税人、扣缴义务人在法定的申报期内，根据规定如实填写纳税申报表，自行计算应缴税款，并附带有关纳税资料直接到税务机关服务大厅办理纳税申报，税务机关当场开具相应税票予以征收。根据申报的地点不同，直接申报又可分为到办税服务厅申报、到巡回征收点申报和到代征点申报三种。

（2）邮寄申报。邮寄申报是指经税务机关批准，纳税人、扣缴义务人在法定的纳税申报期内，按税务机关规定的要求填写各类申报表和纳税资料后，通过使用统一规定的特快专递专用信封的指定的邮政部门办理邮寄，或者根据约定时间由邮递员上门收寄等方式，向税务机关传送纳税资料的纳税申报方式。纳税人采取邮寄方式办理纳税申报的，应当使用统一的纳税申报专用信封，并以邮政部门收据作为申报凭据。邮寄申报以寄出的邮戳日期为实际申报日期。凡查账征收的纳税人，经主管税务机关批准，可以采用邮寄纳税申报的办法。

> **术语解析**
>
> 数据电文方式，是指税务机关确定的电话语音、电子数据交换和网络传输等电子方式。

（3）数据电文。纳税人采取电子方式办理纳税申报的，应当按照税务机关规定的期限和要求保存有关资料，并定期书面报送主管税务机关。

> **术语解析**
>
> 简易申报是指实行定期定额征税的纳税人在法律、法规规定的期限内或税务机关依法规定确定的期限内缴纳税款的，税务机关可以视同申报。

（4）简易申报。税务机关可以对定期定额缴纳税款的纳税人实行简易申报、简并征期。

4. 纳税申报期限

纳税申报期限是指纳税人发生纳税义务后，纳税人、扣缴义务人按照法律、行政法规规定或税务机关依据法律、行政法规规定确定的应纳或应缴税款的期限。为了保证国家税收收入的及时入库，各税种都根据情况和特点规定了纳税期限。

纳税期限的长短受多种因素的影响，如税款数额大小、交替条件等。我国现行税收实体法中规定的纳税期限，大体可分为三种情况：

（1）按期纳税。按期纳税的期限一般有 1 日、3 日、5 日、10 日、15 日、1 个月和 1 个季度。以 1 日、3 日、5 日、10 日和 15 日为一个纳税间隔期的，自期满之日起 5 日内预缴税款，于次月 1 日起 15 日内申报并结算上月应纳税款；以 1 个月和 1 季度为一个纳税期的，须在期满之日起 15 日内申报并结算应纳税款。纳税申报期最后一日，如遇公休、节假日的，可以顺延。

（2）按次纳税。按次纳税的期限一般在应税行为发生后的 7 日内申报并将应纳税款缴纳入库。

（3）按期预缴，年终汇算清缴。如果以1年为一个纳税期的，应该在年度内按期预缴，终了后5个月内汇算清缴，多退少补。

纳税人、扣缴义务人按照规定的期限办理纳税申报或者报送代扣代缴、代收代缴税款报告表确有困难，需要延期的，应当在规定的期限内向税务机关提出书面延期申请，经税务机关核准，在核准的期限内办理。

经核准延期办理纳税申报或者报送代扣代缴、代收代缴税款报告表的，应当在纳税期内按照上期实际缴纳的税额或者税务机关核定的税额预缴税款，并在核准的延期内办理税款结算。

特别提示

纳税人、扣缴义务人因不可抗力，不能按期办理纳税申报或者报送代扣代缴、代收代缴税款报告表的，可以延期办理。但是，应当在不可抗力情形消除后立即向税务机关报告。

（六）税款缴纳

纳税人、扣缴义务人在纳税申报后，要依照法定的方式、期限将税款缴纳入库，履行纳税义务。

1. 税款缴纳的方式

（1）现金缴税。它是指纳税人、扣缴义务人用现金缴纳税款的方式。

（2）转账缴税。它是指纳税人、扣缴义务人根据税务机关填制的缴款书通过其开户银行转账缴纳税款的方式。

（3）支票缴纳。在法定的申报期内，纳税人持纳税申报表和有关资料以及应付税款等额支票，报送税务机关；税务机关审查支票的有效性后，开具“税收转账专用完税证”交纳税人作为完税凭证，然后集中报缴数字、支票清单，统一交由国库办理清算。该方式需在税务机关、银行、国库三家计算机实现联网后方能实施。

（4）银行卡缴税。它是指纳税人、扣缴义务人用银行卡缴纳税款的方式。

（5）税银一体化缴税，又称财税库银横向联网缴税。它是指纳税人、扣缴义务人在银行开立基本存款账户或是其他存款账，按期提前存入当期应纳税款，并在规定的期限内由税务机关通知银行直接划解税款，或使用网上申报纳税系统自行通过银行划转税款的方式。按实施方式不同，可分为一般缴税专户缴税、网上实时缴税和批量扣税。

（6）委托代征缴税。它是指委托代征单位按照税务机关规定的代征范围和要求，以税务机关名义向纳税人征收零散税款的方式。

纳税人可根据自己的实际情况，申请选择适合的税款缴纳方式。

2. 纳税期限

纳税期限是指纳税人按期进行了纳税申报后，向国家缴纳税款的期限。

（1）流转税。以一个月为一期纳税的，于次月1日起15日内申报并结算上月应纳税款。

（2）企业所得税。企业应当自年度终了之日起5个月内，向税务机关报送年度企业所得税纳税申报表，并汇算清缴，结清应缴应退税款。

（3）其他税种。税法已明确规定纳税申报期限的，按税法规定的期限申报。税法未明确规定纳税申报期限的，按主管税务机关根据集体情况确定的期限申报。

纳税人办理纳税申报期限的最后一日，如遇公休、节假日的，可以顺延。

纳税人未按照规定期限缴纳税款，税务机关除责令限期改正外，从滞纳税款之日起，按日加收滞纳税款万分之五的滞纳金。

【实战训练1-1】 浙江博爱有限公司7月应缴纳增值税100 000元，但是公司由于资金紧张，一直到7月25日才缴纳了这笔税款，请你帮会计阿肯计算一下需缴纳多少滞纳金？

该企业需缴纳滞纳金 $100\ 000 \times 0.5‰ \times 10 = 500$（元）

3. 延期缴纳税款

纳税人、扣缴义务人按照法律、行政法规规定或者税务机关依照法律、行政法规的规定确定的期限，缴纳或者解缴税款。

纳税人因有特殊困难，不能按期缴纳税款的，经省、自治区、直辖市国家税务局、地方税务局批准，可以延期缴纳税款，但是最长不得超过三个月。计划单列市国家税务局、地方税务局可以审批纳税人延期缴纳税款。

《税收征收管理法实施细则》指出特殊困难具体指：

（1）因不可抗力，导致纳税人发生较大损失，正常生产经营活动受到较大影响的；

（2）当期货币资金在扣除应付职工工资、社会保险费后，不足以缴纳税款的。

> **特别提示**
> 2015年《税收征收管理法》修订征求意见稿建议，将延期纳税批准权下放至县以上税务局（分局）局长批准，纳税人补缴税款数额较大难以一次缴清的，经县以上税务局（分局）局长批准，可以分期缴纳，但最长不得超过1年。

想一想：不可抗力具体指的是什么情形呢？

纳税人需要延期缴纳税款的，应当在缴纳税款期限届满前提出申请，并报送下列材料：申请延期缴纳税款报告、当期货币资金余额情况及所有银行存款账户的对账单、资产负债表、应付职工工资和社会保险费等税务机关要求提供的支出预算。

税务机关应当自收到申请延期缴纳税款报告之日起20日内作出批准或者不予批准的决定；不予批准的，从缴纳税款期限届满之日起加收滞纳金。

4. 税款的追征与退还

纳税人未按照规定期限缴纳税款的，扣缴义务人未按照规定期限解缴税款的，税务机关除责令限期缴纳外，从滞纳税款之日起，按日加收滞纳税款万分之五的滞纳金。

（1）税款追征。因纳税人、扣缴义务人计算错误等失误，未缴或者少缴税款的，税务机关在3年内可以追征税款、滞纳金；有特殊困难的，追征期可以延长到5年。

因税务机关的责任，致使纳税人、扣缴义务人未缴或者少缴税款的，税务机关在3年内可以要求纳税人、扣缴义务人补缴税款，但是不得加收滞纳金。追征和补缴税款的期限，自纳税人、扣缴义务人应缴未缴或者少缴税款之日起计算。

纳税人、扣缴义务人和其他当事人因抗税、偷税未缴或者少缴税款或者骗取退税款，税务机关可以无限期追征。

违反税收法律、行政法规应当给予行政处罚的行为，在5年内未被发现的，不再给予行政处罚。

（2）税款退还。纳税人超过应纳税额缴纳的税款，税务机关发现后应当立即退还；纳税人自结算缴纳税款之日起3年内发现的，可以向税务机关要求退还多缴的税款并加算银行同期存款利息，税务机关及时查实后应当立即退还；涉及从国库退还的，依照法律、行政法规有关国库管理的规定退还。

5. 税收保全措施和税收强制执行措施

（1）税收保全措施。税务机关有根据认为从事生产、经营的纳税人有逃避纳税义务行为的，可以在规定的纳税期之前，责令限期缴纳应纳税款；在限期内发现纳税人有明显的转移、隐匿其应纳税的商品、货物以及其他财产或者应纳税的收入的迹象的，税务机关可以责成纳税人提供纳税担保。如果纳税人不能提供纳税担保，经县以上税务局（分局）局长批准，税务机关可以采取下列税收保全措施：

①书面通知纳税人开户银行或者其他金融机构冻结纳税人的金额相当于应纳税款的存款；

②扣押、查封纳税人的价值相当于应纳税款的商品、货物或者其他财产。

纳税人在税法规定的限期内缴纳税款的，税务机关必须立即解除税收保全措施；限期期满仍未缴纳税款的，经县以上税务局（分局）局长批准，税务机关可以书面通知纳税人开户银行或者其他金融机构从其冻结的存款中扣缴税款，或者依法拍卖或者变卖所扣押、查封的商品、货物或者其他财产，以拍卖或者变卖所得抵缴税款。

（2）税收强制执行措施。从事生产、经营的纳税人、扣缴义务人未按照规定的期限缴纳或者解缴税款，纳税担保人未按照规定的期限缴纳所担保的税款，由税务机关责令限期缴纳，逾期仍未缴纳的，经县以上税务局（分局）局长批准，税务机关可以采取下列强制执行措施：

①书面通知其开户银行或者其他金融机构从其存款中扣缴税款；

②扣押、查封、依法拍卖或者变卖其价值相当于应纳税款的商品、货物或者其他财产，以拍卖或者变卖所得抵缴税款。

特别提示

个人及其所扶养家属维持生活必需的住房和用品，不在税收保全措施的范围之内。

特别提示

税务机关采取强制执行措施时，对纳税人、扣缴义务人、纳税担保人未缴纳的滞纳金同时强制执行。

个人及其所扶养家属维持生活必需的住房和用品，不在强制执行措施的范围之内。

（七）减免税申报

1. 减免税的概念

减税，即依据税法规定减除纳税义务人一部分应纳税款。它是对某些纳税人进行扶持或照顾，以减轻其税收负担的一种特殊规定。免税，即对某些特殊纳税人免征某种（或某几种）税收的全部税款。

减免税的具体形式有：

（1）税基式减免，是指通过缩小计税依据来实现减免税的一种形式，具体包括起征点、免征额、项目扣除和跨期结转等具体形式。

起征点是指税法规定征税对象开始征税的数额界限，征税对象数额未达到起征点的不征税，达到或超过起征点的就其全部数额征税。免征额是指税法规定的征税对象中免予征税的数额，免征额部分不征税，只就超过免征额的部分征税。

①起征点是指对征税对象达到一定数额才开始征税的界限。征税对象的数额没有达到规定数额的不征税，征税对象的数额达到规定数额的，就其全部数额征税。如《增值税暂行条例》规定，按期纳税的起征点为月销售额 5 000～20 000 元，按次纳税的起征点为每次（日）销售额 300～500 元。

②免征额是指对征税对象总额中免予征税的数额。即将纳税对象中的一部分给予减免，只就减除后的剩余部分计征税额。如《个人所得税法》规定了免征额制度，对工资、薪金所得，以每月收入额减除费用 5 000 元后的余额为应纳税所得额。

（2）税率式减免，是指通过降低税率来实现减免税的一种形式，具体包括重新确定新税率、归入低税率和规定零税率等。

（3）税额式减免，是指通过减少一部分税额或免除全部税额来实现减免税的一种形式，具体包括全部免征、减半征收、核定减征率、核定减征额等。

2. 减免税的种类

（1）法定减免。法定减免是指在税收法律和行政法规中明确规定的减税、免税。通常在各税种的基本法规中都列有减税、免税条款。这些减税、免税条款所规定的原则和范围具有普遍性和稳定性。有关税种的法规中所规定的起征点、免征额也属于法定减免的范围。

（2）特定减免。特定减免是指根据社会经济的发展变化和发挥税收调控作用的需要，用特别的、专门的法规文件规定的减税、免税。

（3）临时减免。又称困难减免，是指为照顾纳税人的生产、生活以及其他特殊困难而临时批准给予的减税、免税。它通常是定期的减免税，或者是一次性的减免税。

3. 减免税办理规程

（1）减免税的申请。凡依据税收法律、法规以及国务院有关规定给予减征、免征应缴税款的属于减免税申请范围，超过法定减免、政策减免和困难减免范围的一律不得申请报批减免。

纳税人申请减免税要向主管税务机关提交书面报告，填写有关减税免税申请表并附送有关资料，说明要求减免的项目政策依据、减免期限和税额等。

（2）减免税的审批。主管税务机关收到纳税人申请后，必须对申请内容逐项核实，提出具体的初审意见和报告，并按审批权限逐级上报。

上级税务机关接到下级税务机关的减免税报告后，要按照审批权限规定进行下批或呈报，为防止以税谋私和专权渎职的问题发生，减免税一般实行集体审批的制度。

（3）减免税的批复执行。税务机关对符合减免范围、资料齐备的减免税申请，经审核后均要以书面形式批复，向申请单位发出减免税批复通知书；减免税批复后的具体执行可分为事前减免与事后减免两种；事前减免是指在纳税人缴税之前申请减免税并得到批准；事后减免是指纳税人缴税之后才办理减免税手续或得到税务机关的批复文书。

（4）减免税的监督检查。经批准减免税的纳税人，在享受减免税期间，也要按规定办理纳税申报手续，当原申报减免税的条件发生变化时，应向税务机关报告重新认定。

主管税务机关对减免税进行追踪管理，对减免税的执行，减免税金的使用，减免税期满恢复征税进行定期检查。对于已经不符合政策的减免税，或者使用不当的减免税金，税务机关有权纠正，或者收回批复的减免，恢复征税。对于纳税人擅自减免或以欺骗、隐瞒手段骗取减免税的行为，要依法追究法律责任。

（八）配合税务检查

1. 税务检查的概念

税务检查又称纳税检查，是指税务机关根据税收法律、法规的规定，对纳税人、扣缴义务人履行纳税义务和扣缴义务的情况进行的审查监督活动。作为纳税人、扣缴义务人应积极配合税务机关的检查活动，应该对税务检查的机构、检查的范围及应承担的义务有所了解。

2. 税务检查的机构

根据《税收征收管理法》的规定，有权进行税务检查的机构是税务机关。

3. 税务检查的范围

（1）检查纳税人的账簿、会计凭证、报表和有关资料，检查扣缴义务人代扣代缴、代收代缴税款相关账簿、会计凭证和有关资料。

（2）到纳税人的生产、经营场所和货物存放地检查纳税人应纳税的商品、货物或者其他财产，检查扣缴义务人与代扣代缴、代收代缴税款有关的经营情况。

（3）责成纳税人、扣缴义务人提供与纳税或者代扣代缴、代收代缴税款有关的文件、证明材料和有关资料。

（4）询问纳税人、扣缴义务人以及其他涉税当事人与纳税或者代扣代缴、代收代缴税款有关的问题和情况。

（5）到车站、码头、机场、邮政企业及其分支机构检查纳税人托运、邮寄应纳税商品、货物或者其他财产。

（6）经县以上税务局（分局）局长批准，凭全国统一格式的检查存款、汇款账户许可证明，查询纳税人、扣缴义务人在银行或者其他金融机构的存款、汇款及证券交易结算资金账户。税务机关在调查税收违法案件时，经设区的市、自治州以上税务局（分局）局长批准，可以查询案件涉嫌人员的存款、汇款及证券交易结算资金账户。税务机关查询所获得的资料，不得用于税收以外的用途。

（7）到网络交易平台提供机构检查网络交易情况，到网络交易支付服务机构检查网络交易支付情况。

（8）到纳税人、扣缴义务人和纳税担保人的财物受托人处检查财物委托情况。

（9）检查涉嫌取得虚假发票的非纳税单位和个人的发票使用情况。

（10）检查未登记为生产、经营场所却用于生产、经营的场所。

（11）到相关部门查询、复制纳税人财产登记情况及身份信息。

4. 税务检查的要求

（1）纳税人、扣缴义务人必须接受税务机关依法进行的税务检查，如实反映情况，提供有关资料，不得拒绝、隐瞒。

（2）税务机关依法进行税务检查时，有关部门和单位应当支持、协助，向税务机关如实反映纳税人、扣缴义务人和其他当事人与纳税或代扣代缴、代收代缴税款有关的情况，提供有关资料与证明材料。

（3）税务机关调查税务违法案件时，对于案件有关的情况和资料，可以记录、录音、录像、照相和复制。

（4）税务机关和税务人员必须依照《税收征收管理法》及其实施细则的规定行使税务检查权。税务人员进行税务检查时，必须出示税务检查证；无税务检查证的，纳税人、扣缴义务人及其他当事人有权拒绝检查。检查人员有责任为被检查人员保守秘密。

（5）税务机关对从事生产、经营的纳税人以前纳税期的纳税情况依法进行税务检查时，发现纳税人有逃避纳税义务行为，并有明显的转移、隐匿其应纳税的商品、货物以及其他财产或者应纳税的收入的迹象的，可以按照本法规定的批准权限采取税收保全措施或者强制执行措施。

检查纳税人的账簿、会计凭证、报表和有关资料，检查扣缴义务人代扣代缴、代收代缴税款相关账簿、会计凭证和有关资料，税务机关可以在纳税人、扣缴义务人的业务场所进行；必要时，经县以上税务局（分局）局长批准，可以将纳税人、扣缴义务人以前会计年度的账簿、记账凭证、报表和其他有关资料调回税务机关检查，但是税务机关必须向纳税人、扣缴义务人开付清单，并在3个月内完整退还；有特殊情况的，经设区的市、自治州以上税务局局长批准，税务机关可以将纳税人、扣缴义务人当年的账簿、记账凭证、报表和其他有关资料调回检查，但是税务机关必须在30日内退还。

5. 配合税务检查

（1）规范企业税务管理。企业应该充分认识到抓好会计凭证、会计账簿、会计报表、申报纳税资料的整理、装订、标识、保管等基础工作，因为这些也是税务检查人员的主要检查内容。企业应重视提高财务人对税收业务的处理能力，并定期进行自查，也可聘请税务师事务所等专业性中介组织进行独立检查，以促使本区域税务管理工作的规范化，从而降低涉税风险。

（2）熟悉税务检查工作。税务检查的范围和内容，必须经税法特别的列举规定。税务人员实施税务稽查，其行为超过规定的权限范围，即属于违法的行政行为，不具有法律约束力，不受法律保护，纳税人有权拒绝接受稽查。

（3）清楚纳税人的权利。纳税人有法律规定接受税务检查的义务，同时对违法的税务稽查也有拒绝的权利——拒绝检查权。此外还有要求回避权、拒绝查封权、陈述申辩权、要求听证权、委托代理权、申请税务行政复议、提起行政诉讼权、申请赔偿权等。

任务三 认识并管理发票

一、认识发票

发票，是指在购销商品、提供或者接受服务以及从事其他经营活动中，开具、收取的收付款凭证。在我国发票是按流转税种类进行划分发票管理权限的，如增值税专用发票，主要由国家税务局管理。发票的种类较多，主要按行业特点和纳税人生产经营项目来分类，大致可以分为：增值税专用发票、普通发票和专业发票。

1－15 “认知发票”视频

（一）增值税专用发票

1. 增值税专用发票的基本情况

1－16 “发票如何管理”视频

专用发票，是增值税一般纳税人或小规模纳税人销售货物或者提供应税劳务（以及提供应税服务）开具的发票，是购买方支付增值税额并可按照增值税有关规定据以抵扣增值税进项税额的凭证。专用发票由基本联次或者基本联次附加其他联次构成，基本联次为三联：记账联（见图 1－20）、抵扣联（见图 1－21）和发票联（见图 1－22）。发票联，作为购买方核算采购成本和增值税进项税额的记账凭证；抵扣联，作为购买方报送主管税务机关认证和留存备查的凭证；记账联，作为销售方核算销售收入和增值税销项税额的记账凭证。其他联次用途，由一般纳税人自行确定。

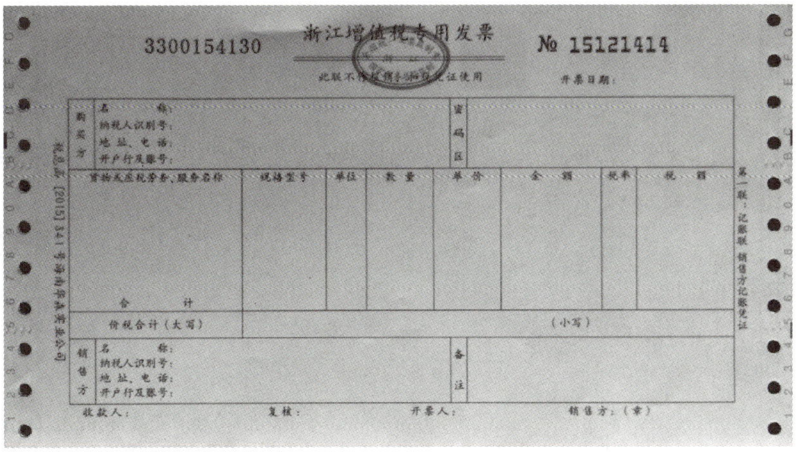
3300154130 浙江增值税专用发票 № 15121414

开票日期：

购买方	名称： 纳税人识别号： 地址、电话： 开户行及账号：				密码区		
货物或应税劳务、服务名称	规格型号	单位	数量	单价	金额	税率	税额
合计							
价税合计（大写）				（小写）			
销售方	名称： 纳税人识别号： 地址、电话： 开户行及账号：				备注		

收款人： 复核： 开票人： 销售方：（章）

第一联：记账联 销售方记账凭证

图 1－20 增值税专用发票记账联

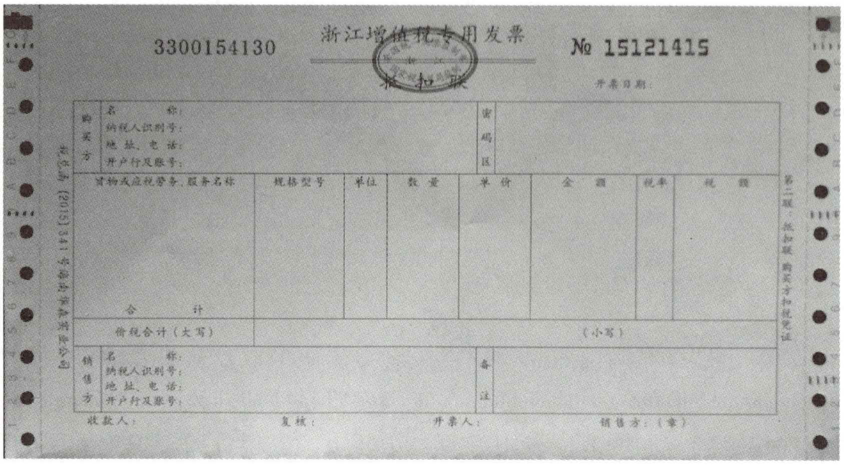

图 1－21 增值税专用发票抵扣联

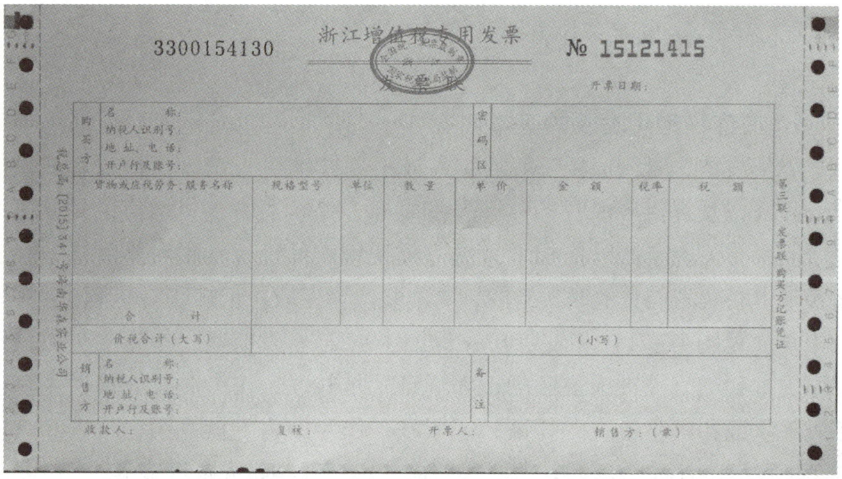

图 1－22 增值税专用发票发票联

增值税一般纳税人和增值税小规模纳税人可以申请领购并开具增值税专用发票。有下列情形之一的，不得领购开具专用发票：

（1）会计核算不健全，不能向税务机关准确提供增值税销项税额、进项税额、应纳税额数据及其他有关增值税税务资料的（增值税税务资料的内容，由省、自治区、直辖市和计划单列市国家税务局确定）。

（2）有《税收征收管理法》规定的税收违法行为，拒不接受税务机关处理的。

（3）有下列行为之一，经税务机关责令限期改正而仍未改正的：

①虚开增值税专用发票；

②私自印制专用发票；

③向税务机关以外的单位和个人买取专用发票；

④借用他人专用发票；

⑤未按《增值税专用发票使用规定》具体规定开具专用发票；

⑥未按规定保管专用发票和专用设备；

⑦未按规定申请办理防伪税控系统变更发行；

⑧未按规定接受税务机关检查。

此外，商业企业一般纳税人零售的烟、酒、食品、服装、鞋帽（不包括劳保专用部分）、化妆品等消费品不得开具专用发票。

增值税一般纳税人必须通过防伪税控系统开具专用发票。

增值税专用发票（增值税税控系统）实行最高开票限额管理。最高开票限额，是指单份专用发票或货运专票开具的销售额合计数不得达到的上限额度。最高开票限额由一般纳税人申请，区县税务机关依法审批。一般纳税人申请最高开票限额时，需填报《增值税专用发票最高开票限额申请单》。主管税务机关受理纳税人申请以后，根据需要进行实地查验。实地查验的范围和方法由各省国税机关确定。一般纳税人申请专用发票最高开票限额不超过 10 万元的，税务机关不需事前进行实地查验。实行纳税辅导期管理的小型商贸批发企业，领购专用发票的最高开票限额不得超过 10 万元。

自 2016 年 11 月 14 日起，月销售额超过 3 万元（或季销售额超过 9 万元）的住宿业向小规模纳税人提供住宿服务、销售货物或发生其他应税行为，需要开具增值税专用发票的，可以通过增值税发票管理新系统自行开具，主管国税机关不再为其代开。自 2017 年 3 月 1 日起，鉴证咨询业增值税小规模纳税人提供认证服务、鉴证服务、咨询服务、销售货物或发生其他增值税应税行为，也可以自行开具专用发票。在填写增值税纳税申报表时，应将当期开具专用发票的销售额，按照 3% 和 5% 的征收率，分别填写在《增值税纳税申报表》（小规模纳税人适用）第 2 栏和第 5 栏“税务机关代开的增值税专用发票不含税销售额”的“本期数”相应栏次中。上述试点纳税人销售其取得的不动产，需要开具增值税专用发票的，仍须向地税机关申请代开。

2. 增值税专用发票的开票要求

增值税专用发票（见图 1－23）的发票代码，前 4 位是地区代码，第 5～6 位是版制年度，第 7 位为印刷批次，第 8 位为文字版，第 9 位为联次，第 10 位为金额版。发票的基本内容包括：发票的名称、发票代码和号码、联次及用途、客户名称、开户银行及账号、商品名称或经营项目、计量单位、数量、单价、大小写金额、开票人、开票日期、开票单位（个人）名称（章）等。

特别提示

未按规定保管专用发票和专用设备：

（1）未设专人保管专用发票和专用设备；

（2）未按税务机关要求存放专用发票和专用设备；

（3）未将认证相符的专用发票抵扣联、《认证结果通知书》和《认证结果清单》装订成册；

（4）未经税务机关查验，擅自销毁专用发票基本联次。

专用设备是指金税卡、IC 卡、读卡器和其他设备。

术语解析

防伪税控系统，是指经国务院同意推行的，使用专用设备（金税卡、IC 卡、读卡器和报税盘和抄税盘）和通用设备（计算机、打印机、扫描器具等）、运用数字密码和电子存储技术管理专用发票的计算机管理系统。

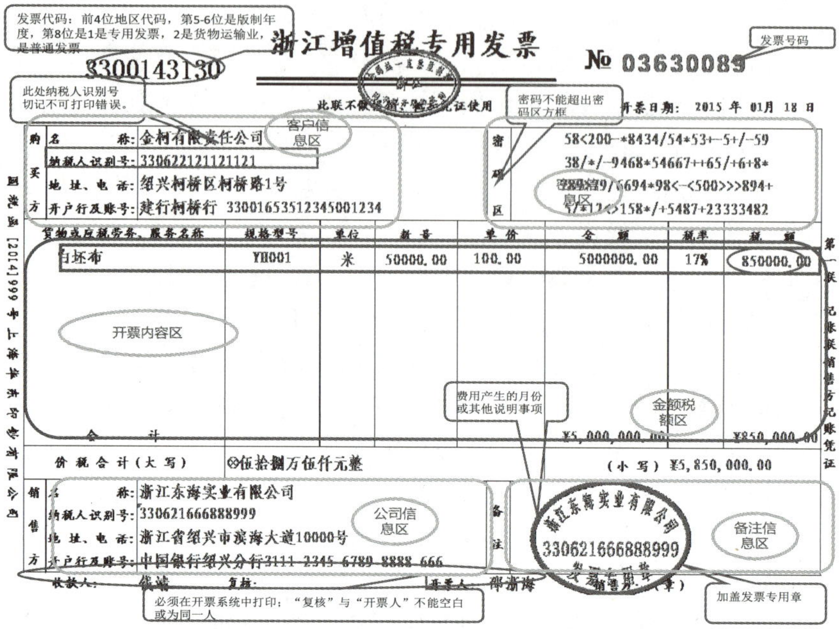

图 1－23　增值税专用发票

自 2018 年 1 月 1 日起，纳税人通过增值税发票管理新系统开具增值税发票（包括：增值税专用发票、增值税普通发票、增值税电子普通发票）时，商品和服务税收分类编码对应的简称会自动显示并打印在发票票面"货物或应税劳务、服务名称"或"项目"栏次中。

专用发票应按下列要求开具：

（1）项目齐全，与实际交易相符；

（2）字迹清楚，不得压线、错格；

（3）发票联和抵扣联加盖财务专用章或者发票专用章；

（4）按照增值税纳税义务的发生时间开具。

（二）普通发票

普通发票（见图 1－24）主要由小规模纳税人使用，增值税一般纳税人在不能开具专用发票时也可使用。

增值税电子普通发票的发票代码为 12 位，编码规则：第 1 位为 0，第 2～5 位代表省、自治区、直辖市和计划单列市，第 6～7 位代表年度，第 8～10 位代表批次，第 11～12 位代表票种（11 代表增值税电子普通发票）。发票号码为 8 位，按年度、分批次编制。新税务机构挂牌后，将启用新的发票监制章。

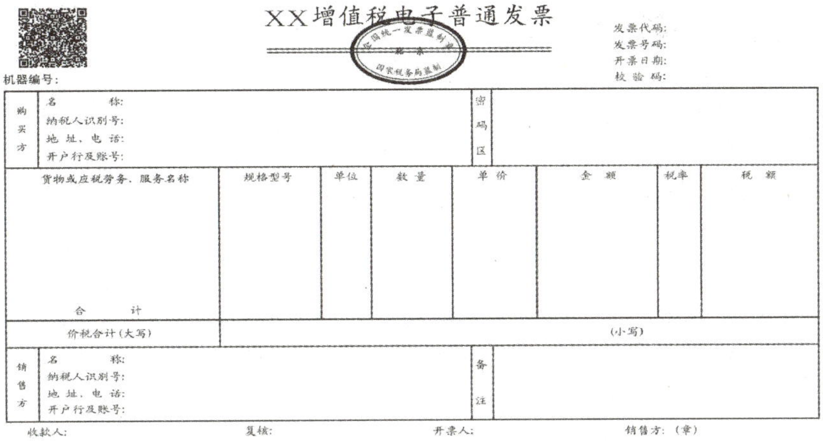
XX增值税电子普通发票

发票代码：
发票号码：
开票日期：
校验码：

机器编号：

购买方：名称：纳税人识别号：地址、电话：开户行及账号：

密码区

货物或应税劳务、服务名称 | 规格型号 | 单位 | 数量 | 单价 | 金额 | 税率 | 税额

合计

价税合计（大写） （小写）

销售方：名称：纳税人识别号：地址、电话：开户行及账号：

备注

收款人： 复核： 开票人： 销售方：（章）

图 1－24 增值税电子普通发票（票样）

（三）专业发票

专业发票是指国有金融、保险企业的存贷、汇兑、转账凭证、保险凭证；国有邮政、电信企业的邮票、邮单、话务、电报收据；国有铁路、国有航空企业和交通部门、国有公路、水上运输企业的客票、货票等。经国家税务总局批准或省级税务机关批准，专业发票可以由主管部门自行管理，不套印税务机关的统一发票监制章，也可以根据税收征管的需要纳入统一发票管理。

想一想：请收集一些我们在生活消费中的发票，并进行比较。比如我们聚餐时的餐饮发票、乘坐火车的火车票、出租车发票、购买生活用品等发票，看看各有什么不同。

如果你经常网购，不妨要求商家开具一张网络电子发票给你，看看电子发票又有什么不同。

二、领购发票

（一）领购发票的适用范围

办理营业执照的单位，可向主管税务机关申请领购发票。需要临时使用发票的单位和个人，可以凭购销商品、提供或者接受服务以及从事其他经营活动的书面证明、经办人身份证明，直接向经营地税务机关申请代开发票。税务机关根据发票管理的需要，可以按照国务院税务主管部门的规定委托其他单位代开发票。禁止非法代开发票。

特别提示

发票领购簿的内容包括用票单位和个人的名称、所属行业、购票方式、核准购票种类、开票限额、发票名称、领购日期、准购数量、起止号码、违章记录、领购人签字（盖章）、核发税务机关（章）等内容。

（二）领购发票的流程

纳税人通过电子税务局查看其发票核定和可以进行网上领票申请的发票种类和数量，然后通过网上提交领票申请，系统处理完毕后，通知企业上门领取或者邮寄到企业端。具体操作步骤如下：

步骤1：登录

步骤2：填写信息

纳税人基本信息系统会自动取数赋值，无须纳税人进行填写，纳税人只需要根据企业实际情况选择确认，对其中不全的信息进行补充。

步骤3：选择操作

按实际需要选择“发票验旧领新”或“仅发票领用”的申请类型。

若选择“发票验旧领新”，先进入发票验旧环节，系统自动连接开票系统调取纳税人已上传未验旧的发票明细，纳税人对需要验旧的发票种类进行选择，确认本次验旧的起止号码（默认为全部号码段），点击“生成验旧信息”即可。其中若有未核销的红字发票、作废发票请及时到“红废票核销”模块进行核销。完成验旧后再进入发票领用。若选择“仅发票领用”，则通过接口到核心征管、防伪税控、自助办税端，电子税务局可自动生成发票开具总清册和红字作废发票清册，统计发票的总份数、总金额、总税额以及红字发票、作废发票的总份数、总金额、总税额。

（1）领用发票名称：从企业已有票种核定的发票种类进行选择，可多选。

（2）此次可领用量：此次可领用量 = 最高领用量 – 结存数量。系统自动计算生成。

（3）领用数量：填入实际需要领用的发票数量。

（4）单位：系统根据不同的发票对应不同的计量单位，分为份、本。

（5）取票方式：纳税人可按实际需要选择“邮寄”或“办税大厅自取”的取票方式。若是“邮寄”方式，则需完成邮寄信息填写（包括收件人、身份证号码、手机号码、收件地址、邮编），其中收件人必须为税务机关登记的法人、财务负责人、办税员之一；地址必须为税务机关登记的注册地址，或生产经营地址及税务局维护的地址。若为“办税大厅自取”，则系统自动显示全市的各个税务机关及下属办税服务厅，纳税人按照就近的原则选择上门领取纸质发票，同时系统自动带出该企业已进行实名制认证且授权办税的人员名单（如法定代表人、财务负责人、办税员等）。取票人员持有效身份证件和二维码信息，税务部门分配发票号码段，纳税人领取发票。

步骤4：提交

对填写的信息确认无误后，可进行提交，点击【提交】按钮，系统提示提交结果。

步骤 5：查看进度

可通过【我要查询】—【办税进度】模块，查询已提交办税事项受理进度。

具体流程如下（见图 1－25 ~ 图 1－30）：

1. 开票员打开增值税发票税控开票软件，登录填写账号、密码等，点击【登录】。

图 1－25　增值税发票税控开票软件登录

2. 进入增值税发票税控开票软件。

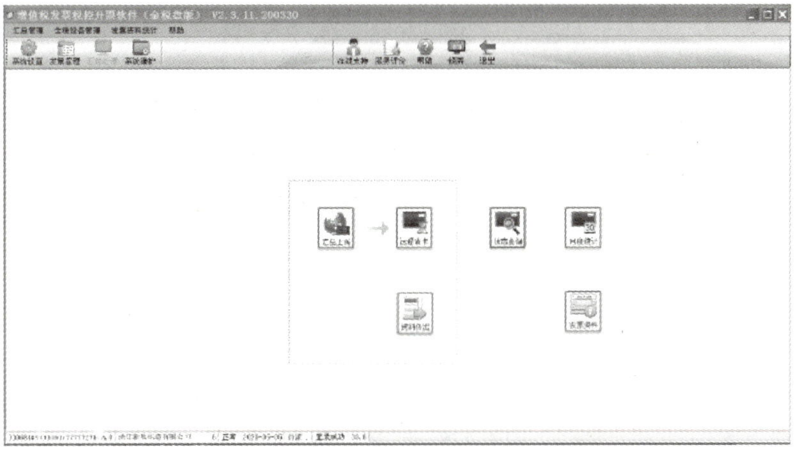

图 1－26　增值税发票税控开票软件界面

3. 点击【汇总上传】，系统自动汇总上传已有的开票信息，点击【确认】。

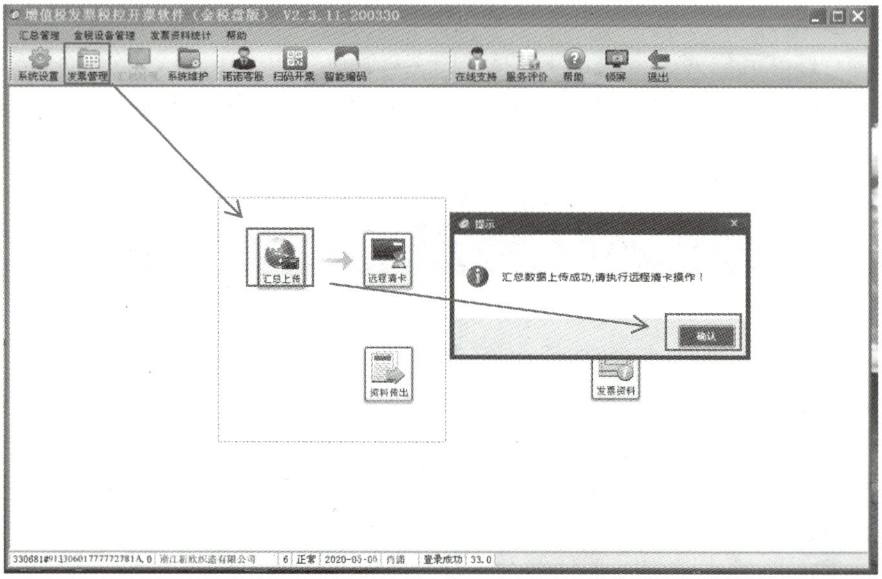

图 1-27　汇总上传已开票信息

4. 跳出信息上传汇总说明，点击【确认】。

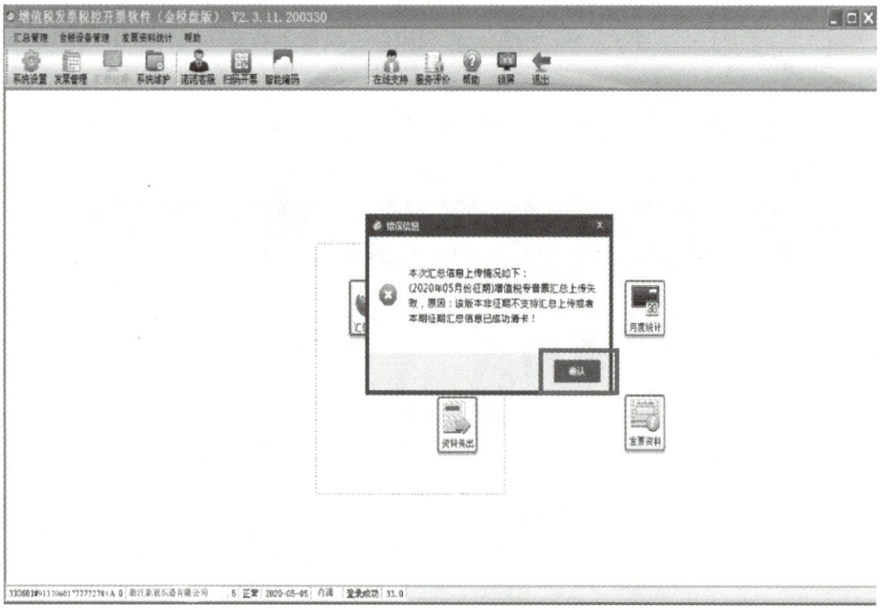

图 1-28　汇总上传确认

5. 点击【发票管理】—【网上申领】—【发票申领】。

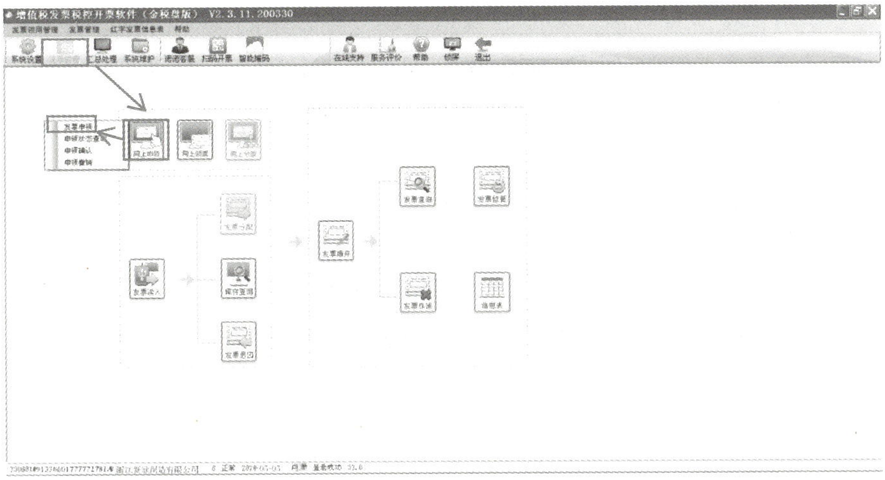

图 1－29　发票申领界面

6. 跳出申领信息界面，填写申领完整信息，点击【申领】，发票领购成功。

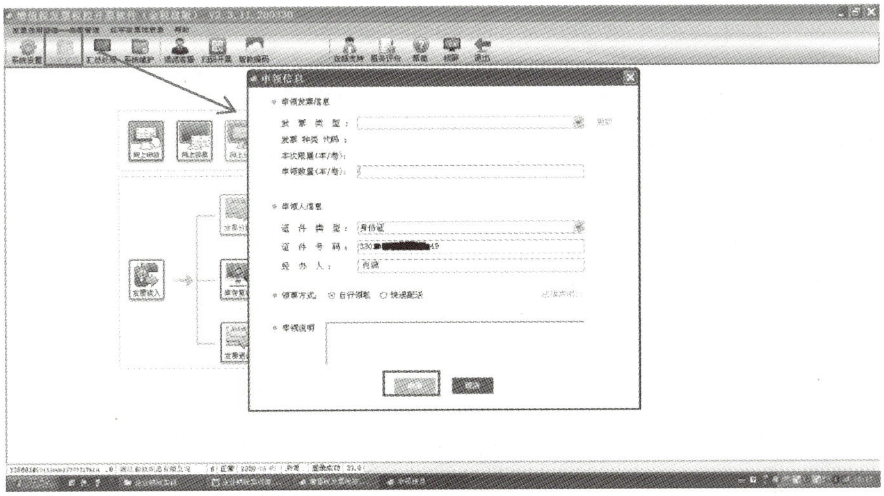

图 1－30　发票申领信息

三、开具发票

纳税人销售货物或者提供应税劳务等，应向购买方开具发票。开具发票应当按照规定的时限、顺序、栏目，全部联次一次性如实开具，并加盖发票专用章。

1－17　随堂练习三

自2018年2月1日起，月销售额超过3万元（或季销售额超过9万元）的工业以及信息传输、软件和信息技术服务业增值税小规模纳税人发生增值税应税行为，需要开具增值税专用发票的，可以通过增值税发票管理新系统自行开具。自2018年4月1日起，二手车交易市场、二手车经销企业、经纪机构和拍卖企业应当通过增值税发票管理新系统开具二手车销售统一发票。

单位和个人必须在发生经营业务确认营业收入时开具发票。未发生经营业务一律不准开具发票。

任何单位和个人不得有下列虚开发票行为：

1. 为他人、为自己开具与实际经营业务情况不符的发票；
2. 让他人为自己开具与实际经营业务情况不符的发票；
3. 介绍他人开具与实际经营业务情况不符的发票。

开具发票后，如发生销货退回需开红字发票的，必须收回原发票并注明“作废”字样或取得对方有效证明。开具发票后，如发生销售折让的，必须在收回原发票并注明“作废”字样后重新开具销售发票或取得对方有效证明后开具红字发票。

《发票管理办法》还规定，任何单位和个人应当按照发票管理规定使用发票，不得有下列行为：

1. 转借、转让、介绍他人转让发票、发票监制章和发票防伪专用品；
2. 知道或者应当知道是私自印制、伪造、变造、非法取得或者废止的发票而受让、开具、存放、携带、邮寄、运输；
3. 拆本使用发票；
4. 扩大发票使用范围；
5. 以其他凭证代替发票使用。

开具发票的具体流程包含以下几步：

> **特别提示**
>
> 虚开增值税专用发票是指：
>
> 虚开：
>
> （1）没有货物购销或者没有提供或接受应税劳务而为他人、为自己、让他人为自己、介绍他人开具；
>
> （2）有货物购销或者提供或接受应税劳务但为他人、为自己、让他人为自己、介绍他人开具数量或者金额不实；
>
> （3）进行实际经营活动，但他人为自己代开其余的对不能反映纳税情况的有关内容作虚假填写。

（一）添加客户编码

增值税专用发票开票前，需要建立客户库，进行客户编码添加，具体步骤如下：

步骤1：登录

打开增值税发票税控开票软件（金税盘版），录入操作员密码，进入系统。

步骤2：添加客户编码

进入系统后，点击【系统设置】，进入客户编码，点击【增加】，输入客户名称、编码、客户税号、邮件地址、地址电话、银行账号等信息，保存后退出。

（二）录入商品编码

增值税专用发票开票前，还需要建立商品库，进行商品编码添加，具体步骤如下：

步骤1：登录

打开增值税发票税控开票软件（金税盘版），录入操作员密码，进入系统。

步骤2：添加客户编码

进入系统后，点击【系统设置】，进入商品编码，点击【增加】，输入商品编码、商品名称、税率、规格型号、计量单位、单价、含税标志、税收分类编码、税收分类名称等信息，保存后退出。

（三）开具增值税专用发票

增值税专用发票的开具需先登录，再读入，然后进行发票开具，最后保存打印。具体步骤如下：

步骤1：登录

打开增值税发票税控开票软件（金税盘版），录入操作员密码，进入系统。

步骤2：发票读入

进入系统后，点击【汇总处理】下的【汇总上传】，系统提示本期汇总上传情况，点击【确认】。

步骤3：发票开具

点击【发票管理】，选中发票读入，选择发票填开，系统提示发票号码确认，显示将要开具的发票的各类、代码、号码，认真核对后，点击【确认】。跳出开具增值税专用发票界面，点击【购买方】，自动跳出客户编码信息，选择确定客户；点击货物或应税劳务名称，自动跳出商品编码信息，选择确定商品；修改单价、数量、金额；仔细核对后确认。

步骤4：发票打印

点击【打印】按钮，选择打印机和页面调整，点击【打印】。

实际操作流程如下（见图1－31～图1－46）：

1. 点击【系统设置】，选择客户编码。

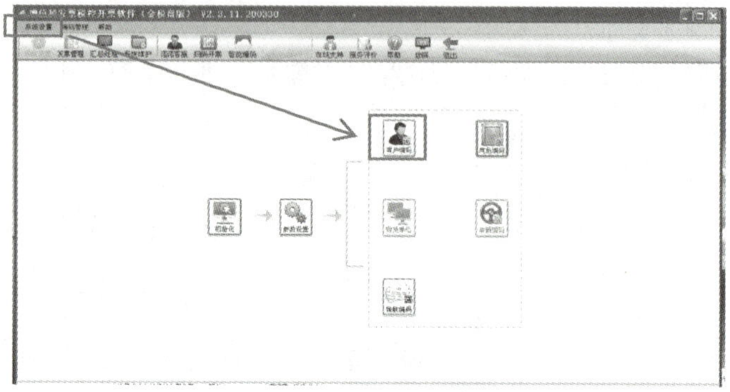

图 1－31　客户编码选择

2. 跳出客户编码族管理界面，点击【增加】。

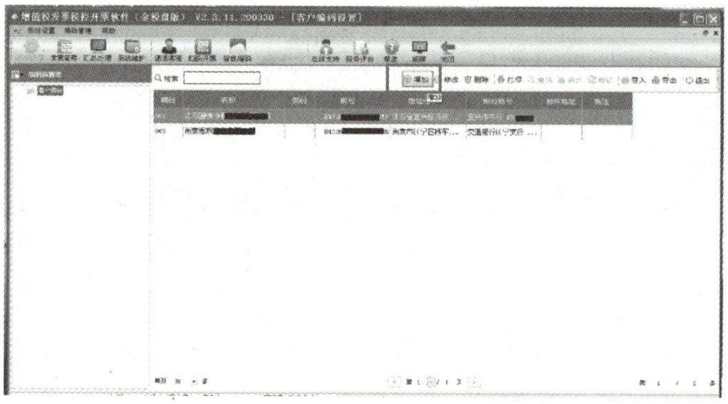

图 1－32　客户编码界面

3. 跳出客户编码添加界面，输入新客户相关信息。

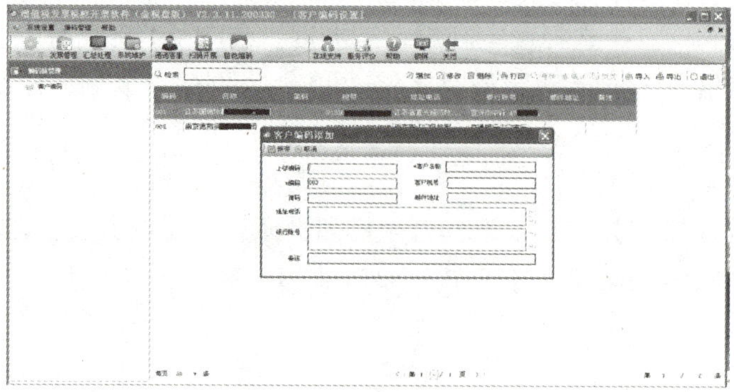

图 1－33　客户编码添加

4. 输入相关信息后，点击【保存】，客户编码添加成功。

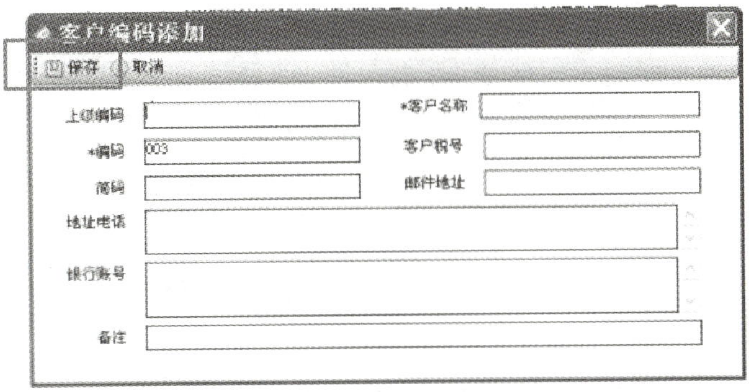

图 1-34　客户编码添加保存

5. 返回系统设置页面，点击【商品编码】。

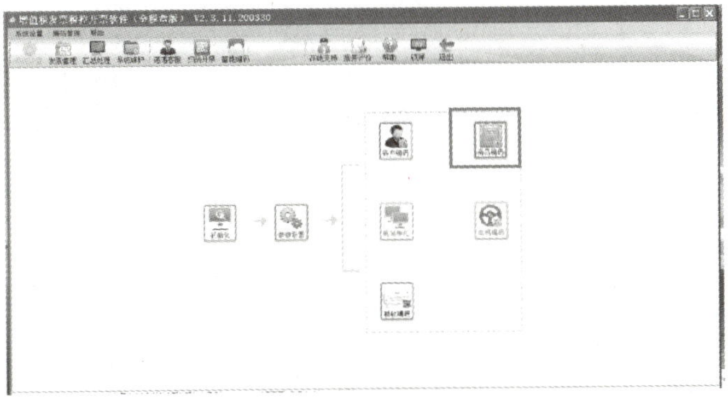

图 1-35　商品编码选择

6. 跳出商品编码族管理界面，点击【增加】。

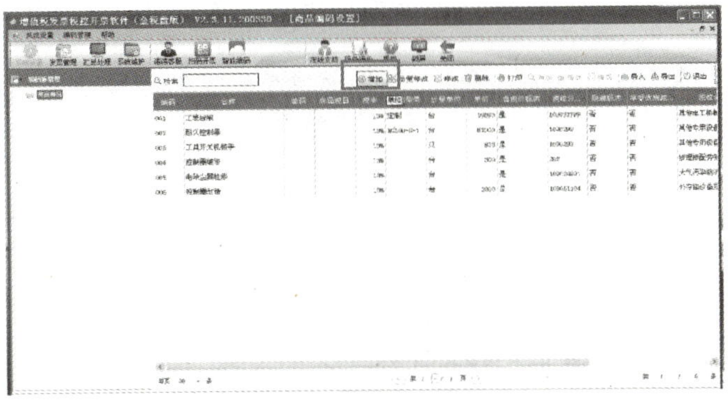

图 1-36　商品编码界面

7. 跳出商品编码添加界面，输入商品信息，点击【保存】，商品编码添加成功。

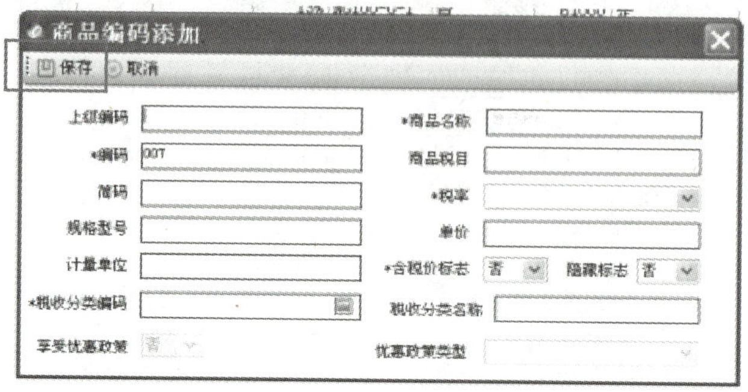

图 1－37　商品编码添加

8. 登录开票系统。

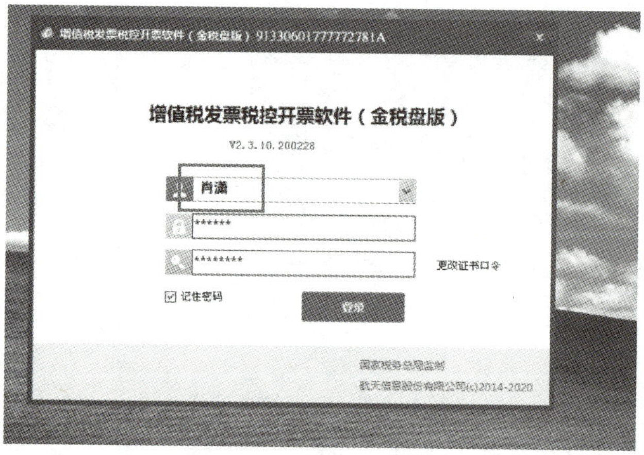

图 1－38　增值税发票税控开票软件登录

9. 点击【发票管理】，选择【发票填开】—【增值税专用发票填开】。

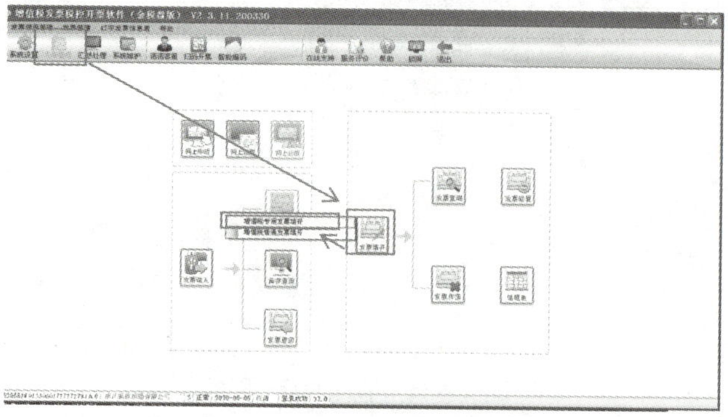

图 1－39　发票管理界面

10. 跳出发票号码确认，核对发票的种类、代码、号码等信息，并与纸质发票进行详细核对。如核对正确，选择【确认】。

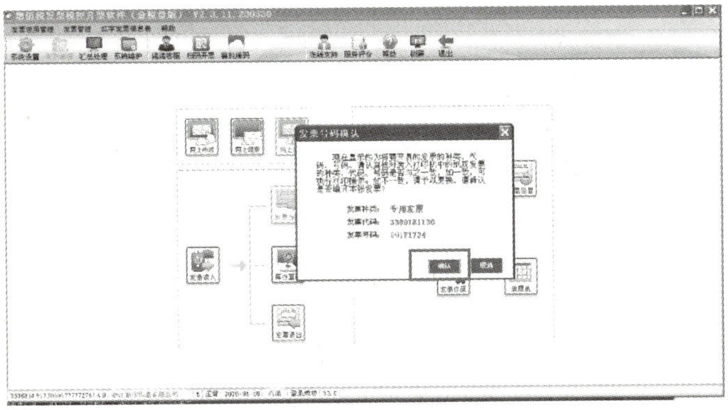

图 1-40 发票号码确认

11. 跳出空白的增值税专用发票界面，点击【购买方名称】。

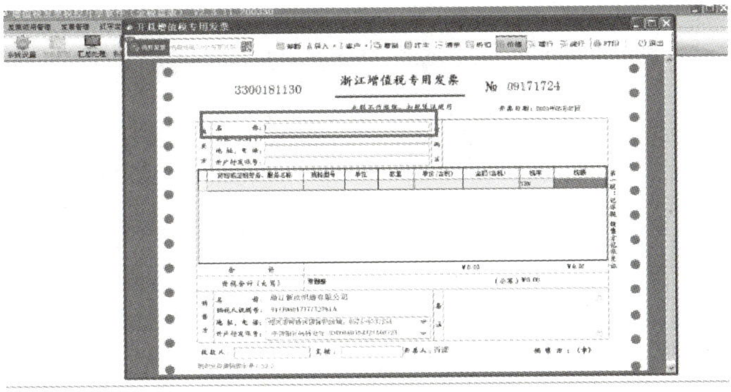

图 1-41 增值税专用发票信息填写（一）

12. 系统自动跳出客户选择。

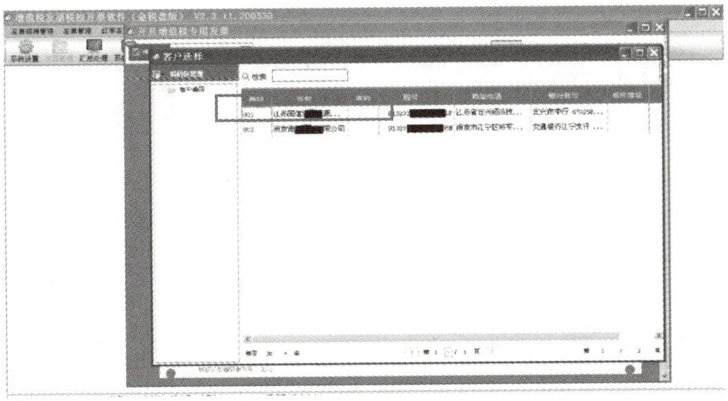

图 1-42 客户选择

13. 选中相应客户后，系统自动填写和购买方全部信息，核对无误，点击【货物或应税劳务、服务名称】。

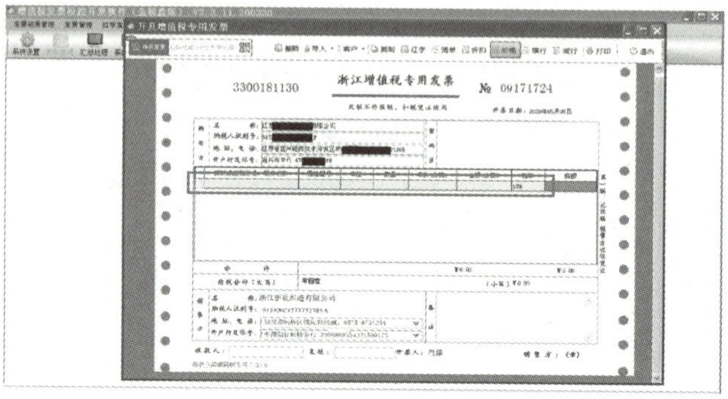

图 1－43　增值税专用发票信息填写（二）

14. 系统自动跳出商品编码信息。

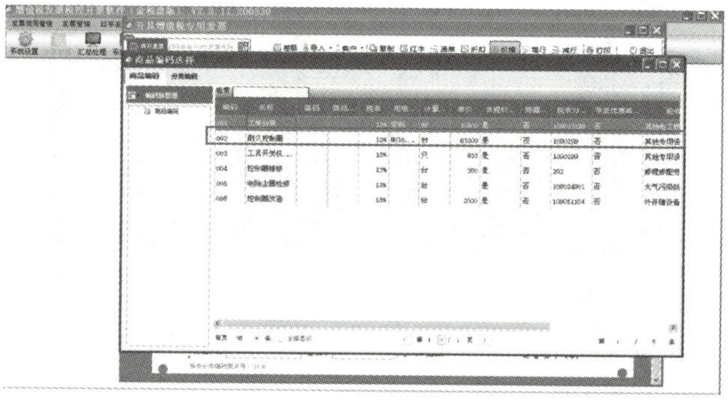

图 1－44　商品信息选择

15. 选中相关商品后，系统自动填写了货物或劳务相关信息。核对相关商品信息，修改填写单价、数量、金额等信息，形成完整的增值税专用发票。

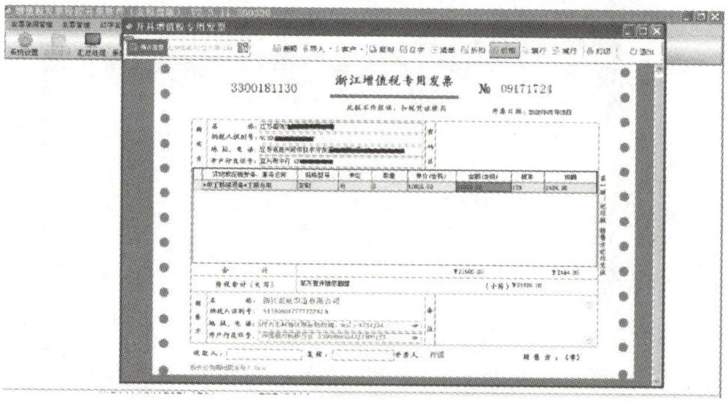

图 1－45　增值税专用发票生成

16. 核对无误后，点击【打印】，并检查纸质发票，最后打印成票。

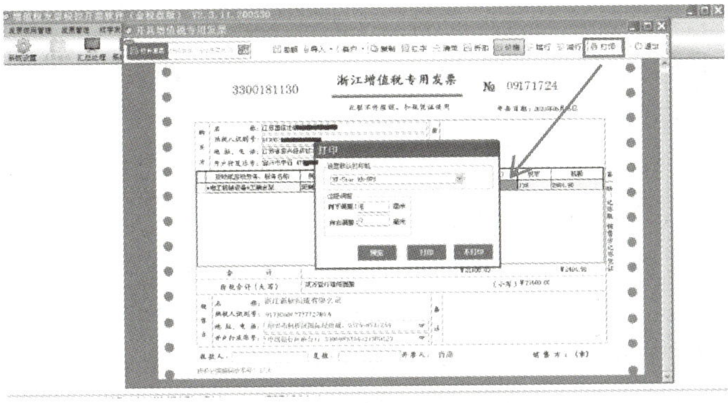

图 1－46 增值税专用发票打印

四、检查发票

税务机关在发票管理中有权检查印制、领购、开具、取得、保管和缴销发票的情况；调出发票查验；查阅、复制与发票有关的凭证、资料；向当事各方询问与发票有关的问题和情况；查处发票案件时，对与案件有关的情况和资料，可以记录、录音、录像、照相和复制。

用票单位和个人有权申请税务机关对发票的真伪进行鉴别。收到申请的税务机关应当受理并负责鉴别发票的真伪；鉴别有困难的，可以提请发票监制税务机关协助鉴别。在伪造、变造现场以及买卖地、存放地查获的发票，由当地税务机关鉴别。

五、保管发票

《发票管理办法》规定，开具发票的单位和个人应当按照税务机关的规定存放和保管发票，不得擅自损毁。已经开具的发票存根联和发票登记簿，应当保存 5 年。保存期满，报经税务机关查验后销毁。

纳税人有下列情形的，由税务机关责令改正，可以处 1 万元以下的罚款；有违法所得的予以没收：

1. 应当开具而未开具发票，或者未按照规定的时限、顺序、栏目，全部联次一次性开具发票，或者未加盖发票专用章的；

2. 使用税控装置开具发票，未按期向主管税务机关报送开具发票的数据的；

3. 使用非税控电子器具开具发票，未将非税控电子器具使用的软件程序说明资料报主管税务机关备案，或者未按照规定保存、报送开具发票的数据的；

4. 拆本使用发票的；
5. 扩大发票使用范围的；
6. 以其他凭证代替发票使用的；
7. 跨规定区域开具发票的；
8. 未按照规定缴销发票的；
9. 未按照规定存放和保管发票的。

跨规定的使用区域携带、邮寄、运输空白发票，以及携带、邮寄或者运输空白发票出入境的，以及丢失发票或者擅自损毁发票的，由税务机关责令改正，可以处1万元以下的罚款；情节严重的，处1万元以上3万元以下的罚款；有违法所得的予以没收。

对于违反规定虚开发票和非法代开发票的，由税务机关没收违法所得；金额在1万元以下的，可以并处5万元以下的罚款；金额超过1万元的，并处5万元以上50万元以下的罚款；构成犯罪的，依法追究刑事责任。

私自印制、伪造、变造发票，非法制造发票防伪专用品，伪造发票监制章的，由税务机关没收违法所得，没收、销毁作案工具和非法物品，并处1万元以上5万元以下的罚款；情节严重的，并处5万元以上50万元以下的罚款；对印制发票的企业，可以并处吊销发票准印证；构成犯罪的，依法追究刑事责任。

想一想：何为伪造发票？何为变造发票？二者有什么联系和区别？

转借、转让、介绍他人转让发票、发票监制章和发票防伪专用品的；以及知道或者应当知道是私自印制、伪造、变造、非法取得或者废止的发票而受让、开具、存放、携带、邮寄、运输的，由税务机关处1万元以上5万元以下的罚款；情节严重的，处5万元以上50万元以下的罚款；有违法所得的予以没收：

此外，对违反发票管理规定2次以上或者情节严重的单位和个人，税务机关可以向社会公告。违反发票管理法规，导致其他单位或者个人未缴、少缴或者骗取税款的，由税务机关没收违法所得，可以并处未缴、少缴或者骗取的税款1倍以下的罚款。

六、增值税专用发票的使用与管理

（一）抄报税

抄税，将金税盘（见图1－47）中的各种发票明细与汇总数据抄到报税盘（金税盘）上，为报税系统提供报税的电子数据。报税，是纳税人持报税盘（金税盘）数据向税务机关报送开票数据电文。

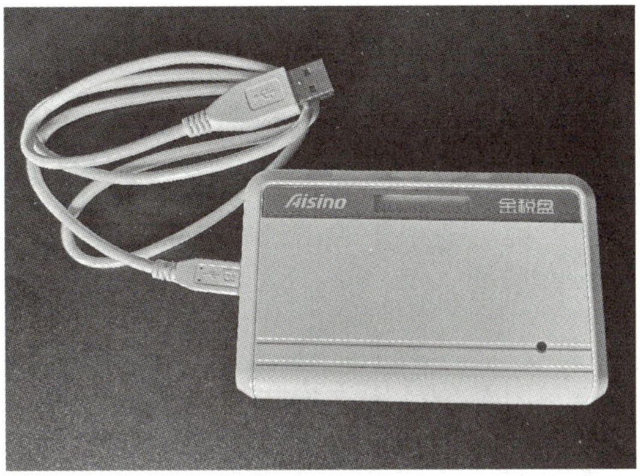

图 1－47 金税盘

一般纳税人开具专用发票应在增值税纳税申报期内向主管税务机关报税，一般为下月初进行抄报税，实施金税三期后，由开票系统自动抄税。

（二）专用发票的认证

认证，是税务机关通过防伪税控系统对专用发票所列数据的识别、确认。用于抵扣增值税进项税额的专用发票应经税务机关认证相符。认证相符的专用发票应作为购买方的记账凭证，不得退还销售方。纳税人识别号无误，专用发票所列密文解译后与明文一致，即为认证相符。对于无法认证、纳税人识别号认证不符、专用发票代码、号码认证不符的发票，不得作为增值税进项税额的抵扣凭证，税务机关退还原件，购买方可要求销售方重新开具专用发票。

专用发票的抵扣联无法认证的，可使用专用发票的发票联到主管税务机关认证。发票联复印件留存备查。

一般纳税人一般进行网上认证。通过增值税发票税控开票软件登录本省增值税发票查询平台，查询、选择用于申报抵扣或者出口退税的增值税发票信息。

也可以携带增值税专用发票抵扣联等资料，到税务机关申报征收窗口或自助办税机（ARM 机）进行认证。

（三）专用发票的作废与红字发票的开具

一般纳税人在开具专用发票当月，发生销货退回、开票有误等情形，收到退回的发票联、抵扣联符合作废条件的，或开具时发现有误

> **作废条件**
>
> （1）收到退回的发票联、抵扣联时间未超过销售方开票当月；
>
> （2）销售方未抄税并且未记账；
>
> （3）购买方未认证或者认证结果为“纳税人识别号认证不符”“专用发票代码、号码认证不符”。
>
> 已认证通过的增值税专用发票一律不得进行作废处理。

的，即可在防伪税控系统中将相应的数据电文按“作废”处理，在纸质专用发票（含未打印的专用发票）各联次上注明“作废”字样，全联次留存。

2015 年 3 月 13 日《国务院关于取消和调整一批行政审批项目等事项的决定》取消了“申请开具红字增值税专用发票审核”。自 2016 年 8 月 1 日起，增值税一般纳税人开具增值税专用发票后，发生销货退回、开票有误、应税服务中止等情形但不符合发票作废条件，或者因销货部分退回及发生销售折让，需要开具红字专用发票的，按以下方法处理：

1. 购买方取得专用发票已用于申报抵扣的，购买方可在增值税发票管理新系统（以下简称“新系统”）中填开并上传《开具红字增值税专用发票信息表》（以下简称《信息表》，见图 1－48），在填开《信息表》时不填写相对应的蓝字专用发票信息，应暂依《信息表》所列增值税税额从当期进项税额中转出，待取得销售方开具的红字专用发票后，与《信息表》一并作为记账凭证。

开具红字增值税专用发票信息表

填开日期：　年　月　日

销售方	名　称		购买方	名　称		
	纳税人识别号			纳税人识别号		
开具红字专用发票内容	货物（劳务服务）名称	数量	单价	金额	税率	税额
	合计	——	——		—	
说明	一、购买方□ 对应蓝字专用发票抵扣增值税销项税额情况： 1. 已抵扣□ 2. 未抵扣□ 对应蓝字专用发票的代码：________ 号码：________ 二、销售方□ 对应蓝字专用发票的代码：　　　　号码：________					
红字专用发票信息表编号						

图 1－48　开具红字增值税专用发票信息表

购买方取得专用发票未用于申报抵扣但发票联或抵扣联无法退回的，购买方填开《信息表》时应填写相对应的蓝字专用发票信息。

销售方开具专用发票尚未交付购买方，以及购买方未用于申报抵扣并将发票联及抵扣联退回的，销售方可在新系统中填开并上传《信息表》。销售方填开《信息表》时应填写相对应的蓝字专用发票信息。

2. 主管税务机关通过网络接收纳税人上传的《信息表》，系统自动校验通过后，生成带有"红字发票信息表编号"的《信息表》，并将信息同步至纳税人端系统中。

3. 销售方凭税务机关系统校验通过的《信息表》开具红字专用发票，在新系统中以销项负数开具。红字专用发票应与《信息表》一一对应。

4. 纳税人也可凭《信息表》电子信息或纸质资料到税务机关对《信息表》内容进行系统校验。

税务机关为小规模纳税人代开专用发票，需要开具红字专用发票的，按照一般纳税人开具红字专用发票的方法处理。

纳税人需要开具红字增值税普通发票的，可以在所对应的蓝字发票金额范围内开具多份红字发票。红字机动车销售统一发票需与原蓝字机动车销售统一发票一一对应。

增值税专用发票的作废根据实际情况确定，如在当期内发票尚未寄给对方单位，或对方单位尚未抵扣，可以拿回，则直接作废；如对方已经抵扣，则需开具红字发票。操作步骤如下：

步骤1：登录

打开增值税发票税控开票软件（金税盘版），录入操作员密码，进入系统。

步骤2：作废

点击【发票管理】，跳出发票填开界面，选择【发票作废】，系统跳出本期开具的增值税专用发票，选择宜作废的发票，跳出发票详情页，点击【作废】，页面显示作废成功，点击【确认】，然后选择退出。

步骤3：开具红字发票

点击【发票管理】，跳出发票填开界面，选择【信息表】，选择红字增值税专用发票信息表填开，跳出红字增值税专用发票信息表信息选择，选择相应的发票类型，点击【下一步】，根据提示开具红字发票，确认后选择【打印】。

具体流程如下（见图1－49～图1－54）：

1. 进入【发票管理】—【发票填开】—【发票作废】。

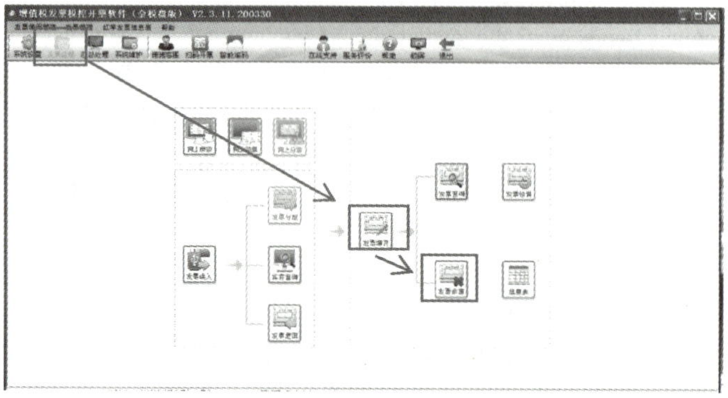

图 1－49　发票作废界面

2. 跳出增值税专用发票作废界面，选择想要作废的发票。

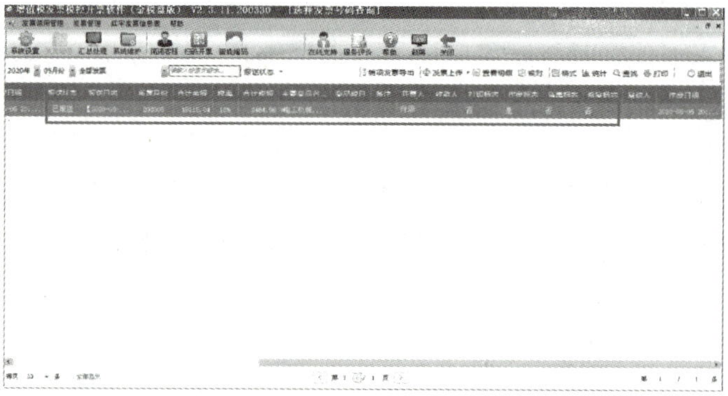

图 1－50　增值税专用作废发票选择

3. 跳出具体发票信息，核对作废发票信息。

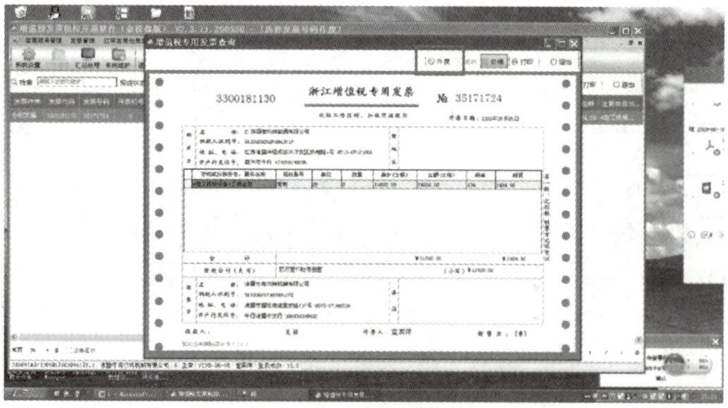

图 1－51　增值税专用作废发票核对

4. 核对无误后，点击【作废】，跳出作废发票成功。

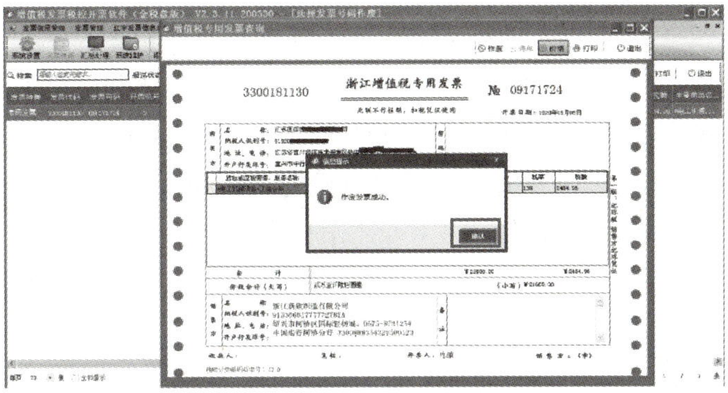

图 1－52　增值税专用发票作废确认

5. 若不能作废，则需开红字发票，点击【发票管理】—【发票填开】—【信息表】，选择红字增值税专用发票信息表填开。

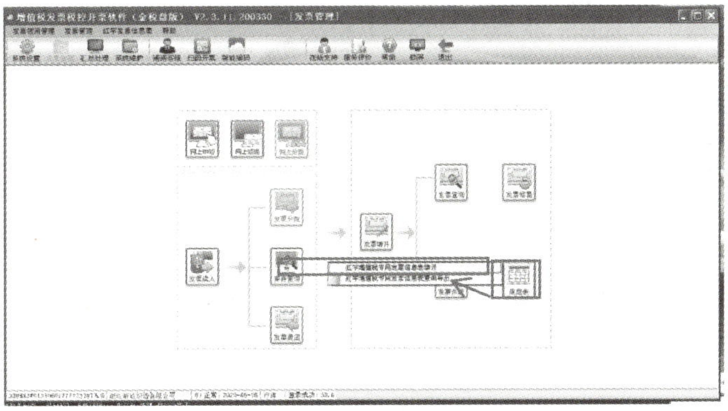

图 1－53　红字增值税专用发票信息表选择

6. 跳出红字增值税专用发票信息表选择，点击选择【相关信息】，点击【确定】，自动跳出红字发票，点击【打印】，红字发票开票成功。

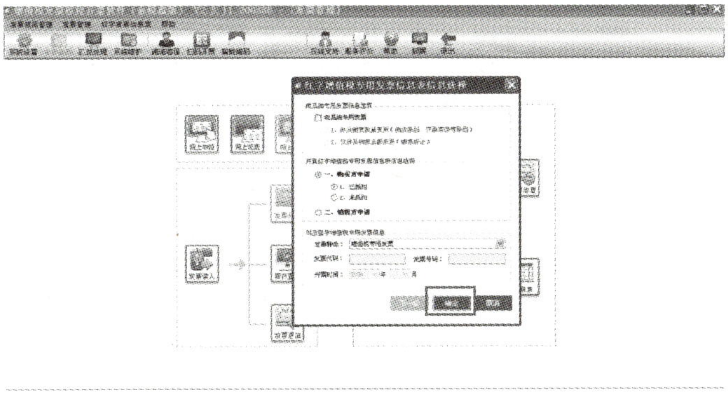

图 1－54　红字增值税专用发票信息选择

（四）增值税专用发票丢失的处理

一般纳税人丢失已开具专用发票的发票联和抵扣联，如果丢失前已认证相符的，购买方可凭销售方提供的相应专用发票记账联复印件及销售方主管税务机关出具的《丢失增值税专用发票已报税证明单》（以下简称《证明单》），作为增值税进项税额的抵扣凭证。

如果丢失前未认证的，购买方凭销售方提供的相应专用发票记账联复印件进行认证，认证相符的可凭专用发票记账联复印件及销售方主管税务机关出具的《证明单》，作为增值税进项税额的抵扣凭证。专用发票记账联复印件和《证明单》留存备查。

一般纳税人丢失已开具专用发票的抵扣联，如果丢失前已认证相符的，可使用专用发票的发票联复印件留存备查；如果丢失前未认证的，可使用发票联认证，发票联复印件留存备查。

一般纳税人丢失已开具专用发票的发票联，可将专用发票抵扣联作为记账凭证，专用发票抵扣联复印件留存备查。

【课后作业】

1－18　课后作业

1－19　随堂练习及课后作业参考答案

项目二　增值税税务处理

【知识目标】

1. 理解我国增值税基本制度
2. 掌握现行增值税征税范围及适用税率（征收率）
3. 熟悉增值税纳税义务人的划分及其划分依据
4. 掌握增值税一般计税方法和简易计税方法
5. 掌握增值税的会计处理方法
6. 掌握增值税纳税申报表的填写技巧
7. 掌握增值税纳税申报知识

【技能目标】

1. 能根据企业常见经营业务进行增值税判断
2. 能够结合企业特点和经营业务计算增值税应纳税额
3. 能够针对企业发生的不同经济业务进行增值税会计处理
4. 能够根据企业发生的经济业务填写增值税纳税申报表
5. 能够进行增值税纳税申报
6. 能从增值税节税角度就企业经营提出简单建议

【素质、思政目标】

1. 理解我国增值税制度的基础上依法办理增值税业务
2. 能依据企业经营业务依法计算缴纳增值税，维护国家利益
3. 充分理解增值税制度的基础上，依法合规维护企业正当权益
4. 培养有效税务沟通意识，具备解决税收难题的能力
5. 培养借助互联网等资源开展自我学习意识，能够主动学习我国增值税政策
6. 增强对企业经营业务认知基础上，具备增值税筹划意识

【税法导读】

2-1 《中华人民共和国增值税暂行条例》

2-2 《中华人民共和国增值税暂行条例实施细则》

2-3 《财政部 国家税务总局关于全面推开营业税改征增值税试点的通知》

2-4 《财政部 税务总局关于统一增值税小规模纳税人标准的通知》

2-5 《财政部 税务总局关于调整增值税税率的通知》

2-6 《财政部 税务总局关于简并增值税税率有关政策的通知》

2-7 《财政部 税务总局关于租入固定资产进项税额抵扣等增值税政策的通知》

2-8 《财政部 税务总局关于调整部分产品出口退税率的通知》

2-9 《国家税务总局关于营改增试点若干征管问题的公告》

2-10 《国家税务总局关于增值税发票管理若干事项的公告》

2-11 《财政部 国家税务总局关于明确金融 房地产开发 教育辅助服务等增值税政策的通知》

2-12 《国家税务总局关于纳税人转让不动产缴纳增值税差额扣除有关问题的公告》

2-13 《中华人民共和国刑法》关于“危害税收征管罪”的规定

【知识地图】

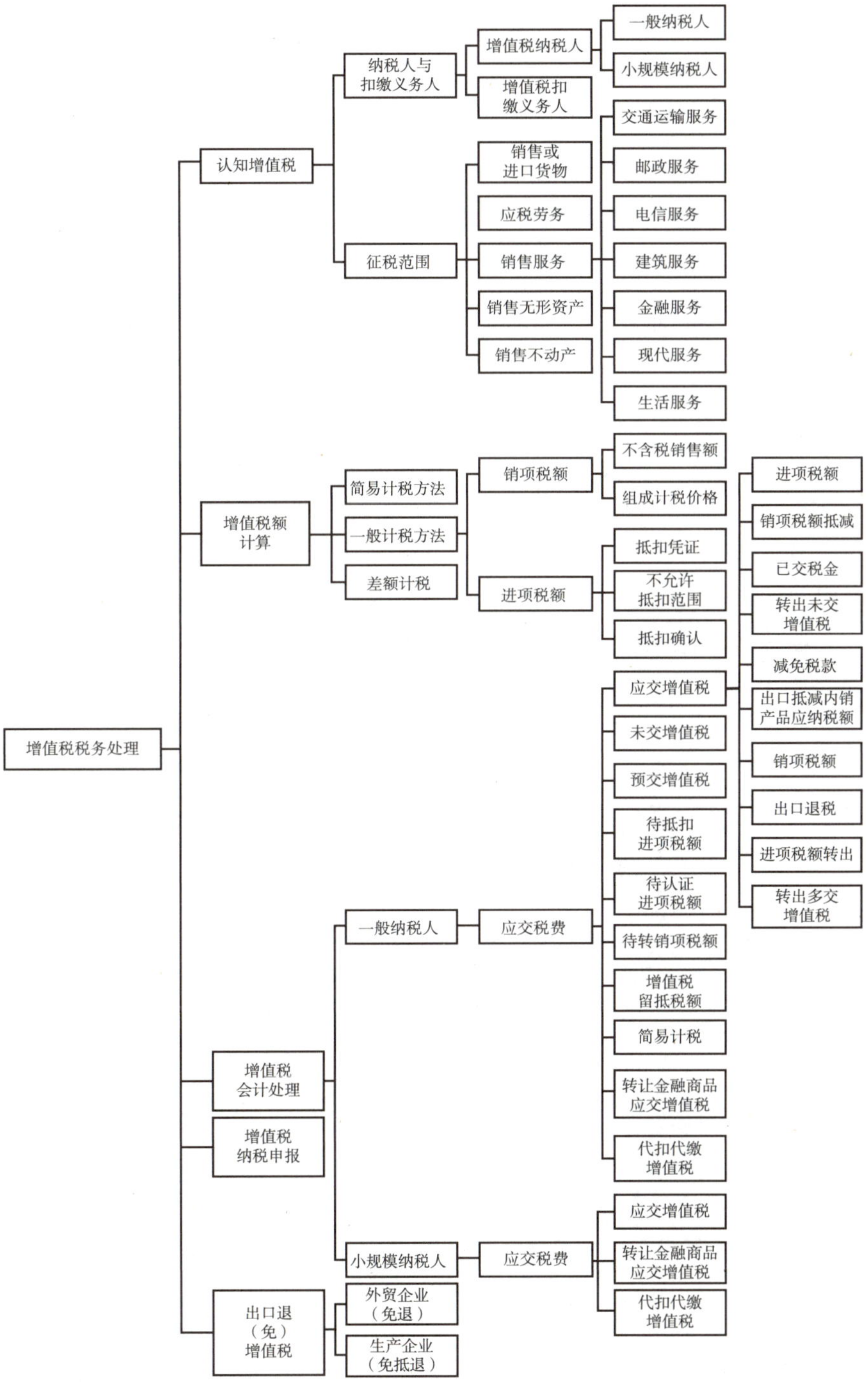
增值税税务处理
认知增值税
纳税人与扣缴义务人
增值税纳税人
一般纳税人
小规模纳税人
增值税扣缴义务人
征税范围
销售或进口货物
应税劳务
销售服务
销售无形资产
销售不动产
交通运输服务
邮政服务
电信服务
建筑服务
金融服务
现代服务
生活服务
增值税额计算
简易计税方法
一般计税方法
差额计税
销项税额
不含税销售额
组成计税价格
进项税额
抵扣凭证
不允许抵扣范围
抵扣确认
增值税会计处理
一般纳税人
应交税费
应交增值税
进项税额
销项税额抵减
已交税金
转出未交增值税
减免税款
出口抵减内销产品应纳税额
销项税额
出口退税
进项税额转出
转出多交增值税
未交增值税
预交增值税
待抵扣进项税额
待认证进项税额
待转销项税额
增值税留抵税额
简易计税
转让金融商品应交增值税
代扣代缴增值税
小规模纳税人
应交税费
应交增值税
转让金融商品应交增值税
代扣代缴增值税
增值税纳税申报
出口退（免）增值税
外贸企业（免退）
生产企业（免抵退）

任务一　认知增值税

一、增值税纳税人和扣缴义务人

（一）增值税纳税人

根据《中华人民共和国增值税暂行条例》规定："在中华人民共和国境内销售货物或者加工、修理修配劳务（以下简称'劳务'），销售服务、无形资产、不动产以及进口货物的单位和个人，为增值税的纳税人。"单位，是指企业、行政单位、事业单位、军事单位、社会团体及其他单位。个人，是指个体工商户和其他个人。单位以承包、承租、挂靠方式经营的，承包人、承租人、挂靠人（统称"承包人"）以发包人、出租人、被挂靠人（统称"发包人"）名义对外经营并由发包人承担相关法律责任的，以该发包人为纳税人。否则，以承包人为纳税人。

理解增值税纳税人需要把握"境内销售""有偿"的含义（见表2－1）。

表2－1　　"境内"的界定

属于境内的具体情形		不属于境内销售服务或者无形资产的情形
境内销售货物	销售货物的起运地或者所在地在境内	境外单位或者个人向境内单位或者个人销售完全在境外发生的服务、销售完全在境外使用的无形资产、出租完全在境外使用的有形动产等情形，不属于在境内销售服务或者无形资产
境内提供加工、修理修配劳务	提供的应税劳务发生在境内	
境内销售服务、无形资产或不动产	（1）服务（租赁不动产除外）或者无形资产（自然资源使用权除外）的销售方或者购买方在境内； （2）所销售或者租赁的不动产在境内； （3）所销售自然资源使用权的自然资源在境内； （4）财政部和国家税务总局规定的其他情形	境外单位或者个人发生的下列行为不属于在境内销售服务或者无形资产： （1）为出境的函件、包裹在境外提供的邮政服务、收派服务； （2）向境内单位或者个人提供的工程施工地点在境外的建筑服务、工程监理服务； （3）向境内单位或者个人提供的工程、矿产资源在境外的工程勘察勘探服务； （4）向境内单位或者个人提供的会议展览地点在境外的会议展览服务

有偿，是指从购买方取得货币、货物或者其他经济利益。《营业税改增值税试点实施办法》（以下简称《试点实施办法》）规定销售服务、无形资产或者不动产，是指有偿提供服务、有偿转让无形资产或者不动产，但属于下列非经营活动的情形除外：

（1）行政单位收取的同时满足以下条件的政府性基金或者行政事业性收费：

①由国务院或者财政部批准设立的政府性基金，由国务院或者省级人民政府及其财政、价格主管部门批准设立的行政事业性收费；

②收取时开具省级以上（含省级）财政部门监（印）制的财政票据；

③所收款项全额上缴财政。

（2）单位或者个体工商户聘用的员工为本单位或者雇主提供取得工资的服务。

（3）单位或者个体工商户为聘用的员工提供服务。

（4）财政部和国家税务总局规定的其他情形。

（二）增值税纳税人的分类

增值税纳税人分为一般纳税人和小规模纳税人。自2018年5月1日起，增值税小规模纳税人标准统一为年应征增值税销售额500万元及以下。年应税销售额，是指纳税人在连续不超过12个月或四个季度的经营期内累计应征增值税销售额，包括纳税申报销售额、稽查查补销售额、纳税评估调整销售额。年应税销售额未超过规定标准的纳税人，会计核算健全（是指能够按照国家统一的会计制度规定设置账簿，根据合法、有效凭证进行核算），能够提供准确税务资料的，可以向主管税务机关办理一般纳税人登记。纳税人登记为一般纳税人后，不得转为小规模纳税人，国家税务总局另有规定的除外。纳税人自一般纳税人生效之日（办理登记的当月1日或者次月1日）起，按照增值税一般计税方法计算应纳税额，并可以按照规定领用增值税专用发票，财政部、国家税务总局另有规定的除外。

按照政策规定选择按照小规模纳税人纳税的，以及年应税销售额超过规定标准的其他个人不办理一般纳税人登记。非企业性单位、不经常发生应税行为的企业可选择按照小规模纳税人纳税；年应税销售额超过规定标准但不经常发生应税行为的单位和个体工商户可选择按照小规模纳税人纳税。

纳税人在年应税销售额超过规定标准的月份（或季度）的所属申报期结束后15日内按照规定办理相关手续；未按规定时限办理的，主管税务机关应当在规定时限结束后5日内制作《税务事项通知书》，告知纳税人应当在 5 日内向主管税务机关办理相关手续；逾期仍不办理的，次月起按销售额依照增值税税率计算应纳税额，不得抵扣进项税额，直至纳税人办理相关手续为止。2018 年 11 月 20 日前，全国实现一般纳税人登记网上办理。增值税一般纳税人登记表见图 2－1。

增值税一般纳税人登记表

<table>
<tr><td>纳税人名称</td><td colspan="2"></td><td colspan="2">社会信用代码（纳税人识别号）</td><td></td></tr>
<tr><td>法定代表人（负责人、业主）</td><td></td><td>证件名称及号码</td><td></td><td>联系电话</td><td></td></tr>
<tr><td>财务负责人</td><td></td><td>证件名称及号码</td><td></td><td>联系电话</td><td></td></tr>
<tr><td>办税人员</td><td></td><td>证件名称及号码</td><td></td><td>联系电话</td><td></td></tr>
<tr><td>税务登记日期</td><td colspan="5"></td></tr>
<tr><td>生产经营地址</td><td colspan="5"></td></tr>
<tr><td>注册地址</td><td colspan="5"></td></tr>
<tr><td colspan="6">纳税人类别：企业☐ 非企业性单位☐ 个体工商户☐ 其他☐</td></tr>
<tr><td colspan="6">主营业务类别：工业 ☐ 商业 ☐ 服务业 ☐ 其他☐</td></tr>
<tr><td colspan="6">会计核算健全：是☐</td></tr>
<tr><td colspan="6">一般纳税人生效之日：当月1日 ☐ 次月1日 ☐</td></tr>
<tr><td colspan="6">纳税人（代理人）承诺：
会计核算健全，能够提供准确税务资料，上述各项内容真实、可靠、完整。如有虚假，愿意承担相关法律责任。
经办人： 法定代表人： 代理人： （签章）
年 月 日</td></tr>
<tr><td colspan="6">以下由税务机关填写</td></tr>
<tr><td>税务机关受理情况</td><td colspan="5">受理人： 受理税务机关（章）
年 月 日</td></tr>
</table>

填表说明：1. 本表由纳税人如实填写。
2. 表中“证件名称及号码”相关栏次，根据纳税人的法定代表人、财务负责人、办税人员的居民身份证、护照等有效身份证件及号码填写。
3. 表中“一般纳税人生效之日”由纳税人自行勾选。
4. 本表一式二份，主管税务机关和纳税人各留存一份。

图 2－1 增值税一般纳税人登记表

年应税销售额超过规定标准的纳税人，且符合有关政策规定，选择按小规模纳税人纳税的，应当向主管税务机关提交书面说明（填写《选择按小规模纳税人纳税的情况说明》）。个体工商户以外的其他个人（是指自然人）年应税销售额超过规定标准的，不需要向主管税务机关提交书面说明。

想一想：为什么要将增值税纳税人区分为一般纳税人和小规模纳税人？是不是只有年销售额超过小规模纳税人标准的企业才能登记为一般纳税人？

（三）增值税扣缴义务人

中华人民共和国境外的单位或者个人在境内销售劳务，在境内未设有经营机构的，以其境内代理人为扣缴义务人；在境内没有代理人的，以购买方为扣缴义务人。

二、增值税征税范围

（一）一般规定

1. 销售货物或进口货物

销售货物，是指有偿转让货物的所有权。货物，是指有形动产，包括电力、热力、气体在内。

进口货物，是指申报进入我国海关境内的货物。除享受免税政策外，在进口环节缴纳增值税。

2. 加工、修理修配劳务

加工、修理修配劳务，是指有偿提供加工、修理修配劳务。单位或者个体工商户聘用的员工为本单位或者雇主提供加工、修理修配劳务，不包括在内。

术语解析

（1）加工，是指受托加工货物，即委托方提供原料及主要材料，受托方按照委托方的要求，制造货物并收取加工费的业务。

（2）修理修配，是指受托对损伤和丧失功能的货物进行修复，使其恢复原状和功能的业务。

3. 销售服务

销售服务具体包括：提供交通运输服务、邮政服务、电信服务、建筑服务、金融服务、现代服务、生活服务。

（1）交通运输服务。

交通运输服务分为：陆路运输、水路运输、航天运输及管道运输。自 2018 年 1 月 1 日起，纳税人已售票但客户逾期未消费取得的运输逾期票证收入，按照“交通运输服务”缴纳增值税。

经营者以承运人身份与托运人签订运输服务合同，收取运费并承担承运人责任，然后委托实际承运人完成运输服务的经营活动，称为“无运输工具承运业务”，按照交通运输服务缴纳增值税。

①陆路运输服务，是指通过陆路（地上或者地下）运送货物或者旅客的运输业务活动，包括铁路运输服务和其他陆路运输服务（包括公路运输、缆车运输、索道运输、地铁运输、城市轻轨运输等）。

出租车公司向使用本公司自有出租车的出租车司机收取的管理费用，按照陆路运输服务缴纳增值税。

②水路运输服务。水路运输的程租、期租业务，属于水路运输服务。

③航空运输服务。利用火箭等载体将卫星、空间探测器等空间飞行

器发射到空间轨道的航天运输服务，按照航空运输服务缴纳增值税。

航空运输的湿租业务，属于航空运输服务。

④管道运输服务。管道运输服务，是指通过管道设施输送气体、液体、固体物质的运输业务活动。提供管道运输服务的一般纳税人，其增值税实际税负超过3%的部分实行增值税即征即退。

（2）邮政服务。

邮政服务，是指中国邮政集团公司及其所属邮政企业提供邮件寄递、邮政汇兑和机要通信等邮政基本服务的业务活动。包括邮政普遍服务、邮政特殊服务和其他邮政服务。

①邮政普遍服务。邮政普遍服务，是指函件、包裹等邮件寄递，以及邮票发行、报刊发行和邮政汇兑等业务活动。

函件，是指信函、印刷品、邮资封片卡、无名址函件和邮政小包等。

包裹，是指按照封装上的名址递送给特定个人或者单位的独立封装的物品，其重量不超过50千克，任何一边的尺寸不超过150厘米，长、宽、高合计不超过300厘米。

②邮政特殊服务。邮政特殊服务，是指义务兵平常信函、机要通信、盲人读物和革命烈士遗物的寄递等业务活动。

③其他邮政服务。其他邮政服务，是指邮册等邮品销售、邮政代理等业务活动。

（3）电信服务。

电信服务，是指利用有线、无线的电磁系统或者光电系统等各种通信网络资源，提供语音通话服务，传送、发射、接收或者应用图像、短信等电子数据和信息的业务活动。包括基础电信服务和增值电信服务。卫星电视信号落地转接服务，按照增值电信服务缴纳增值税。

①基础电信服务。基础电信服务，是指利用固网、移动网、卫星、互联网，提供语音通话服务的业务活动，以及出租或者出售带宽、波长等网络元素的业务活动。

②增值电信服务。增值电信服务，是指利用固网、移动网、卫星、互联网、有线电视网络，提供短信和彩信服务、电子数据和信息的传输及应用服务、互联网接入服务等业务活动。

（4）建筑服务。

建筑服务，是指各类建筑物、构筑物及其附属设施的建造、修缮、装饰，线路、管道、设备、设施等的安装以及其他工程作业的业务活动。包括工程服务、安装服务、修缮服务、装饰服务和其他建筑服务。

①工程服务。工程服务，是指新建、改建各种建筑物、构筑物的工

术语解析

（1）程租业务，是指运输企业为租船人完成某一特定航次的运输任务并收取租赁费的业务。

（2）期租业务，是指运输企业将配备有操作人员的船舶承租给他人使用一定期限，承租期内听候承租方调遣，不论是否经营，均按天向承租方收取租赁费，发生的固定费用均由船东负担的业务。

（3）湿租业务，是指航空运输企业将配备有机组人员的飞机承租给他人使用一定期限，承租期内听候承租方调遣，不论是否经营，均按一定标准向承租方收取租赁费，发生的固定费用均由承租方承担的业务。

程作业，包括与建筑物相连的各种设备或者支柱、操作平台的安装或者装设工程作业，以及各种窑炉和金属结构工程作业。

②安装服务。安装服务，是指生产设备、动力设备、起重设备、运输设备、传动设备、医疗实验设备以及其他各种设备、设施的装配、安置工程作业，包括与被安装设备相连的工作台、梯子、栏杆的装设工程作业，以及被安装设备的绝缘、防腐、保温、油漆等工程作业。

固定电话、有线电视、宽带、水、电、燃气、暖气等经营者向用户收取的安装费、初装费、开户费、扩容费以及类似收费，按照安装服务缴纳增值税。

③修缮服务。修缮服务，是指对建筑物、构筑物进行修补、加固、养护、改善，使之恢复原来的使用价值或者延长其使用期限的工程作业。

④装饰服务。装饰服务，是指对建筑物、构筑物进行修饰装修，使之美观或者具有特定用途的工程作业。

⑤其他建筑服务。其他建筑服务，是指上列工程作业之外的各种工程作业服务，如钻井（打井）、拆除建筑物或者构筑物、平整土地、园林绿化、疏浚（不包括航道疏浚）、建筑物平移、搭脚手架、爆破、矿山穿孔、表面附着物（包括岩层、土层、沙层等）剥离和清理等工程作业。

（5）金融服务。

金融服务，是指经营金融保险的业务活动。包括贷款服务、直接收费金融服务、保险服务和金融商品转让。

①贷款服务。贷款，是指将资金贷与他人使用而取得利息收入的业务活动。以货币资金投资收取的固定利润或者保底利润，按照贷款服务缴纳增值税。

各种占用、拆借资金取得的收入，包括金融商品持有期间（含到期）利息（保本收益、报酬、资金占用费、补偿金等）收入、信用卡透支利息收入、买入返售金融商品利息收入、融资融券收取的利息收入，以及融资性售后回租、押汇、罚息、票据贴现、转贷等业务取得的利息及利息性质的收入，按照贷款服务缴纳增值税。

> **术语解析**
>
> 融资性售后回租，是指承租方以融资为目的，将资产出售给从事融资性售后回租业务的企业后，从事融资性售后回租业务的企业将该资产出租给承租方的业务活动。

②直接收费金融服务。直接收费金融服务，是指为货币资金融通及其他金融业务提供相关服务并且收取费用的业务活动。包括提供货币兑换、账户管理、电子银行、信用卡、信用证、财务担保、资产管理、信托管理、基金管理、金融交易场所（平台）管理、资金结算、资金清算、金融支付等服务。

③保险服务。保险服务，是指投保人根据合同约定，向保险人支付保险费，保险人对于合同约定的可能发生的事故因其发生所造成的财产

损失承担赔偿保险金责任，或者当被保险人死亡、伤残、疾病或者达到合同约定的年龄、期限等条件时承担给付保险金责任的商业保险行为。包括人身保险服务和财产保险服务。

人身保险服务，是指以人的寿命和身体为保险标的的保险业务活动。

财产保险服务，是指以财产及其有关利益为保险标的的保险业务活动。

④金融商品转让。金融商品转让，是指转让外汇、有价证券、非货物期货和其他金融商品（包括基金、信托、理财产品等各类资产管理产品和各种金融衍生品）所有权的业务活动。

（6）现代服务。

现代服务，是指围绕制造业、文化产业、现代物流产业等提供技术性、知识性服务的业务活动。包括研发和技术服务、信息技术服务、文化创意服务、物流辅助服务、租赁服务、鉴证咨询服务、广播影视服务、商务辅助服务和其他现代服务。

①研发和技术服务。研发和技术服务，包括研发服务、合同能源管理服务、工程勘察勘探服务、专业技术服务（见表2－2）。

表2－2　研发技术服务

类别	内容
研发服务	也称技术开发服务，是指就新技术、新产品、新工艺或者新材料及其系统进行研究与试验开发的业务活动
合同能源管理服务	节能服务公司与用能单位以契约形式约定节能目标，节能服务公司提供必要的服务，用能单位以节能效果支付节能服务公司投入及其合理报酬的业务活动
工程勘察勘探服务	在采矿、工程施工前后，对地形、地质构造、地下资源蕴藏情况进行实地调查的业务活动
专业技术服务	气象服务、地震服务、海洋服务、测绘服务、城市规划、环境与生态监测服务等专项技术服务

②信息技术服务。信息技术服务，是指利用计算机、通信网络等技术对信息进行生产、收集、处理、加工、存储、运输、检索和利用，并提供信息服务的业务活动。包括软件服务、电路设计及测试服务、信息系统服务、业务流程管理服务和信息系统增值服务（见表2－3）。

表2-3 信息技术服务

类别	内容
软件服务	提供软件开发服务、软件维护服务、软件测试服务的业务活动
电路设计及测试服务	提供集成电路和电子电路产品设计、测试及相关技术支持服务的业务活动
信息系统服务	提供信息系统集成、网络管理、网站内容维护、桌面管理与维护、信息系统应用、基础信息技术管理平台整合、信息技术基础设施管理、数据中心、托管中心、信息安全服务、在线杀毒、虚拟主机等业务活动； 包括网站对非自有的网络游戏提供的网络运营服务
业务流程管理服务	依托信息技术提供的人力资源管理、财务经济管理、审计管理、税务管理、物流信息管理、经营信息管理和呼叫中心等服务的活动
信息系统增值服务	利用信息系统资源为用户附加提供的信息技术服务； 包括数据处理、分析和整合、数据库管理、数据备份、数据存储、容灾服务、电子商务平台等

③文化创意服务。文化创意服务，包括设计服务、知识产权服务、广告服务和会议展览服务（见表2-4）。

表2-4 文化创意服务

类别	内容
设计服务	把计划、规划、设想通过文字、语言、图画、声音、视觉等形式传递出来的业务活动； 包括工业设计、内部管理设计、业务运作设计、供应链设计、造型设计、服装设计、环境设计、平面设计、包装设计、动漫设计、网游设计、展示设计、网站设计、机械设计、工程设计、广告设计、创意策划、文印晒图等
知识产权服务	处理知识产权事务的业务活动； 包括对专利、商标、著作权、软件、集成电路布图设计的登记、鉴定、评估、认证、检索服务
广告服务	用图书、报纸、杂志、广播、电视、电影、幻灯、路牌、招贴、橱窗、霓虹灯、灯箱、互联网等各种形式为客户的商品、经营服务项目、文体节目或者通告、声明等委托事项进行宣传和提供相关服务的业务活动； 包括广告代理和广告的发布、播映、宣传、展示等
会议展览服务	为商品流通、促销、展示、经贸洽谈、民间交流、企业沟通、国际往来等举办或者组织安排的各类展览和会议的业务活动

④物流辅助服务。物流辅助服务（见表2－5），包括航空服务、港口码头服务、货运客运场站服务、打捞救助服务、装卸搬运服务、仓储服务和收派服务。

表2－5　物流辅助服务

类别	内容
航空服务	航空地面服务（包括旅客安全检查服务、停机坪管理服务、机场候机厅管理服务、飞机清洗消毒服务、空中飞行管理服务、飞机起降服务、飞行通信服务、地面信号服务、飞机安全服务、飞机跑道管理服务、空中交通管理服务等）； 通用航空服务（包括航空摄影、航空培训、航空测量、航空勘探、航空护林、航空吊挂播撒、航空降雨、航空气象探测、航空海洋监测、航空科学实验等）
港口码头服务	港务船舶调度服务、船舶通信服务、航道管理服务、航道疏浚服务、灯塔管理服务、航标管理服务、船舶引航服务、理货服务、系解缆服务、停泊和移泊服务、海上船舶溢油清除服务、水上交通管理服务、船只专业清洗消毒检测服务和防止船只漏油服务等为船只提供服务的业务活动； 港口设施经营人收取的港口设施保安费按照港口码头服务缴纳增值税
货运客运场站服务	货运客运场站提供货物配载服务、运输组织服务、中转换乘服务、车辆调度服务、票务服务、货物打包整理、铁路线路使用服务、加挂铁路客车服务、铁路行包专列发送服务、铁路到达和中转服务、铁路车辆编解服务、车辆挂运服务、铁路接触网服务、铁路机车牵引服务等业务活动
打捞救助服务	提供船舶人员救助、船舶财产救助、水上救助和沉船沉物打捞服务的业务活动
装卸搬运服务	使用装卸搬运工具或者人力、畜力将货物在运输工具之间、装卸现场之间或者运输工具与装卸现场之间进行装卸和搬运的业务活动
仓储服务	利用仓库、货场或者其他场所代客储放、保管货物的业务活动
收派服务	接受寄件人委托，在承诺的时限内完成函件和包裹的收件、分拣、派送服务的业务活动； 收件服务，是指从寄件人收取函件和包裹，并运送到服务提供方同城的集散中心的业务活动； 分拣服务，是指服务提供方在其集散中心对函件和包裹进行归类、分发的业务活动； 派送服务，是指服务提供方从其集散中心将函件和包裹送达同城的收件人的业务活动

⑤租赁服务。租赁服务，包括融资租赁服务和经营租赁服务（见表2－6）。

表 2－6　　租赁服务

类别	内容
融资租赁服务	具有融资性质和所有权转移特点的租赁活动； 按照标的物的不同，融资租赁服务可分为有形动产融资租赁服务和不动产融资租赁服务； 融资性售后回租不按照本税目缴纳增值税
经营租赁服务	在约定时间内将有形动产或者不动产转让他人使用且租赁物所有权不变更的业务活动； 按照标的物的不同，经营租赁服务可分为有形动产经营租赁服务和不动产经营租赁服务； 纳税人以经营租赁方式将土地出租给他人使用，按照不动产经营租赁服务缴纳增值税
	将建筑物、构筑物等不动产或者飞机、车辆等有形动产的广告位出租给其他单位或者个人用于发布广告，按照经营租赁服务缴纳增值税； 产权式经营酒店的业主应按照不动产经营租赁缴纳增值税
	车辆停放服务、道路通行服务（包括过路费、过桥费、过闸费等）等按照不动产经营租赁服务缴纳增值税
	水路运输的光租业务、航空运输的干租业务，属于经营租赁； 光租业务，是指运输企业将船舶在约定的时间内出租给他人使用，不配备操作人员，不承担运输过程中发生的各项费用，只收取固定租赁费的业务活动； 干租业务，是指航空运输企业将飞机在约定的时间内出租给他人使用，不配备机组人员，不承担运输过程中发生的各项费用，只收取固定租赁费的业务活动

⑥鉴证咨询服务。鉴证咨询服务，包括认证服务、鉴证服务和咨询服务。翻译服务和市场调查服务按照咨询服务缴纳增值税（见表 2－7）。

表 2－7　　鉴证咨询服务

类别	内容
认证服务	指具有专业资质的单位利用检测、检验、计量等技术，证明产品、服务、管理体系符合相关技术规范、相关技术规范的强制性要求或者标准的业务活动
鉴证服务	具有专业资质的单位受托对相关事项进行鉴证，发表具有证明力的意见的业务活动。包括会计鉴证、税务鉴证、法律鉴证、职业技能鉴定、工程造价鉴证、工程监理、资产评估、环境评估、房地产土地评估、建筑图纸审核、医疗事故鉴定等
咨询服务	指提供信息、建议、策划、顾问等服务的活动。包括金融、软件、技术、财务、税收、法律、内部管理、业务运作、流程管理、健康等方面的咨询

⑦广播影视服务。广播影视服务，包括广播影视节目（作品）的制作服务、发行服务和播映（含放映，下同）服务。

广播影视节目（作品）制作服务，是指进行专题（特别节目）、专栏、综艺、体育、动画片、广播剧、电视剧、电影等广播影视节目和作品制作的服务。具体包括与广播影视节目和作品相关的策划、采编、拍摄、录音、音视频文字图片素材制作、场景布置、后期的剪辑、翻译（编译）、字幕制作、片头、片尾、片花制作、特效制作、影片修复、编目和确权等业务活动。

广播影视节目（作品）发行服务，是指以分账、买断、委托等方式，向影院、电台、电视台、网站等单位和个人发行广播影视节目（作品）以及转让体育赛事等活动的报道及播映权的业务活动。

广播影视节目（作品）播映服务，是指在影院、剧院、录像厅及其他场所播映广播影视节目（作品），以及通过电台、电视台、卫星通信、互联网、有线电视等无线或者有线装置播映广播影视节目（作品）的业务活动。

⑧商务辅助服务。商务辅助服务，包括企业管理服务、经纪代理服务、人力资源服务、安全保护服务（见表2－8）。

表2－8　　商务辅助服务

类别	内容
企业管理服务	提供总部管理、投资与资产管理、市场管理、物业管理、日常综合管理等服务的业务活动
经纪代理服务	各类经纪、中介、代理服务； 包括金融代理、知识产权代理、货物运输代理、代理报关、法律代理、房地产中介、职业中介、婚姻中介、代理记账、拍卖等
人力资源服务	提供公共就业、劳务派遣、人才委托招聘、劳动力外包等服务的业务活动
安全保护服务	提供保护人身安全和财产安全，维护社会治安等的业务活动； 包括场所住宅保安、特种保安、安全系统监控以及其他安保服务

⑨其他现代服务。其他现代服务，是指除研发和技术服务、信息技术服务、文化创意服务、物流辅助服务、租赁服务、鉴证咨询服务、广播影视服务和商务辅助服务以外的现代服务。如纳税人对安装运行后的电梯提供的维护保养服务属于其他现代服务。自2018年1月1日起，纳税人为客户办理退票而向客户收取的退票费、手续费等收入，按照“其他现代服务”缴纳增值税。

(7) 生活服务。

生活服务，是指为满足城乡居民日常生活需求提供的各类服务活动。包括文化体育服务、教育医疗服务、旅游娱乐服务、餐饮住宿服务、居民日常服务和其他生活服务（见表2-9）。

表2-9　生活服务

服务类型	征税范围	
文化体育服务	文化服务	为满足社会公众文化生活需求提供的各种服务； 包括：文艺创作、文艺表演、文化比赛，图书馆的图书和资料借阅，档案馆的档案管理，文物及非物质遗产保护，组织举办宗教活动、科技活动、文化活动，提供游览场所
	体育服务	组织举办体育比赛、体育表演、体育活动，以及提供体育训练、体育指导、体育管理的业务活动
教育医疗服务	教育服务	提供学历教育服务、非学历教育服务、教育辅助服务（包括教育测评、考试、招生等服务）的业务活动
	医疗服务	提供医学检查、诊断、治疗、康复、预防、保健、接生、计划生育、防疫服务等方面的服务，以及与这些服务有关的提供药品、医用材料器具、救护车、病房住宿和伙食的业务
旅游娱乐服务	旅游服务	根据旅游者的要求，组织安排交通、游览、住宿、餐饮、购物、文娱、商务等服务的业务活动
	娱乐服务	为娱乐活动同时提供场所和服务的业务； 具体包括：歌厅、舞厅、夜总会、酒吧、台球、高尔夫球、保龄球、游艺（包括射击、狩猎、跑马、游戏机、蹦极、卡丁车、热气球、动力伞、射箭、飞镖）
餐饮住宿服务	餐饮服务	通过同时提供饮食和饮食场所的方式为消费者提供饮食消费服务的业务活动
	住宿服务	提供住宿场所及配套服务等的活动； 包括宾馆、旅馆、旅社、度假村和其他经营性住宿场所提供的住宿服务； 纳税人以长（短）租形式出租酒店式公寓并提供配套服务的，按照住宿服务缴纳增值税
居民日常服务	主要为满足居民个人及其家庭日常生活需求提供的服务，包括市容市政管理、家政、婚庆、养老、殡葬、照料和护理、救助救济、美容美发、按摩、桑拿、氧吧、足疗、沐浴、洗染、摄影扩印等服务	
其他生活服务	除文化体育服务、教育医疗服务、旅游娱乐服务、餐饮住宿服务和居民日常服务之外的生活服务； 纳税人提供植物养护服务属于其他生活服务	

生活服务需注意的几个问题：

①体育比赛提供体育场馆不属于文化体育业，而是属于不动产租赁，适用9%税率。

②娱乐业范围具体包括：歌厅、舞厅、夜总会、酒吧、台球、高尔夫球、保龄球、游艺（包括射击、狩猎、跑马、游戏机、蹦极、卡丁车、热气球、动力伞、射箭、飞镖）。其中高尔夫球不属于文化体育业税目。

③餐饮服务必须是同时提供饮食和饮食场所的方式为消费者提供饮食消费服务活动。而只提供饮食但不提供餐饮场所的不属于餐饮服务业，而属于食品制造业，适用13%税率。

④产权式经营酒店的业主应按照不动产经营租赁缴纳增值税，适用9%税率，而非住宿业。

⑤纳税人提供旅游服务，将火车票、飞机票等交通费发票原件交付给旅游服务购买方而无法收回的，以交通费发票复印件作为差额扣除凭证。

4. 销售无形资产

销售无形资产，是指转让无形资产所有权或者使用权的业务活动。无形资产，是指不具实物形态，但能带来经济利益的资产，包括**技术、商标、著作权、商誉、自然资源使用权和其他权益性无形资产。**

技术，包括专利技术和非专利技术。

自然资源使用权，包括土地使用权、海域使用权、探矿权、采矿权、取水权和其他自然资源使用权。

其他权益性无形资产，包括基础设施资产经营权、公共事业特许权、配额、经营权（包括特许经营权、连锁经营权、其他经营权）、经销权、分销权、代理权、会员权、席位权、网络游戏虚拟道具、域名、名称权、肖像权、冠名权、转会费等。

5. 销售不动产

销售不动产，是指转让不动产所有权的业务活动。不动产，是指不能移动或者移动后会引起性质、形状改变的财产，包括建筑物、构筑物等。

建筑物，包括住宅、商业营业用房、办公楼等可供居住、工作或者进行其他活动的建造物。

构筑物，包括道路、桥梁、隧道、水坝等建造物。

转让建筑物有限产权或者永久使用权的，转让在建的建筑物或者构筑物所有权的，以及在转让建筑物或者构筑物时一并转让其所占土地的使用权的，按照销售不动产缴纳增值税。

（二）不征增值税项目

不征增值税项目具体有：

（1）根据国家指令无偿提供的铁路运输服务、航空运输服务，属于《试点实施办法》的用于公益事业的服务；

（2）存款利息；

（3）被保险人获得的保险赔付；

（4）房地产主管部门或者其指定机构、公积金管理中心、开发企业以及物业管理单位代收的住宅专项维修资金；

（5）在资产重组过程中，通过合并、分立、出售、置换等方式，将全部或者部分实物资产以及与其相关联的债权、负债和劳动力一并转让给其他单位和个人，其中涉及的货物、不动产、土地使用权转让行为；

（6）各党派、共青团、工会、妇联、中科协、青联、台联、侨联收取党费、团费、会费，以及政府间国际组织收取会费，属于非经营活动，不征收增值税；

（7）纳税人取得的中央财政补贴，不属于增值税应税收入，不征收增值税。

【实战训练2－1】2020年6月，浙江寰宇股份有限公司（以下简称浙江寰宇）党委收取党员党费10万元；该公司下属公司以100万元的价格出租一艘货船（空船未配备海员）给亚太贸易公司；该公司生产销售丝绸产品8月销售额500万元。试分析该公司相关业务是否缴纳增值税。

浙江寰宇党委收取党费，不属于增值税范畴，无须缴纳增值税；出租货船，属于有形动产租赁，需要缴纳增值税；生产销售丝绸产品应按销售货物缴纳增值税。

（三）增值税视同销售业务

1. 视同销售货物

单位或者个体工商户的下列行为，视同销售货物：

（1）将货物交付其他单位或者个人代销；

（2）销售代销货物；

（3）设有两个以上机构并实行统一核算的纳税人，将货物从一个机构移送其他机构用于销售，但相关机构设在同一县（市）的除外；

（4）将自产或者委托加工的货物用于非增值税应税项目；

（5）将自产、委托加工的货物用于集体福利或者个人消费；

（6）将自产、委托加工或者购进的货物作为投资，提供给其他单位或者个体工商户；

（7）将自产、委托加工或者购进的货物分配给股东或者投资者；

（8）将自产、委托加工或者购进的货物无偿赠送其他单位或者个人。

2. 视同销售服务、无形资产或者不动产

下列情形视同销售服务、无形资产或者不动产：

（1）单位或者**个体工商户**向其他单位或者个人无偿提供服务，但用于公益事业或者以社会公众为对象的除外；

（2）单位或者**个人**向其他单位或者个人无偿转让无形资产或者不动产，但用于公益事业或者以社会公众为对象的除外；

（3）财政部和国家税务总局规定的其他情形。

【实战训练2-2】王充是学习艺术设计的在校学生，他无偿为浙江寰宇股份有限公司设计了公司产品展览徽标，同时浙江寰宇赠送价值5 000元的丝绸制品给王充。请分析上述行为是否属于增值税征税范畴。

王充作为个人无偿向浙江寰宇提供设计服务不属于视同销售服务，无须缴纳增值税。假如王充创办了一家设计工作室（个体户性质）则免费设计服务就属于增值税视同销售服务业务。

同时浙江寰宇赠送自产产品给个人属于视同销售货物，浙江寰宇应该缴纳增值税。

（四）混合销售

一项销售行为如果既涉及货物又涉及服务，为混合销售。从事货物的生产、批发或者零售的单位和个体工商户（包括以从事货物的生产、批发或者零售为主，并兼营销售服务的单位和个体工商户在内）混合销售行为，按照销售货物缴纳增值税；其他单位和个体工商户的混合销售行为，按照销售服务缴纳增值税。

三、增值税税率和征收率

（一）增值税税率

自2019年4月1日起，除了零税率外，我国现行增值税税率分为13%、9%和6%三档，税率的调整，由国务院决定。境内的购买方为境外单位和个人扣缴增值税的，按照适用税率扣缴增值税。

1. 13%税率

纳税人销售货物、劳务、有形动产租赁服务或者进口货物。

2. 9%税率

纳税人提供交通运输、邮政、基础电信、建筑、不动产租赁服务，销售不动产，转让土地使用权，销售或者进口下列货物：农产品（含粮食）、自来水、暖气、石油液化气、天然气、食用植物油、冷气、热水、煤气、居民用煤炭制品、食用盐、农机、饲料、农药、农膜、化肥、沼气、二甲醚、图书、报纸、杂志、音像制品、电子出版物。

3. 6%税率

纳税人提供增值电信服务、金融服务、现代服务（有形动产租赁和不动产租赁服务除外）、生活服务、销售无形资产（不含转让土地使用权）。

4. 零税率

纳税人出口货物以及境内单位和个人发生的跨境应税行为，税率为零；但是，国务院另有规定的除外。

《跨境应税行为适用增值税零税率和免税政策的规定》境内的单位和个人销售的下列服务和无形资产，适用增值税零税率：

（1）国际运输服务。具体包括：①在境内载运旅客或者货物出境；②在境外载运旅客或者货物入境；③在境外载运旅客或者货物。

（2）航天运输服务。

（3）向境外单位提供的完全在境外消费的下列服务：①研发服务；②合同能源管理服务；③设计服务；④广播影视节目（作品）的制作和发行服务；⑤软件服务；⑥电路设计及测试服务；⑦信息系统服务；⑧业务流程管理服务；⑨离岸服务外包业务；⑩转让技术。

境内的单位和个人销售适用增值税零税率的服务或无形资产的，可以放弃适用增值税零税率，选择免税或按规定缴纳增值税。放弃适用增值税零税率后，36个月内不得再申请适用增值税零税率。

想一想：增值税纳税人一般会在什么情形下放弃享受零税率呢？

2－14 增值税税率、征收率、预征率

（二）增值税征收率

征收率适用于小规模纳税人和实行简易征收的一般纳税人，其调整由国务院决定。

1. 适用3%的征收率情形

小规模纳税人销售货物或者劳务，销售服务、无形资产等一般适用3%的征收率。

“营改增”试点小规模纳税人提供物业管理服务，向服务接受方收取的自来水水费，以扣除其对外支付的自来水水费后的余额为销售额，按照简易计税方法依3%的征收率计算缴纳增值税。

2. 适用5%的征收率情形

中外合作油（气）田开采（含中外双方签订石油合同合作开采陆

上）的原油、天然气，征收率为5%，不抵扣进项税额。

房地产开发企业中的小规模纳税人，销售或出租自行开发的房地产项目；小规模纳税人销售其取得（不含自建）的不动产和自建的不动产；小规模纳税人出租其取得的不动产（不含个人出租住房）；其他个人销售其取得（不含自建）的不动产（不含其购买的住房）和出租其取得的不动产（不含住房）应按照5%的征收率计税。

3. 小规模纳税人适用其他减征征收率情形

（1）小规模纳税人（除其他个人外）销售自己使用过的固定资产，减按2%征收率征收增值税。

（2）个人出租住房，应按照5%的征收率减按1.5%计算应纳税额。

> **特别提示**
>
> 一般纳税人选择简易办法计算缴纳增值税后，36个月内不得变更。

4. 一般纳税人适用简易办法计税的征收率

（1）按照简易方法计税。一般纳税人寄售商店代销寄售物品、典当业销售死当物品，暂按简易办法依照3%征收率计算缴纳增值税；对于一般纳税人销售符合简易征收的固定资产和纳税人销售旧货，按3%征收率减按2%征收。

（2）可选择简易计税方法计税。一般纳税人发生以下所列情形的，可选择适用简易计税方法计税（见表2－10）。

（三）兼营

“营改增”试点纳税人销售货物、加工修理修配劳务、服务、无形资产或者不动产适用不同税率或者征收率的，应当分别核算适用不同税率或者征收率的销售额，未分别核算销售额的，按照以下方法适用税率或者征收率：

> **术语解析**
>
> 旧货，指进入二次流通的具有部分使用价值的货物（含旧汽车、旧摩托车和旧游艇），但不包括自己使用过的物品。

（1）兼有不同税率的销售货物、加工修理修配劳务、服务、无形资产或者不动产，从高适用税率；

（2）兼有不同征收率的销售货物、加工修理修配劳务、服务、无形资产或者不动产，从高适用征收率；

（3）兼有不同税率和征收率的销售货物、加工修理修配劳务、服务、无形资产或者不动产，从高适用税率。

四、增值税税收优惠

增值税的免税、减税项目由国务院规定。任何地区、部门均不得规定免税、减税项目。纳税人发生应税行为适用免税、减税规定的，可以放弃免税、减税，依照规定缴纳增值税。放弃免税、减税后，36个月内不得再申请免税、减税。

表 2－10　　一般纳税人可选择简易计税方法的情形

<table>
<tr><th>适用3%征收率</th><th>适用5%征收率</th></tr>
<tr><td>(1) 县级及县级以下小型水力发电（装机容量不超过5万千瓦）单位生产的电力；
(2) 建筑用和生产建筑材料所用的沙、土、石料；
(3) 以自己采掘的沙、土、石料或其他矿物连续生产的砖、瓦、石灰；
(4) 用微生物、微生物代谢产物、动物毒素、人或动物的血液或组织制成的生物制品（属于增值税一般纳税人的单采血浆站销售非临床用人体血液也可按照简易办法依照3%征收率计算应纳税额）；
(5) 自来水；
(6) 商品混凝土（仅限以水泥为原料生产的水泥混凝土）</td><td rowspan="2">(1) 一般纳税人销售其2016年4月30日前取得（不含自建）的不动产；
(2) 一般纳税人销售其2016年4月30日前自建的不动产；
(3) 一般纳税人出租其2016年4月30日前取得的不动产；
(4) 房地产企业销售其自行开发的房地产老项目（开工日期在2016年4月30日前的）的；
(5) 房地产企业出租自行开发的房地产老项目；
(6) 纳税人提供人力资源外包服务；
(7) 纳税人转让2016年4月30日前取得的土地使用权；
(8) 纳税人2016年4月30日前签订的不动产融资租赁合同，或以2016年4月30日前取得的不动产提供的融资租赁服务；
(9) 纳税人收取试点前开工的一级公路、二级公路、桥、闸通行费；
(10) 提供劳务派遣服务和纳税人提供安全保护服务</td></tr>
<tr><td>(1) 公共交通运输服务；
(2) 经认定的动漫企业为开发动漫产品提供的动漫设计、制作等服务以及在境内转让动漫版权（包括动漫品牌、形象或者内容的授权及再授权）；
(3) 电影放映服务、仓储服务、装卸搬运服务、收派服务和文化体育服务；
(4) 以纳入“营改增”试点之日前取得的有形动产为标的物提供的经营租赁服务；
(5) 在纳入“营改增”试点之日前签订的尚未执行完毕的有形动产租赁合同；
(6) 以清包工方式提供的建筑服务，是指施工方不采购建筑工程所需的材料或只采购辅助材料，并收取人工费、管理费或者其他费用的建筑服务；
(7) 甲供工程（指全部或部分设备、材料、动力由工程发包方自行采购的建筑工程）的建筑服务（一般纳税人销售电梯的同时提供安装服务，其安装服务可以按照甲供工程处理）；
(8) 为建筑工程老项目（开工日期在2016年4月30日前）提供的建筑服务；
(9) 公路经营企业收取试点前开工的高速公路的车辆通行费；
(10) 提供非学历教育服务；
(11) 农村信用社、村镇银行、农村资金互助社、由银行业机构全资发起设立的贷款公司、法人机构在县（县级市、区、旗）及县以下地区的农村合作银行和农村商业银行提供金融服务收入；
(12) 对中国农业银行纳入“三农金融事业部”改革试点的各省、自治区、直辖市、计划单列市分行下辖的县域支行和新疆生产建设兵团分行下辖的县域支行（也称县事业部），提供农户贷款、农村企业和农村各类组织贷款取得的利息收入</td></tr>
</table>

纳税人发生应税行为同时适用免税和零税率规定的，纳税人可以选择适用免税或者零税率。

（一）免征增值税

《增值税暂行条例》规定的免征增值税的项目有：

（1）农业生产者销售的自产农产品；

（2）避孕药品和用具；

（3）古旧图书；

（4）直接用于科学研究、科学试验和教学的进口仪器、设备；

（5）外国政府、国际组织无偿援助的进口物资和设备；

（6）由残疾人的组织直接进口供残疾人专用的物品；

（7）销售自己使用过的物品。

想一想：前面规定农产品适用9%的税率，此处又规定农产品免税，应当如何理解？

《营业税改征增值税试点过渡政策的规定》具体规定了40个免税项目：

（1）托儿所、幼儿园提供的保育和教育服务。

（2）养老机构提供的养老服务。

（3）残疾人福利机构提供的育养服务。

（4）婚姻介绍服务。

（5）殡葬服务。

（6）残疾人员本人为社会提供的服务。

（7）医疗机构提供的医疗服务。

（8）从事学历教育的学校提供的教育服务。

（9）学生勤工俭学提供的服务。

（10）农业机耕、排灌、病虫害防治、植物保护、农牧保险以及相关技术培训业务，家禽、牲畜、水生动物的配种和疾病防治。

（11）纪念馆、博物馆、文化馆、文物保护单位管理机构、美术馆、展览馆、书画院、图书馆在自己的场所提供文化体育服务取得的第一道门票收入。

（12）寺院、宫观、清真寺和教堂举办文化、宗教活动的门票收入。

（13）行政单位之外的其他单位收取的符合特定条件的政府性基金和行政事业性收费。

（14）个人转让著作权。

（15）个人销售自建自用住房。

（16）2020年12月31日前，公共租赁住房经营管理单位出租公共租赁住房。

（17）台湾航运公司、航空公司从事海峡两岸海上直航、空中直航业务在大陆取得的运输收入。

（18）纳税人提供的直接或者间接国际货物运输代理服务。

（19）部分利息收入，具体包括：①2016年12月31日前，符合政策的金融机构农户小额贷款；②国家助学贷款；③国债、地方政府债；④中国人民银行对金融机构的贷款；⑤住房公积金管理中心用住房公积金在指定的委托银行发放的个人住房贷款；⑥外汇管理部门在从事国家外汇储备经营过程中，委托金融机构发放的外汇贷款；⑦统借统还业务中，企业集团或企业集团中的核心企业以及集团所属财务公司按不高于支付给金融机构的借款利率水平或者支付的债券票面利率水平，向企业集团或者集团内下属单位收取的利息。

（20）被撤销金融机构以货物、不动产、无形资产、有价证券、票据等财产清偿债务。

（21）保险公司开办的一年期以上人身保险产品取得的保费收入。

（22）下列金融商品转让收入：①合格境外投资者（QFII）委托境内公司在我国从事证券买卖业务；②香港市场投资者（包括单位和个人）通过沪港通买卖上海证券交易所上市 A 股；③对香港市场投资者（包括单位和个人）通过基金互认买卖内地基金份额；④证券投资基金（封闭式证券投资基金和开放式证券投资基金）管理人运用基金买卖股票、债券；⑤个人从事金融商品转让业务。

（23）金融同业往来利息收入，具体包括：①金融机构与中国人民银行所发生的资金往来业务。包括中国人民银行对一般金融机构贷款，以及中国人民银行对商业银行的再贴现等；②银行联行往来业务。同一银行系统内部不同行、处之间所发生的资金账务往来业务；③金融机构间的资金往来业务。是指经中国人民银行批准，进入全国银行间同业拆借市场的金融机构之间通过全国统一的同业拆借网络进行的短期（1 年以下含 1 年）无担保资金融通行为。

（24）同时符合条件的担保机构从事中小企业信用担保或者再担保业务取得的收入（不含信用评级、咨询、培训等收入）3 年内免征增值税。

（25）国家商品储备管理单位及其直属企业承担商品储备任务，从中央或者地方财政取得的利息补贴收入和价差补贴收入。

（26）纳税人提供技术转让、技术开发和与之相关的技术咨询、技术服务。

（27）符合条件的合同能源管理服务。

（28）2020 年 12 月 31 日前，科普单位的门票收入，以及县级及以上党政部门和科协开展科普活动的门票收入。

（29）政府举办的从事学历教育的高等、中等和初等学校（不含下属单位），举办进修班、培训班取得的全部归该学校所有的收入。

（30）政府举办的职业学校设立的主要为在校学生提供实习场所，并由学校出资自办、由学校负责经营管理、经营收入归学校所有的企业，从事《销售服务、无形资产或者不动产注释》中“现代服务”（不含融资租赁服务、广告服务和其他现代服务）、“生活服务”（不含文化体育服务、其他生活服务和桑拿、氧吧）业务活动取得的收入。

（31）家政服务企业由员工制家政服务员提供家政服务取得的收入。

（32）福利彩票、体育彩票的发行收入。

（33）军队空余房产租赁收入。

（34）为了配合国家住房制度改革，企业、行政事业单位按房改成本价、标准价出售住房取得的收入。

（35）将土地使用权转让给农业生产者用于农业生产。

（36）涉及家庭财产分割的个人无偿转让不动产、土地使用权。

（37）土地所有者出让土地使用权和土地使用者将土地使用权归还给土地所有者。

（38）县级以上地方人民政府或自然资源行政主管部门出让、转让或收回自然资源使用权（不含土地使用权）。

（39）符合条件的随军家属就业。具体条件为：①为安置随军家属就业而新开办的企业，自领取税务登记证之日起，其提供的应税服务3年内免征增值税；②从事个体经营的随军家属，自办理税务登记事项之日起，其提供的应税服务3年内免征增值税。

（40）符合条件的军队转业干部就业。具体条件为：①从事个体经营的军队转业干部，自领取税务登记证之日起，其提供的应税服务3年内免征增值税。②为安置自主择业的军队转业干部就业而新开办的企业，凡安置自主择业的军队转业干部占企业总人数60%（含）以上的，自领取税务登记证之日起，其提供的应税服务3年内免征增值税。

此外，增值税减免税的其他规定有：

自2016年1月1日起，中国邮政集团公司及其所属邮政企业为金融机构代办金融保险业务取得的代理收入，在“营改增”试点期间免征增值税。

自2016年5月1日起，纳税人采取转包、出租、互换、转让、入股等方式将承包地流转给农业生产者用于农业生产，免征增值税。2017年7月1日前已征的增值税，可抵减以后月份应缴纳的增值税，或办理退税。

自2016年5月1日起，社会团体收取的会费，免征增值税。

对按照国家规定的收费标准向学生收取的高校学生公寓住宿费收入；对高校学生食堂为高校师生提供餐饮服务取得的收入，自2016年5月1日起，在“营改增”试点期间免征增值税。

2019年1月1日至2023年12月31日，对广播电视运营服务企业收取的有线数字电视基本收视维护费和农村有线电视基本收视费，免征增值税。

自2018年1月1日至2023年12月31日，纳税人为农户、小型企业、微型企业及个体工商户借款、发行债券提供融资担保取得的担保费收入，以及为上述融资担保（以下称“原担保”）提供再担保取得的再担保费收入，免征增值税。再担保合同对应多个原担保合同的，原担保合同应全部适用免征增值税政策。否则，再担保合同应按规定缴纳增值税。

残疾人个人提供的加工、修理修配劳务，免征增值税。

自 2018 年 1 月 1 日起至 2020 年 12 月 31 日，免征图书批发、零售环节增值税。对科普单位的门票收入，以及县级及以上党政部门和科协开展科普活动的门票收入免征增值税。

2019 年 1 月 1 日至 2023 年 12 月 31 日，党报、党刊将其发行、印刷业务及相应的经营性资产剥离组建的文化企业，自注册之日起所取得的党报、党刊发行收入和印刷收入免征增值税。

《跨境应税行为适用增值税零税率和免税政策的规定》规定，境内的单位和个人销售的下列服务和无形资产免征增值税，但财政部和国家税务总局规定适用增值税零税率的除外：

（1）下列服务：

①工程项目在境外的建筑服务；

②工程项目在境外的工程监理服务；

③工程、矿产资源在境外的工程勘察勘探服务；

④会议展览地点在境外的会议展览服务；

⑤存储地点在境外的仓储服务；

⑥标的物在境外使用的有形动产租赁服务；

⑦在境外提供的广播影视节目（作品）的播映服务；

⑧在境外提供的文化体育服务、教育医疗服务、旅游服务。

（2）为出口货物提供的邮政服务、收派服务、保险服务（包括出口货物保险和出口信用保险）。

（3）向境外单位提供的完全在境外消费的下列服务和无形资产：

①电信服务；

②知识产权服务；

③物流辅助服务（仓储服务、收派服务除外）；

④鉴证咨询服务；

⑤专业技术服务；

⑥商务辅助服务；

⑦广告投放地在境外的广告服务；

⑧无形资产。

（4）以无运输工具承运方式提供的国际运输服务。

（5）为境外单位之间的货币资金融通及其他金融业务提供的直接

术语解析

完全在境外消费，是指：

（1）服务的实际接受方在境外，且与境内的货物和不动产无关。

（2）无形资产完全在境外使用，且与境内的货物和不动产无关。

（3）财政部和国家税务总局规定的其他情形。

2－15　增值税即征即退、先征后返与扣减增值税规定收费金融服务，且该服务与境内的货物、无形资产和不动产无关。

（6）财政部和国家税务总局规定的其他服务。

为应对新冠肺炎疫情防控和经济社会发展的要求，国家出台了一系列税费优惠政策：

自2020年1月1日至2020年12月31日，对纳税人运输疫情防控重点保障物资取得的收入，免征增值税；对纳税人提供公共交通运输服务、生活服务，以及为居民提供必需生活物资快递收派服务取得的收入，免征增值税。

自2020年1月1日至2020年12月31日，单位和个体工商户将自产、委托加工或购买的货物，通过公益性社会组织和县级以上人民政府及其部门等国家机关，或者直接向承担疫情防治任务的医院，无偿捐赠用于应对新型冠状病毒感染的肺炎疫情的，免征增值税、消费税、城市维护建设税、教育费附加、地方教育附加。

自2020年3月1日至2020年12月31日，对湖北省增值税小规模纳税人，适用3%征收率的应税销售收入，免征增值税；适用3%预征率的预缴增值税项目，暂停预缴增值税。除湖北省外，其他省、自治区、直辖市的增值税小规模纳税人，适用3%征收率的应税销售收入，减按1%征收率征收增值税，按以下公式计算销售额：

销售额 = 含税销售额/(1 + 1%)

适用3%预征率的预缴增值税项目，减按1%预征率预缴增值税。

自2020年5月1日至2023年12月31日，从事二手车经销的纳税人销售其收购的二手车，由原按照简易办法依3%征收率减按2%征收增值税，改为减按0.5%征收增值税，并按下列公式计算销售额：

销售额 = 含税销售额/(1 + 0.5%)

想一想：免征增值税与不征增值税有何区别？免税和零税率又有何区别？

（二）增值税起征点

2-16 随堂练习一

增值税起征点的适用范围限于个人，不适用于登记为一般纳税人的个体工商户。具体标准为：按期纳税的，为月销售额5 000～20 000元（含本数）；按次纳税的，为每次（日）销售额300～500元（含本数）。

2019年1月1日至2021年12月31日，对月销售额10万元以下（含本数，以1个季度为1个纳税期的，季度销售额未超过30万元）的增值税小规模纳税人，免征增值税。小规模纳税人合计月销售额超过10万元，但扣除本期发生的销售不动产的销售额后未超过

10万元的，其销售货物、劳务、服务、无形资产取得的销售额免征增值税。

任务二　计算增值税

增值税的计算方法有两种：一是一般计税方法，仅适用于增值税一般纳税人；二是简易计税方法，主要适用小规模纳税人，此外一般纳税人特殊业务也可采用简易计税方法。

一、小规模纳税人增值税计算

小规模纳税人销售货物、提供应税劳务，销售服务、无形资产或不动产，实行按照销售额和征收率计算应纳税额的简易办法，并不得抵扣进项税额。简易计税方式应纳税额计算公式为：

应纳税额 = 销售额 × 征收率

纳税人采用销售额和应纳税额合并定价方法的，按照下列公式计算销售额：

销售额 = 含税销售额 ÷（1 + 征收率）

纳税人适用简易计税方法计税的，因销售折让、中止或者退回而退还给购买方的销售额，应当从当期销售额中扣减。扣减当期销售额后仍有余额造成多缴的税款，可以从以后应纳税额中扣减。

小规模纳税人提供劳务派遣服务，可以按照《财政部 国家税务总局关于全面推开营业税改征增值税试点的通知》的有关规定，以取得的全部价款和价外费用为销售额，按照简易计税方法依3%的征收率计算缴纳增值税；也可以选择差额纳税，以取得的全部价款和价外费用，扣除代用工单位支付给劳务派遣员工的工资、福利和为其办理社会保险及住房公积金后的余额为销售额，按照简易计税方法依5%的征收率计算缴纳增值税。

选择差额纳税的纳税人，向用工单位收取用于支付给劳务派遣员工工资、福利和为其办理社会保险及住房公积金的费用，不得开具增值税专用发票，可以开具普通发票。

二、一般纳税人增值税计算

（一）简易计税方法

一般纳税人在特定情形下（具体见任务一中征收率部分内容），适用或可以选择适用简易计税办法计算增值税。

（二）一般计税方法

增值税一般计税方法适用于一般纳税人，一般计税方法的应纳税额，是指当期销项税额抵扣当期进项税额后的余额。应纳税额计算公式：

应纳税额 = 当期销项税额 − 当期进项税额

当期销项税额小于当期进项税额不足抵扣时，其不足部分可以结转下期继续抵扣。

销项税额，是纳税人销售货物、提供应税劳务、销售服务、无形资产或不动产，按照销售额和适用税率计算并向购买方收取的增值税额；纳税人购进货物、劳务、服务、无形资产、不动产支付或者负担的增值税税额，为进项税额。

> **特别提示**
>
> 行政单位收取的同时满足以下条件的政府性基金或者行政事业性收费。
>
> （1）由国务院或者财政部批准设立的政府性基金，由国务院或者省级人民政府及其财政、价格主管部门批准设立的行政事业性收费；
>
> （2）收取时开具省级以上（含省级）财政部门监（印）制的财政票据；
>
> （3）所收款项全额上缴财政。

1. 销项税额

销项税额是销售方根据销售额和税率计算出来的，在未抵扣进项税额前并不是纳税人应纳增值税税额。

销项税额 = 销售额 × 税率（或为组成计税价 × 税率）

（1）销售额的一般规定。

销售额为纳税人发生应税销售行为收取的全部价款和价外费用，但是不包括收取的销项税额。销售额以人民币计算，纳税人以人民币以外的货币结算销售额的，应当折合成人民币计算，其销售额的人民币折合率可以选择销售额发生的当天或者当月 1 日的人民币汇率中间价。纳税人应在事先确定采用何种折合率，确定后 1 年内不得变更。

> **特别提示**
>
> 销售额和折扣额开在同一张发票上是指，在发票“金额”栏分别注明二者，未在金额栏注明，而仅在“备注”栏注明折扣额的，折扣额不能在销售额中扣除。

价外费用，包括价外向购买方收取的手续费、补贴、基金、集资费、返还利润、奖励费、违约金、滞纳金、延期付款利息、赔偿金、代收款项、代垫款项、包装费、包装物租金、储备费、优质费、运输装卸费以及其他各种性质的价外收费。但下列项目不包括在内：

①受托加工应征消费税的消费品所代收代缴的消费税；

②同时符合以下条件的代垫运输费用：

a. 承运部门的运输费用发票开具给购买方的；

b. 纳税人将该项发票转交给购买方的。

③同时符合以下条件代为收取的政府性基金或者行政事业性收费；

④销售货物的同时代办保险等而向购买方收取的保险费，以及向购买方收取的代购买方缴纳的车辆购置税、车辆牌照费。

《试点实施办法》规定价外费用，是指价外收取的各种性质的收费，但不包括以下项目：

①代为收取并符合规定的政府性基金或者行政事业性收费；

②以委托方名义开具发票代委托方收取的款项。

（2）价款和税款合并收取情况下的销售额确定。

我国增值税实行价外税，即纳税人在销售货物、劳务、服务、无形资产或不动产时收取的价款中不应包含增值税款，并在增开的增值税专用发票上分别注明价款和税款。实际工作中也存在一般纳税人不能开具专用发票的情形，纳税人会将价款和税款合并收取。对此一般纳税人销售货物或者应税劳务，采用销售额和销项税额合并定价方法的，按下列公式计算销售额：

销售额 = 含税销售额 ÷ (1 + 税率)

（3）特殊销售方式的销售额确定。

①折扣方式销售货物。现行税法规定：纳税人采取折扣方式销售货物、劳务、服务、无形资产或不动产，如果销售额和折扣额开具在同一张发票上，可按折扣后的销售额征收增值税。而对于现金折扣情形，则不能扣除折扣，应纳折扣前销售额计税。对于销售折让行为，可以通过开具红字专用发票从销售额中减除折让部分。

想一想： 试比较折扣销售（商业折扣）、销售折扣（现金折扣）；我们知道"618""双 11"等期间很多网店都有促销活动，试分析这些促销活动该如何纳税？

2－17 如何理解"买一赠一"？

②以旧换新方式的销售业务。税法规定：纳税人采取以旧换新方式销售货物的（金银首饰除外），应按照新货物同期销售价格确定销售额。

【实战训练 2－3】 浙江寰宇股份有限公司下属百货贸易公司（增值税一般纳税人）为庆祝党的生日，2020 年 7 月初采取"以旧换新"方式销售智慧屏，取得销售收入 9 万元，旧手机折抵 1 万元。

该商场当月因"以旧换新"而确认销售额 = (9 + 1) ÷ (1 + 13%) = 8.85（万元）。

③还本销售方式销售货物。还本销售是指销售方将货物出售以后，

按约定的时间，一次或分期将购买货款部分或全部退还给购买方，退还的货款即为还本支出。现行税法规定：纳税人采取还本销售货物的，不得从销售额中减除还本支出。

④采取以物易物方式销售货物。以物易物属于正常的购销业务，以各自发出货物核算销售额并计算销项税额，以各自收到的货物核算购货额及进项税额。

⑤直销企业增值税销售额的确定。自 2013 年 3 月 1 日起，如直销企业先将货物销售给直销员，直销员再将货物销售给消费者的，直销企业的销售额为其向直销员收取的全部价款和价外费用。直销员将货物销售给消费者时，应按照现行规定缴纳增值税。如直销企业通过直销员向消费者销售货物，直接向消费者收取货款，直销企业的销售额为其向消费者收取的全部价款和价外费用。

（4）视同销售行为销售额确定。

《增值税暂行条例实施细则》规定价格明显偏低并无正当理由或者有视同销售货物行为而无销售额者，按下列顺序确定销售额：

①按纳税人最近时期同类货物的平均销售价格确定；

②按其他纳税人最近时期同类货物的平均销售价格确定；

③按组成计税价格确定。组成计税价格的公式为：

组成计税价格 = 成本 ×（1 + 成本利润率）

属于应征消费税的货物，其组成计税价格中应加计消费税额。

组成计税价格 = 成本 ×（1 + 成本利润率）+ 消费税额

或

组成计税价格 = 成本 ×（1 + 成本利润率）÷（1 − 消费税税率）

公式中的成本是指：销售自产货物的为实际生产成本，销售外购货物的为实际采购成本。公式中的成本利润率由国家税务总局确定，一般成本利润率为 10%，但属于应征消费税的货物，其成本利润率，依据消费税相关法规规定。

《试点实施办法》规定，纳税人发生应税行为**价格明显偏低或者偏高且**不具有合理商业目的的，或者发生视同销售服务、无形资产或者不动产情形的，主管税务机关有权按照下列顺序确定销售额：

①按照纳税人最近时期销售同类服务、无形资产或者不动产的平均价格确定。

②按照其他纳税人最近时期销售同类服务、无形资产或者不动产的平均价格确定。

③按照组成计税价格确定。组成计税价格的公式为：

组成计税价格 = 成本 ×（1 + 成本利润率）

成本利润率由国家税务总局确定。

术语解析

不具有合理商业目的，是指以谋取税收利益为主要目的，通过人为安排，减少、免除、推迟缴纳增值税税款，或者增加退还增值税税款。

想一想：增值税纳税人发生视同销售业务一定使用组成计税价格计算增值税对吗？同时试想一下为什么从法律层面需要规定视同销售行为？

【实战训练2-4】 浙江寰宇股份有限公司下属百货贸易公司在建军节期间为公司所在街道退伍革命军人5人赠送空调扇5台，市价共2 000元。试分析该业务。

浙江寰宇下属百货公司为退伍革命军人赠送空调扇，是在履行企业公民义务，主动承担企业社会责任值得社会肯定。同时该项赠送业务属于税法所规定的视同销售行为，因此需要计提增值税销项税额 $2\,000 \div (1+13\%) \times 13\% = 230.09$（元）。

（5）包装物押金的计税问题。

根据现行税法，纳税人为销售货物而出租出借包装物收取的押金，单独记账的，时间在1年以内又未逾期，不并入销售额征税；但对于逾期未收回不再退还的包装物押金，应按照包装物所包装的货物对应税率计算纳税。需要注意的是，“逾期”指的是1年（12个月）。押金属于含税收入，计税时需要换算为不含税收入。

对销售除啤酒、黄酒以外的其他酒类产品收取的包装物押金，无论押金是否返还与会计上如何核算，均需并入酒类产品销售额征税。

（6）扣减当期销项税额的规定。

纳税人在销售货物时，因为货物质量、规格等原因而发生销货退回或销售折让，销售方应对当期销项税额进行调整。税法规定，纳税人适用一般计税方法计税的，因销售折让、中止或者退回而退还给购买方的增值税额，应当从当期的销项税额中扣减。

（7）“营改增”行业特定销售额的确定。

航空运输企业的销售额，不包含代收的机场建设费和代收其他航空运输企业客票而代收转付的价款。

自2018年1月1日起，航空运输销售代理企业提供境外航段机票代理服务，以取得的全部价款和价外费用，扣除向客户收取并支付给其他单位或者个人的境外航段机票结算款和相关费用后的余额为销售额。其中，支付给境内单位或者个人的款项，以发票或行程单为合法有效凭证；支付给境外单位或者个人的款项，以签收单据为合法有效凭证，税务机关对签收单据有疑义的，可以要求其提供境外公证机构的确认证明。

电信服务试点纳税人销售电信服务时，附带赠送用户识别卡、电信终端等货物或者电信服务的，应将其取得的全部价款和价外费用进行分别核算，按各自适用税率计算缴纳增值税。

经纪代理服务，以取得的全部价款和价外费用，扣除向委托方收取并代为支付的政府性基金或者行政事业性收费后的余额为销售额。向委托方收取的政府性基金或行政事业性收费，不得开具增值税专用发票。

纳税人提供签证代理服务，以取得的全部价款和价外费用，扣除向服务接受方收取并代为支付给外交部和外国驻华使（领）馆的签证费、认证费后的余额为销售额。向服务接受方收取并代为支付的签证费、认证费，不得开具增值税专用发票，可以开具增值税普通发票。

一般纳税人提供劳务派遣服务，可以以取得的全部价款和价外费用为销售额，按照一般计税方法计算缴纳增值税；也可以选择差额纳税，以取得的全部价款和价外费用，扣除代用工单位支付给劳务派遣员工的工资、福利和为其办理社会保险及住房公积金后的余额为销售额，按照简易计税方法依5%的征收率计算缴纳增值税。

贷款服务，是以提供贷款服务取得的全部利息及利息性质的收入为销售额。直接收费金融服务，则以提供直接收费金融服务收取的手续费、佣金、酬金、管理费、服务费、经手费、开户费、过户费、结算费、转托管费等各类费用为销售额。

特别提示

金融商品的买入价，可以选择按照加权平均法或者移动加权平均法进行核算，选择后36个月内不得变更。

金融商品转让，不得开具增值税专用发票。

金融商品转让，按照卖出价扣除买入价后的余额为销售额。转让金融商品出现的正负差，按盈亏相抵后的余额为销售额。若相抵后出现负差，可结转下一纳税期与下期转让金融商品销售额相抵，但年末时仍出现负差的，不得转入下一个会计年度。

纳税人（含小规模纳税人）提供旅游服务，可以选择以取得的全部价款和价外费用，扣除向旅游服务购买方收取并支付给其他单位或个人的住宿费、餐饮费、交通费、签证费、门票费和支付给其他接团旅游企业的旅游费用后的余额为销售额。向旅游服务购买方收取并支付的上述费用，不得开具增值税专用发票，可以开具普通发票。纳税人提供旅游服务，将火车票、飞机票等交通费发票原件交付给旅游服务购买方而无法收回的，以交通费发票复印件作为差额扣除凭证。

特别提示

一般纳税人购进自用的应征消费税的摩托车、汽车、游艇，其进项税额准予从销项税额中抵扣。

2. 进项税额

（1）准予从销项税额中抵扣的进项税额。

下列进项税额准予从销项税额中抵扣：

①从销售方取得的增值税专用发票（含税控机动车销售统一发票，下同）上注明的增值税额。

②从海关取得的海关进口增值税专用缴款书上注明的增值税额。

③购进农产品，除取得增值税专用发票或者海关进口增值税专用缴款书外，按照农产品收购发票或者销售发票上注明的农产品买价和9%的扣除率计算的进项税额，国务院另有规定的除外。进项税额计算公式：

进项税额 = 买价 × 扣除率

从按照简易计税方法依照 3% 征收率计算缴纳增值税的小规模纳税人取得增值税专用发票的，以增值税专用发票上注明的金额和 9% 的扣除率计算进项税额。

纳税人购进用于生产销售或委托加工 13% 税率货物的农产品，按照 10% 的扣除率计算进项税额。纳税人购进农产品既用于生产销售或委托加工 13% 税率货物，又用于生产销售其他货物服务的，应当分别核算用于生产销售或委托加工 13% 税率货物和其他货物服务的农产品进项税额。未分别核算的，统一以增值税专用发票或海关进口增值税专用缴款书上注明的增值税额为进项税额，或以农产品收购发票或销售发票上注明的农产品买价和 9% 的扣除率计算进项税额。

纳税人从批发、零售环节购进适用免征增值税政策的蔬菜、部分鲜活肉蛋而取得的普通发票，不得作为计算抵扣进项税额的凭证。

自 2012 年 7 月 1 日起，以购进农产品为原料生产销售液体乳及乳制品、酒及酒精、植物油的增值税一般纳税人，纳入农产品增值税进项税额核定扣除试点范围，其购进农产品无论是否用于生产上述产品，增值税进项税额均按照《农产品增值税进项税额核定扣除试点实施办法》的规定抵扣。自 2013 年 9 月 1 日起，各省、自治区、直辖市、计划单列市税务部门可商同级财政部门，结合本地区特点，选择部分行业开展核定扣除试点。自 2014 年 8 月 1 日起，浙江省以购进农产品棉花（皮棉）、蚕茧、山核桃籽（仁）为原料生产销售棉纱、缫丝、山核桃（仁）的一般纳税人，纳入农产品增值税进项税额核定扣除试点范围。2018 年 1 月扩大至生产销售羽绒制品、丝棉制品、竹木制品、水产制品、香菇制品、蜂胶产品、生物制品、茶叶、粽子以及所有从事农产品批发、零售业务的一般纳税人。试点纳税人以购进农产品为原料生产货物的，农产品增值税进项税额具体可按照投入产出法、成本法和参照法三种方法核定进项税额。在核定进项税额时，扣除率均为销售货物的适用税率。

④“营改增”试点全面推进以后，一般纳税人购入的不动产也可以抵扣进项税额，前提是应取得合法有效的增值税扣税凭证（见表 2－11）。

表 2－11　　不动产及不动产在建工程进项税抵扣情况

不动产、不动产在建工程等	进项税抵扣方式
2016 年 5 月 1 日至 2019 年 3 月 31 日	进项税额应按照有关规定分 2 年从销项税额中抵扣，第一年抵扣比例为 60%，第二年抵扣比例为 40%

术语解析

取得是指纳税人新建、改建、扩建、修缮、装饰不动产，属于不动产在建工程。

术语解析

购进货物，是指构成不动产实体的材料和设备，包括建筑装饰材料和给排水、采暖、卫生、通风、照明、通信、煤气、消防、中央空调、电梯、电气、智能化楼宇设备及配套设施。

特别提示

纳税人凭完税凭证抵扣进项税额的，应当具备书面合同、付款证明和境外单位的对账单或者发票。资料不全的，其进项税额不得从销项税额中抵扣。

续表

不动产、不动产在建工程等	进项税抵扣方式
自2019年4月1日起，《营业税改征增值税试点有关事项的规定》第一条第（四）项第一点、第二条第（一）项第一点停止执行	纳税人取得不动产或者不动产在建工程的进项税额不再分2年抵扣。此前按照上述规定尚未抵扣完毕的待抵扣进项税额，可自2019年4月税款所属期起从销项税额中抵扣
按照规定不得抵扣进项税额的不动产，发生用途改变，用于允许抵扣进项税额项目的	按照下列公式在改变用途的次月计算可抵扣进项税额 可抵扣进项税额＝增值税扣税凭证注明或计算的进项税额×不动产净值率
已抵扣进项税额的不动产，发生非正常损失，或者改变用途，专用于简易计税方法计税项目、免征增值税项目、集体福利或者个人消费的	按照下列公式计算不得抵扣的进项税额，并从当期进项税额中扣减： 不得抵扣的进项税额＝已抵扣进项税额×不动产净值率 不动产净值率＝（不动产净值÷不动产原值）×100%

在管理上，纳税人应对不同的不动产和不动产在建工程，纳税人应分别核算其待抵扣进项税额。并据实填报增值税纳税申报表附列资料。

2－18《国家税务总局关于增值税发票管理若干事项的公告》

此外，纳税人将不得抵扣且未抵扣进项税额的固定资产、无形资产、不动产，发生用途改变，用于允许抵扣进项税额的应税项目，可在用途改变的次月按照下列公式，依据合法有效的增值税扣税凭证，计算可以抵扣的进项税额：

可以抵扣的进项税额＝固定资产、无形资产、不动产净值/(1＋适用税率)×适用税率

⑤自境外单位或者个人购进劳务、服务、无形资产或者境内的不动产，从税务机关或者扣缴义务人取得的代扣代缴税款的完税凭证上注明的增值税额。

⑥道路通行费的抵扣方法。

通行费，是指有关单位依法或者依规设立并收取的过路、过桥和过闸费用。

2－19 收费公路通行费增值税电子普通发票票样

自2018年1月1日起，通行费开具收费公路通行费增值税电子普通发票，通行费电子发票分为征税发票（发票左上角标识“通行费”字样，且税率栏次显示适用税率或征收率的通行费电子发票）和不征税发票（发票左上角无“通行费”字样，且税率栏次显示“不征税”的通行费电子发票）两种。

ETC后付费客户和用户卡客户索取发票的，通过经营性收费公路的部分，在发票服务平台取得由收费公路经营管理单位开具的征税发票，

纳税人可以抵扣进项税；通过政府还贷性收费公路的部分，在发票服务平台取得暂由 ETC 客户服务机构开具的不征税发票，纳税人取得不征税发票不得抵扣进项税。

一般纳税人应当登录省（区、市）增值税发票选择确认平台，查询、选择用于申报抵扣的通行费电子发票信息。其进项数额在纳税申报时记入“认证相符的增值税专用发票”相关栏次中。单位和个人可以登录（见图 2－2）全国增值税发票查验平台，对通行费电子发票信息进行查验。

图 2－2　国家税务总局全国增值税发票查验平台

资料来源：国家税务总局全国增值税发票查验平台。

⑦自 2019 年 4 月 1 日起，纳税人购进国内旅客运输服务，其进项税额允许从销项税额中抵扣。

纳税人未取得增值税专用发票的，暂按照以下规定确定进项税额：

a. 取得增值税电子普通发票的，为发票上注明的税额；

b. 取得注明旅客身份信息的航空运输电子客票行程单的，为按照下列公式计算进项税额：

航空旅客运输进项税额 =（票价 + 燃油附加费）÷（1 +9%）×9%

c. 取得注明旅客身份信息的铁路车票的，为按照下列公式计算的进项税额：

铁路旅客运输进项税额 = 票面金额 ÷（1 +9%）×9%

d. 取得注明旅客身份信息的公路、水路等其他客票的，按照下列公式计算进项税额：

公路、水路等其他旅客运输进项税额 = 票面金额 ÷（1 +3%）×3%

增值税扣税凭证，是指增值税专用发票、海关进口增值税专用缴款书、农产品收购发票、农产品销售发票和税凭证；还有注明旅客身份信息的航空运输电子客票行程单、铁路车票和公路、水路等其他客票，各类抵扣凭证取得与可抵扣金额，具体见表 2－12。

表 2－12　　常见增值税进项税额抵扣凭证及进项税额

抵扣凭证	出具方	进项税额
增值税专用发票	销售方或代开发票的税务机关	发票注明的增值税额
机动车销售统一发票	销售方	发票注明的增值税额
海关进口增值税专用缴款书	海关	缴款书注明的增值税额
完税凭证（代扣代缴）	税务机关	发票注明的增值税额
农产品销售发票	销售方或代开发票的税务机关	买价×扣除率
农产品收购发票	购买方	买价×扣除率
通行费发票（2018 年 1 月 1 日）	销售方	收费公路通行费增值税电子普通发票（征税发票）上注明的进项税额
注明旅客身份信息的航空运输电子客票行程单	销售方	（票价＋燃油附加费）÷（1＋9%）×9%
注明旅客身份信息的铁路车票	销售方	票面金额÷（1＋9%）×9%
注明旅客身份信息公路、水路等其他客票	销售方	票面金额÷（1＋3%）×3%

术语解析

非正常损失，是指因管理不善造成货物被盗、丢失、霉烂变质，以及因违反法律法规造成货物或者不动产被依法没收、销毁、拆除的情形。

术语解析

纳税人新建、改建、扩建、修缮、装饰不动产，均属于不动产在建工程。

（2）不得从销项税额中抵扣的进项税额。

纳税人购进货物、劳务、服务、无形资产、不动产，取得的增值税扣税凭证不符合法律、行政法规或者国务院税务主管部门有关规定的，其进项税额不得从销项税额中抵扣。

下列项目的进项税额不得从销项税额中抵扣：

①用于简易计税方法计税项目、免征增值税项目、集体福利或者个人消费（包括纳税人的交际应酬消费）的购进货物、劳务、服务、无形资产和不动产。其中涉及的固定资产、无形资产、不动产，仅指专用于上述项目的固定资产、无形资产（不包括其他权益性无形资产）、不动产。

②非正常损失的购进货物及相关劳务和交通运输业服务；

③非正常损失的在产品、产成品所耗用的购进货物（不包括固定资产）、劳务和交通运输服务。

④非正常损失的不动产，以及该不动产所耗用的购进货物、设计服务和建筑服务。

⑤非正常损失的不动产在建工程所耗用的购进货物、设计服务和建筑服务。

⑥购进的贷款服务、餐饮服务、居民日常服务和娱乐服务。

⑦财政部和国家税务总局规定的其他情形。

上述第④项、第⑤项所称货物，是指构成不动产实体的材料和设备，包括建筑装饰材料和给排水、采暖、卫生、通风、照明、通信、煤气、消防、中央空调、电梯、电气、智能化楼宇设备及配套设施。

固定资产，是指使用期限超过12个月的机器、机械、运输工具以及其他与生产经营有关的设备、工具、器具等有形动产。

适用一般计税方法的纳税人，兼营简易计税方法计税项目、免征增值税项目而无法划分不得抵扣的进项税额，按照下列公式计算不得抵扣的进项税额：

不得抵扣的进项税额 = 当期无法划分的全部进项税额 ×（当期简易计税方法计税项目销售额 + 免征增值税项目销售额）÷ 当期全部销售额

主管税务机关可以按照上述公式依据年度数据对不得抵扣的进项税额进行清算（见表2－13）。

术语解析

固定资产、无形资产净值，是指纳税人根据财务会计制度计提折旧或摊销后的余额。

表2－13　不得抵扣进项税额的处理

具体情形	不得抵扣进项税额的处理
已抵扣进项税额的购进货物（不含固定资产）、劳务、服务，发生上述第①～⑦项情形（简易计税方法计税项目、免征增值税项目除外）的	应当将该进项税额从当期进项税额中扣减；无法确定该进项税额的，按照当期实际成本计算应扣减的进项税额
已抵扣进项税额的固定资产、无形资产、不动产，发生上述第①～⑦项情形的	按照下列公式计算不得抵扣的进项税额： 不得抵扣的进项税额 = 固定资产、无形资产、不动产净值 × 适用税率
已抵扣进项税额的不动产，发生非正常损失，或者改变用途，专用于简易计税方法计税项目、免征增值税项目、集体福利或者个人消费的	按照下列公式计算不得抵扣的进项税额： 不得抵扣的进项税额 = 已抵扣进项税额 × 不动产净值率 不动产净值率 =（不动产净值 ÷ 不动产原值）× 100%

《试点实施办法》还规定，纳税人接受贷款服务向贷款方支付的与该笔贷款直接相关的投融资顾问费、手续费、咨询费等费用，其进项税

额不得从销项税额中抵扣。

有下列情形之一者，应当按照销售额和增值税税率计算应纳税额，不得抵扣进项税额，也不得使用增值税专用发票：

①一般纳税人会计核算不健全，或者不能够提供准确税务资料的。

②应当办理一般纳税人资格登记而未办理的。

（3）进项税额抵扣时限。

自2020年3月1日起，增值税一般纳税人取得2017年1月1日及以后开具的增值税专用发票、海关进口增值税专用缴款书、机动车销售统一发票、收费公路通行费增值税电子普通发票，取消认证确认、稽核比对、申报抵扣的期限。纳税人在进行增值税纳税申报时，应当通过本省（自治区、直辖市和计划单列市）增值税发票综合服务平台对上述扣税凭证信息进行用途确认。

（4）扣减当期进项税额的规定。

纳税人购进货物时，因货物质量、规格等原因而发生进货退回或折让，购货方应对当期进项税额进行调整。税法规定，纳税人因进货退回或折让而从销货方收回的增值税额，应从发生进货退回或折让当期的进项税额中扣减。如不按规定扣减，造成进项税额虚增，不纳或少纳增值税，属于偷税行为，按偷税予以处罚。

自2004年7月1日起，对商业企业向供货方收取的与商品销售量、销售额挂钩（如以一定比例、金额、数量计算）的各种返还收入，均应按平销返利行为的有关规定冲减当期增值税进项税额。冲减进项税的计算公示如下：

当期应冲减的进项税额 = 当期取得返还资金 ÷（1 + 所购进货物适用增值税税率）× 所购进货物适用增值税税率

商业企业向供货方收取的各种返还收入，一律不得开具增值税专用发票。

2－20 随堂练习二

（5）进项税额加计抵扣。

自2019年4月1日至2021年12月31日，允许生产、生活性服务业纳税人按照当期可抵扣进项税额加计10%，抵减应纳税额（以下简称“加计抵减政策”）。2019年10月1日至2021年12月31日，允许生活性服务业纳税人按照当期可抵扣进项税额加计15%，抵减应纳税额。

生产、生活性服务业纳税人，是指提供邮政服务、电信服务、现代服务、生活服务（以下简称“四项服务”）取得的销售额占全部销售额的比重超过50%的纳税人。

①纳税人应按照当期可抵扣进项税额的10%计提当期加计抵减额。按照现行规定不得从销项税额中抵扣的进项税额，不得计提加计抵减额；已计提加计抵减额的进项税额，按规定作进项税额转出的，应在进

项税额转出当期，相应调减加计抵减额。计算公式如下：

当期计提加计抵减额＝当期可抵扣进项税额×10%（生活性服务业纳税人为15%）

当期可抵减加计抵减额＝上期末加计抵减额余额＋当期计提加计抵减额－当期调减加计抵减额

②纳税人应按照现行规定计算一般计税方法下的应纳税额（以下简称“抵减前的应纳税额”）后，区分以下情形加计抵减：

a. 抵减前的应纳税额等于零的，当期可抵减加计抵减额全部结转下期抵减；

b. 抵减前的应纳税额大于零，且大于当期可抵减加计抵减额的，当期可抵减加计抵减额全额从抵减前的应纳税额中抵减；

c. 抵减前的应纳税额大于零，且小于或等于当期可抵减加计抵减额的，以当期可抵减加计抵减额抵减应纳税额至零。未抵减完的当期可抵减加计抵减额，结转下期继续抵减。

③纳税人出口货物劳务、发生跨境应税行为不适用加计抵减政策，其对应的进项税额不得计提加计抵减额。

纳税人兼营出口货物劳务、发生跨境应税行为且无法划分不得计提加计抵减额的进项税额，按照以下公式计算：

不得计提加计抵减额的进项税额＝当期无法划分的全部进项税额×当期出口货物劳务和发生跨境应税行为的销售额÷当期全部销售额

加计抵减政策执行到期后，纳税人不再计提加计抵减额，结余的加计抵减额停止抵减。适用加计抵减政策的生产、生活性服务业纳税人，应在年度首次确认适用加计抵减政策时，通过电子税务局（或前往办税服务厅）提交《适用加计抵减政策的声明》。适用加计抵减政策的纳税人，同时兼营邮政服务、电信服务、现代服务、生活服务的，应按照四项服务中收入占比最高的业务在《适用加计抵减政策的声明》中勾选确定所属行业。

三、进口环节增值税的计算

纳税人进口货物，按照组成计税价格和适用税率计算应纳税额。组成计税价格和应纳税额计算公式：

组成计税价格＝关税完税价格＋关税＋消费税

应纳税额＝组成计税价格×税率

一般纳税人可以凭海关进口增值税缴款书在计算增值税应纳税额时申请抵扣。

个人携带或者邮寄进境自用物品的增值税，连同关税一并计征。

四、差额计算增值税情况

差额征税是直接扣减销售额，适用于一般计税方法和简易计税方法，不同于一般计算方法下的进项税额抵扣。差额征税情形下（见表2－14），销项税额或税额计算公式如下：

销项税额或税额＝(含税的全部价款和价外费用－可扣减含税差额)÷(1＋税率或征收率)×税率或征收率

表2－14　“营改增”试点纳税人差额计税的情形

业务类型	差额征税规定	发票开具问题
金融商品转让	卖出价扣除买入价的余额	全额开具普通发票
经纪代理服务	以取得的全部价款和价外费用，扣除向委托方收取并代为支付的政府性基金或者行政事业性收费后的余额为销售额	可开具普通发票，享受差额征税； 自己收入部分开具专用发票，代收部分开具普通发票，享受差额征税； 放弃享受差额征税政策，以全部收入开具专用发票
融资租赁	以取得的全部价款和价外费用，扣除支付的借款利息（包括外汇借款和人民币借款利息）、发行债券利息和车辆购置税后的余额为销售额	自行全额开具专用发票
融资性售后回租	以取得的全部价款和价外费用（不含本金），扣除对外支付的借款利息（包括外汇借款和人民币借款利息）、发行债券利息后的余额作为销售额	全额开具普通发票
客运场站服务	一般纳税人，以其取得的全部价款和价外费用，扣除支付给承运方运费后的余额为销售额	全额开具普通发票
旅游服务	可选择以取得的全部价款和价外费用，扣除向旅游服务购买方收取并支付给其他单位或个人的住宿费、餐饮费、交通费、签证费、门票费和支付给其他接团旅游企业的旅游费后的余额为销售额	(1) 可直接全额开具普通发票，享受差额征税，下游不能抵扣进项； (2) 自己收入部分开具增值税专用发票，代收费用部分开具增值税普通发票，享受差额征税，下游只能就专用发票部分抵扣进项； (3) 选择上述办法（差额征税）计算销售额的试点纳税人，向旅游服务购买方收取并支付的费用，不得开具增值税专用发票，可以开具普通发票。但如果放弃享受差额征税政策，就全部收入开具增值税专用发票，下游可以全部抵扣进项； (4) 按照新系统中的“差额征税开票功能”，差额开具增值税专用发票。下游只能就票面列出的差额增值税抵扣进项。关于旅游公司能否按照差额开票，各地税务机关存在争议

续表

业务类型	差额征税规定	发票开具问题
建筑服务	提供建筑服务适用简易计税方法的，以取得的全部价款和价外费用扣除支付的分包款后的余额为销售额	（1）一般纳税人可全额开具3%增值税普通发票或专用发票，下游取得专用发票可抵扣进项； （2）小规模纳税人可全额到税务机关代开3%增值税专用发票，或者全额自开增值税普通发票
房地产企业销售商品房	一般纳税人销售其开放项目（开发的房地产老项目除外）以取得的全部价款和价外费用扣除支付的分包款后的余额为销售额	一般纳税人可以全额自开11%增值税专用发票或者普通发票，下游取得专用发票正常抵扣进项
劳务派遣	以取得的全部价款和价外费用，扣除代用工单位支付给劳务派遣员工的工资、福利和为其办理社会保险及住房公积金后的余额为销售额	（1）选择简易征收，可直接全额开具5%普通发票，享受差额征税，下游不能抵扣进项； （2）选择简易征收，自己收入部分开具5%增值税专用发票，从销售额扣除部分开具5%增值税普通发票，享受差额征税，下游只能就专用发票部分抵扣进项； （3）如果放弃享受差额征税政策，就全部收入开具6%增值税专用发票，下游可以全部抵扣进项； （4）按照新系统中的“差额征税开票功能”，差额开具增值税专用发票。下游只能就票面列出的差额增值税抵扣进项。关于这一条能否适用劳务派遣公司，各地税务机关存在争议
人力资源外包服务	销售额不包括受客户单位委托代为向客户单位员工发放的工资和代理缴纳的社会保险、住房公积金	（1）可直接全额开具普通发票，享受差额征税，下游不能抵扣进项； （2）自己收入部分开具增值税专用发票，从销售额扣除部分开具增值税普通发票，享受差额征税，下游只能就专用发票部分抵扣进项； （3）选择上述办法（差额征税）计算销售额的试点纳税人，扣除部分费用，不得开具增值税专用发票，可以开具普通发票。但如果放弃享受差额征税政策，就全部收入开具增值税专用发票，下游可以全部抵扣进项； （4）按照新系统中的“差额征税开票功能”，差额开具增值税专用发票。下游只能就票面列出的差额增值税抵扣进项，关于这一条能否适用人力资源外包公司，各地税务机关存在争议。 小规模纳税人按照征收率3%

术语解析

劳务派遣服务，是指劳务派遣公司为了满足用工单位对于各类灵活用工的需求，将员工派遣至用工单位，接受用工单位管理并为其工作的服务。

续表

业务类型	差额征税规定	发票开具问题
按照简易计税方法转让二手房	以取得的全部价款和价外费用扣除不动产购置原价或者取得不动产时的作价后的余额为销售额	（1）一般纳税人可全额自开增值税专用发票或普通发票，如下游取得增值税专用发票可以抵扣进项； （2）小规模纳税人可全额自开增值税普通发票，或到二手房所在地地税机关代开增值税专用发票； （3）其他个人可到二手房所在地地税机关全额代开增值税专用发票或普通发票；但有些地方税务机关认为此种情况不能通过普通开票系统，只能通过差额开票系统开具差额发票，如深圳市、河北省
物业公司转售自来水	以扣除其对外支付的自来水水费后的余额为销售额	（1）一般纳税人可开具3%全额增值税专用发票或普通发票，下游取得专票抵扣进项； （2）小规模纳税人可自行开具3%普通发票，或代开3%增值税专用发票

五、购置增值税税控系统专用设备的处理

术语解析

增值税税控系统包括：增值税防伪税控系统、机动车销售统一发票税控系统。

专用设备包括纳金税盘和税控盘金税盘和报税盘；机动车销售统一发票税控系统专用设备包括税控盘和传输盘。

为减轻纳税人负担，经国务院批准，自2011年12月1日起，增值税纳税人购买增值税税控系统专用设备支付的费用以及缴纳的技术维护费可在增值税应纳税额中全额抵减。

增值税纳税人以后初次购买增值税税控系统专用设备（包括分开票机）支付的费用，可凭购买增值税税控系统专用设备取得的增值税专用发票，在增值税应纳税额中全额抵减（抵减额为价税合计额），不足抵减的可结转下期继续抵减。增值税纳税人非初次购买增值税税控系统专用设备支付的费用，由其自行负担，不得在增值税应纳税额中抵减。

增值税纳税人缴纳的技术维护费，可凭技术维护服务单位开具的技术维护费发票，在增值税应纳税额中全额抵减，不足抵减的可结转下期继续抵减。技术维护费按照价格主管部门核定的标准执行。

增值税一般纳税人支付的两项费用在增值税应纳税额中全额抵减的，其增值税专用发票不作为增值税抵扣凭证，其进项税额不得从销项税额中抵扣。

六、增值税期末留抵税额退税制度

自2019年4月1日起，同时符合以下条件的纳税人，可以向主管税务机关申请退还增量留抵税额：

1. 自2019年4月税款所属期起，连续六个月（按季纳税的，连续

两个季度）增量留抵税额均大于零，且第六个月增量留抵税额不低于50万元；

2. 纳税信用等级为A级或者B级；

3. 申请退税前36个月未发生骗取留抵退税、出口退税或虚开增值税专用发票情形的；

4. 申请退税前36个月未因偷税被税务机关处罚两次及以上的；

5. 自2019年4月1日起未享受即征即退、先征后返（退）政策的。

增量留抵税额，是指与2019年3月底相比新增加的期末留抵税额。

纳税人当期允许退还的增量留抵税额，按照以下公式计算：

允许退还的增量留抵税额 = 增量留抵税额 × 进项构成比例 × 60%

进项构成比例，为2019年4月至申请退税前一税款所属期内已抵扣的增值税专用发票（含税控机动车销售统一发票）、海关进口增值税专用缴款书、解缴税款完税凭证注明的增值税额占同期全部已抵扣进项税额的比重。

纳税人申请办理留抵退税，应于符合留抵退税条件的次月起，在增值税纳税申报期内，完成本期增值税纳税申报后，通过电子税务局或办税服务厅提交《退（抵）税申请表》，向主管税务机关申请退还留抵税额。纳税人出口货物劳务、发生跨境应税行为，适用免抵退税办法的，办理免抵退税后，仍符合规定条件的，可以申请退还留抵税额；适用免退税办法的，相关进项税额不得用于退还留抵税额。

纳税人取得退还的留抵税额后，应相应调减当期留抵税额。按照规定再次满足退税条件的，可以继续向主管税务机关申请退还留抵税额，但连续六个月的期间不得重复计算。

自2019年6月1日起，同时符合以下条件的部分先进制造业纳税人（指生产并销售非金属矿物制品、通用设备、专用设备及计算机、通信和其他电子设备销售额占全部销售额的比重超过50%的纳税人），可以自2019年7月及以后纳税申报期向主管税务机关申请退还增量留抵税额（与2019年3月31日相比新增加的期末留抵税额）：

1. 增量留抵税额大于零；

2. 纳税信用等级为A级或者B级；

3. 申请退税前36个月未发生骗取留抵退税、出口退税或虚开增值税专用发票情形；

4. 申请退税前36个月未因偷税被税务机关处罚两次及以上；

5. 自2019年4月1日起未享受即征即退、先征后返（退）政策。

部分先进制造业纳税人当期允许退还的增量留抵税额，按照以下公式计算：

允许退还的增量留抵税额 = 增量留抵税额 × 进项构成比例

七、部分行业增值税处理特殊规定

（一）建筑服务业

建筑服务业缴纳增值税相关规定如表 2－15 所示。

表 2－15　　建筑业缴纳增值税政策

<table>
<tr><th colspan="2" rowspan="2">纳税人资格类型</th><th rowspan="2">施工类型</th><th rowspan="2">计税方法</th><th colspan="2">发票开具</th><th rowspan="2">申报</th><th rowspan="2">预缴增值税税款</th></tr>
<tr><th>普通发票</th><th>专用发票</th></tr>
<tr><td colspan="2" rowspan="4">一般纳税人</td><td rowspan="2">总包方（分包方如果再向下进行二次分包，相对于二次分包方而言，其为“总包方”）</td><td>一般计税</td><td rowspan="4">自开</td><td rowspan="4">自开</td><td>全额申报，9%税率，扣减预缴</td><td>扣除支付的分包款后的余额，按照 2% 的预征率计算应预缴税款
预缴税款 =（含税价 - 支付的分包款）÷（1 + 9%）×2%</td></tr>
<tr><td>简易计税</td><td>差额申报，3%征收率，扣减预缴</td><td>扣除支付的分包款后的余额，按照 3% 的征收率计算应预缴税款
预缴税款 =（含税价 - 支付的分包款）÷（1 + 3%）×3%</td></tr>
<tr><td rowspan="2">分包方（不再分包）</td><td>一般计税</td><td>全额申报，9%税率，扣减预缴</td><td>取得的全部价款与价外费用按照 2% 预征率计算应预缴税款
预缴税款 = 含税价 ÷（1 + 9%）×2%</td></tr>
<tr><td>简易计税</td><td>全额申报，3%征收率，扣减预缴</td><td>取得的全部价款与价外费用按照 3% 预征率计算应预缴税款
预缴税款 = 含税价 ÷（1 + 3%）×3%</td></tr>
<tr><td rowspan="3">小规模纳税人</td><td rowspan="2">单位和个体工商户</td><td>总包方</td><td>简易计税</td><td rowspan="2">自开</td><td rowspan="2">服务发生地税务机关代开</td><td>差额申报，3%征收率，扣减预缴</td><td>扣除支付的分包款后的余额，按照 3% 的征收率计算应预缴税款
预缴税款 =（含税价 - 支付的分包款）÷（1 + 3%）×3%</td></tr>
<tr><td>分包方（不再分包）</td><td>简易计税</td><td>全额申报，3%征收率，扣减预缴</td><td>取得的全部价款与价外费用按照 3% 预征率计算应预缴税款
预缴税款 = 含税价 ÷（1 + 3%）×3%</td></tr>
<tr><td>自然人</td><td>—</td><td>简易计税</td><td>服务发生地税务机关代开</td><td>—</td><td>在建筑服务发生地申报纳税，3% 征收率</td><td>—</td></tr>
</table>

1. 可以选择简易计税的情形

（1）施工方不采购建筑工程所需的材料或只采购辅助材料，并收取人工费、管理费或者其他费用的建筑服务，即清包工方式提供建筑服务的一般纳税人，可以选择适用简易计税方法计税。

（2）一般纳税人为甲供工程提供的建筑服务，可以选择适用简易计税方法计税。

【实战训练 2－5】浙江寰宇股份有限公司下属亿坊建筑公司（乙方，为一般纳税人）承包一项工程，结算工程款为 1 030 万元，部分材料由发包方（甲方）提供，亿坊建筑公司自行采购建筑材料 226 万元。该业务就属于甲供工程项目。试比较亿坊建筑公司选择不同计税方法的增值税情况。

作为建筑施工方的亿坊建筑公司，如果选择简易计税方法（并开具增值税专用发票）时：

应纳增值税＝1 030÷（1＋3%）×3%＝30（万元）

此时，作为发包方的甲方单位就可抵扣进项税 30 万元。

如果亿坊建筑公司选择一般计税方法，并开具增值税专用发票：

应纳增值税＝1 030÷（1＋9%）×9%－226÷（1＋13%）×13%＝51. 85（万元）

而此时作为发包方的单位可以抵扣进项税额为 51. 85（万元）

可以看出，亿坊建筑公司选择简易计税方法时缴纳的增值税较少，但是发包方（甲方）进项税额也会相应减少。

（3）一般纳税人为建筑工程老项目提供的建筑服务，可以选择适用简易计税方法计税。

2. 建筑服务增值税处理

（1）一般纳税人增值税处理。建筑企业一般纳税人增值税计算要点见表 2－16。

特别提示

建筑施工合同中，甲方指的是建设单位、发包方，乙方指的是施工单位、承包方。

术语解析

建筑工程老项目，是指：

（1）《建筑工程施工许可证》注明的合同开工日期在 2016 年 4 月 30 日前的建筑工程项目；

（2）《建筑工程施工许可证》未注明合同开工日期，但建筑工程承包合同注明的开工日期在 2016 年 4 月 30 日前的建筑工程项目；

（3）未取得《建筑工程施工许可证》的，建筑工程承包合同注明的开工日期在 2016 年 4 月 30 日前的建筑工程项目。

表 2－16　　建筑业一般纳税人增值税计算和纳税情况

计税方法	预缴和申报纳税		2016 年 4 月 30 日前（老项目）	2019 年 4 月 1 日后
一般计税方法	预缴	计算公式	（全部价款和价外费用－支付的分包款）÷（1＋9%）×2%	（全部价款和价外费用－支付的分包款）÷（1＋9%）×2%
		申报地点	**建筑服务发生地**主管税务机关	
	申报纳税	计算公式	含税销售额÷（1＋9%）×9%	含税销售额÷（1＋9%）×9%
		申报地点	机构所在地主管税务机关	

续表

计税方法	预缴和申报纳税		2016 年 4 月 30 日前（老项目）	2019 年 4 月 1 日后
简易计税方法	预缴	计算公式	（全部价款和价外费用 − 支付的分包款）÷（1 +3%）×3%	无简易计税方法
		申报地点	**建筑服务发生地**主管税务机关	
	申报纳税	计算公式	（全部价款和价外费用 − 支付的分包款）÷（1 +3%）×3%	
		申报地点	机构所在地主管税务机关	

注：2016 年 5 月 1 日至 2019 年 4 月 1 日，税率有所调整。

特别提示

纳税人跨县（市、区）提供建筑服务，在向建筑服务发生地主管国税机关预缴税款时，需填报《增值税预缴税款表》，并出示以下资料：

（1）与发包方签订的建筑合同复印件（加盖纳税人公章）；

（2）与分包方签订的分包合同复印件（加盖纳税人公章）；

（3）从分包方取得的发票复印件（加盖纳税人公章）。

一般纳税人跨县（市、区）为建筑工程新项目提供建筑服务，应以取得的全部价款和价外费用为销售额计算应按税额，以取得的全部价款和价外费用扣除支付的分包款后的余额，按照 2% 的预征率计算应预缴增值税后，向其机构所在地主管税务机关进行纳税申报。

应向建筑服务发生地主管税务机关预缴增值税：

预缴税款 =（全部价款和价外费用 − 支付的分包款）÷（1 +9%）×2%

应向机构所在地主管税务机关申报纳税：

应纳增值税 = 全部价款和价外费用 ÷（1 +9%）×9%

【实战训练 2 −6】 浙江寰宇股份有限公司下属亿坊建筑公司，2020 年 8 月开始在上海市从事一项建筑工程，收取总承包款 1 090 万元，并将其中的 436 万元工程分包出去。

该业务属于建筑新项目。

亿坊建筑公司应向上海市税务机关预缴增值税：

（1 090 −436）÷（1 +9%）×2% =12（万元）

亿坊建筑公司应向机构所在地税务机关申报缴纳增值税：

1 090 ÷（1 +9%）×9% −436 ÷（1 +9%）×9% −12 =42（万元）

（2）小规模纳税人。小规模纳税人跨县（市、区）提供建筑服务，以取得的全部价款和价外费用扣除支付的分包款后的余额，按照 3% 的征收率计算应预缴税款。并在建筑服务发生地预缴税款后向机构所在地主管税务机关进行纳税申报。

2 −21《纳税人跨县（市、区）提供建筑服务增值税征收管理暂行办法》

应向**建筑服务发生地**主管税务机关预缴增值税：

应纳增值税 =（全部价款和价外费用 − 支付的分包款）÷（1 +3%）×3%

应向机构所在地主管税务机关申报纳税：

预缴税款 =（全部价款和价外费用 − 支付的分包款）÷（1 +3%）×3%

（二）销售不动产相关业务

1. 不动产经营租赁服务增值税计算

（1）一般纳税人出租不动产缴纳增值税的处理。一般纳税人出租不动产缴纳增值税处理具体根据所出租的不动产取得时点不同处理方式有所不同，具体情况对比见表2-17。

表2-17　　一般纳税人出租不动产增值税处理

<table>
<tr><td colspan="3">预缴和申报纳税</td><td>2016年4月30日前取得</td><td>2016年5月1日后取得</td></tr>
<tr><td rowspan="4">一般计税方法</td><td rowspan="2">预缴</td><td>公式</td><td>含税销售额÷(1+9%)×3%</td><td>含税销售额÷(1+9%)×3%</td></tr>
<tr><td>申报地</td><td colspan="2">不动产所在地主管税务机关</td></tr>
<tr><td rowspan="2">申报纳税</td><td>公式</td><td>含税销售额÷(1+9%)×9%</td><td>含税销售额÷(1+9%)×9%</td></tr>
<tr><td>申报地</td><td colspan="2">机构所在地税务机关</td></tr>
<tr><td rowspan="4">简易计税方法</td><td rowspan="2">预缴</td><td>公式</td><td>含税销售额÷(1+5%)×5%</td><td rowspan="4">无</td></tr>
<tr><td>申报地</td><td>不动产所在地主管税务机关</td></tr>
<tr><td rowspan="2">申报纳税</td><td>公式</td><td>含税销售额÷(1+5%)×5%</td></tr>
<tr><td>申报地</td><td>机构所在地税务机关</td></tr>
</table>

一般纳税人出租2016年5月1日后取得的不动产，适用一般计税方法计算增值税；出租其2016年4月30日前取得的不动产，可选择一般计税方法，也可选择适用简易计税方法。

不动产所在地与机构所在地不在同一县（市、区）的，纳税人应按照上述计税方法向不动产所在地主管税务机关预缴税款，向机构所在地主管税务机关申报纳税。

不动产所在地与机构所在地在同一县（市、区）的，纳税人向机构所在地主管税务机关申报纳税。

【实战训练2-7】 浙江寰宇股份有限公司出租其位于南京的一套2015年购入的房产，月租金10.9万元。试分析该业务应该如何处理。

此业务属于将"营改增"前的不动产出租，可选择一般计税方法或简易计税方法。

如该公司选择一般计税方法：

应于南京预缴增值税 = 10.9 ÷ (1 + 9%) × 3% = 0.3（万元）

应于公司机构所在地申报增值税 = 10.9 ÷ (1 + 9%) × 9% - 0.3 = 0.6（万元）

如该公司选择简易计税方法：

应于南京预缴增值税 = 10.9 ÷ (1 + 5%) × 5% = 0.5190（万元）

应于公司机构所在地申报增值税 = 10.9 ÷ (1 + 5%) × 5% - 0.5190 = 0

2-22《纳税人提供不动产经营租赁服务增值税征收管理暂行办法》

（2）小规模纳税人出租不动产增值税处理。小规模纳税人出租不动产，按照以下规定缴纳增值税（见表2-18）。

表 2－18　　小规模纳税人出租不动产增值税处理

具体情形	预缴和申报纳税		
单位和个体户（不含个体户出租住房）	预缴	公式	含税销售额÷(1＋5%)×5%
	预缴	申报地	不动产所在地主管税务机关
	申报纳税	公式	含税销售额÷(1＋5%)×5%
	申报纳税	申报地	机构所在地税务机关
个体户出租住房	预缴	公式	含税销售额÷(1＋5%)×1.5%
	预缴	申报地	不动产所在地主管税务机关
	申报纳税	公式	含税销售额÷(1＋5%)×1.5%
	申报纳税	申报地	机构所在地税务机关
其他个人出租非住房	申报纳税	公式	含税销售额÷(1＋5%)×5%
	申报纳税	申报地	不动产所在地主管税务机关
其他个人出租住房	申报纳税	公式	含税销售额÷(1＋5%)×1.5%
	申报纳税	申报地	不动产所在地主管税务机关

特别提示

其他个人采取一次性收取租金的形式出租不动产，取得的租金收入可在租金对应的租赁期内平均分摊，分摊后的月租金收入不超过3万元的，可享受小微企业免征增值税优惠政策。

特别提示

纳税人按规定从取得的全部价款和价外费用中扣除不动产购置原价或者取得不动产时的作价的，应当取得符合法律、行政法规和国家税务总局规定的合法有效凭证。否则，不得扣除。上述凭证是指：

（1）税务部门监制的发票。

（2）法院判决书、裁定书、调解书，以及仲裁裁决书、公证债权文书。

（3）国家税务总局规定的其他凭证。

不动产所在地与机构所在地不在同一县（市、区）的，纳税人应按照上述计税方法向不动产所在地主管税务机关预缴税款，向机构所在地主管税务机关申报纳税。

不动产所在地与机构所在地在同一县（市、区）的，纳税人应向机构所在地主管税务机关申报纳税。

《纳税人提供不动产经营租赁服务增值税征收管理暂行办法》还规定，纳税人出租的不动产所在地与其机构所在地在同一直辖市或计划单列市但不在同一县（市、区）的，由直辖市或计划单列市税务局决定是否在不动产所在地预缴税款。

纳税人出租不动产，按规定需要预缴税款的，应在取得租金的次月纳税申报期或不动产所在地主管税务机关核定的纳税期限预缴税款。

单位和个体工商户出租不动产，应向不动产所在地主管税务机关预缴税款时，应填写“增值税预缴税款表”。

单位和个体工商户出租不动产，向不动产所在地主管税务机关预缴的增值税款，可以在当期增值税应纳税额中抵减，抵减不完的，结转下期继续抵减。纳税人以预缴税款抵减应纳税额，应以完税凭证作为合法有效凭证。

小规模纳税人中的单位和个体工商户出租不动产，不能自行开具增值税发票的，可向不动产所在地主管税务机关申请代开增值税发票。其他个人出租不动产，可向不动产所在地主管税务机关申请代开增值税发票。

2. 转让不动产的增值税计算

《纳税人转让不动产增值税征收管理暂行办法》对转让不动产增值税相关问题进行了具体规定，但不包含房地产开发企业销售自行开发的房地产项目。

（1）一般纳税人。

①《纳税人转让不动产增值税征收管理暂行办法》规定，一般纳税人转让其2016年4月30日前取得的不动产，应分自建不动产和非自建不动产等情形，可选择一般计税方法或选择简易计税方法（见表2－19）。

2－23 《纳税人转让不动产增值税征收管理暂行办法》

表2－19　　一般纳税人转让2016年4月30日前取得的不动产

预缴和申报纳税			非自建	自建
一般计税方法	预缴	公式	（全部价款和价外费用－不动产购置原价或取得不动产时的作价）÷（1＋5%）×5%	全部价款和价外费用÷（1＋5%）×5%
		申报地	不动产所在地主管税务机关	
	申报纳税	公式	全部价款和价外费用÷（1＋9%）×9%	全部价款和价外费用÷（1＋9%）×9%
		申报地	机构所在地税务机关	
简易计税方法	预缴	公式	（全部价款和价外费用－不动产购置原价或取得不动产时的作价）÷（1＋5%）×5%	全部价款和价外费用÷（1＋5%）×5%
		申报地	不动产所在地主管税务机关	
	申报纳税	公式	（全部价款和价外费用－不动产购置原价或取得不动产时的作价）÷（1＋5%）×5%	全部价款和价外费用÷（1＋5%）×5%
		申报地	机构所在地税务机关	

②一般纳税人转让其2016年5月1日后取得的不动产，只能适用一般计税方法，且与一般纳税人转让2016年4月30日前取得的不动产选择一般计税方法一致（见表2－20）。

表2－20　　一般纳税人转让2016年5月1日后取得的不动产

预缴和申报纳税		非自建	自建
预缴	公式	（全部价款和价外费用－不动产购置原价或取得不动产时的作价）÷（1＋5%）×5%	全部价款和价外费用÷（1＋5%）×5%
	申报地	不动产所在地主管税务机关	
申报纳税	公式	全部价款和价外费用÷（1＋9%）×9%	全部价款和价外费用÷（1＋9%）×9%
	申报地	机构所在地税务机关	

（2）小规模纳税人。

小规模纳税人（除个人转让其购买的住房外）转让其取得的不动产，应区分自建和非自建不动产，其增值税处理与一般纳税人转让2016年4月30日前取得不动产而选择简易计税方法的情形一致（见表2－21）。

表2－21　　小规模纳税人转让取得的不动产

<table>
<tr><th colspan="2">预缴和申报纳税</th><th>非自建</th><th>自建</th></tr>
<tr><td rowspan="2">预缴</td><td>公式</td><td>（全部价款和价外费用－不动产购置原价或取得不动产时的作价）÷（1＋5%）×5%</td><td>全部价款和价外费用÷（1＋5%）×5%</td></tr>
<tr><td>申报地</td><td colspan="2">不动产所在地主管税务机关</td></tr>
<tr><td rowspan="2">申报纳税</td><td>公式</td><td>（全部价款和价外费用－不动产购置原价或取得不动产时的作价）÷（1＋5%）×5%</td><td>全部价款和价外费用÷（1＋5%）×5%</td></tr>
<tr><td>申报地</td><td colspan="2">机构所在地税务机关</td></tr>
</table>

（3）其他个人。

其他个人转让住房应纳增值税可归纳如表2－22所示。此外，其他个人应向住房所在地主管税务机关申报纳税。

表2－22　　其他个人转让取得的不动产增值税计算情况

<table>
<tr><th colspan="2">项目</th><th>计税方法</th><th>适用范围</th></tr>
<tr><td colspan="2">购买不足2年的住房对外销售</td><td>全部价款和价外费用÷（1＋5%）×5%</td><td>全国</td></tr>
<tr><td rowspan="3">购买2年以上（含2年）的</td><td>住房对外销售</td><td rowspan="2">免征增值税</td><td>其他地区</td></tr>
<tr><td>普通住房对外销售</td><td rowspan="2">仅适用于北京市、上海市、广州市和深圳市</td></tr>
<tr><td>非普通住房对外销售</td><td>（全部价款和价外费用－不动产购置原价或者取得不动产时的作价）÷（1＋5%）×5%</td></tr>
</table>

（4）其他规定。

纳税人转让其取得的不动产，向不动产所在地主管税务机关预缴的增值税税款，可以在当期增值税应纳税额中抵减，抵减不完的，结转下期继续抵减。纳税人以预缴税款抵减应纳税额，应以完税凭证作为合法有效凭证。

小规模纳税人转让其取得的不动产，不能自行开具增值税发票的，可向不动产所在地主管税务机关申请代开。

纳税人向其他个人转让其取得的不动产，不得开具或申请代开增值税专用发票。

纳税人转让不动产，按照有关规定差额缴纳增值税的，如因丢失等原因无法提供取得不动产时的发票，可向税务机关提供其他能证明契税计税金额的完税凭证等资料，进行差额扣除。

纳税人以契税计税金额进行差额扣除的，按照下列公式计算增值税应纳税额：

①2016 年 4 月 30 日及以前缴纳契税的。

增值税应纳税额 = [全部交易价格(含增值税) - 契税计税金额(含营业税)] ÷ (1 + 5%) × 5%

②2016 年 5 月 1 日及以后缴纳契税的。

增值税应纳税额 = [全部交易价格(含增值税) ÷ (1 + 5%) - 契税计税金额(不含增值税)] × 5%

纳税人同时保留取得不动产时的发票和其他能证明契税计税金额的完税凭证等资料的，应当凭发票进行差额扣除。

（三）房地产企业增值税处理

房地产开发企业销售自行开发的房地产项目，适用《房地产开发企业销售自行开发的房地产项目增值税征收管理暂行办法》。

1. 一般纳税人

房地产开发企业中的一般纳税人销售自行开发的房地产项目，适用一般计税方法计税，按照取得的全部价款和价外费用，扣除当期销售房地产项目对应的土地价款后的余额计算销售额。销售额的计算公式如下：

销售额 = (全部价款和价外费用 - 当期允许扣除的土地价款) ÷ (1 + 9%)

当期允许扣除的土地价款按照以下公式计算：

当期允许扣除的土地价款 = (当期销售房地产项目建筑面积 ÷ 房地产项目可供销售建筑面积) × 支付的土地价款

在计算销售额时从全部价款和价外费用中扣除土地价款，应当取得省级以上（含省级）财政部门监（印）制的财政票据。一般纳税人应建立台账登记土地价款的扣除情况，扣除的土地价款不得超过纳税人实际支付的土地价款。

一般纳税人销售自行开发的房地产老项目，可以选择适用简易计税方法按照 5% 的征收率计税。一经选择简易计税方法计税的，36 个月内不得变更为一般计税方法计税。

一般纳税人销售自行开发的房地产老项目适用简易计税方法计税

> **术语解析**
>
> 自行开发，是指在依法取得土地使用权的土地上进行基础设施和房屋建设。房地产开发企业以接盘等形式购入未完工的房地产项目继续开发后，以自己的名义立项销售的，属于销售自行开发的房地产项目。

> **术语解析**
>
> *当期销售房地产项目建筑面积，是指当期进行纳税申报的增值税销售额对应的建筑面积。
>
> *房地产项目可供销售建筑面积，是指房地产项目可以出售的总建筑面积，不包括销售房地产项目时未单独作价结算的配套公共设施的建筑面积。
>
> *支付的土地价款，是指向政府、土地管理部门或受政府委托收取土地价款的单位直接支付的土地价款。

的，以取得的全部价款和价外费用为销售额，不得扣除对应的土地价款。

一般纳税人采取预收款方式销售自行开发的房地产项目，应在收到预收款时按照3%的预征率预缴增值税。应在取得预收款的次月纳税申报期向主管税务机关预缴税款。

应预缴税款按照以下公式计算：

应预缴税款 = 预收款 ÷（1 + 适用税率或征收率）×3%

房地产企业一般纳税人增值税计算具体情况，可参见表2－23。

术语解析

房地产老项目，是指：

（一）《建筑工程施工许可证》注明的合同开工日期在2016年4月30日前的房地产项目；

（二）《建筑工程施工许可证》未注明合同开工日期或者未取得《建筑工程施工许可证》但建筑工程承包合同注明的开工日期在2016年4月30日前的建筑工程项目。

表2－23　房地产企业一般纳税人增值税计算方法比较

计税方法	预缴和申报纳税	2016年4月30日前	2016年5月1日后（2019年4月1日后税率调整为9%）
一般计税方法	预缴	预收款÷（1+9%）×3%	预收款÷（1+9%）×3%
	纳税申报	（全部价款和价外费用－当期允许扣除的土地价款）÷（1+9%）×9%	（全部价款和价外费用－当期允许扣除的土地价款）÷（1+9%）×9%
简易计税方法	预缴	预收款÷（1+5%）×3%	无
	纳税申报	全部价款和价外费用÷（1+5%）×5%	

一般纳税人销售自行开发的房地产项目，兼有一般计税方法计税、简易计税方法计税、免征增值税的房地产项目而无法划分不得抵扣的进项税额的，应以《建筑工程施工许可证》注明的“建设规模”为依据进行划分。

不得抵扣的进项税额 = 当期无法划分的全部进项税额 ×（简易计税、免税房地产项目建设规模 ÷ 房地产项目总建设规模）

2. 小规模纳税人

房地产开发企业中的小规模纳税人采取预收款方式销售自行开发的房地产项目，应在收到预收款时按照3%的预征率预缴增值税。

应预缴税款按照以下公式计算：

应预缴税款 = 预收款 ÷（1 +5%）×3%

以当期销售额（取得的全部价款和价外费用，不扣除地价款）和5%的征收率计算当期应纳税额，抵减已预缴税款后，向主管税务机关申报纳税。未抵减完的预缴税款可以结转下期继续抵减。

小规模纳税人应在取得预收款的次月纳税申报期或主管税务机关核定的纳税期限向主管税务机关预缴税款。

小规模纳税人销售自行开发的房地产项目，自行开具增值税普通发

2－24《房地产开发企业销售自行开发的房地产项目增值税征收管理暂行办法》

票。购买方需要增值税专用发票的，小规模纳税人向主管税务机关申请代开。小规模纳税人向其他个人销售自行开发的房地产项目，不得申请代开增值税专用发票。

2-25 随堂练习三

任务三 增值税会计处理

2-26 随堂练习四

一、会计科目与专栏设置

（一）一般纳税人增值税会计科目的设置

一般纳税人应在“应交税费”科目下设置“应交增值税”“未交增值税”“预交增值税”“待抵扣进项税额”“待认证进项税额”“待转销项税额”“增值税留抵税额”“简易计税”“转让金融商品应交增值税”“代扣代缴增值税”等明细科目。

1. “应交增值税”明细科目

一般纳税人应在“应交增值税”明细账内设置“进项税额”“销项税额抵减”“已交税金”“转出未交增值税”“减免税款”“出口抵减内销产品应纳税额”“销项税额”“出口退税”“进项税额转出”“转出多交增值税”等专栏。

（1）“进项税额”专栏，记录一般纳税人购进货物、劳务、服务、无形资产或不动产而支付或负担的、准予从当期销项税额中抵扣的增值税额。企业购入货物、劳务、服务、无形资产或不动产而支付的进项税额，用蓝字登记；退回所购货物应冲销的进项税额，用红字登记。

（2）“销项税额抵减”专栏，记录一般纳税人按照现行增值税制度规定因扣减销售额而减少的销项税额。主要登记营改增纳税人进行差额计算增值税时可扣减销售额而减少的销项税额。

（3）“已交税金”专栏，记录一般纳税人当月已缴纳的应交增值税额。企业已缴纳的增值税额用蓝字登记；退回多缴的增值税额用红字登记。

（4）“转出未交增值税”专栏，记录一般纳税人月度终了转出当月应交未交的增值税额。

（5）“减免税款”专栏，记录一般纳税人按现行增值税制度规定准予减免的增值税额。企业按规定直接减免的增值税额借记本科目，贷记“营业外收入”科目。

（6）“出口抵减内销产品应纳税额”专栏，记录实行“免、抵、退”办法的一般纳税人按规定计算的出口货物的进项税抵减内销产品的应纳税额。

（7）“销项税额”专栏，记录一般纳税人销售货物、劳务、服务、无形资产或不动产应收取的增值税额。企业销售货物、劳务、服务、无形资产或不动产应收取的销项税额，用蓝字登记；退回销售货物应冲销的销项税额，用红字登记。现行出口退税政策规定，实行“免、抵、退”税的生产企业，出口货物销售收入不计征销项税额，对经审核确认不予退税的货物，应按规定征税率计征销项税额。

（8）“出口退税”专栏，记录一般纳税人出口货物、劳务、服务、无形资产按规定退回的增值税额。出口货物退回的增值税额，用蓝字登记；出口货物办理退税后发生退货或者退关而补缴已退的税款，用红字登记。

（9）“进项税额转出”专栏，记录一般纳税人购进货物、加工、修理修配劳务、服务、无形资产或不动产等发生非正常损失以及其他原因而不应从销项税额中抵扣、按规定转出的进项税额。

（10）“转出多交增值税”专栏，记录一般纳税人月度终了转出当月多交的增值税额。

2. “未交增值税”明细科目

核算一般纳税人月度终了从“应交增值税”或“预交增值税”明细科目转入当月应交未交、多交或预缴的增值税额，以及当月交纳以前期间未交的增值税额。月末，本科目的借方余额反映的是企业期末留抵税额和专用税票预缴等多缴的增值税款，贷方余额反映的是期末结转下期应缴的增值税。

3. “预交增值税”明细科目

“预交增值税”明细科目，核算一般纳税人转让不动产、提供不动产经营租赁服务、提供建筑服务、采用预收款方式销售自行开发的房地产项目等，以及其他按现行增值税制度规定应预缴的增值税额。

4. “待抵扣进项税额”明细科目

“待抵扣进项税额”明细科目，核算一般纳税人已取得增值税扣税凭证并经税务机关认证，按照现行增值税制度规定准予以后期间从销项税额中抵扣的进项税额。

5. “待认证进项税额”明细科目

“待认证进项税额”明细科目，核算一般纳税人由于未经税务机关认证而不得从当期销项税额中抵扣的进项税额。包括：一般纳税人已取得增值税扣税凭证、按照现行增值税制度规定准予从销项税额中抵扣，但尚未经税务机关认证的进项税额；一般纳税人已申请稽核但尚未取得稽核相符结果的海关缴款书进项税额。

6. “待转销项税额”明细科目

“待转销项税额”明细科目，核算一般纳税人销售货物、劳务、服务、无形资产或不动产，已确认相关收入（或利得）但尚未发生增值税纳税义务而需于以后期间确认为销项税额的增值税额。

7. “增值税留抵税额”明细科目

“增值税留抵税额”明细科目，核算兼有销售服务、无形资产或者不动产的原增值税一般纳税人，截止到纳入营改增试点之日前的增值税期末留抵税额按照现行增值税制度规定不得从销售服务、无形资产或不动产的销项税额中抵扣的增值税留抵税额。

“应交税费——增值税留抵税额”科目期末余额应根据其流动性在资产负债表中的“其他流动资产”项目或“其他非流动资产”项目列示。

8. “简易计税”明细科目

“简易计税”明细科目，核算一般纳税人采用简易计税方法发生的增值税计提、扣减、预缴、缴纳等业务。

9. “转让金融商品应交增值税”明细科目

“转让金融商品应交增值税”明细科目，核算增值税纳税人转让金融商品发生的增值税额。

10. “代扣代缴增值税”明细科目

“代扣代缴增值税”明细科目，核算纳税人购进在境内未设经营机构的境外单位或个人在境内的应税行为代扣代缴的增值税。

2－27《增值税会计处理规定》

（二）小规模纳税人增值税核算会计科目设置

增值税小规模纳税人应纳增值税额，也要通过“应交税费——应交增值税”明细科目核算，只是由于小规模纳税人不得抵扣进项税额，不需要设置上述专栏及除“转让金融商品应交增值税”“代扣代交增值税”外的明细科目。小规模纳税人“应交税费——应交增值税”科目的借方发生额，反映已缴的增值税额，贷方发生额反映应缴增值税额；期末借方余额，反映多缴的增值税额；期末贷方余额，反映尚未缴纳的增值税额。

二、一般纳税人增值税会计处理

（一）采购阶段增值税会计处理

1. 不得抵扣进项税的处理

一般纳税人购进货物、劳务、服务、无形资产或不动产，用于简易计税方法计税项目、免征增值税项目、集体福利或个人消费等，其进项税额按照现行增值税制度规定不得从销项税额中抵扣的，取得增值税专用发票时，应借记相关成本费用或资产科目，借记“应交税费——待认证进项税额”科目，贷记“银行存款”“应付账款”等科目，经税务机关认证后，根据有关“进项税额”“进项税额转出”专栏及“待认证进项税额”明细科目的核算内容，先转入“进项税额”专栏，借记“应交税费——应交增值税（进项税额）”科目，贷记“应交税费——待认证进项税额”科目；按现行增值税制度规定转出时，记入“进项税额转出”专栏，借记相关成本费用或资产科目，贷记“应交税费——应交增值税（进项税额转出）”科目。

【实战训练 2－8】 浙江寰宇股份有限公司 8 月购进一批食用油用于发放职工福利，取得增值税专用发票显示价款 20 000 元，税额 2 600 元，相应会计处理如下：

取得增值税专用发票时：

借：应付职工薪酬　　20 000
　　应交税费——待认证进项税额　　2 600
　　贷：应付账款　　22 600

发票认证通过：

借：应交税费——应交增值税（进项税额）　　2 600
　　贷：应交税费——待认证进项税额　　2 600

用于职工福利发放：

借：管理费用等　　22 600
　　贷：应付职工薪酬　　20 000
　　　　应交税费——应交增值税（进项税额转出）　　2 600

2. 境内一般购进业务进项税额处理

一般纳税人购进货物、加工、修理修配劳务、服务、无形资产或不动产，按应计入相关成本费用或资产的金额，借记“在途物资”或“原材料”“库存商品”“生产成本”“无形资产”“固定资产”“管理费用”等科目，按当月已认证的可抵扣增值税额，借记“应交税费——应交增值税（进项税额）”科目，按当月未认证的可抵扣增值税额，借记“应交税费——待认证进项税额”科目，按应付或实际支付的金额，贷记“应付账款”“应付票据”“银行存款”等科目。

发生退货的，如原增值税专用发票已做认证，应根据税务机关开具的红字增值税专用发票做相反的会计分录；如原增值税专用发票未做认证，应将发票退回并做相反的会计分录。

【实战训练 2－9】 浙江寰宇股份有限公司下属速达物流公司 8 月委托上海东亚运输公司运送一批货物，取得上海东亚运输公司开具的增值税专用发票，价款 20 万元，注明的增值税额为 1.8 万元。

取得上海东亚运输公司开具的增值税专用发票后的会计处理：

借：主营业务成本　　200 000

　　应交税费——应交增值税（进项税额）　　18 000

　　贷：应付账款——上海东亚运输公司　　218 000

3. 接受投资转入的税务处理

借：原材料/库存商品/固定资产等（接受投资的货物等不含税价）

　　应交税费——应交增值税（进项税额）（按照专用发票上列明的税额）

　　贷：实收资本/股本（按不含税价和增值税额）

4. 接受捐赠的税务处理

借：原材料/固定资产等（接受接收捐赠的货物等不含税价）

　　应交税费——应交增值税（进项税额）（按照专用发票上列明的税额）

　　贷：营业外收入（按不含税价和增值税额）

5. 接受应税劳务的税务处理

一般纳税人接受劳务，应按专用发票上列明的税额借记“应交税费——应交增值税（进项税额）”科目；按照发票记载的加工、修理修配等费用，借记“委托加工物资”等科目；按实付或应付金额，贷记“银行存款”“应付账款”等科目。

6. 购进农产品的税务处理

一般纳税人购进农产品，允许抵扣的进项税额借记“应交税费——应交增值税（进项税额）”科目；按扣除进项税额后的买价借记“材料采购”“原材料”等科目；按实际支付的买价，贷记“银行存款”等科目。

【实战训练 2－10】 浙江寰宇股份有限公司下属乐斯食品有限公司（一般纳税人，购进农产品主要用于生产 13% 税率的饼干），收购粮食一批，买价为 1 万元，开出农产品收购凭证，现金支付货款，粮食已入库。

该企业可抵扣进项税额为 10 000 × 10% ＝1 000（元），应做会计处理：

借：原材料　　9 000

　　应交税费——应交增值税（进项税额）　　1 000

　　贷：库存现金　　10 000

浙江寰宇股份有限公司下属农友粮食收储有限公司（一般纳税人，收购农产品并直接对外销售）采购农产品时，从小规模纳税人处取得一张征收率为 3% 的增值税专用发票，票面金额 10 000 元，税额 300 元，价税合计 10 300 元。

从按照简易计税方法依照 3% 征收率计算缴纳增值税的小规模纳税

人取得增值税专用发票的，以增值税专用发票上注明的金额和9%的扣除率计算进项税额，因此该纳税人购买农产品可以抵扣进项税额为900元（10 000×9%）。会计分录：

借：库存商品　　　　　　　　　　（=10 300－900）9 400

　　应交税费——应交增值税（进项税额）　　　　900

　　贷：应付账款　　　　　　　　　　　　　　　10 300

7. 进口货物或应税服务的税务处理

借：材料采购/工程物资等（按进口货物或服务应计入成本）

　　应交税费——应交增值税（进项税额）（海关进口增值税专用缴款书上注明的增值税额上注明的增值税额）

　　贷：银行存款/应付账款

8. 购进不动产或不动产在建工程的税务处理

一般纳税人自2016年5月1日后取得并按固定资产核算的不动产或者2016年5月1日后取得的不动产在建工程，其进项税额按现行增值税制度规定自取得之日起分2年从销项税额中抵扣的，应当按取得成本，借记"固定资产""在建工程"等科目，按当期可抵扣的增值税额，借记"应交税费——应交增值税（进项税额）"科目，按以后期间可抵扣的增值税额，借记"应交税费——待抵扣进项税额"科目，按应付或实际支付的金额，贷记"应付账款""应付票据""银行存款"等科目。尚未抵扣的进项税额待以后期间允许抵扣时，按允许抵扣的金额，借记"应交税费——应交增值税（进项税额）"科目，贷记"应交税费——待抵扣进项税额"科目。

【实战训练2－11】 浙江寰宇股份有限公司2020年8月购入一套办公用房，价款2 000万元，取得增值税专用发票，注明的税额为180万元。

2020年8月，购入不动产当月相关会计处理为：

借：固定资产　　　　　　　　　　　　　　20 000 000

　　应交税费——应交增值税（进项税额）　1 800 000

　　贷：银行存款　　　　　　　　　　　　　　21 800 000

9. 货物等已验收入库但尚未取得增值税扣税凭证的账务处理

一般纳税人购进的货物等已到达并验收入库，但尚未收到增值税扣税凭证并未付款的，应在月末按货物清单或相关合同协议上的价格暂估入账，不需要将增值税的进项税额暂估入账。暂估入账的金额不包含增值税进项税额，一般纳税人购进劳务、服务等但尚未取得增值税扣税凭证的，比照处理。下月初，用红字冲销原暂估入账金额，待取得相关增值税扣税凭证并经认证后，按应计入相关成本费用或资产的金额，借记"原材料""库存商品""固定资产""无形资产"等科目，按可抵扣的增值税额，借记“应交税费——应交增值税（进项税额）”科目；按应付金额，贷记“应付账款”等科目。

10. 购买方作为扣缴义务人的账务处理

按照现行增值税制度规定，境外单位或个人在境内发生应税行为，在境内未设有经营机构的，以购买方为增值税扣缴义务人。

借：“生产成本”“无形资产”“固定资产”“管理费用”等（境内一般纳税人购进服务、无形资产或不动产，按应计入相关成本费用或资产的金额）

　　应交税费——应交增值税（进项税额）（按可抵扣的增值税额）

　　贷：应付账款（按应付或实际支付的金额）

　　　　应交税费——代扣代缴增值税（按应代扣代缴的增值税额）

实际缴纳代扣代缴增值税时：

借：应交税费——代扣代缴增值税

　　贷：银行存款

（二）生产阶段增值税会计处理

因发生非正常损失或改变用途等，原已计入进项税额、待抵扣进项税额或待认证进项税额，但按现行增值税制度规定不得从销项税额中抵扣的，借记“待处理财产损溢”“应付职工薪酬”“固定资产”“无形资产”等科目，贷记“应交税费——应交增值税（进项税额转出）”“应交税费——待抵扣进项税额”或“应交税费——待认证进项税额”科目；原不得抵扣且未抵扣进项税额的固定资产、无形资产等，因改变用途等用于允许抵扣进项税额的应税项目的，应按允许抵扣的进项税额，借记“应交税费——应交增值税（进项税额）”科目，贷记“固定资产”“无形资产”等科目。固定资产、无形资产等经上述调整后，应按调整后的账面价值在剩余尚可使用寿命内计提折旧或摊销。

一般纳税人购进时已全额计提进项税额的货物或服务等转用于不动产在建工程的，对于结转以后期间的进项税额，应借记“应交税费——待抵扣进项税额”科目，贷记“应交税费——应交增值税（进项税额转出）”科目。

1. 改变用途的处理

纳税人外购货物用于生产经营，所支付的增值税款作为进项税额允许抵扣，但是在生产过程中，如果企业将外购货物改变用途，其相应的增值税款需要从当期的进项税额中转出。其转出金额应贷记“应交税费——应交增值税（进项税额转出）”，同时借记“在建工程”“应付职工薪酬”等科目。

【实战训练 2－12】浙江寰宇股份有限公司 8 月购进钢材一批，购买时抵扣进项税额 60 000 元，款已付、钢材验收入库并作会计处理。8 月份因扩建职工食堂需要，从仓库领域钢材一批价值为 80 000 元。

领用钢材需做会计处理：

借：在建工程　　90 400

　　贷：原材料——钢材　　80 000

　　　　应交税费——应交增值税（进项税额转出）　　10 400

2. 发生非正常损失的处理

发生非正常损失不得抵扣进项税时，按照非正常损失的货物、在产品、产成品的实际成本及所负担的税款，借记“待处理财产损溢——待处理流动资产损溢”科目，按实际损失的外购货物、在产品、产成品成本分别贷记“原材料”“生产成本——基本生产成本”“库存商品”科目，按计算出的应转出进项税额数，贷记“应交税费——应交增值税（进项税额转出）”科目。

【实战训练 2－13】浙江寰宇股份有限公司 8 月购进 10 吨化纤原料，不含税价值 20 万元。8 月因保管不善该 10 吨化工原料失效损毁。

该项损失属于非正常损失，不得抵扣进项税额，应作进项税额（20 万元 × 13% ＝2.6 万元）

借：待处理财产损溢　　226 000

　　贷：原材料　　200 000

　　　　应交税费——应交增值税（进项税额转出）　　26 000

（三）销售阶段增值税会计处理

1. 一般销售业务的处理

企业销售货物、劳务、服务、无形资产或不动产，应当按应收或已收的金额，借记“应收账款”“应收票据”“银行存款”等科目，按取得的收入金额，贷记“主营业务收入”“其他业务收入”“固定资产清理”“工程结算”等科目，按现行增值税制度规定计算的销项税额（或采用简易计税方法计算的应纳增值税额），贷记“应交税费——应交增值税（销项税额）”或“应交税费——简易计税”科目（小规模纳税人应贷记“应交税费——应交增值税”科目）。发生销售退回的，应根据按规定开具的红字增值税专用发票做相反的会计分录。

按照国家统一的会计制度确认收入或利得的时点早于按照增值税制度确认增值税纳税义务发生时点的，应将相关销项税额记入“应交税费——待转销项税额”科目，待实际发生纳税义务时再转入“应交税费——应交增值税（销项税额）”或“应交税费——简易计税”科目。

按照增值税制度确认增值税纳税义务发生时点早于按照国家统一的

会计制度确认收入或利得的时点的，应将应纳增值税额，借记“应收账款”科目，贷记“应交税费——应交增值税（销项税额）”或“应交税费——简易计税”科目，按照国家统一的会计制度确认收入或利得时，应按扣除增值税销项税额后的金额确认收入。

企业提供建筑服务，在向业主办理工程价款结算时，借记“应收账款”等科目，贷记“工程结算”科目，贷记“应交税费——应交增值税（销项税额）”等科目，企业向业主办理工程价款结算的时点早于增值税纳税义务发生的时点的，应贷记“应交税费——待转销项税额”等科目，待增值税纳税义务发生时再转入“应交税费——应交增值税（销项税额）”等科目；增值税纳税义务发生的时点早于企业向业主办理工程价款结算的，应借记“银行存款”等科目，贷记“预收账款”和“应交税费——应交增值税（销项税额）”等科目。

2. 出口货物的处理

企业出口适用零税率的货物，不计算销售收入应缴纳的增值税。应借记“银行存款”“应收账款”等科目；贷记“主营业务收入”等科目。

3. 视同销售业务的账务处理

企业发生税法上视同销售的行为，应当按照企业会计准则制度相关规定进行相应的会计处理，并按照现行增值税制度规定计算的销项税额（或采用简易计税方法计算的应纳增值税额），借记“应付职工薪酬”“利润分配”等科目，贷记“应交税费——应交增值税（销项税额）”或“应交税费——简易计税”科目。

（1）委托代销商品与受托代销商品业务

商品流通企业中常见的委托代销和受托代销均属于增值税视同销售业务，委托代销业务又可分为视同买断方式和收取手续费方式代销。税法规定，委托代销业务中，一般以收到代销清单为纳税义务发生时间。在视同买断方式委托代销中需要分清不同情况，如果委托代销协议已经明确无论商品是否卖出、是否获利，均与委托方无关，这种委托代销与直接销售实质相同，会计处理与直接销售无异。如果代销协议规定，对受托方没有售出的商品可以退回，或受托方代销商品出现亏损时可要求委托方补偿。这种情况与收取手续费方式代销时一样，均在收到代销清单时确认收入和计提增值税销项税额。借记“应收账款”；贷记“主营业务收入”和“应交税费——应交增值税（销项税额）”。委托方支付手续费时，借记“销售费用”；贷记“应收账款”。

【实战训练 2－14】浙江寰宇股份有限公司委托下属百货公司（独立子公司）（一般纳税人）代销丝巾 400 件（成本为 150 元/件），合同规定不含税代销价 200 元/件，手续费按不含税售价的 5% 支付。该公司应做会计处理：

①发出委托代销产品时：

借：委托代销商品　　60 000

　　贷：库存商品　　60 000

②当收到百货公司的“代销清单”（销售150件，金额33 900元，开具增值税专用发票，价税合计33 900）时：

借：应收账款——百货公司　　33 900

　　贷：主营业务收入　　30 000

　　　　应交税费——应交增值税（销项税额）　　3 900

③收到百货公司打进款项及手续费普通发票时：

借：银行存款　　32 400

　　销售费用　　1 500

　　贷：应收账款——百货公司　　33 900

④结转委托代销产品成本：

借：主营业务成本　　22 500

　　贷：委托代销商品　　22 500

百货公司收取代销手续费类似于获得平销返利，应按取得的返还收入计算冲减增值税进项税额，且不得开具增值税专用发票。百货公司会计处理如下：

收到受托代销商品时，

借：受托代销商品　　80 000

　　贷：受托代销商品款　　80 000

销售受托代销商品时，

借：银行存款　　33 900

　　贷：应付账款　　30 000

　　　　应交税费——应交增值税（销项税额）　　3 900

借：受托代销商品款　　30 000

　　贷：受托代销商品　　30 000

收到委托方开具的增值税专用发票时，

借：应交税费——应交增值税（进项税额）　　3 900

　　贷：应付账款　　3 900

结算代销手续费、支付代销货款时，

借：应付账款　　33 900

　　应交税费——应交增值税（进项税额）　　-172.57

　　贷：其他业务收入　　1 327.43

　　　　银行存款　　32 400

另一种观点认为，收取代销手续费属于获得“经纪代理服务”收入，应按6%的税率计算缴纳增值税，并可向对方开具增值税专用发票。根据这种观点又当如何会计处理？

（2）企业将自产、委托加工或购买的货物作为投资，提供给其他单位或个体经营者，应视同销售货物计算应缴增值税，借记“长期股权投资”科目，贷记“应交税费——应交增值税（销项税额）”科目。

以存货直接对外投资，可视为处置存货，以处置收入进行投资进行会计处理。会计处理如下：

借：长期股权投资

　　贷：主营业务收入

　　　　应交税费——应交增值税（销项税额）

（3）企业将自产、委托加工的货物用于集体福利、个人消费等，应视同销售货物计算应缴增值税，借记“应付职工薪酬”等科目，贷记“应交税费——应交增值税（销项税额）”科目。

如果将货物用于集体福利设施方面或者交际应酬类个人消费，因为货物所有权未发生转移，不符合会计确认收入的条件，一般会计处理如下：

①将货物用于集体福利：

借：固定资产（或在建工程等）

　　贷：库存商品（或原材料等）

　　　　应交税费——应交增值税（销项税额）

②将货物用于交际应酬：

借：管理费用——业务招待费

　　贷：库存商品（或原材料等）

　　　　应交税费——应交增值税（销项税额）

③将货物用于非货币性福利。按照会计准则的要求，将货物用作非货币性福利发给职工，应按其公允价值以及增值税销项税额的合计数计入相关成本费用科目，确认收入并结转成本。会计处理如下：

借：应付职工薪酬——非货币性福利

　　贷：主营业务收入

　　　　应交税费——应交增值税（销项税额）

（4）企业将自产、委托加工或购买的货物无偿赠送他人，应视同销售货物计算应缴增值税，借记“营业外支出”等科目，贷记“应交税费——应交增值税（销项税额）”科目。

将货物无偿赠送他人，虽然货物所有权转移，但并未给企业带来经济利益的流入，会计上不确认收入，但应按规定将应计的增值税销项税额计入“营业外支出”。

借：营业外支出

　　贷：库存商品

　　　　应交税费——应交增值税（销项税额）

2－28 收入确认条件

（5）将自产、委托加工或者购进的货物分配给股东或者投资者这种情况的实质是以货物抵偿了应付股利，货物所有权转移，企业债务减少，会计核算应确认收入。

借：应付股利（或利润分配等）

贷：主营业务收入

应交税费——应交增值税（销项税额）

（6）设有两个以上机构并实行统一核算的纳税人，将货物从一个机构移送其他机构用于销售，但相关机构设在同一县（市）的除外。按照《增值税暂行条例细则》规定，发货方在移送货物时应按视同销售的规定确认销项税额，而收货方在对外销售时同样应确认销项税额，只不过在货物移送时发货方可以向收货方开具增值税专用发票，收货方可以将其作为抵扣凭据。由于这些机构在会计上作为一个会计主体统一核算，机构之间的货物移送从会计视角看并不满足收入确认的条件，货物移送时，会计可不确认收入，在确认销项、进项税额的同时记内部往来；对外销售时，确认收入并重新确认销项税额。会计处理如下：

①发货方移送货物时：

借：内部往来

贷：应交税费——应交增值税（销项税额）

②收货方可抵扣进项税额：

借：应交税费——应交增值税（进项税额）

贷：内部往来

③收货方对外销售时：

借：银行存款

贷：主营业务收入

应交税费——应交增值税（销项税额）

4. 包装物相关业务的增值税处理

（1）出售包装物的会计处理

随同产品出售的包装物均应缴纳增值税，对于不单独计价的包装物，其收入随同所销售的产品一起计入产品销售收入；而对于随同产品销售单独计价的包装物，其收入单独记入“其他业务收入”。

（2）出租包装物租金的会计处理

企业销售产品的同时，出租、出借包装物收取的租金。依据税法规定，包装物租金属于价外费用，应并入销售额中计算增值税。

（3）包装物押金的会计处理

对于企业收取的包装物押金，应分不同情况进行处理。一般销售货物收取押金时不需缴纳增值税，但是对于企业逾期未退还的包装物押金需按规定缴纳增值税，借记“其他应付款”，贷记“应交税费——应交增值税（销项税额）”。

5. 处置固定资产的会计处理

企业将固定资产出售应计提增值税销项税额（简易计税时计提增值税额），借记“固定资产清理”，贷记“应交税费——应交增值税（销项税额）”（或“应交税费——简易计税”）。对于企业将自产或委托加工的固定资产用于集体福利或个人消费；将自产、委托加工或购买的固定资产对外投资、作为股利分配给股东或无偿赠送他人均属于增值税视同销售业务，应计提增值税。借记“长期股权投资”“利润分配”“营业外支出”“应付职工薪酬”等，贷记“主营业务收入”“应交税费——应交增值税（销项税额）”等账户。

企业销售使用过的、已抵扣增值税的固定资产，销售时按13%的税率计算增值税，应借记“固定资产清理”，贷记“应交税费——应交增值税（销项税额）”。对于销售使用过的、未抵扣增值税的固定资产，在销售时按简易方法计征增值税，并借记“固定资产清理”，贷记“应交税费——简易计税”。

因出售、转让等原因产生的固定资产处置利得或损失应计入资产处置损益科目。产生处置净损失的。借记“资产处置损益”科目，贷记“固定资产清理”科目；如为净收益，借记“固定资产清理”科目，贷记“资产处置损益”科目。因已丧失使用功能或因自然灾害发生的毁损等原因而报废清理产生的利得或损失应记入营业外收入或营业外支出。属于生产经营期间正常报废清理产生的处理净损失，借记“营业外支出——处置非流动资产损失”科目，贷记“固定资产清理”科目；属于生产经营期间由于自然灾害等非正常原因造成的，借记“营业外支出——非常损失”科目，贷记“固定资产清理”科目；如为净收益，借记“固定资产清理”科目，贷记“营业务收入”科目。

【实战训练2-15】 浙江寰宇股份有限公司8月出售一台已经使用过的设备，购进时价税合计为113万元（抵扣13万元增值税），已计提折旧10万元，未发生减值。出售时收到60万元，不考虑其他税费，试针对该项业务进行会计处理；假如出售的设备未抵扣过增值税，出售时又应如何处理。

销售该设备应纳增值税为600 000÷(1+13%)×13%=69 026.55(元)。

转出清理时：

借：固定资产清理	900 000	
累计折旧	100 000	
贷：固定资产		1 000 000

出售时：

借：银行存款　　600 000

　　贷：固定资产清理　　600 000

计提增值税：

借：固定资产清理　　69 026.55

　　贷：应交税费——应交增值税（销项税额）　　69 026.55

借：资产处置损益　　369 026.55

　　贷：固定资产清理　　369 026.55

假如，该公司销售的已使用固定资产未抵扣增值税，则在销售时需计提增值税 600 000 ÷ (1 + 3%) × 2% = 11 650.49（元），应作会计处理：

3%简易计税，600 000 ÷ (1 + 3%) × 3% = 17 475.73 元，该金额应填入一般纳税人增值税申报表主表第 21 行“简易计税办法计算的应纳税额”栏中，相应会计处理如下：

借：固定资产清理　　17 475.73

　　贷：应交税费——简易计税　　17 475.73

减征 1%税款，600 000 ÷ (1 + 3%) × 1% = 5 825.24（元），填入纳税申报表主表第 23 行“应纳税额减征额”：

借：应交税费——简易计税　　5 825.24

　　贷：营业外收入　　5 825.24

（四）月末应纳税额的处理

月份终了，企业应将当月发生的应缴增值税额自“应交税费——应交增值税”科目转入“未交增值税”明细科目。会计分录为：

借：应交税费——交增值税（转出未交增值税）

　　贷：应交税费——未交增值税

月份终了，企业将本月多缴的增值税自“应交税费——应交增值税”科目转入“未交增值税”明细科目。会计分录为：

借：应交税费——未交增值税

　　贷：应交税费——应交增值税（转出多交增值税）

企业当月上缴上月应缴未缴的增值税时，借记“应交税费——未交增值税”科目，贷记“银行存款”科目。

（五）缴纳增值税的账务处理

（1）交纳当月应交增值税的账务处理。企业交纳当月应交的增值税：

借：应交税费——应交增值税（已交税金）

　　贷：银行存款

（2）交纳以前期间未交增值税的账务处理。企业交纳以前期间未交的增值税：

借：应交税费——未交增值税

贷：银行存款

（3）预缴增值税的账务处理。企业预缴增值税时：

借：应交税费——预交增值税

贷：银行存款

月末，企业应将“预交增值税”明细科目余额转入“未交增值税”明细科目：

借：应交税费——未交增值税

贷：应交税费——预交增值税

房地产开发企业等在预缴增值税后，应直至纳税义务发生时方可从“应交税费——预交增值税”科目结转至“应交税费——未交增值税”科目。

（4）减免增值税的账务处理。对于当期直接减免的增值税：

借：应交税费——应交增值税（减免税款）

贷：损益类相关科目

（六）用进项留抵税额抵减增值税欠税的会计处理

增值税一般纳税人既欠缴增值税，又有增值税留抵税额时，应按以下处理方式进行处理：

（1）对纳税人因销项税额小于进项税额而产生期末留抵税额的，应以期末留抵税额抵减增值税欠税。

（2）纳税人用进项留抵税额抵减增值税欠税时，按以下方法进行会计处理：

①增值税欠税税额大于期末留抵税额，按期末留抵税额红字借记“应交税费——应交增值税（进项税额）”科目，贷记“应交税费——未交增值税”科目。

②若增值税欠税税额小于期末留抵税额，按增值税欠税税额红字借记“应交税费——应交增值税（进项税额）”科目，贷记“应交税费——未交增值税”科目。

三、小规模纳税人增值税会计处理

小规模纳税人销售货物、劳务或应税服务等，按实现的销售收入和按规定收取的增值税，借记“应收账款”“应收票据”“银行存款”等科目，贷记“应交税费——应交增值税”“主营业务收入”等科目。小规模纳税人销售业务中如发生退回或折让等情况，以及发生视同销售业务，其会计处理方法与一般纳税人类似，只是小规模纳税人不设置“销项税额”等三级科目。

缴纳增值税时，借记“应交税费——应交增值税”，贷记“银行存款”等科目。

小微企业在取得销售收入时，应当按照税法的规定计算应交增值税，并确认为应交税费，在达到增值税制度规定的免征增值税条件时，将有关应交增值税转入当期损益。

四、差额征税的账务处理

企业发生相关成本费用允许扣减销售额的账务处理。按现行增值税制度规定企业发生相关成本费用允许扣减销售额的，发生成本费用时，

借：“主营业务成本”“材料采购”“工程施工”等（按应付或实际支付的金额）

贷：“应付账款”“应付票据”“银行存款”等

待取得合规增值税扣税凭证且纳税义务发生时，

借：“应交税费——应交增值税（销项税额抵减）”或“应交税费——简易计税”科目（小规模纳税人应借记“应交税费——应交增值税”科目）（按照允许抵扣的税额）

贷：“主营业务成本”“原材料”“库存商品”“开发成本”“工程施工”等

金融商品转让按规定以盈亏相抵后的余额作为销售额的账务处理。金融商品实际转让月末，如产生转让收益，则按应纳税额借记“投资收益”等科目，贷记“应交税费——转让金融商品应交增值税”科目；如产生转让损失，则按可结转下月抵扣税额，借记“应交税费——转让金融商品应交增值税”科目，贷记“投资收益”等科目。交纳增值税时，应借记“应交税费——转让金融商品应交增值税”科目，贷记“银行存款”科目。年末，本科目如有借方余额，则借记“投资收益”等科目，贷记“应交税费——转让金融商品应交增值税”科目。

五、初次购买增值税税控系统专用设备和技术维护费用抵减税额的会计处理

按现行增值税制度规定，企业初次购买增值税税控系统专用设备支付的费用以及缴纳的技术维护费允许在增值税应纳税额中全额抵减的，按规定抵减的增值税应纳税额，借记“应交税费——应交增值税（减免税款）”科目（小规模纳税人应借记“应交税费——应交增值税”科目），贷记“管理费用”等科目。

【实战训练 2－16】 浙江寰宇股份有限公司下属东海贸易有限公司被认定为增值税一般纳税人，8 月该公司首次购买价款为 4 000 元的增值税税款系统专业设备，款已通过银行转账。相关税收法规规定对于单价不超过 5 000 元的固定资产，允许一次性计入当期成本费用在所得税前扣除。实际支付技术维护费 800 元。该公司应如何进行会计处理？

购入税控专用设备时：

借：固定资产　　4 000

　　贷：银行存款　　4 000

根据企业所得税相关法规规定，允许一次性计入当期费用：

借：管理费用　　4 000

　　贷：累计折旧　　4 000

抵减增值税时：

借：应交税费——应交增值税（减免税款）　　4 000

　　贷：管理费用　　4 000

支付技术维护费时：

借：管理费用　　800

　　贷：银行存款　　800

技术维护费，按规定抵减增值税应纳税额：

借：应交税费——应交增值税（减免税款）　　800

　　贷：管理费用　　800

六、关于小微企业免征增值税的会计处理规定

小微企业在取得销售收入时，应当按照税法的规定计算应交增值税，并确认为应交税费，在达到增值税制度规定的免征增值税条件时，将有关应交增值税转入当期损益。

七、“营改增”后部分特殊业务的处理

（一）试点一般纳税人可选择简易计税情形下的增值税处理

在选择简易计税时，相关增值税额记入“应交税费——简易计税”科目。

【实战训练 2－17】 浙江寰宇股份有限公司下属新时代文化传媒公司（一般纳税人）8 月取得文化相关收入 106 万元，可抵扣进项税额 5 万元。该业务应该如何进行会计处理。

文化体育业可选择一般计税或简易计税方式计算增值税。

该企业如果选择一般计税方法：

应纳增值税 $=106\div(1+6\%)\times6\%-5=1$（万元），取得收入时会计处理如下：

借：银行存款　　1 060 000
　贷：主营业务收入　　1 000 000
　　应交税费——应交增值税（销项税额）　　60 000

该企业如果选择简易计税方法：

应纳增值税 $=1\ 060\ 000\div(1+3\%)\times3\%=30\ 873.79$（元），取得收入的会计处理为：

借：银行存款　　1 060 000
　贷：主营业务收入　　1 029 126.21
　　应交税费——简易计税　　30 873.79

（二）建筑企业增值税会计处理

一般纳税人跨县（市、区）提供建筑服务的，应在建筑发生地国税机关预缴增值税。

【实战训练2－18】 浙江寰宇股份有限公司下属亿坊建筑公司，购进建筑材料70万元进项税额9.1万元，租用施工设备，支付租金10万元，进项税额1.3万元，支付运输费用10万元，进项税额0.9万元，以上价格均不含税，均已取得增值税专用发票。该建筑公司承建该项目，合同约定开工时预收工程款10万元。（1）试针对上述业务进行会计处理；（2）假如上述建筑服务发生在其机构所在县（市、区）以外，应如何预缴增值税，预缴税款如何处理？

（1）亿坊建筑公司购进材料、支付租金和运费等时，会计处理：

借：原材料　　700 000
　工程施工——机械使用费　　100 000
　工程施工——其他直接费用　　100 000
　应交税费——应交增值税（进项税额）　　113 000
　贷：银行存款　　1 013 000

亿坊建筑公司预收工程款时，会计处理如下：

借：银行存款　　100 000
　贷：预收账款　　88 495.58
　　应交税费——应交增值税（销项税额）　　1 150.42

（2）假如该项建筑服务发生在其机构所在县（市、区）以外，应在建筑发生地按照2%的预征率预缴增值税，$100\ 000\div(1+9\%)\times2\%=1\ 834.86$（元），应做会计处理如下：

借：应交税费——预交增值税　　1 834.86
　贷：银行存款　　1 834.86

（三）无形资产相关业务的增值税处理

1. 一般纳税人取得无形资产的业务处理

一般纳税人外购、接受投资或捐赠等情形取得无形资产，取得相关合法抵扣凭证并符合进项税额抵扣情形的，应做会计处理如下：

借：无形资产

　　应交税费——应交增值税（进项税额）

　　贷：银行存款/实收资本/股本/营业外收入等

2. 出租无形资产的处置

企业让渡无形资产使用权，收取租金时，借记“银行存款”等科目，符合收入确认条件贷记“其他业务收入”等科目，计提增值税销项税额，贷记“应交税费——应交增值税（销项税额）”。

3. 处置无形资产的处理

“营改增”后，除技术开发、专利技术的转让是免税外，其他诸如商誉、商标权和著作权的转让需按缴纳增值税。一般纳税人出售或将无形资产对外投资时，相关会计处理如下：

借：银行存款/长期股权投资等

　　累计摊销（当存在减值时还需借记“无形资产减值准备”）

　　贷：无形资产

　　　　应交税费——应交增值税（销项税额）

　　　　资产处置损益（或借记“资产处置损益”）

【实战训练 2－19】 浙江寰宇股份有限公司出售其拥有的某品牌商标，开具增值税专用发票上注明的价格为 50 万元，税额为 3 万元，总计 53 万元。该商标账面余额为 30 万元，已累计摊销 1 万元。另外出租某品牌商标，每月租金为 5 万元，2020 年 8 月，收到租金 5 万元（只考虑增值税相关税费）。请问该公司应如何进行会计处理？

该涉税业务的账务处理为：

借：银行存款	500 000	
累计摊销	10 000	
贷：无形资产——商标权		300 000
应交税费——应交增值税（销项税额）		30 000
资产处置损益		180 000

出租某品牌商标，每月租金为 5 万元，2020 年 8 月收到租金 5 万元。会计处理如下：

借：银行存款	50 000	
贷：其他业务收入		47 169.81
应交税费——应交增值税（销项税额）		2 830.19

（四）不动产相关业务会计处理

1. 一般纳税人取得不动产的税务处理

【实战训练 2－20】 浙江寰宇股份有限公司 8 月购入一套办公用房，取得增值税专用发票显示价款 1 000 万元，增值税 90 万元。该公司应如何进行会计处理？

该公司应做会计处理：

借：固定资产　　10 000 000

　　应交税费——应交增值税（进项税额）　　900 000

　　贷：银行存款　　1 090 000

2. 纳税人拥有不动产期间的相关税务处理

（1）不得抵扣进项税的不动产转变为可抵扣的情形

按照规定不得抵扣进项税额的不动产，发生用途改变，用于允许抵扣进项税额项目的，按照下列公式在改变用途的次月计算可抵扣进项税额。前提是应取得 2016 年 5 月 1 日后开具的合法有效的增值税扣税凭证。

可抵扣进项税额＝增值税扣税凭证注明或计算的进项税额×不动产净值率

【实战训练 2－21】 接上例，浙江寰宇股份有限公司 2019 年 8 月购入一套房产，假设原先专用于职工宿舍的，取得增值税专用发票显示价款 1 000 万元，增值税 90 万元。按 20 年计提折旧，并于 2024 年 8 月转为厂房用于生产。该公司应当如何会计处理呢？

该公司 2019 年 8 月应做会计处理：

借：固定资产　　1 090 000

　　贷：银行存款　　1 090 000

2024 年 8 月转做厂房时，允许抵扣的进项税额计算

不动产的净值＝1 090×15÷20＝817.5（万元）

可抵扣进项税额＝817.5÷(1＋9%)×9%＝67.5（万元）

或，不动产净值率＝1 090×15÷20÷1 090×100%＝75%

可抵扣进项税额＝90×75%＝67.5（万元）

2024 年 9 月，应做会计处理

借：应交税费——应交增值税（进项税额）　　675 000

　　贷：固定资产　　675 000

（2）不动产相关进项税额转出业务的处理

已抵扣进项税额的不动产，发生非正常损失，或者改变用途，转用于简易计税方法计税项目、免征增值税项目、集体福利或者个人消费的，需要转出相应进项税额。具体计算公式为：

不得抵扣的进项税额＝（已抵扣进项税额＋待抵扣进项税额）×不

动产净值率

不动产净值率 =（不动产净值 ÷ 不动产原值）×100%

或者：**不得抵扣的进项税额 = 固定资产、无形资产或者不动产净值 × 适用税率**

固定资产、无形资产或者不动产净值，是指纳税人根据财务会计制度计提折旧或摊销后的余额。

不得抵扣的进项税额小于或等于该不动产已抵扣进项税额的，应于该不动产改变用途的当期，将不得抵扣的进项税额从进项税额中扣减。

不得抵扣的进项税额大于该不动产已抵扣进项税额的，应于该不动产改变用途的当期，将已抵扣进项税额从进项税额中扣减，并从该不动产待抵扣进项税额中扣减不得抵扣进项税额与已抵扣进项税额的差额。

【实战训练 2－22】 接上例，浙江寰宇股份有限公司 2019 年 8 月购入一套房产，取得增值税专用发票显示价款 1 000 万元，增值税 90 万元。按 20 年计提折旧，为改善职工住宿条件于 2029 年 8 月将该不动产转为职工宿舍，该公司应如何处理。假如 2020 年 5 月，浙江寰宇股份有限公司就将该不动产转为职工宿舍的话又该如何处理。

转为职工宿舍时的不动产净值 = 1 000 × 10 ÷ 20 = 500（万元）

应当转出的进项税额 = 500 × 10% = 50（万元）

或者：不动产的净值率 = 1 000 × 10 ÷ 20 ÷ 1 000 × 100% = 50%

应当转出的进项税额 = 90 × 50% = 45（万元）

2029 年 8 月，会计处理为：

借：固定资产　　　　　　　　　　　　　　　450 000

　　贷：应交税费——应交增值税（进项税额转出）　450 000

3. 转让不动产的会计处理

转让不动产要分自建或取得不动产，也要区分营改增前取得和营改增后取得，处理方式不一样。转让不动产的会计处理见表 2－24。

表 2－24　　　　处置不动产相关会计处理

项目	会计处理
处置清理	借：固定资产清理 　　累计折旧 　　固定资产减值准备 　　贷：固定资产
支付清理费用	借：固定资产清理 　　贷：银行存款
转让不动产收入和计提增值税	借：银行存款 　　贷：固定资产清理 　　　　应交税费——应交增值税（销项税额）（9%） 　　　　（或应交税费——简易计税，5%）

续表

项目	会计处理
预缴增值税	向不动产所在地主管税务机关按5%预缴增值税 转让取得不动产（全部价款和价外费用扣除原值或作价）÷（1＋5%）×5% 转让自建，全部价款合价外费用÷（1＋5%）×5% 借：应交税费——预缴增值税 　　贷：银行存款
结转净损益	借：固定资产清理 　　贷：资产处置损益 或借：资产处置损益 　　贷：固定资产清理

2－29　随堂练习五

任务四　增值税纳税申报

一、纳税义务发生时间

增值税纳税义务发生时间为：销售货物、劳务，为收讫销售款项或者取得索取销售款项凭据的当天；先开具发票的，为开具发票的当天。进口货物，为报关进口的当天。增值税扣缴义务发生时间为纳税人增值税纳税义务发生的当天。

（1）采取直接收款方式销售货物，不论货物是否发出，均为收到销售款或者取得索取销售款凭据的当天；

（2）采取托收承付和委托银行收款方式销售货物，为发出货物并办妥托收手续的当天；

（3）采取赊销和分期收款方式销售货物，为书面合同约定的收款日期的当天，无书面合同的或者书面合同没有约定收款日期的，为货物发出的当天；

（4）采取预收货款方式销售货物，为货物发出的当天，但生产销售生产工期超过12个月的大型机械设备、船舶、飞机等货物，为收到预收款或者书面合同约定的收款日期的当天；

（5）委托其他纳税人代销货物，为收到代销单位的代销清单或者收到全部或者部分货款的当天。未收到代销清单及货款的，为发出代销货物满180天的当天；

（6）销售应税劳务，为提供劳务同时收讫销售款或者取得索取销售款的凭据的当天；

术语解析

收讫销售款项，是指纳税人销售服务、无形资产、不动产过程中或者完成后收到款项。

(7) 纳税人发生部分视同销售货物行为，为货物移送的当天。

此外，属于“营改增”试点过程中相关规定如下：

(1) 纳税人发生应税行为并收讫销售款项或者取得索取销售款项凭据的当天；先开具发票的，为开具发票的当天；

(2) 纳税人提供租赁服务采取预收款方式的，其纳税义务发生时间为收到预收款的当天；

(3) 纳税人从事金融商品转让的，为金融商品所有权转移的当天；

(4) 纳税人发生视同销售服务、无形资产或者不动产等情形的，其纳税义务发生时间为服务、无形资产转让完成的当天或者不动产权属变更的当天；

(5) 增值税扣缴义务发生时间为纳税人增值税纳税义务发生的当天；

(6) 纳税人提供建筑服务，被工程发包方从应支付的工程款中扣押的质押金、保证金，未开具发票的，以纳税人实际收到质押金、保证金的当天为纳税义务发生时间。

> **术语解析**
>
> 取得索取销售款项凭据的当天，是指书面合同确定的付款日期；未签订书面合同或者书面合同未确定付款日期的，为服务、无形资产转让完成的当天或者不动产权属变更的当天。

二、纳税期限

纳税期限是指纳税人按照税法规定缴纳税款的期限。增值税的纳税期限分别为1日、3日、5日、10日、15日、1个月或者1个季度。纳税人的具体纳税期限，由主管税务机关根据纳税人应纳税额的大小分别核定。以1个季度为纳税期限的规定适用于小规模纳税人、银行、财务公司、信托投资公司、信用社，以及财政部和国家税务总局规定的其他纳税人。不能按照固定期限纳税的，可以按次纳税。

> **特别提示**
>
> 以1个季度为纳税期限的增值税纳税人，其取得的全部增值税应税收入、消费税应税收入，均可以1个季度为纳税期限。

纳税人以1个月或者1个季度为1个纳税期的，自期满之日起15日内申报纳税；以1日、3日、5日、10日或者15日为1个纳税期的，自期满之日起5日内预缴税款，于次月1日起15日内申报纳税并结清上月应纳税款。纳税人应按月进行纳税申报，申报期为次月1日起至15日止，遇最后一日为法定节假日的，顺延1日；在每月1日至15日内有连续3日以上法定休假日的，按休假日天数顺延。

扣缴义务人解缴税款的期限，依照上述规定执行。

三、纳税地点

《增值税暂行条例》第二十条规定增值税纳税地点：

(1) 固定业户应当向其机构所在地的主管税务机关申报纳税。总机构和分支机构不在同一县（市）的，应当分别向各自所在地的主管税务机关申报纳税；经国务院财政、税务主管部门或者其授权的财政、税务机关批准，可以由总机构汇总向总机构所在地的主管税务机关申报纳税。

（2）固定业户到外县（市）销售货物或者劳务，应当向其机构所在地的主管税务机关报告外出经营事项，并向其机构所在地的主管税务机关申报纳税；未报告的，应当向销售地或者劳务发生地的主管税务机关申报纳税；未向销售地或者劳务发生地的主管税务机关申报纳税的，由其机构所在地的主管税务机关补征税款。

（3）非固定业户销售货物或者应税劳务，应当向销售地或者劳务发生地的主管税务机关申报纳税；未向销售地或者劳务发生地的主管税务机关申报纳税的，由其机构所在地或者居住地的主管税务机关补征税款。

（4）进口货物，应当向报关地海关申报纳税。

扣缴义务人应当向其机构所在地或者居住地的主管税务机关申报缴纳其扣缴的税款。

四、征税机关

增值税，由税务机关负责征收。进口货物的增值税由海关代征。个人携带或者邮寄进境自用物品的增值税，连同关税一并计征。

2－30《国家税务总局关于调整增值税纳税申报有关事项的公告》

五、纳税申报资料

根据《增值税一般纳税人纳税申报办法》，纳税人进行纳税申报必须实行电子信息采集。

纳税申报资料包括纳税申报表及其附列资料和纳税申报其他资料。

1. 必报资料

（1）一般纳税人纳税申报表及其附列资料包括：

①《增值税纳税申报表（一般纳税人适用）》。

②《增值税纳税申报表附列资料（一）》（本期销售情况明细）。

③《增值税纳税申报表附列资料（二）》（本期进项税额明细）。

④《增值税纳税申报表附列资料（三）》（服务、不动产和无形资产扣除项目明细）。

一般纳税人销售服务、不动产和无形资产，在确定服务、不动产和无形资产销售额时，按照有关规定可以从取得的全部价款和价外费用中扣除价款的，需填报《增值税纳税申报表附列资料（三）》。其他情况不填写该附列资料。

⑤《增值税纳税申报表附列资料（四）》（税额抵减情况表）。

⑥《增值税减免税申报明细表》。

（2）小规模纳税人纳税申报表及其附列资料包括：

①《增值税纳税申报表（小规模纳税人适用）》。

②《增值税纳税申报表（小规模纳税人适用）附列资料》。

小规模纳税人销售服务，在确定服务销售额时，按照有关规定可以从取得的全部价款和价外费用中扣除价款的，需填报《增值税纳税申报表（小规模纳税人适用）附列资料》。其他情况不填写该附列资料。

③《增值税减免税申报明细表》。

2. 纳税申报其他资料

纳税申报其他资料的报备要求由各省市税务局确定。

纳税人跨县（市）提供建筑服务、房地产开发企业预售自行开发的房地产项目、纳税人出租与机构所在地不在同一县（市）的不动产，按规定需要在项目所在地或不动产所在地主管税务机关预缴税款的，需填写《增值税预缴税款表》。

想一想：享受增值税减免税的纳税人是否需要进行纳税申报？

六、增值税网上申报

随着网络和信息化的发展，纳税人的申报绝大多数采用电子申报方式。图2－3是浙江省电子税务局网页，可由此进入增值税申报系统。在此主要以浙江省为例说明。

图2－3 浙江省网上税务局

资料来源：国家税务总局浙江省税务局。

网上申报系统登录的用户名为纳税人识别号，登录后即可按页面提示进行申报（见图 2－4～图 2－11）。

第一步，登录电子税务局。

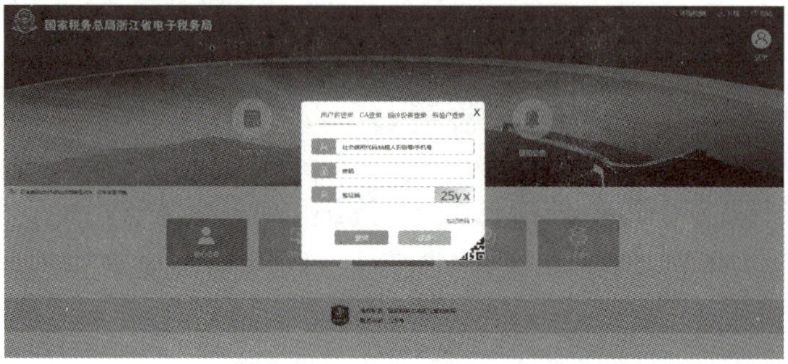

图 2－4　纳税申报入口

资料来源：国家税务总局浙江省电子税务局。

第二步，进入纳税申报界面，点击【纳税申报】。

图 2－5　纳税申报入口

资料来源：国家税务总局浙江省电子税务局。

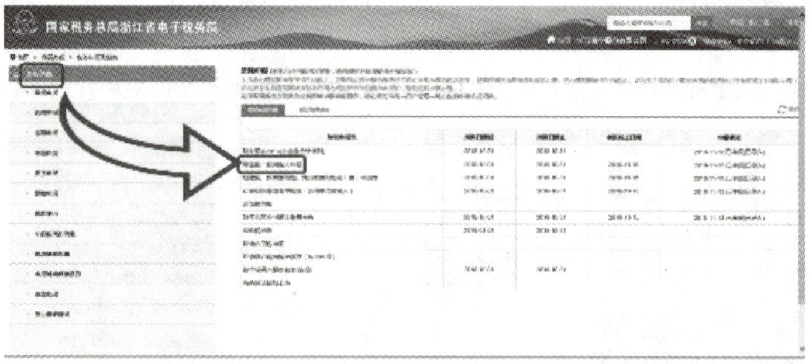

图 2－6　增值税纳税申报界面

资料来源：国家税务总局浙江省电子税务局。

第三步，根据增值税申报步骤依次完成纳税申报操作。根据企业自身业务实际，首先采集进项发票和销项发票，其次在发票数据采集的基础上完成增值税纳税申报表附表及减免税明细表的填写，系统会根据附表数据自动汇总“增值税申报表（主表）”，然后审核并填写“增值税申报表（主表）”，审核无误后完成申报和税款缴纳。

图 2－7 增值税纳税申报步骤

资料来源：国家税务总局浙江省电子税务局。

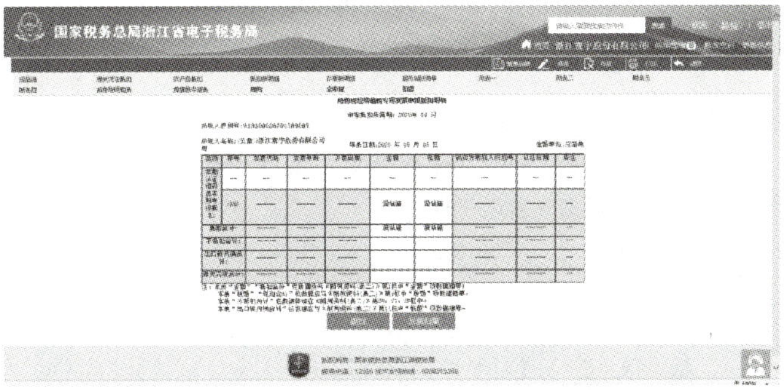

图 2－8 防伪税控增值税专用发票申报抵扣明细

资料来源：国家税务总局浙江省电子税务局。

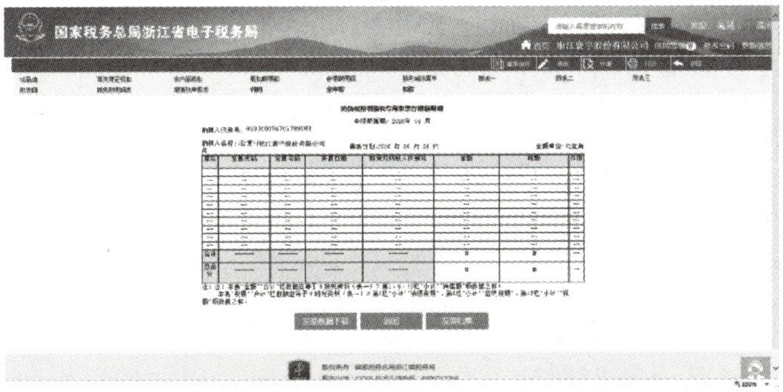

图 2－9 防伪税控增值税专用发票存根联明细

资料来源：国家税务总局浙江省电子税务局。

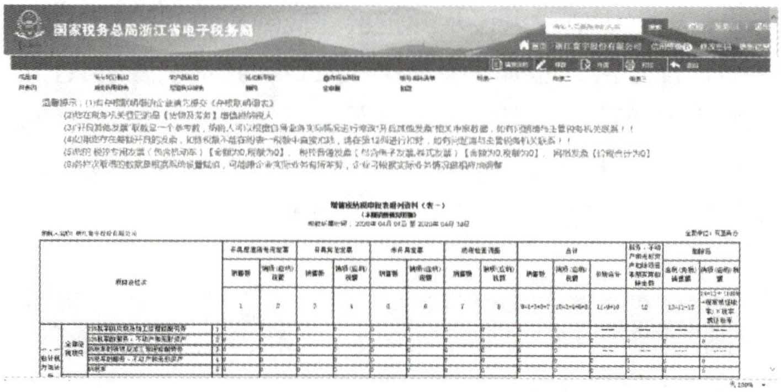

图 2－10　填写增值税纳税申报表附列资料等申报材料

资料来源：国家税务总局浙江省电子税务局。

图 2－11　完成增值税纳税申报

资料来源：国家税务总局浙江省电子税务局。

2－31　随堂练习六

任务五　增值税的出口退（免）税

我国对于出口货物、对外提供加工修理修配劳务（以下统称出口货物劳务，包括视同出口货物）、服务、无形资产实行免征和退还增值税（以下简称“增值税退（免）税”）政策。

一、出口退（免）税的适用范围

目前，我国税法规定，对出口的凡属于已征或应征增值税、消费税的货物，除国家明确规定不予退（免）税的货物和出口企业从小规模纳税人购进并持普通发票的部分货物和税法另有规定外，均属于出口货物退（免）税的货物范围。

（一）出口免税并退税政策适用范围

1. 出口免税并退税的货物

一般来说，可以退（免）税的出口货物应具备以下条件：

（1）必须是属于增值税、消费税征收范围内的货物。

（2）必须是报关离境出口的货物。

（3）必须是在财务上做出口销售处理的货物。

（4）必须是已收汇并经核销的货物。出口企业申报退（免）税的出口货物，须在退（免）税申报期截止之日内收汇，并按规定提供收汇资料；未在退（免）税申报期截止之日内收汇的出口货物，除特殊情况外，适用增值税免税政策。

出口企业或其他单位视同出口货物也适用出口货物退（免）税规定。视同出口货物具体包括：①出口企业对外援助、对外承包、境外投资的出口货物。②出口企业经海关报关进入国家批准的出口加工区、保税物流园区、保税港区、综合保税区等特殊区域并销售给特殊区域内单位或境外单位、个人的货物。③免税品经营企业销售的货物（国家规定不允许经营和限制出口的货物、卷烟和超出免税品经营企业《企业法人营业执照》规定经营范围的货物除外）。④出口企业或其他单位销售给用于国际金融组织或外国政府贷款国际招标建设项目的中标机电产品。⑤生产企业向海上石油天然气开采企业销售的自产的海洋工程结构物。⑥出口企业或其他单位销售给国际运输企业用于国际运输工具上的货物。⑦出口企业或其他单位销售给特殊区域内生产企业生产耗用且不向海关报关而输入特殊区域的水（包括蒸汽）、电力、燃气。

> **术语解析**
>
> 国际运输服务，是指：（1）在境内载运旅客或者货物出境。（2）在境外载运旅客或者货物入境。（3）在境外载运旅客或者货物。

2. 出口免税并退税的加工修理修配劳务

出口企业对外提供加工修理修配劳务，指对进境复出口货物或从事国际运输的运输工具进行的加工修理修配。

3. 出口免税并退税的服务、无形资产

国际运输服务；航天运输服务；向境外单位提供的完全在境外消费的研发服务、合同能源管理服务、设计服务、广播影视节目（作品）的制作和发行服务、软件服务、电路设计及测试服务、信息系统服务、业务流程管理服务、离岸服务外包业务、转让技术等。

> **术语解析**
>
> 离岸服务外包业务，包括信息技术外包服务（ITO）、技术性业务流程外包服务（BPO）、技术性知识流程外包服务（KPO）。

（二）出口免税不退税政策适用范围

1. 出口免税不退税的货物劳务

（1）出口企业或其他单位出口符合规定的免征增值税的货物；

（2）出口企业或其他单位视同出口符合规定的免征增值税的货物劳务；

（3）出口企业或其他单位未按规定申报或未补齐增值税退（免）税凭证、免征增值税的出口货物。

适用增值税免税政策的出口货物劳务，其进项税额不得抵扣和退税，应当转入成本。

2. 出口免税不退税的服务、无形资产

境内的单位和个人销售的规定范围内的服务和无形资产免征增值税，但财政部和国家税务总局规定适用零税率的除外。具体范围包括：

（1）应税服务范围：工程项目在境外的建筑服务；工程项目在境外的工程监理服务；工程、矿产资源在境外的工程勘察勘探服务；会议展览地点在境外的会议展览服务；存储地点在境外的仓储服务；标的物在境外使用的有形动产租赁服务；在境外提供的广播影视节目（作品）的播映服务；在境外提供的文化体育服务、教育医疗服务、旅游服务。

（2）为出口货物提供的邮政服务、收派服务、保险服务；未出口货物提供的保险服务（出口货物保险和出口信用保险）。

（3）向境外单位提供的完全在境外消费的服务和无形资产范围：电信服务；知识产权服务；物流辅助服务（仓储、收派服务除外）；鉴证咨询服务；专业技术服务；商务辅助服务；广告投放地在境外的广告服务；无形资产。

（4）以无运输工具承运方式提供的国际运输服务。

（5）为境外单位之间的货币资金融通及其他金融业务提供的直接收费金融服务，且该项服务与境内的货物、无形资产和不动产无关。

（6）财政部和国家税务总局的其他规定。

（三）出口不免税也不退税政策适用范围

2－32　出口不免税也不退税政策适用范围

出口不免税也不退税是指在国家限制或禁止出口的货物，出口环节照常征税，同时也不退还国内环节所负担的税款。

二、出口退（免）增值税的方法

（一）免税方法

对出口货物直接免征增值税和消费税。适用于来料加工等贸易形式和出口有特殊规定的指定货物（如卷烟）以及小规模纳税人出口货物等。对按国家统一规定免税的货物，不分是否出口销售一律给予免税，如出口企业直接收购农业生产者销售的自产农产品、古旧图书等，这类货物在国内生产、流通环节均已免税，因此出口后也不再退税。

“营改增”后部分跨境应税行为适用免税政策，具体见任务一“增值税税收优惠”。

（二）“免、退”税方法

不具有生产能力的出口企业（以下称外贸企业）或其他单位出口货物劳务，免征增值税，相应的进项税额予以退还。

（三）“免、抵、退”税方法

生产企业（生产企业是指具有生产能力（包括加工、修理修配能力）的单位或个体工商户）出口自产货物和视同自产货物及对外提供加工修理修配劳务，以及列名生产企业出口非自产货物，免征增值税，相应的进项税额抵减应纳增值税额（不包括适用增值税即征即退、先征后退政策的应纳增值税额），未抵减完的部分予以退还。

持续经营以来从未发生骗取出口退税、虚开增值税专用发票或农产品收购发票、接受虚开增值税专用发票（善意取得虚开增值税专用发票除外）行为且符合特定条件的生产企业出口的外购货物，可视同自产货物适用“免、抵、退”税方法计算增值税退（免）税。

国际运输服务；航天运输服务；向境外单位提供的完全在境外消费的研发服务、合同能源管理服务、设计服务、广播影视节目（作品）的制作和发行服务、软件服务、电路设计及测试服务、信息系统服务、业务流程管理服务、离岸服务外包业务、转让技术等适用增值税零税率。对于境内的单位和个人提供适用增值税零税率的服务或者无形资产，如果属于适用简易计税方法的，实行免征增值税办法。如果属于适用增值税一般计税方法的，生产企业实行免抵退税办法，外贸企业外购服务或者无形资产出口实行免退税办法，外贸企业直接将服务或自行研发的无形资产出口，视同生产企业连同其出口货物统一实行“免、抵、退”税办法。

三、增值税的出口退税率

除财政部和国家税务总局根据国务院决定而明确的增值税出口退税率（以下称退税率）外，出口货物的退税率为其适用税率。出口企业委托加工修理修配货物，其加工修理修配费用的退税率，为出口货物的退税率。增值税零税率应税服务的退税率为对应服务提供给境内单位适用的增值税税率。

自 2019 年 4 月 1 日起，原适用 16% 税率且出口退税率为 16% 的出口货物劳务，出口退税率调整为 13%；原适用 10% 税率且出口退税率为 10% 的出口货物、跨境应税行为，出口退税率调整为 9%。适用 13%

税率的境外旅客购物离境退税物品，退税率为11%；适用9%税率的境外旅客购物离境退税物品，退税率为8%。

适用不同退税率的货物劳务，应分开报关、核算并申报退（免）税，未分开报关、核算或划分不清的，从低适用退税率。

四、增值税退（免）税计算

（一）外贸企业出口货物劳务退（免）增值税计算依据及方法

1. 计税依据

（1）外贸企业出口货物（委托加工、修理修配货物除外）增值税退（免）税的计税依据，为购进出口货物的增值税专用发票注明的金额或海关进口增值税专用缴款书注明的完税价格。

（2）外贸企业出口委托加工修理修配货物增值税退（免）税的计税依据，为加工修理修配费用增值税专用发票注明的金额。外贸企业应将加工修理修配使用的原材料（进料加工海关保税进口料件除外）作价销售给受托加工修理修配的生产企业，受托加工修理修配的生产企业应将原材料成本并入加工修理修配费用开具发票。

> **术语解析**
>
> 海关保税进口料件是加工贸易企业在进行加工贸易经营活动时，从国外进口的免交关税增值税的料件。该料件受国家海关监管，须按规定生产成成品后复出口，同时进行报核。如因合理原因不能按计划复出口，而需内销的，需要在当地主管海关进行补税手续，方可内销。

2. 计算方法

外贸企业出口货物劳务增值税免退税，依下列公式计算：

（1）外贸企业出口委托加工修理修配货物以外的货物：

增值税应退税额＝增值税退（免）税计税依据×出口货物退税率

（2）外贸企业出口委托加工修理修配货物：

出口委托加工修理修配货物的增值税应退税额＝委托加工修理修配的增值税退（免）税计税依据×出口货物退税率

外贸企业兼营的零税率应税服务增值税免退税的计算：

外贸企业兼营的零税率应税服务应退税额＝外贸企业兼营的零税率应税服务免退税计税依据×零税率应税服务增值税退税率

这里“外贸企业兼营的零税率应税服务免退税计税依据”是指从境内单位或者个人购进零税率应税服务的，取得的提供方开具的增值税专用发票上注明的金额，从境外单位或个人购进零税率应税服务的，为取得的解缴税款的海关税收缴款凭证上注明的金额。

【实战训练2－23】浙江寰宇股份有限公司下属环太进出口贸易公司8月购入聚光灯（商品代码：94054020）5 000件，增值税专用发票上注明的金额为100万元，出口至美国，FOB离岸价为20万美元（汇率为1:6.69），聚光灯（商品代码：94054020）退税率为13%，试计算该公司当月应退税额。

该公司当月应退增值税税额 = 1 000 000 × 13% = 130 000（元）

（二）生产企业出口货物劳务退（免）增值税计算依据及方法

1. 计税依据

（1）生产企业出口货物劳务（进料加工复出口货物除外）增值税退（免）税的计税依据，为出口货物劳务的实际离岸价格（FOB）。实际离岸价应以出口发票上的离岸价为准，但是如果出口发票不能真实反映实际离岸价，主管税务机关有权予以核定。

（2）生产企业进料加工复出口货物增值税退（免）税的计税依据，为出口货物的离岸价扣除出口货物所含的海关保税进口料件的金额后的余额。

（3）生产企业国内购进无进项税额且不计提进项税额的免税原材料加工后出口的货物，其计税依据按照出口货物的离岸价扣除出口货物所含的国内购进免税原材料的金额后确定。

2. 计算方法

（1）当期应纳税额的计算

当期应纳税额 = 当期销项税额 −（当期进项税额 − 当期不得免征和抵扣税额）

当期不得免征和抵扣税额 = 当期出口货物离岸价 × 外汇人民币折合率 ×（出口货物适用税率 − 出口货物退税率）− 当期不得免征和抵扣税额抵减额

当期不得免征和抵扣税额抵减额 = 当期免税购进原材料价格 ×（出口货物适用税率 − 出口货物退税率）

（2）当期免抵退税额的计算

当期免抵退税额 = 当期出口货物离岸价 × 外汇人民币折合率 × 出口货物退税率 − 当期免抵退税额抵减额

当期免抵退税额抵减额 = 当期免税购进原材料价格 × 出口货物退税率

（3）当期应退税额和免抵税额的计算

①当期期末留抵税额 ≤ 当期免抵退税额，则

当期应退税额 = 当期期末留抵税额

当期免抵税额 = 当期免抵退税额 − 当期应退税额

②当期期末留抵税额 > 当期免抵退税额，则

当期应退税额 = 当期免抵退税额

当期免抵税额 = 0

当期期末留抵税额为当期增值税纳税申报表中“期末留抵税额”。

特别提示

当期应纳税额 > 0，说明以当期应税进项税额抵顶内销业务应纳税额之后，未抵顶完，还应缴纳一定金额的增值税，即不足抵顶。当期应纳税额 ≤ 0，内销货物应纳税额大于 0 但小于当期免抵退税额，则当期不需要纳税，而应予退税，即抵顶有余。

（4）当期免税购进原材料价格包括当期国内购进的无进项税额且不计提进项税额的免税原材料的价格和当期进料加工保税进口料件的价格，其中当期进料加工保税进口料件的价格为组成计税价格。

当期进料加工保税进口料件的组成计税价格 = 当期进口料件到岸价格 + 海关实征关税 + 海关实征消费税

①采用“实耗法”的，当期进料加工保税进口料件的组成计税价格为当期进料加工出口货物耗用的进口料件组成计税价格。其计算公式为：

当期进料加工保税进口料件的组成计税价格 = 当期进料加工出口货物离岸价 × 外汇人民币折合率 × 计划分配率

计划分配率 = 计划进口总值 ÷ 计划出口总值 × 100%

实行电子账册的生产企业，计划分配率按前一期已核销的实际分配率确定；新启用电子账册的，计划分配率按前一期已核销的纸质手册或电子化手册的实际分配率确定。

②采用“购进法”的，当期进料加工保税进口料件的组成计税价格为当期实际购进的进料加工进口料件的组成计税价格。

若当期实际不得免征和抵扣税额抵减额大于当期出口货物离岸价 × 外汇人民币折合率 ×（出口货物适用税率 - 出口货物退税率）的，则：

当期不得免征和抵扣税额抵减额 = 当期出口货物离岸价 × 外汇人民币折合率 ×（出口货物适用税率 - 出口货物退税率）

【实战训练 2 - 24】 浙江寰宇股份有限公司出口实行“免、抵、退”办法，产品销售适用 13% 的税率，出口退税率为 13%。企业内销货物不含税销售额为 3 000 万元。出口产品 1 000 万美元（汇率为 1∶6.69），当期可抵扣的进项税为 600 万元，另外当期免税进口价值 200 万美元的料件（已含关税等），专门用于出口产品的生产，该公司上期留抵税额为 50 万元。

（1）计算免抵退税不得免征和抵扣的进项税额抵减额

免抵退税不得免征和抵扣的进项税额抵减额

= 免税购进原材料价格 ×（进口货物征税率 - 出口货物退税率）

= 200 × 6.69 ×（13% - 13%）= 0（万元）

（2）计算免抵退税不得免征和抵扣的税额

免抵退税不得免征和抵扣税额

= 出口货物离岸价 × 外汇人民币牌价 ×（出口货物征税率 - 出口货物退税率）- 免抵退税不得免征和抵扣税额抵减额

= 1 000 × 6.69 ×（13% - 13%）- 0

= 0（万元）

（3）计算当期应纳税额

当期应纳税额

= 当期内销货物销项税额 -（当期进项税额 - 当期免抵退税不得免

征和抵扣税额）

=3 000×13%－(600－0)－50=－260（万元）

说明当期应纳税额为0，期末留抵税额260万元。

（4）计算当期免抵退税额

当期免抵退税额

=出口货物离岸价×外汇人民币牌价×出口货物退税率－免抵退税额抵减额

=出口货物离岸价×外汇人民币牌价×出口货物退税率－免税购进原材料价格×出口货物退税率

=1 000×6.69×13%－200×6.69×13%

=695.76（万元）

（5）比较确定当期应纳税额、应退税额、免抵税额。

当期应退税额=260（万元），

当期实际抵免税额=当期免抵退税额－当期应退税额=695.76－260=435.76（万元）。

（三）增值税零税率应税行为的退（免）税

1. 计税依据

（1）实行“免、抵、退”税办法的计税依据

①以铁路运输方式载运旅客的，为按照铁路合作组织清算规则清算后的实际运输收入；

②以铁路运输方式载运货物的，为按照铁路运输进款清算办法，对“发站”或“到站（局）”名称包含“境”字的货票上注明的运输费用以及直接相关的国际联运杂费清算后的实际运输收入；

③以航空运输方式载运货物或旅客的，如果国际运输或港澳台运输各航段由多个承运人承运的，为中国航空结算有限责任公司清算后的实际收入；如果国际运输或港澳台运输各航段由一个承运人承运的，为提供航空运输服务取得的收入；

④其他实行免抵退税办法的增值税零税率应税服务，为提供增值税零税率应税服务取得的收入。

（2）实行免退税办法的计税依据

为购进应税服务的增值税专用发票或解缴税款的中华人民共和国税收缴款凭证上注明的金额。

2. 零税率应税服务增值税“免、抵、退”税的计算方法

当期“免、抵、退”税额的计算：

当期零税率应税服务免抵退税额=当期零税率应税服务“免、抵、退”税计税依据×外汇人民币牌价×零税率应税行为增值税退税率

当期应退税额和当期免抵税额的计算：

（1）当期期末留抵税额≤当期“免、抵、退”税额时：

当期应退税额 = 当期期末留抵税额

当期免抵税额 = 当期“免、抵、退”税额 - 当期应退税额

（2）当期期末留抵税额 > 当期“免、抵、退”税额时：

当期应退税额 = 当期“免、抵、退”税额

当期免抵税额 = 0

实行“免、抵、退”税办法的增值税零税率应税服务提供者如果同时出口货物劳务且未分别核算的，应一并计算免抵退税。税务机关在审批时，应按照增值税零税率应税服务、出口货物劳务免抵退税额的比例划分其退税额和免抵税额。

【实战训练 2-25】 浙江寰宇股份有限公司下属环球速达国际运输有限公司为增值税一般纳税人，企业退税实行“免、抵、退”税管理办法。公司 8 月承接的国际运输业务取得收入 500 000 元，企业期末留抵税额为 90 000 元。试计算企业当月的应退税额。

分析：当期零税率应税服务免抵退税额 = 500 000 × 9% = 45 000（元）

又因为当期期末留抵税额 90 000 元 > 当期“免、抵、退”税额 50 000 元，所以当期应退税额 = 当期“免、抵、退”税额 = 45 000（元），退税申报后结转下期留抵的税额为 45 000 元（90 000 - 45 000）。

（四）小规模纳税人出口退（免）税规定

小规模纳税人自营和委托出口（生产企业自产产品委托外贸企业代理出口或外贸企业委托外贸企业代理出口）的货物在货物报关离境并在财务上做销售后应在次月 15 日前（逢节假日顺延）即增值税纳税申报期内办理增值税纳税申报和在出口退税申报期内免税申报。

不具有进出口经营权的小规模纳税人委托外贸企业代理出口的货物，一律在委托方退税。生产企业自营或委托外贸企业代理出口自产货物，除另有规定者外，增值税一律实行“免、抵、退”税管理。若委托方是生产企业（不论生产企业是否具有进出口经营权），其委托代理出口货物比照生产企业的自营出口货物，按“免、抵、退”办法计算退（免）税款。若委托方属于小规模纳税人，其委托代理出口的货物，一律免征增值税、消费税，其进项税额不予抵扣或退税。对不具有进出口经营权的小规模纳税人（生产企业），委托出口商出口自产产品应享受免征增值税、消费税，其依据为受托方已开具《代理出口产品证明》；若不具有进出口经营权的小规模纳税人为商贸公司，委托外贸企业代理出口收购货物，则不予退税。

五、出口退（免）增值税的会计处理

为核算纳税人出口货物应收取的出口退税款，设置“应收出口退税款”科目，该科目借方反映销售出口货物按规定向税务机关申报应退回的增值税、消费税等，贷方反映实际收到的出口货物应退回的增值税、消费税等。期末借方余额，反映尚未收到的应退税额。

未实行“免、抵、退”办法的一般纳税人出口货物按规定退税的，按规定计算的应收出口退税额，借记“应收出口退税款”科目，贷记“应交税费——应交增值税（出口退税）”科目，收到出口退税时，借记“银行存款”科目，贷记“应收出口退税款”科目；退税额低于购进时取得的增值税专用发票上的增值税额的差额，借记“主营业务成本”科目，贷记“应交税费——应交增值税（进项税额转出）”科目。

实行“免、抵、退”办法的一般纳税人出口货物，在货物出口销售后结转产品销售成本时，按规定计算的退税额低于购进时取得的增值税专用发票上的增值税额的差额，借记“主营业务成本”科目，贷记“应交税费——应交增值税（进项税额转出）”科目；按规定计算的当期出口货物的进项税抵减内销产品的应纳税额，借记“应交税费——应交增值税（出口抵减内销产品应纳税额）”科目，贷记“应交税费——应交增值税（出口退税）”科目。在规定期限内，内销产品的应纳税额不足以抵减出口货物的进项税额，不足部分按有关税法规定给予退税的，应在实际收到退税款时，借记“银行存款”科目，贷记“应交税费——应交增值税（出口退税）”科目。

（一）外贸企业增值税出口退税的会计处理

1. 出口货物单独保管、会计账目健全企业的账务处理

【实战训练 2－26】 浙江寰宇股份有限公司下属环太进出口贸易公司出口货物采取单独报关和核算，8月从重器集团采购ZQ－02型设备2台（单价500 000元/台，增值税税率13%），当月出口1台。上述款项均已通过银行转账结清。FOB折算价800 000元/台，取得出口收入800 000元，出口退税率为13%。

该项业务会计处理如下：

（1）购进出口ZQ－02型设备时，根据有关凭证，做分录：

借：库存商品——ZQ－02型设备　　1 000 000

　　应交税费——应交增值税（进项税额）　　130 000

贷：银行存款　　　　　　　　　　　　　　　1 130 000

（2）出口ZQ－02型设备1台时：

借：应收账款——应收外汇账款　　　　　　800 000

贷：主营业务收入——出口收入　　　　　　　800 000

（3）收到出口结汇货款时：

借：银行存款　　　　　　　　　　　　　800 000

贷：应收账款——应收外汇账款　　　　　　　800 000

（4）申报退税并做分录：

应退税额＝1 000 000×1/2×13%＝65 000（元）

借：应收出口退税款　　　　　　　　　　　65 000

贷：应交税费——应交增值税（出口退税）　　　65 000

2. 分不清批次的出口企业的会计处理

【实战训练2－27】 新丝路进出口贸易口公司，库存货物规格、单件复杂，不便逐一核算，采用加权平均法计算销售成本。该公司8月结存货物200套，单价15元/套，合计3 000元。8月5日，按照单价16元购进150套，金额合计2 400元；8月10日按照单价16元购进400套，金额合计5 600元。8月20日出口销售货物600套，FOB价折合收入12 000元。公司购进增值税税率13%，退税率13%。

分析：

（1）月末计算库存出口商品平均单价、本月出口销售成本和本月应退增值税额：

库存货物平均单位成本

＝(200×15＋150×16＋400×14)/(200＋150＋400)＝14.67（元）

本月出口销售成本＝600×14.67＝8 802（元）

本月应退税额＝8 802×13%＝1 144.26（元）

本月不予抵扣税额＝8 802×(13%－13%)＝0（元）

（2）申报退税，做分录：

借：应收出口退税款　　　　　　　　　　1 144.26

贷：应交税费——应交增值税（出口退税）　　1 144.26

3. 从小规模纳税人购进货物的会计处理

国家明确规定不予退（免）税的货物和出口企业从小规模纳税人购进并持普通发票的部分货物不可以申请退税。出口企业从小规模纳税人购进并持普通发票的抽纱、工艺品、香料油、山货、草柳竹藤制品、渔网渔具、松香、五倍子、生漆、鬃尾、山羊板皮、纸制品等12类货物及从小规模纳税人购入的且取得税务机关代开的增值税专用发票的货物可以申请退税。

（二）生产企业出口退税会计处理

【实战训练2-28】 浙江寰宇股份有限公司自产一批可穿戴智能终端设备，单位成本3 800元/部。出口销售100部，价格500美元/部；内销60部，不含税价格5 000元/部。本月发生进项增值税总计60 000元。当月美元汇率为6.69，企业增值税税率为13%，出口退税率为13%，期初无留抵增值税。

计算当月出口货物增值税免、抵、退税各项税额为：

计算免抵退税不得免征和抵扣税额＝(50 000×6.69)×(13%－13%)＝0（元）

本月内销销项税额＝300 000×13%＝39 000（元）

本月应纳税额＝39 000－(60 000－0)＝－21 000（元）

当月“免、抵、退”税额＝50 000×6.69×13%＝43 485（元）

本月应退税额＝21 000（元）

当月免抵税额＝43 485－21 000＝22 485（元）

本月月末留抵税额＝0

(1) 内销的销售收入与销项税，在发生时的分录：

借：银行存款（或应收账款）　　339 000

　　贷：主营业务收入——内销　　300 000

　　　　应交税费——应交增值税（销项税额）　　39 000

(2) 外销货物销售收入：

借：应收账款　　334 500

　　贷：主营业务收入——外销　　334 500

(3) 应退税额与免抵税额会计处理：

借：应收出口退税款　　21 000

　　应交税费——应交增值税（出口抵减内销产品应纳税额）　　22 485

　　贷：应交税费——应交增值税（出口退税）　　43 485

（三）发生零税率应税行为的纳税人出口退税会计处理

【实战训练2-29】 浙江寰宇股份有限公司下属环球速达国际运输有限公司（增值税一般纳税人），经营业务包含国际运输服务。8月向X国运输货物一批，取得国际运输收入100万元（人民币，下同），国内提供运输服务取得不含税收入400万元，当月进项税额为54万元。

当期应纳增值税＝400×9%－54＝－18（万元），期末留抵18万元。

当期“免、抵、退”税额＝100×9%＝9（万元）<18（万元）

当期应退税增值税＝9万元

当期免抵税额 =9 -9 =0（万元），最终期末留底9（万元）。

外销及出口退税相关业务如下：

（1）取得国际运输收入：

借：银行存款　　1 000 000

　　贷：主营业务收入——国际运输收入　　1 000 000

（2）申报“免、抵、退”税时，会计处理：

借：应收出口退税款　　90 000

　　贷：应交税费——应交增值税（出口退税）　　90 000

（3）收到退税款时：

借：银行存款　　90 000

　　贷：应收出口退税款　　90 000

六、出口退（免）税相关管理规定

纳税人出口货物适用退（免）税规定的，应当向海关办理出口手续，凭出口报关单等有关凭证，在规定的出口退（免）税申报期内按月向主管税务机关申报办理该项出口货物的退（免）税；境内单位和个人跨境销售服务和无形资产适用退（免）税规定的，应当按期向主管税务机关申报办理退（免）税。具体办法由国务院财政、税务主管部门制定出口货物办理退税后发生退货或者退关的，纳税人应当依法补缴已退的税款。

（一）对外贸易经营者备案登记

从事货物进出口或者技术进出口的对外贸易经营者，应当向中华人民共和国商务部或商务部委托的机构办理备案登记（见图 2 -12）；但是，法律、行政法规和商务部规定不需要备案登记的除外。对外贸易经营者未按照本办法办理备案登记的，海关不予办理进出口的报关验放手续。

（二）出口退（免）税备案

出口企业或其他单位、增值税零税率应税服务提供者，在首次申报出口退（免）税时，应向主管税务机关申请办理出口退（免）税备案手续。出口企业或其他单位办理出口退（免）税备案手续时，应按规定向主管税务机关填报修改后的《出口退（免）税备案表》。《出口退（免）税备案表》中的内容发生变更的，申请备案企业需自变更之日起30日内，向主管税务机关申请备案内容的变更。

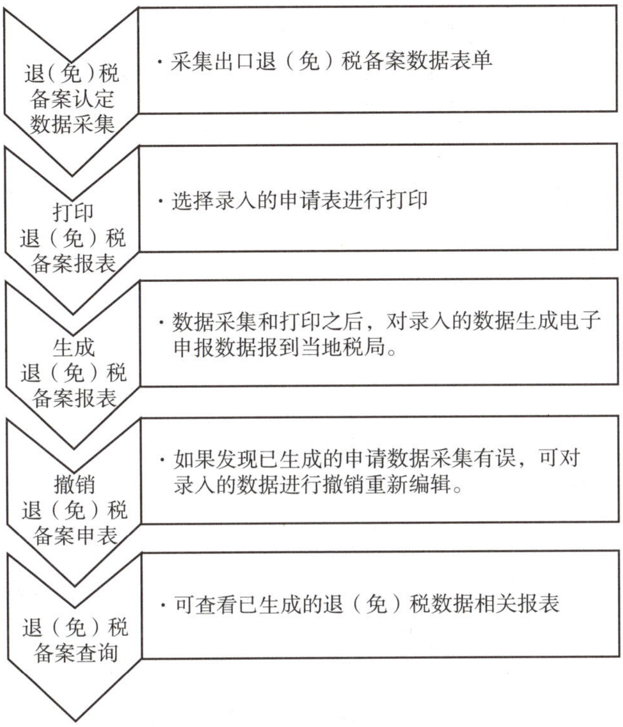

图 2－12　企业退（免）税备案向导流程

七、出口退（免）税申报

自 2018 年 5 月 1 日起，出口企业和其他单位申报出口退（免）税时，不再进行退（免）税预申报。主管税务机关确认申报凭证的内容与对应的管理部门电子信息无误后受理出口退（免）税申报。

2－33《国家税务总局关于出口退（免）税申报有关问题的公告》

（一）生产企业出口货物“免、抵、退”税的申报

1. 申报程序和期限

生产企业当月出口的货物须在次月的增值税纳税申报期内，向主管税务机关办理增值税纳税申报、免抵退税相关申报及消费税免税申报。

生产企业应在货物报关出口之日次月起至次年 4 月 30 日前的各增值税纳税申报期内收齐有关凭证，向主管税务机关申报办理出口货物增值税免抵退税及消费税退税。逾期的，企业不得申报免抵退税。

网上申报退税时首先进入电子税务局，进入“生产企业免抵退申报”（见图 2－13）；根据“生产企业免抵退申报向导”填写相关申报表（见图 2－14）。

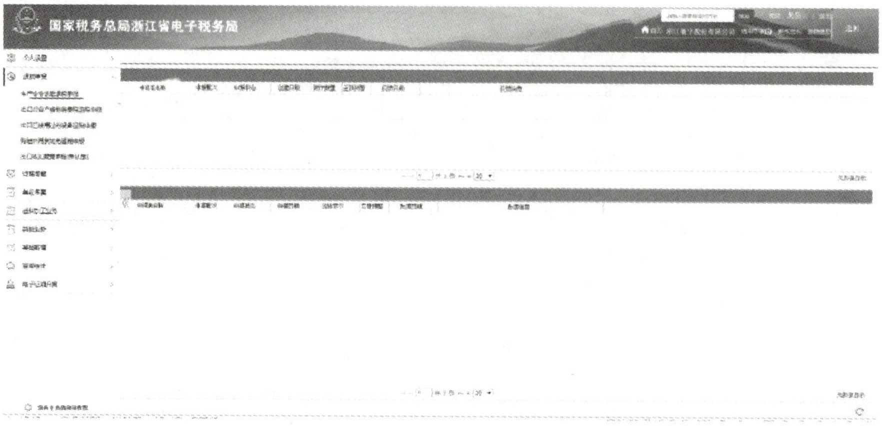

图 2－13　生产企业免抵退申报界面

资料来源：国家税务总局浙江省电子税务局。

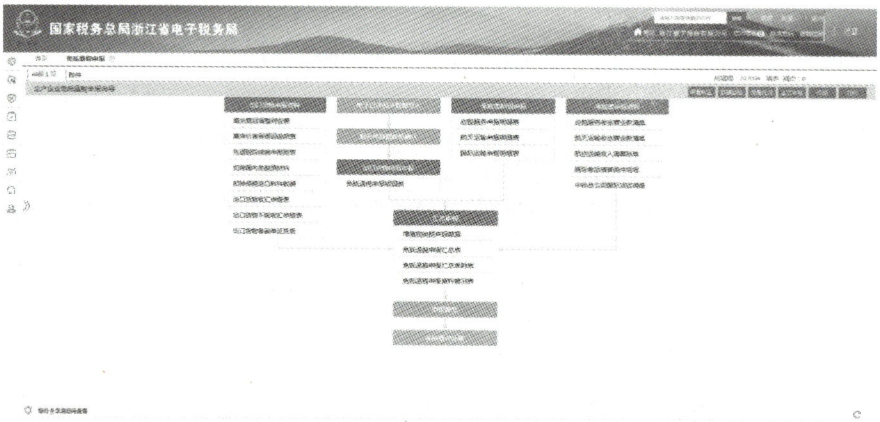

图 2－14　生产企业免抵退申报向导

资料来源：国家税务总局浙江省电子税务局。

2. 申报资料

企业向主管税务机关办理增值税免抵退税申报，应提供下列凭证资料：

（1）《免抵退税申报汇总表》及其附表；

（2）《免抵退税申报资料情况表》；

（3）《生产企业出口货物免抵退税申报明细表》；

（4）出口货物退（免）税申报电子数据；

（5）出口发票或使用增值税发票系统升级版开具的增值税普通发票。

（二）外贸企业出口货物免退税的申报

1. 申报程序和期限

外贸企业当月出口的货物须在次月的增值税纳税申报期内，向主管税务机关办理增值税纳税申报，将适用退（免）税政策的出口货物销售额填报在增值税纳税申报表的“免税货物销售额”栏。

外贸企业应在货物报关出口之日次月起至次年 4 月 30 日前的各增值税纳税申报期内，收齐有关凭证，向主管税务机关办理出口货物增值税免退税申报。经主管税务机关批准的，企业在增值税纳税申报期以外的其他时间也可办理免退税申报。逾期的，企业不得申报退（免）税。

2. 申报资料

外贸企业出口退税主要提交的资料有：

（1）外贸企业出口退税汇总申报表；

（2）外贸企业出口退税进货明细申报表；

（3）外贸企业出口退税出口明细申报表；

（4）出口货物退（免）税申报电子数据；

（5）增值税专用发票（抵扣联）、海关进口增值税专用缴款书。

（三）增值税零税率应税服务退（免）税申报

向境外单位提供零税率范围的应税服务的，增值税零税率应税服务提供者申报退（免）税时，应按规定办理出口退（免）税备案。增值税零税率应税服务提供者提供增值税零税率应税服务，应在财务作销售收入次月（按季度进行增值税纳税申报的为次季度首月，下同）的增值税纳税申报期内，向主管税务机关办理增值税纳税和退（免）税相关申报。

1. “免、抵、退”税申报

实行免抵退税办法的增值税零税率应税服务提供者应按照下列要求向主管税务机关办理增值税免抵退税申报：

（1）填报《免抵退税申报汇总表》及其附表；

（2）提供免抵退税正式申报电子数据；

（3）提供增值税零税率应税服务所开具的发票（经主管税务机关认可，可只提供电子数据，原始凭证留存备查）；

（4）根据所提供的适用增值税零税率应税服务，提供不同的资料和凭证。

2. 免退税申报

实行免退税办法的增值税零税率应税服务提供者，应在申报免退税时，向主管税务机关提供以下申报资料：

（1）《外贸企业出口退税汇总申报表》；

（2）《外贸企业外购应税服务（研发服务/设计服务）出口明细申报表》；

（3）外购对应的研发服务或设计服务取得增值税专用发票情况的

《外贸企业出口退税进货明细申报表》；

（4）提供以下原始凭证：

①提供增值税零税率应税服务所开具的发票；

②从境内单位或者个人购进研发服务或设计服务出口的，提供应税服务提供方开具的增值税专用发票；

③从境外单位或者个人购进研发服务或设计服务出口的，提供取得的解缴税款的中华人民共和国税收缴款凭证；

④对外提供研发服务或设计服务的，需填报《增值税零税率应税服务（研发服务/设计服务）免抵退税申报明细表》，并提供下列资料及原始凭证的原件及复印件：与增值税零税率应税服务收入相对应的《技术出口合同登记证》复印件；与境外单位签订的研发、设计合同；从与之签订研发、设计合同的境外单位取得收入的收款凭证；《向境外单位提供研发服务/设计服务收讫营业款明细清单》。

2－34　随堂练习七

【实战案例】企业信息

统一社会信用代码/注册号：91330003670178908R

企业名称：浙江寰宇股份有限公司（增值税一般纳税人）

类型：股份有限公司（非上市、自然人投资或控股）

法定代表人：伍桓

注册资本：15 000.00 万元人民币

成立日期：2007 年 12 月 17 日

营业期限：2007 年 12 月 17 日～2027 年 12 月 16 日

住所：杭州市杭州湾 1119 号

登记机关：大湾区市场监督管理局

核准日期：2017 年 03 月 09 日

经营范围：投资管理；投资咨询；项目投资；资产管理；企业管理咨询；财务咨询（不得开展审计、验资、查账、评估、会计咨询、代理记账等需经专项审批的业务，不得出具相应的审计报告、验资报告、查账报告、评估报告等文字材料）；施工总承包、专业承包、劳务分包；道路货物运输（凭有效《道路运输经营许可证》经营）；生产、制造：棉及化纤制品、纺织服装、鞋、帽、刺绣工艺品、一般劳保用品、竹炭制品的制造及销售，文化用品（不含出版物）、体育用品、家用电器、日用品、建材销售，货物进出口（法律法规限制的除外，应当取得许可证的凭许可证经营）；过滤式防颗粒面具、防尘口罩生产及销售；化工原料及产品（除危险化学品及易制毒化学品），电子智能产品，轻工产品。

具体信息见图 2－15 ~ 图 2－22：

浙江寰宇股份有限公司

№ 00010017

收货单位：杭州军人疗养院　　　　　　　　发货日期：2020 年 08 月 01 日

序号	产品名称	规格	单位	数量	单价	金额
001	四件套		套	100	320.00	32000.00
	合计：					¥32000.00
金额合计（大写）：	人民币叁万贰仟元整					
备注	将成本 2 万元四件套捐赠杭州军人疗养院					

会计主管：　　　　仓库保管员：　汪海　　　　发货人：　张建军

图 2－15　出库单

浙江增值税专用发票

3300183130　　　№ 13080801　　3300183130　13080801

此联不做报销、扣税凭证使用　　　　开票日期：2020年8月10日

购买方	名　　称：环亚贸易有限公司 纳税人识别号：931001122300055678 地 址、电 话：上海新城1号　021-68000561 开户行及账号：工商银行上海分行 220000454897500	密码区	11<212-12-/4/54*53+-5+/-50 38/*/-9468*12300++65/+6+8* 789>/6/2-*/*98<-<568>>8712+ 5/*12<>/*8*/+5487+2100/*87

货物或应税劳务、服务名称	规格型号	单位	数量	单价	金额	税率	税额
*纺织品*野营帐篷	FM001	个	1000	280.00	280000.00	13%	36400.00
合　　计					¥280000.00		¥36400.00
价税合计（大写）	⊗ 叁拾壹万陆仟肆佰元整				（小写）¥316400.00		

销售方	名　　称：浙江寰宇股份有限公司 纳税人识别号：91330003670178908R 地 址、电 话：杭州市杭州湾1119号 0571-98001188 开户行及账号：浙商银行钱江分行 620000100006789	备注	

收款人：刘浏　　复核：朱华桦　　开票人：屠蕾　　销售方：（章）

国税函[2018]6号上海华东印钞有限公司

第一联：记账联 销售方记账凭证

图 2－16　增值税专用发票（记账联）

浙江增值税专用发票

3300183130　　　№ 11008821　　3300183130　11008821

发票联　　　　开票日期：2020年8月18日

购买方	名　　称：浙江寰宇股份有限公司 纳税人识别号：91330003670178908R 地 址、电 话：杭州市杭州湾1119号 0571-98001188 开户行及账号：浙商银行钱江分行 620000100006789	密码区	14<486-*8*/4/54*53+-5+/-5- 01->-9-*81988>4*53+68+/342 889>/6/8114*98<-<568>008+4+ 58<200-*8434/54*00+-5+/-46

货物或应税劳务、服务名称	规格型号	单位	数量	单价	金额	税率	税额
*冷冻饮品*冰淇淋		箱	1000.00	98.00	98000.00	13%	12740.00
合　　计					¥98000.00		¥12740.00
价税合计（大写）	⊗ 壹拾壹万零柒佰肆拾元整				（小写）¥110740.00		

销售方	名　　称：绍轩冷冻食品有限公司 纳税人识别号：933061122365875648 地 址、电 话：绍兴市南湖街道9009号　0575-88007851 开户行及账号：浙商银行绍兴分行 620000123165745	备注	

收款人：魏兴邦　　复核：胡易菲　　开票人：魏兴邦　　销售方：（章）

国税函[2018]6号上海华东印钞有限公司

第三联：发票联 购买方记账凭证

图 2－17　增值税专用发票（发票联）

3300183130　　**浙江增值税专用发票**　　№ 11008821　　3300183130 11008821

抵扣联

开票日期：2020年8月18日

购买方	名　　称：浙江寰宇股份有限公司 纳税人识别号：91330003670178908R 地 址、电 话：杭州市杭州湾1119号 0571-98001188 开户行及账号：浙商银行钱江分行 620000100006789				密码区	14<486-*8*/4/54*53+-5+/-5- 01->-9-*81988>4*53+68+/342 889>/6/8114*98<-<568>008+4+ 58<200-*8434/54*00+-5+/-46		
货物或应税劳务、服务名称	规格型号	单位	数量	单价	金额		税率	税额
*冷冻饮品*冰淇淋		箱	1000.00	98.00	98000.00		13%	12740.00
合　　计					¥98000.00			¥12740.00
价税合计（大写）	⊗壹拾壹万零柒佰肆拾元整				（小写）¥110740.00			
销售方	名　　称：绍轩冷冻食品有限公司 纳税人识别号：933061122365875648 地 址、电 话：绍兴市南湖街道9009号 0575-88007851 开户行及账号：浙商银行绍兴分行 620000123165745				备注			

收款人：魏兴邦　　复核：胡易菲　　开票人：魏兴邦　　销售方：（章）

国税函〔2018〕6号上海华钞有限公司

第二联：抵扣联 购买方记账凭证

图 2－18　增值税专用发票（抵扣联）

浙江寰宇股份有限公司内部使用（销售）专用凭证

№ 10018081

使用部门：工会　　2020 年 08月 19 日

名称	规格	单位	数量	单价	金额 百	十	万	千	百	十	元	角	分	备注
冰淇淋		箱	1000	98.00			1	5	6	8	0	0	0	发放职工福利
合计人民币	（大写）	⊗壹万伍仟陆佰捌拾元整				¥	1	5	6	8	0	0	0	

部门主管：李斐　　送货人：　　经办人：汪朝　　制单人：诸葛葛

第一联：财务记账联

图 2－19　内部使用凭证

浙江增值税专用发票

3300183130 发票联 № 15688828 3300183130 15688828

开票日期： 2020年8月20日

购买方	名　　称：浙江寰宇股份有限公司 纳税人识别号：91330003670178908R 地 址、电 话：杭州市杭州湾1119号 0571-98001188 开户行及账号：浙商银行钱江分行 620000100006789	密码区	1+<486-*8*/4/54*53+-12/-5- 01->-9-*81988>4*53+68+/342 889>/6/8005*98<-<511>008+4+ 58<200-*84/4/54*00+-5+/-46

货物或应税劳务、服务名称	规格型号	单位	数量	单价	金额	税率	税额
*纺织品*棉纱		吨	10.00	24080.00	240800.00	13%	31304.00
合　　计					¥240800.00		¥31304.00
价税合计（大写）	⊗贰拾柒万贰仟壹佰零肆元整				（小写）¥272104.00		

销售方	名　　称：金柯桥纺织品有限公司 纳税人识别号：93306012200458664S 地 址、电 话：绍兴市柯桥大道88号 0575-88048957 开户行及账号：浙商银行绍兴分行 620000845915113	备注	金柯桥纺织品有限公司 发票专用章

收款人：金丽　复核：许建华　开票人：金丽　销售方：（章）

国税函[2018]6号上海华东印钞有限公司

第三联：发票联 购买方记账凭证

图 2－20　增值税专用发票（发票联）

浙江增值税专用发票

3300183130 抵扣联 № 15688828 3300183130 15688828

开票日期： 2020年8月20日

购买方	名　　称：浙江寰宇股份有限公司 纳税人识别号：91330003670178908R 地 址、电 话：杭州市杭州湾1119号 0571-98001188 开户行及账号：浙商银行钱江分行 620000100006789	密码区	1+<486-*8*/4/54*53+-12/-5- 01->-9-*81988>4*53+68+/342 889>/6/8005*98<-<511>008+4+ 58<200-*84/4/54*00+-5+/-46

货物或应税劳务、服务名称	规格型号	单位	数量	单价	金额	税率	税额
*纺织品*棉沙		吨	10.00	24080.00	240800.00	13%	31304.00
合　　计					¥240800.00		¥31304.00
价税合计（大写）	⊗贰拾柒万贰仟壹佰零肆元整				（小写）¥272104.00		

销售方	名　　称：金柯桥纺织品有限公司 纳税人识别号：93306012200458664S 地 址、电 话：绍兴市柯桥大道88号 0575-88048957 开户行及账号：浙商银行绍兴分行 620000845915113	备注	金柯桥纺织品有限公司 发票专用章

收款人：金丽　复核：许建华　开票人：金丽　销售方：（章）

国税函[2018]6号上海华钞有限公司

第二联：抵扣联 购买方记账凭证

图 2－21　增值税专用发票（抵扣联）

浙江增值税电子普通发票

机器编号：791900095111

发票代码：3300180031
发票号码：00512389
开票日期：2020 年 08月 25日
检 验 码：48902 91470 23071 21548

购买方	名　　称：Laird Technology Co. Ltd. 纳税人识别号： 地 址、电 话： 开户行及账号：	密码区	99<212-*8434/54*53+-5+/-59 38/*/-9>>8*51157++65/+6+8* */9>/6/8094*98<-</-8>>>004+ 5/*12<>158*/+5487+2-9+-/82

货物或应税劳务、服务名称	规格型号	单位	数 量	单 价	金 额	税率	税 额
*纺织品*救生衣	S-1.02	件	5000.00	195.00	975000.00	***	***
合　　计					¥975,000.00		***
价税合计（大写）	玖拾柒万伍仟元整				（小 写）¥975,000.00		

销售方	名　　称：浙江寰宇股份有限公司 纳税人识别号：91330003670178908R 地 址、电 话：杭州市杭州湾1119号 0571-98001188 开户行及账号：浙商银行钱江分行 620000100006789	备注	

收款人：　　复核：朱华桦　　开票人：屠蕾　　销售方：（章）

图 2－22　增值税电子普通发票

【课后作业】

2－35　课后作业

2－36　随堂练习参考答案

2－37　课后作业参考答案

2－38　无票进货、接受虚开专票风险高

2－39　虚开增值税专用发票罪

项目三　消费税税务处理

【知识目标】

1. 理解消费税的含义、税目税率等税收要素
2. 掌握消费税的计算及账务处理
3. 掌握消费税的纳税申报流程

【技能目标】

1. 能根据各种原始凭证进行消费税判断
2. 能够计算自产应税消费品的消费税及进行账务处理
3. 能够计算委托加工应税消费品消费税及进行账务处理
4. 能够计算消费税出口退税及进行账务处理
5. 能够熟练填制消费税纳税申报表

【素质、思政目标】

1. 树立依法纳税、诚信纳税的意识
2. 树立诚实守信、遵纪守法、严谨认真的职业精神
3. 培养社会交往能力和人际沟通能力

【税法导读】

3-1 《国家税务总局关于消费税有关政策问题的公告》(2012 年)

3-2 《国家税务总局关于消费税有关政策问题的公告》(2013 年)

3-3 《国家税务总局关于调整消费税纳税申报表有关问题的公告》

3-4 《财政部 国家税务总局关于调整卷烟消费税的通知》

3-5 《国家税务总局关于高档化妆品消费税征收管理事项的公告》

3－6 《国家税务总局关于卷烟消费税计税价格核定管理有关问题的公告》

3－7 《国家税务总局关于成品油消费税征收管理有关问题的公告》

【知识地图】

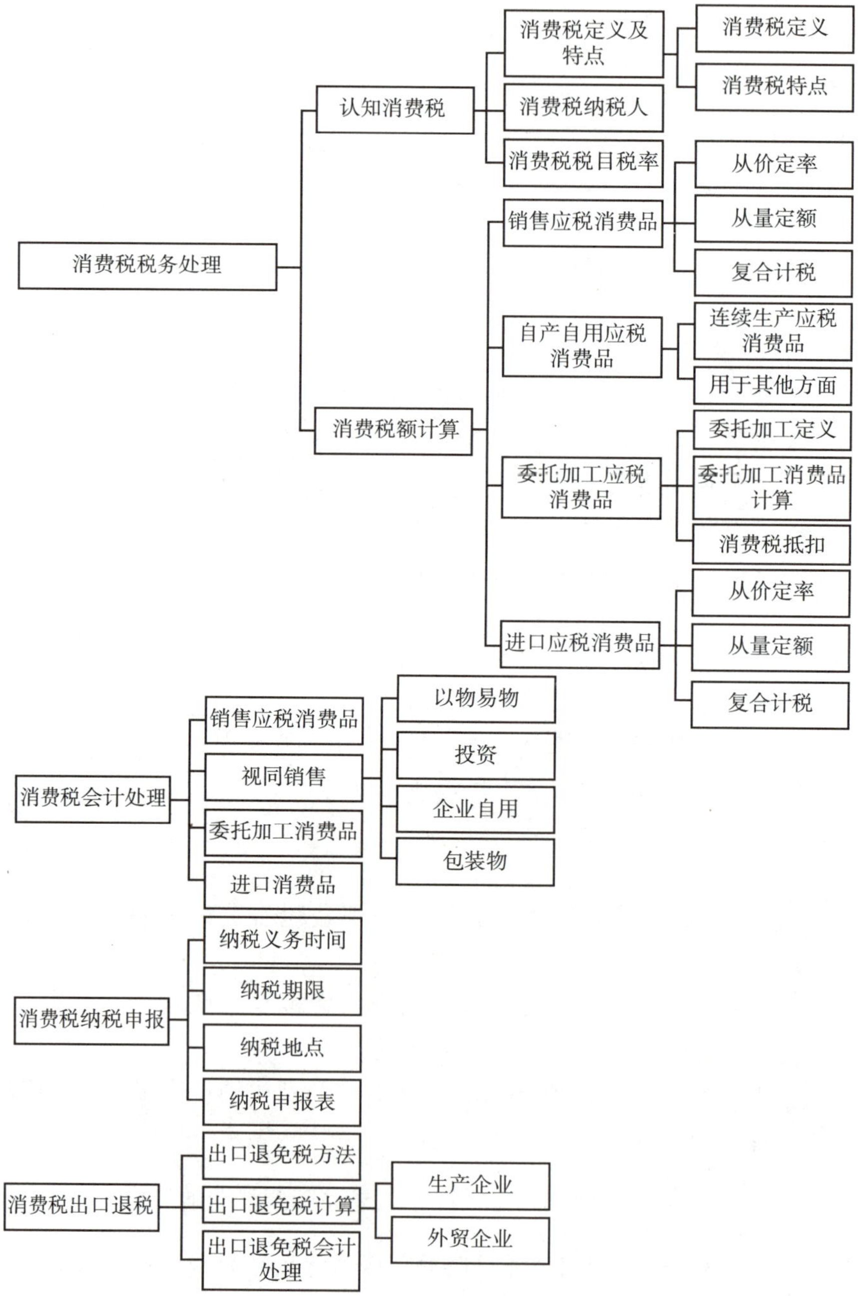

任务一 认识消费税

消费税是以特定的消费品的流转额为计税依据而征收的一种商品税。它在各国开征亦较为普遍，具有特定的财政意义、经济意义和社会意义。国务院于1993年12月13日发布了《中华人民共和国消费税暂行条例》，财政部于同年12月25日制定了《消费税暂行条例实施细则》。

一、消费税的定义及特点

（一）定义

消费税是对在中国境内从事生产、委托加工和进口应税消费品的单位和个人征收的一种流转税，是对特定的消费品和消费行为在特定的环节征收的一种间接税。

术语解析

委托加工是指由委托方提供原料和主要材料，受托方只收取加工费和代垫部分辅助材料加工的加工方式。

（二）特点

（1）消费税征税项目具有选择性；
（2）消费税是价内税，是价格的组成部分；
（3）消费税征收环节具有单一性；
（4）消费税税收负担具有转嫁性。

二、消费税纳税人

消费税的纳税人是在我国境内生产、委托加工、零售和进口《中华人民共和国消费税暂行条例》规定的应税消费品的单位和个人。具体包括：

在我国境内生产、委托加工、零售和进口应税消费品的国有企业、集体企业、私有企业、股份制企业、其他企业、行政单位、事业单位、军事单位、社会团体和其他单位、个体经营者及其他个人。根据《国务院关于外商投资企业和外国企业适用增值税、消费税、营业税等税收暂行条例有关问题的通知》规定，在我国境内生产、委托加工、零售和进口应税消费品的外商投资企业和外国企业，也是消费税的纳税人。

3-8 “哪些货物要交消费税”视频

3-9 “你知道消费税和增值税有哪些区别吗?”视频

想一想：百货商场、超市销售的烟酒、化妆品以及汽车4S店销售的小汽车等，作为销售方的百货商场、超市和4S店是否是消费税纳税义务人？是否需要交纳消费税？

三、消费税税目税率表

消费税税目税率如表3-1所示：

表3-1　　消费税税目税率表

税　目	税　率
一、烟	
1. 卷烟	
（1）甲类卷烟（注：①）	56%加0.003元/支（生产环节）
（2）乙类卷烟（注：②）	36%加0.003元/支（生产环节）
（3）批发环节	11%加0.005元/支
2. 雪茄烟	36%
3. 烟丝	30%
二、酒及酒精	
1. 白酒	20%加0.5元/500克（毫升）
2. 黄酒	240元/吨
3. 啤酒	
（1）甲类啤酒（注：③）	250元/吨
（2）乙类啤酒（注：④）	220元/吨
4. 其他酒	10%
三、高档化妆品	15%
四、贵重首饰及珠宝玉石	
1. 金银首饰、铂金首饰和钻石及钻石饰品	5%
2. 其他贵重首饰和珠宝玉石	10%
五、鞭炮、焰火	15%
六、成品油	
1. 汽油	1.52元/升
2. 柴油	1.2元/升
3. 航空煤油（暂缓征收）	1.2元/升
4. 石脑油	1.52元/升
5. 溶剂油	1.52元/升
6. 润滑油	1.52元/升
7. 燃料油	1.2元/升
七、摩托车	
1. 气缸容量250毫升（不含）以下的小排量摩托车	免税
2. 气缸容量在250毫升（含250毫升）	3%
3. 气缸容量在250毫升以上的	10%
八、小汽车	
1. 乘用车	
（1）气缸容量（排气量，下同）在1.0升（含1.0升）以下的	1%
（2）气缸容量在1.0升以上至1.5升（含1.5升）的	3%
（3）气缸容量在1.5升以上至2.0升（含2.0升）的	5%
（4）气缸容量在2.0升以上至2.5升（含2.5升）的	9%
（5）气缸容量在2.5升以上至3.0升（含3.0升）的	12%
（6）气缸容量在3.0升以上至4.0升（含4.0升）的	25%
（7）气缸容量在4.0升以上的	40%
2. 中轻型商用客车	5%

特别提示

2009年5月1日起，甲类香烟的消费税从价税率由原来的45%调整至56%。另外，卷烟批发环节还加征了一道从价税，税率为5%。

特别提示

2015年5月10日起，将卷烟批发环节从价税税率由5%提高至11%，并按0.005元/支加征从量税。

续表

税　目	税　率
九、高尔夫球及球具	10%
十、高档手表	20%
十一、游艇	10%
十二、木制一次性筷子	5%
十三、实木地板	5%
十四、涂料	4%
十五、电池	4%

注：

①甲类卷烟，即每标准条（200 支）调拨价格在 70 元（不含增值税）以上（含 70 元）的卷烟，生产环节（含进口）的税率为 56%。

②乙类卷烟，即每标准条调拨价格在 70 元（不含增值税）以下的卷烟，生产环节（含进口）的税率为 36%。

③甲类啤酒，每吨出厂价（含包装物及包装物押金）在 3 000 元（含 3 000 元，不含增值税）以上的啤酒。

④乙类啤酒，每吨出厂价（含包装物及包装物押金）在 3 000 元（不含增值税）以下的啤酒。

任务二　计算消费税

一、销售应税消费品的计算

（一）从量定额计税

采用从量定额的办法征税，其计税依据是纳税人销售应税消费品的数量，其计税公式为：

应纳税额 = 应税消费品数量 × 消费税单位税额

（二）从价定率计税

实行从价定率办法征税的应税消费品，计税依据为应税消费品的销售额。应纳税额的计算公式为：

应纳税额 = 应税消费品的销售额 × 适用税率

应税消费品的销售额，包括销售应税消费品从购买方收取的全部价款和价外费用。即：

销售额 = 应税消费品销售额 + 价外收费

术语解析

价外费用指纳税人销售货物或应税劳务时向购买方收取的价款以外的各种费用、租金、补贴等。包括手续费、补贴、基金、集资费、返还利润、奖励费、违约金（延期付款利息）、包装费、包装物租金、储备费、优质费、运输装卸费、代收款项、代垫款项及其他各种性质的费用。

特别提示

价外费用不包括：向购买方收取的销项税额、受托加工应征消费税的消费品所代收代缴的消费税、纳税人将承运部门开具给购货方发票交给购货方的代垫运费。

注意：实行从价定率征收的消费品，其消费税税基与增值税税基是一致的，都是以含消费税（价内税）而不含增值税（价外税）的销售额作为计税基数。“销售额”不包括应向购买方收取的增值税额。

（三）复合计税

应纳税额 = 销售数量 × 定额税率 + 销售额 × 比例税率

【实战训练 3 – 1】 2020 年 6 月，宏盛酒厂生产粮食白酒 200 吨全部用于销售，当月取得不含税销售额 960 万元，同时收取品牌使用费 30 万元；当期收取包装物押金 10 万元，到期没收包装物押金 6 万元。该厂当月应纳消费税为多少万元。

解析：应纳消费税 = $[960 + 40/(1 + 13\%)] \times 20\% + 200 \times 0.1 = 219.08$（万元）

3 – 10　随堂练习一

二、自产自用应税消费品的计算

（一）用于连续生产应税消费品的

纳税人自产自用的应税消费品用于连续生产应税消费品的，不纳税。

“纳税人自产自用的应税消费品，用于连续生产应税消费品的”是指作为生产最终应税消费品的直接材料，并构成最终产品实体的应税消费品。税法对自产自用的应税消费品，用于连续生产应税消费品的，规定不征税，体现了税不重征和计税简便的原则。例如：烟丝用于本厂连续生产卷烟，烟丝就不缴纳消费税，只对生产的卷烟征收消费税。

3 – 11　随堂练习二

【实战训练 3 – 2】 下列情况中不需要缴纳消费税的是（　　）。

A. 天虹炼油厂用于本企业基建部门车辆的自产汽油

B. 第一汽车厂用于管理部门的自产汽车

C. 红星日化厂用于赠送客户样品的自产化妆品

D. 白云山卷烟厂用于生产卷烟的自制烟丝

解析：选项 A、B、C 均属于消费税视同销售，缴纳消费税。

（二）用于其他方面（视同销售）

纳税人自产自用的应税消费品用于其他方面的，于移送使用时纳税。

“用于其他方面”是指纳税人用于生产非应税消费品和在建工程，管理部门，非生产机构，以及用于提供劳务、馈赠、赞助、集资、广告、样品、职工福利、奖励等方面的应税消费品。

（1）有同类消费品的销售价格的，按照纳税人生产的同类消费品的销售价格计算纳税。

应纳税额＝同类消费品销售单价×自产自用数量×适用税率

（2）没有同类消费品销售价格的，按照组成计税价格计算纳税。

①组成计税价格＝(成本＋利润)÷(1－消费税税率)

②复合计税的组成计税价格＝(成本＋利润＋自产自用数量×定额税率)÷(1－消费税税率)

公式中的“成本”是指应税消费品的产品生产成本。公式的“利润”是指根据应税消费品的全国平均成本利润率计算的利润。应税消费品的全国平均成本利润率由国家税务总局确定。

3－12 随堂练习三

3－13 “自产自用消费品如何计算消费税?”视频

【实战训练3－3】 鸿运酒厂将自产粮食白酒2吨发放给职工作作为过节福利，其成本8 000元/吨，成本利润率5%，则此笔业务当月应纳的消费税为多少。

解析：

消费税从量税＝2 000×1＝2 000（元）

从价税组成计税价格＝[8 000×(1＋5%)×2＋2 000]×2÷(1－20%)＝23 500（元）应纳消费税＝2 000＋23 500×20%＝6 700（元）

三、委托加工应税消费品的计算

（一）委托加工的定义

委托加工的应税消费品是指由委托方提供原料和主要材料，受托方只收取加工费和代垫部分辅助材料加工的应税消费品。

对于由受托方提供原材料生产的应税消费品，或者受托方先将原材料卖给委托方，然后再接受加工的应税消费品，以及由受托方以委托方名义购进原材料生产的应税消费品，不论纳税人在财务上是否作销售处理，都不得作为委托加工应税消费品，而应当按照销售自制应税消费品缴纳消费税。

特别提示

委托加工应税消费品，应在委托方提货时，由受托方代收代缴消费税。

（二）委托加工应税消费品的计算

委托加工的应税消费品，按照受托方的同类消费品的销售价格计算纳税；没有同类消费品销售价格的，按照组成计税价格计算纳税。

实行从价定率办法计算纳税的组成计税价格计算公式：

组成计税价格＝(材料成本＋加工费)÷(1－比例税率)

实行复合计税办法计算纳税的组成计税价格计算公式：

组成计税价格＝(材料成本＋加工费＋委托加工数量×定额税率)÷(1－比例税率)

其中“材料成本”是指委托方所提供加工材料的实际成本。“加工费”是指受托方加工应税消费品向委托方所收取的全部费用（包括代垫辅助材料的实际成本），但不包括随加工费收取的销项税。

【实战训练3－4】2020年6月远大运输公司委托第二汽车制造厂加工汽缸容量在2 000毫升以上小客车50辆，该受托单位没有同类产品销售价格，该小客车单位成本36 000元，支付加工费90 000元，支付受托方代垫辅助材料费用10 000元。计算该批汽车应纳的消费税。

解析：

（1）组成计税价格 $=(36\,000\times 50+90\,000+10\,000)\div(1-5\%)=$ 2 000 000（元）

（2）该汽车制造厂应代收代缴消费税 $=2\,000\,000\times 5\%=100\,000$（元）

3－14　随堂练习四

（三）外购或委托加工收回的已税消费品连续生产应税消费品的计算

3－15　“委托加工消费品如何计算消费税?”视频

外购或委托加工的应税消费品因为已缴纳过消费税，因此，取得后用于连续生产应税消费品的，其已纳税款准予按照规定从连续生产的应税消费品应纳消费税税额中抵扣。具体包括：

（1）以外购或委托加工收回的已税杆头、杆身和握把为原料生产的高尔夫球杆；

（2）以外购或委托加工收回的已税木制一次性筷子为原料生产的木制一次性筷子；

（3）以外购或委托加工收回的已税实木地板为原料生产的实木地板；

（4）以外购或委托加工收回的已税石脑油为原料生产的应税消费品；

（5）以外购或委托加工收回的已税润滑油为原料生产的润滑油；

（6）以外购或委托加工收回的已税烟丝为原料生产的卷烟；

（7）以外购或委托加工收回的已税化妆品为原料生产的化妆品；

（8）以外购或委托加工收回的已税珠宝玉石为原料生产的贵重首饰及珠宝玉石；

（9）以外购或委托加工收回的已税鞭炮、焰火为原料生产的鞭炮、焰火；

（10）以外购或委托加工收回的已税汽车轮胎生产的汽车轮胎；

（11）以外购或委托加工收回的已税摩托车生产的摩托车。

【实战训练3－5】东方贸易公司委托云塔卷烟厂生产烟丝一批，东方贸易公司提供的加工材料成本为12 000元，云塔卷烟厂收取加工费4 000元（不含增值税）。对于受托加工的烟丝，云塔卷烟厂没有同类消费品的售价。云塔卷烟厂在向东方贸易公司交货时，代收代缴消费税。东方贸易公司收回委托加工烟丝后用于继续生产卷烟，该企业期初库存的委托加工烟丝价值 10 万元，期末库存的委托加工烟丝价值 6 万元可抵扣的税款为多少？

解析：云塔卷烟厂没有同类消费品的销价可作参考，因此，应按税法规定的组成计税价格计算代收代缴的消费税。东方贸易公司收回烟丝用于连续生产卷烟，可按当月生产领用烟丝数量计算可抵扣的消费税税额。

云塔卷烟厂代收代缴消费税：

代收消费税 =（材料成本 + 加工费）÷（1 − 消费税税率）× 消费税税率 =（12 000 + 4 000）÷（1 − 30%）× 30% = 6 857.14（元）

东方贸易公司当期准予抵扣的烟丝税额为：

100 000 × 30% − 60 000 × 30% + 6 857.14 = 18 857.14（元）

四、进口应税消费品的计算

（一）从价定率

从价定率计征的，按组成计税价格计算纳税。其计算公式为：

组成计税价格 =（关税完税价格 + 关税）÷（1 − 消费税税率）

应纳税额 = 组成计税价格 × 消费税税率

（二）从量定额

从量定额计征的，其计算公式为：

应纳税额 = 应税消费品数量 × 消费税单位税额

“应税消费品数量”，是指海关核定的应税消费品进口征税数量。

特别提示

进口环节的增值税、消费税及关税，涉及从价计征的，都按组成计税价格计税。

（三）复合计税

复合计税计征的，按组成计税价格计算纳税。其计算公式为：

组成计税价格 =（关税完税价格 + 关税 + 消费税定额税）/（1 − 消费税税率）

应纳税额 = 组成计税价格 × 消费税税率 + 消费税定额税

想一想：进口应税消费品应纳消费税的组成计税价格和进口货物应纳增值税的组成计税价格，二者有什么区别和联系？

3 − 16 “进口消费品如何计算消费税?”视频

【实战训练 3 − 6】 天一外贸公司从境外进口一批高档化妆品，经海关核定，关税的完税价格为 108 000 元，进口关税税率为 25%，消费税税率为 15%。应纳消费税额是多少？

解析：计算应纳税额如下：

组成计税价格 =（关税完税价格 + 关税）÷（1 − 消费税税率）=（108 000 + 108 000 × 25%）÷（1 − 15%）= 158 823.53（元）

应纳税额 = 组成计税价格 × 适用税率 = 158 823.53 × 15% = 23 823.53（元）

任务三　消费税会计处理

一、销售应税消费品的会计处理

企业销售应税消费品应交的消费税，应借记“税金及附加”科目，贷记“应交税费——应交消费税”科目。

【实战训练 3 – 7】 丽美化妆品公司销售所生产的高档化妆品价款 2 000 000 元（不含增值税），适用的消费税税率为 15%。

解析：丽美化妆品厂应作会计分录如下：

借：税金及附加　　　　300 000

　贷：应交税费——应交消费税　　　　300 000

其中，应交消费税税额 = 2 000 000 × 15% = 300 000（元）

二、消费税视同销售的会计处理

（一）应税消费品用于换取生产资料、消费资料及抵偿债务、支付代购手续费等方面时

按照应交消费税税额借记“税金及附加”账户，贷记“应交税费——应交消费税”账户。发生销货退回时做相反的会计分录。

【实战训练 3 – 8】 安泰汽车厂将自产的汽车换取宏鑫贸易公司的生产用固定资产，应纳消费税税额 38 000 元。

解析：安泰汽车厂应做如下会计分录：

借：税金及附加　　　　38 000

　贷：应交税费——应交消费税　　　　38 000

（二）应税消费品用于投资

应借记“长期股权投资”账户，贷记“应交税费——应交消费税”账户。

【实战训练 3 – 9】 第一汽车制造厂用自产乘用车 8 辆投资于长途客运公司，按规定这 8 辆车共应交纳消费税税额 60 000 元。

解析：对此应做如下会计分录：

借：长期股权投资　　　　　　　　　　　　60 000

　　贷：应交税费——应交消费税　　　　　　　60 000

（三）应税消费品用于在建工程、非生产机构等方面

应借记“固定资产”“在建工程”“营业外支出”“销售费用”等账户，贷记“应交税费——应交消费税”账户。

【实战训练 3－10】 红运机械有限公司在建工程领用自产货物 60 000 元，应纳增值税 10 200 元，应纳消费税 7 200 元。

解析：该公司应作会计分录如下：

借：在建工程　　　　　　　　　　　　77 400

　　贷：库存商品　　　　　　　　　　　　60 000

　　　　应交税费——应交增值税（销项税额）　10 200

　　　　　　　　——应交消费税　　　　　　7 200

（四）应税消费品包装物的会计处理

对于随同应税消费品一同出售的包装物及逾期未退还的包装物押金，按规定应交纳的消费税，借记“税金及附加”账户，贷记“应交税费——应交消费税”账户。

【实战训练 3－11】 丽美化妆品公司向东方百货商场销售高档化妆品一批，所用包装物单独计价，按规定应交纳消费税税额 3 000 元。

解析：应做的会计分录为：

借：税金及附加　　　　　　　　　　　　3 000

　　贷：应交税费——应交消费税　　　　　　3 000

3－17 “销售应税消费品的会计处理”视频

3－18 随堂练习五

三、委托加工应税消费品的会计处理

委托加工的应税消费品，在委托方提货时，由受托方代收代缴税额。受托方按应扣税额，借记“应收账款”“银行存款”等账户，贷记“应交税费——应交消费税”账户。

【实战训练 3－12】 兰西红酒厂委托百合酒厂加工白酒 1 吨，共应交纳消费税 120 000 元。当兰西红酒厂将白酒提回时，百合酒厂应代收代缴这笔应纳税款。

解析：应扣税额做如下会计分录：

借：应收账款　　　　　　　　　　　　120 000

　　贷：应交税费——应交消费税　　　　　　120 000

委托加工应税消费品收回后，若是直接用于销售的，委托方应将受托方代扣代缴的消费税计入委托加工应税消费品的成本，借记“委托加工物

资”“生产成本”“自制半成品”等账户，贷记“应付账款”“银行存款”等账户；委托加工应税消费品收回后，用于连续生产应税消费品并按规定可以抵扣的，委托方应按受托方代扣代缴的消费税额，借记“应交税费——应交消费税”账户，贷记“应付账款”“银行存款”等账户。

> **术语解析**
> 直接用于销售是指收回后未经过加工直接出售，出售环节不再计消费税。

【实战训练3－13】 云塔卷烟厂委托洪一卷烟厂（均为一般纳税人）加工烟丝，发出材料的实际成本为4 000元，加工费800元（不含税价），洪一卷烟厂同类、同量烟丝的销售收入为8 000元。云塔卷烟厂将烟丝提回后直接销售，已售7 900元，烟丝的加工费及洪一卷烟厂代交的消费税均未结算。

云塔卷烟厂账务处理：

（1）发出材料时：

借：委托加工物资　　4 000
　　贷：原材料　　4 000

（2）提回烟丝计算应付的加工费时：

加工费＝2 400＋800＋800×13%＝3 304（元）

借：委托加工物资　　3 200
　　应交税费——应交增值税（进项税额）　　104
　　贷：应付账款　　3 304

借：库存商品——烟丝　　7 200
　　贷：委托加工物资　　7 200

（3）销售烟丝

借：应收账款　　8 927
　　贷：主营业务收入　　7 900
　　　　应交税费——应交增值税（销项税额）　　1 027

上例中，如果云塔卷烟厂将烟丝提回后投入卷烟生产，生产出卷烟150标准条全部售出，销售收入为15 000元，该类卷烟的消费税税率为56%。销售卷烟的消费税为8 490元。

云塔卷烟厂账务处理：

（1）发出材料的处理同上例

（2）计算应付的加工费及消费税：

借：委托加工物资　　800
　　应交税费——应交消费税　　2 400
　　　　　　——应交增值税（进项税额）　　104
　　贷：应付账款　　3 304

（3）烟丝验收入库

借：原材料——烟丝　　4 800
　　贷：委托加工物资　　4 800

(4) 生产卷烟销售时：

借：应收账款	16 950	
贷：主营业务收入		15 000
应交税费——应交增值税（销项税额）		1 950
借：税金及附加	8 490	
贷：应交税费——应交消费税		8 490

(5) 交纳消费税时：

借：应交税费——应交消费税	6 090	
贷：银行存款		6 090

3－19 “委托加工消费品的会计处理”视频

四、进口应税消费品的会计处理

进口应税消费品，应在进口时由进口者缴纳消费税，缴纳的消费税应计入进口应税消费品的成本。进口应税消费品缴纳的消费税一般不通过“应交税费——应交消费税”科目核算，在将消费税计入进口应税消费品成本时，直接贷记“银行存款”科目。在特殊情况下，如出现先提货、后缴纳消费税的，或者用于连续生产其他应税消费品按规定允许扣税的，可以通过“应交税费——应交消费税”科目核算。

任务四 消费税纳税申报

一、纳税义务时间

（一）纳税人销售应税消费品的，按不同的销售结算方式分别为：

1. 采取赊销和分期收款结算方式的，为书面合同约定的收款日期的当天，书面合同没有约定收款日期或者无书面合同的，为发出应税消费品的当天；

2. 采取预收货款结算方式的，为发出应税消费品的当天；

3. 采取托收承付和委托银行收款方式的，为发出应税消费品并办妥托收手续的当天；

4. 采取其他结算方式的，为收讫销售款或者取得索取销售款凭据的当天。

（二）纳税人自产自用应税消费品的，为移送使用的当天。

（三）纳税人委托加工应税消费品的，为纳税人提货的当天。

特别提示

注意比较增值税纳税义务时间和消费税纳税义务时间的联系与区别。

（四）纳税人进口应税消费品的，为报关进口的当天。

二、纳税期限

消费税的纳税期限分别为1日、3日、5日、10日、15日、1个月或者1个季度。纳税人的具体纳税期限，由主管税务机关根据纳税人应纳税额的大小分别核定；不能按照固定期限纳税的，可以按次纳税。

纳税人以1个月或者1个季度为1个纳税期的，自期满之日起15日内申报纳税；以1日、3日、5日、10日或者15日为1个纳税期的，自期满之日起5日内预缴税款，于次月1日起15日内申报纳税并结清上月应纳税款。

纳税人进口应税消费品，应当自海关填发海关进口消费税专用缴款书之日起15日内缴纳税款。

三、纳税地点

纳税人销售的应税消费品，以及自产自用的应税消费品，除国务院财政、税务主管部门另有规定外，应当向纳税人机构所在地或者居住地的主管税务机关申报纳税。

委托加工的应税消费品，除受托方为个人外，由受托方向机构所在地或者居住地的主管税务机关解缴消费税税款。

进口的应税消费品，应当向报关地海关申报纳税。

四、纳税申报表

纳税申报表样例见图3－1。

烟类应税消费品消费税纳税申报表

税款所属期：　年　月　日至　　年　月　日

纳税人名称（公章）：　　纳税人识别号：□□□□□□□□□□□□□□□

填表日期：　　年　　月　　日

单位：卷烟万支、雪茄烟支、烟丝千克；金额单位：元（列至角分）

项目应税消费品名称	适用税率		销售数量	销售额	应纳税额
	定额税率	比例税率			
卷烟	30元/万支	45%			
卷烟	30元/万支	30%			
雪茄烟	—	25%			

续表

<table>
<tr><td rowspan="2">项目应税
消费品名称</td><td colspan="2">适用税率</td><td rowspan="2">销售数量</td><td rowspan="2">销售额</td><td rowspan="2">应纳税额</td></tr>
<tr><td>定额税率</td><td>比例税率</td></tr>
<tr><td>烟丝</td><td>—</td><td>30%</td><td></td><td></td><td></td></tr>
<tr><td>合计</td><td>—</td><td>—</td><td>—</td><td>—</td><td></td></tr>
<tr><td colspan="3">本期准予扣除税额：</td><td colspan="3" rowspan="4">声明
此纳税申报表是根据国家税收法律的规定填报的，我确定它是真实的、可靠的、完整的。

经办人（签章）：
财务负责人（签章）：
联系电话：
（如果你已委托代理人申报，请填写）</td></tr>
<tr><td colspan="3">本期减（免）税额：</td></tr>
<tr><td colspan="3">期初未缴税额：</td></tr>
<tr><td colspan="3">本期缴纳前期应纳税额：</td></tr>
<tr><td colspan="3">本期预缴税额：</td><td colspan="3" rowspan="3">授权声明

为代理一切税务事宜，现授权________
（地址）______________________
为本纳税人的代理申报人，任何与本申报表有关的往来文件，都可寄予此人。
授权人签章：</td></tr>
<tr><td colspan="3">本期应补（退）税额：</td></tr>
<tr><td colspan="3">期末未缴税额：</td></tr>
</table>

以下由税务机关填写

受理人（签章）：　　　　受理日期：　　年　月　日　　受理税务机关（章）

图 3－1　纳税申报表样例

3－20　《烟类应税消费品消费税纳税申报表》填表说明

其他应税消费品纳税申报表此处不一一列举，相关纳税申报表填表说明详见二维码：

3－21　《卷烟批发环节消费税纳税申报表》填表说明

3－22　《酒类应税消费品消费税纳税申报表》填表说明

3－23　《成品油消费税纳税申报表》填表说明

3－24　《小汽车消费税纳税申报表》填表说明

3－25　《其他应税消费品消费税纳税申报表》填表说明

3－26　《电池消费税纳税申报表》填表说明

3－27　《涂料消费税纳税申报表》填表说明

五、纳税申报流程

以酒类产品消费税纳税申报为例，办理基本流程（见表3－2）：

表3－2　　消费税申报流程

环节	办理时限	办理人员	审批标准	办理结果
申请	纳税人向税务机关窗口提交申请材料，或在浙江政务服务网（www.zjzwfw.gov.cn）、国家税务总局浙江省电子税务局（http：//zhejiang.chinatax.gov.cn 或 https：//etax.zhejiang.chinatax.gov.cn）进行网上申报，并选择结果送达方式。			
受理并审查	当场办结	窗口业务受理岗	对纳税人提交资料齐全、符合法定形式的，受理申请；纳税人提交资料不齐全或不符合法定形式的，制作《税务事项通知书》（补正通知），一次性告知纳税人需补正的内容；依法不属于本机关职权或本业务受理范围的，制作《税务事项通知书》（不予受理通知），告知纳税人不予受理的原因。	1. 材料齐全符合法定形式的，受理申请； 2. 材料不齐全或不符合法定形式的出具《税务事项通知书》（补正通知）； 3. 不属于本机关职权或本业务受理范围的，制作《税务事项通知书》（不予受理通知）。
反馈	当场办结	窗口业务受理岗	无	将办理结果反馈给纳税人。

3－28　“消费税申报实务操作”视频

（一）窗口申报基本步骤

窗口申报基本步骤如图3－2所示：

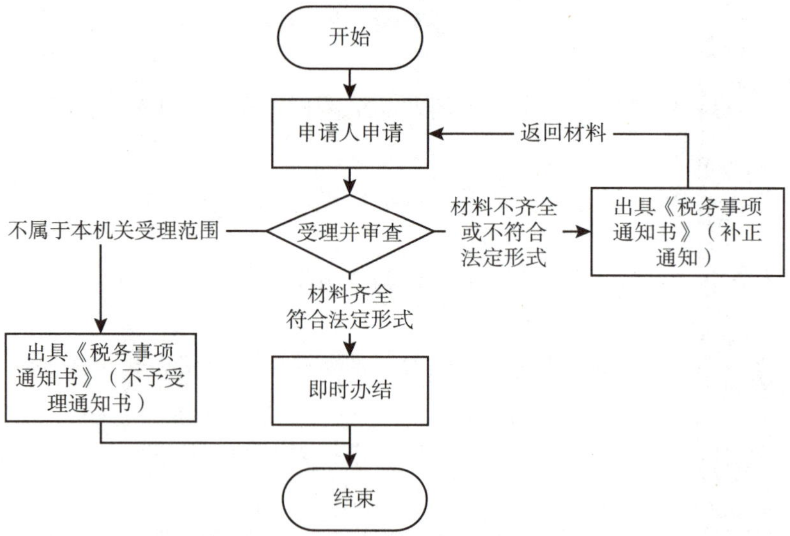

图3－2　窗口申报基本步骤

（二）网上申报基本步骤

网上申报基本步骤如图 3－3～图 3－7 所示：

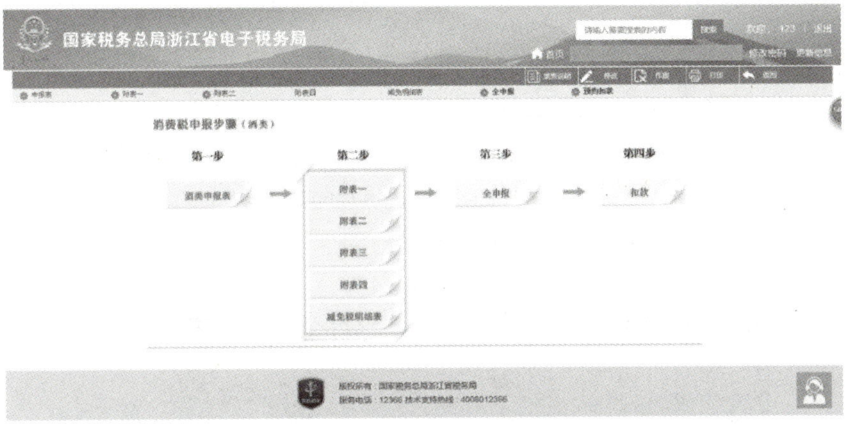

图 3－3　网上申报基本步骤

资料来源：国家税务总局浙江省电子税务局。

首先，填报附表一：本期准予扣除税额计算表。

图 3－4　本期准予扣除税额计算表

资料来源：国家税务总局浙江省电子税务局。

其次，填报附表二：本期代收代缴税额计算表。

本期代收代缴税额计算表

填报时间：2020年04月01日

金额单位：元（列至角分）

项目		粮食白酒	薯类白酒	啤酒	啤酒	黄酒	其他酒	合计
适用税率	定额税率	0.5元/斤	0.5元/斤	220元以下/吨	250元以上/吨	240元/吨	—	—
	比例税率	20%	20%	—	—	—	10%	—
受托加工数量		0	0	0	0	4.55	0	—
同类产品销售价格		0	0	0	0	—	0	—
材料成本		0	0	0	0	—	0	—
加工费		0	0	0	0	—		—
组成计税价格		0	0	0	0	—	0	—
本期代收代缴税款		0	0	0	0	1092	0	1092

图 3－5　本期代收代缴税额计算表

资料来源：国家税务总局浙江省电子税务局。

然后，填报附表四：已核定最低计税价格白酒清单。

已核定最低计税价格白酒清单

税款所属期：

纳税人识别号：

填报时间：

金额单位：元（列至角分）

序号	品名	规格	出厂价格	核定消费税最低计税价格	备注
1			0.00	0.00	

图 3－6　已核定最低计税价格白酒清单

资料来源：国家税务总局浙江省电子税务局。

最后，填报主表：酒类应税消费品消费税纳税申报表。

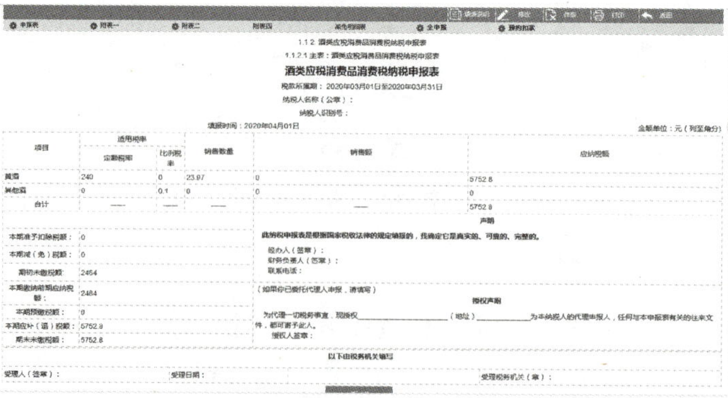

1.1.2 酒类应税消费品消费税纳税申报表

1.1.2.1 主表：酒类应税消费品消费税纳税申报表

酒类应税消费品消费税纳税申报表

税款所属期：2020年03月01日至2020年03月31日

纳税人名称（公章）：

纳税人识别号：

填报时间：2020年04月01日

金额单位：元（列至角分）

项目	适用税率		销售数量	销售额	应纳税额
	定额税率	比例税率			
黄酒	240	0	23.97	0	5752.8
其他酒	0	0.1	0	0	0
合计	——	——	——	——	5752.8

本期准予扣除税额：	0
本期减（免）税额：	0
期初未缴税额：	2464
本期缴纳前期应纳税额：	2484
本期预缴税额：	0
本期应补（退）税额：	5752.8
期末未缴税额：	5752.8

声明

此纳税申报表是根据国家税收法律的规定填报的，我确定它是真实的、可靠的、完整的。

经办人（签章）：

财务负责人（签章）：

联系电话：

（如果你已委托代理人申报，请填写）

授权声明

为代理一切税务事宜，现授权__________（地址）__________为本纳税人的代理申报人，任何与本申报表有关的往来文件，都可寄予此人。

授权人签章：

以下由税务机关填写

受理人（签章）：　受理日期：　受理税务机关（章）：

图 3－7　酒类应税消费品消费税纳税申报表

资料来源：国家税务总局浙江省电子税务局。

3－29　酒类应税消费品消费税申报操作指南

任务五　消费税的出口退（免）税

一、消费税出口退（免）税的方法

现行出口货物消费税，除规定不退税的应税消费品外，分别采取免征生产环节消费税，“先征后退”和退税三种办法即一是对有进出口经营权的生产企业直接出口或委托外贸企业代理出口的应税消费品，一律免征消费税；二是对没有进出口经营权的其他生产企业委托出口的应税消费品，实行“先征后退”的办法；三是对外贸企业收购后出口的应税消费品实行退税。

出口企业出口或视同出口适用增值税退（免）税的货物，免征消费税，如果属于购进出口的货物，退还前一环节对其已征的消费税。

出口企业出口或视同出口适用增值税免税政策的货物，免征消费税，但不退还其以前环节已征的消费税，且不允许在内销应税消费品应纳消费税款中抵扣。

出口企业出口或视同出口适用增值税征税政策的货物，应按规定缴纳消费税，不退还其以前环节已征的消费税，且不允许在内销应税消费品应纳消费税款中抵扣。

二、消费税出口退（免）税的计算

（一）外贸企业

出口货物的消费税应退税额的计税依据，按购进出口货物的消费税专用缴款书和海关进口消费税专用缴款书确定。

属于从价定率计征消费税的，为已征且未在内销应税消费品应纳税额中抵扣的购进出口货物金额；属于从量定额计征消费税的，为已征且未在内销应税消费品应纳税额中抵扣的购进出口货物数量；属于复合计征消费税的，按从价定率和从量定额的计税依据分别确定。

消费税应退税额＝从价定率计征消费税的退税计税依据×比例税率＋从量定额计征消费税的退税计税依据×定额税率

企业应将不同税率的出口消费品分别核算和申报，凡划分不清适用税率的，一律从低适用税率计算应退税额。

【实战训练3－14】 上港贸易有限公司2020年5月购入高档化妆品一批，增值税专用发票上注明的金额为100万元，出口至美国，FOB离岸价为5万美元（汇率为1:6.2），试计算该公司当月应退消费税。

解析：该公司当月应退消费税＝1 000 000×15%＝150 000（元）

（二）生产企业

生产企业直接出口或者委托外贸企业代理出口的应纳消费税货物，可以在出口时直接予以免税。免税后如发生退关或退货的，也可以暂不办理补税，待其转为国内销售时，再申报缴纳消费税。另外，来料加工复出口货物的外销收入属于免税收入，不计算退税额。

想一想：“生产性企业出口应税消费品是免税的，而消费税是一次环节征收，因此不涉及出口退税问题。”这样的说法正确吗？

三、消费税出口退（免）税的会计处理

外贸企业自营出口销售，在货物报关出口后申报退税时，按申请退税的金额借记“应收出口退税款”账户，贷记或者红字借记“主营业务成本——出口成本”账户。

【实战训练3－15】 上港贸易有限公司购进摩托车100辆，单价5 000元（含厂方已缴纳消费税50 000元，税率为10%），总价款500 000元，增值税税率为13%，计65 000元，价税付讫，货物出口销售申办消费税退税（不含增值税退税）时，作分录：

解析：借：应收出口退税款　　50 000

　　贷：主营业务成本——出口成本（红字）　　50 000

收到消费税退税时，作分录：

借：银行存款　　50 000

　　贷：应收出口退税款　　50 000

假设上港贸易有限公司上月已办完出口货物消费税退税75 000元，在本月发生退货时，该公司应按规定计算缴回已退消费税款，作分录：

借：主营业务成本——出口成本　　75 000

　　贷：应收出口退税款　　75 000

同时：

借：应收出口退税款　　75 000

　　贷：银行存款　　75 000

3－30 “消费税的出口退税”视频

【实战案例】

绍兴红星酒厂是一家酒类产品生产加工企业，该企业基本信息如下：

开户银行及账号：工行绍兴分行，824569675642423

纳税人识别号：820265498626456892

企业地址及电话：绍兴市二环北路 86 号；0575－8249836

2019 年 8 月相关经济业务及凭证如图 3－8 至图 3－13 所示：

中 华 人 民 共 和 国

税收电子转账专用完税证 （20021）浙国电139号

填发日期：2019年8月1日

税务登记代码	820265498626456892	征收机关	绍兴市国家税第一分局
纳税人全称	绍兴红星酒厂	收款银行（邮局）	工行绍兴分行
税（费）种	税款所属时期	实缴金额	
消费税	2019.7.1—2019.7.31	18650.00	
金额合计	（大写） 人民币壹万捌仟陆佰伍拾元整		
税务机关（盖章）	收款银行（邮局）（盖章）	经手人（签章）	备注

此凭证仅作纳税人完税凭证 此外无效

电脑打印 手工无效

图 3－8 完税凭证

3300723840 浙江增值税专用发票 № 00507982

发票联

开票日期：2019年8月2日

购买方		密码区	
名称：	绍兴红星酒厂		12-/+58<212-*8434/54*53+-5
纳税人识别号：	820265498626456892		/-9468*60###++65/+6*8u894*
地址、电话：	绍兴市二环北路86号 05758249836		>/6/8y44*98<-<168>>888111
开户行及账号：	工行绍兴分行，8245 6967 5642 423		/*5932-+169**5d92+-41*59*=

货物或应税劳务、服务名称	规格型号	单位	数量	单价	金额	税率	税额
粮食		吨	20.00	1000.00	20000.00	13%	2600
合计					¥20,000.00		¥2600
价税合计（大写）	人民币贰万贰仟陆佰元整				（小写）	¥22600	

销售方		备注
名称：	浙江商贸粮油有限公司	
纳税人识别号：	330110561123889	
地址、电话：	杭州市文山路2311号	
开户行及账号：	工行杭州分行行 62023452123443566112	

收款人： 复核：王娜 开票人：李鹏 销售方（章）

第三联：发票联 购买方记账凭证

图 3－9 增值税专用发票发票联

入库单

车间：生产车间　　2019年8月2日　　编号：000012

名称	规格	单位	数量	单价	金额	备注
粮食		吨	20			
合计		吨	20			

图 3－10　入库单

3300723840　**浙江增值税专用发票**　№ 00507982

记账联

开票日期：2019年8月10日

购买方	名　　称：绍兴天一贸易有限公司 纳税人识别号：330621058573855 地 址、电 话：绍兴市柯桥区光大路963号　057584063459 开户行及账号：中国银行绍兴分行 4357288354321500191	密码区	12-/+68<212-*8434/54*63+-5 /-9468*60###++65/+6+8u894* >/6/8y44*98<-<168>>>888111 /*5932-+169**5d92+-41*59*=

货物或应税劳务、服务名称	规格型号	单位	数量	单价	金额	税率	税额
粮食白酒	酱香1	吨	2.00	100000.00	200000.00	13%	26000
合　计					¥200,000.00		¥26000
价税合计（大写）	人民币贰拾贰万陆仟元整				（小写）		¥226000

销售方	名　　称：绍兴红星酒厂 纳税人识别号：820265498626456892 地 址、电 话：绍兴市二环北路86号 05758249836 开户行及账号：工行绍兴分行，8245 6967 5642 423	备注	

收款人：　　复核：马弋娜　　开票人：金东方　　销售方：（章）

第一联：记账联 销售方记账

图 3－11　增值税专用发票记账联

出库单

车间：生产车间　　2019年8月10日　　编号：000008

产品名称	规格	单位	数量	单价	金额	备注
粮食白酒		吨	10			
合计		吨	10			

图 3－12　出库单

绍兴红星酒厂内部专设（销售）凭证

No:63002587

使用部门：工会　　2019年8月20日

名称	规格	单位	数量	单价	金额	备注	
粮食白酒		吨	2	3000.00	6000.00	发放职工福利	
合计（大写）	人民币陆仟元整					小写	6000.00

部门主管 王小军　送货人 李亮　收货人 赖莉莉　制单 张凯

图 3－13　内部领用单

【课后作业】

3－31　课后作业

3－32　随堂练习及课后作业参考答案

项目四　企业所得税税务处理

【知识目标】

1. 理解企业所得税基本概念
2. 理解企业所得税纳税义务人的划分依据
3. 熟悉企业所得税征税范围及税率
4. 掌握不同企业所得税纳税人的应纳税额计算方法
5. 掌握企业所得税的会计处理方法
6. 掌握企业所得税纳税申报基本知识和流程

【技能目标】

1. 能根据经济业务进行企业所得税判断
2. 能准确计算企业所得税并进行账务处理
3. 能熟练填制企业所得税纳税申报表
4. 能够进行企业所得税纳税申报操作
5. 能从企业所得税节税角度就企业经营提出简单建议

【素质、思政目标】

1. 理解我国企业所得税制度的基础上依法办理企业所得税业务
2. 培养借助互联网等资源开展自我学习意识，能够主动学习我国企业所得税政策
3. 能依据企业经营业务依法计算缴纳企业所得税，维护国家利益
4. 充分理解企业所得税制度的基础上，依法合规维护企业正当权益
5. 增强对企业经营业务认知基础上，具备企业所得税筹划意识

【税法导读】

4－1 《中华人民共和国企业所得税法》

4－2 《中华人民共和国企业所得税法实施条例》

4-3《国家税务总局关于确认企业所得税收入若干问题的通知》

4-4《国家税务总局关于印发〈企业所得税汇算清缴管理办法〉的通知》

4-5《财政部 国家税务总局 科技部关于完善研究开发费用税前加计扣除政策的通知》

4-6《财政部 税务总局 科技部关于提高研究开发费用税前加计扣除比例的通知》

4-7《关于实施小微企业普惠性税收减免政策的通知》

4-8《国家税务总局关于印发〈企业所得税核定征收办法〉(试行)的通知》

4-9《国家税务总局关于企业所得税核定征收若干问题的通知》

4-10《国家税务总局关于印发〈非居民企业所得税核定征收管理办法〉的通知》

4-11《财政部 国家税务总局关于完善固定资产加速折旧企业所得税政策的通知》

4-12《国家税务总局关于进一步完善固定资产加速折旧企业所得税政策有关问题的公告》

4-13《全国人民代表大会常务委员会关于修改〈中华人民共和国企业所得税法〉的决定》

【知识地图】

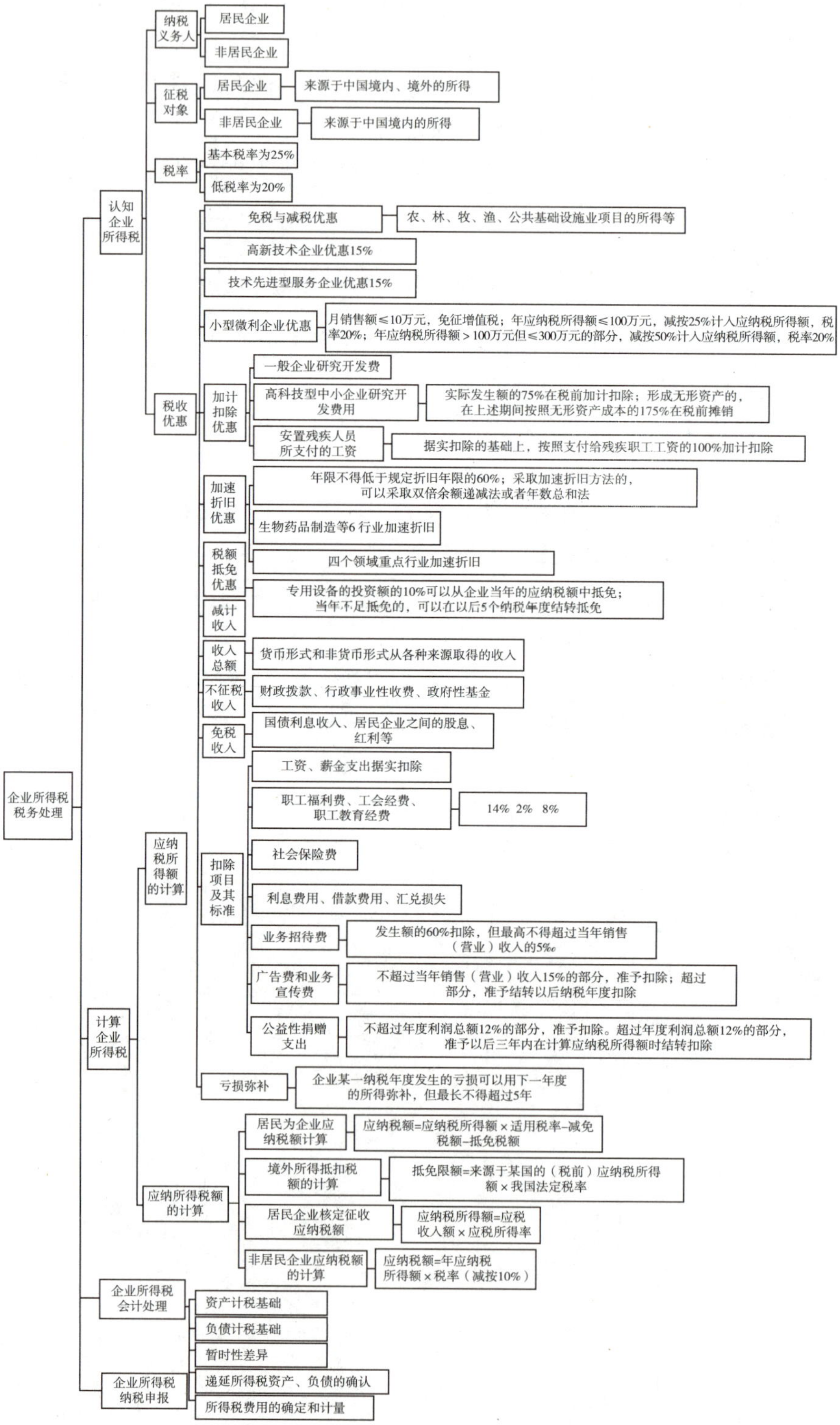
企业所得税税务处理
认知企业所得税
纳税义务人
居民企业
非居民企业
征税对象
居民企业
来源于中国境内、境外的所得
非居民企业
来源于中国境内的所得
税率
基本税率为25%
低税率为20%
税收优惠
免税与减税优惠
农、林、牧、渔、公共基础设施业项目的所得等
高新技术企业优惠15%
技术先进型服务企业优惠15%
小型微利企业优惠
月销售额≤10万元，免征增值税；年应纳税所得额≤100万元，减按25%计入应纳税所得额，税率20%；年应纳税所得额＞100万元但≤300万元的部分，减按50%计入应纳税所得额，税率20%
加计扣除优惠
一般企业研究开发费
高科技型中小企业研究开发费用
实际发生额的75%在税前加计扣除；形成无形资产的，在上述期间按照无形资产成本的175%在税前摊销
安置残疾人员所支付的工资
据实扣除的基础上，按照支付给残疾职工工资的100%加计扣除
加速折旧优惠
年限不得低于规定折旧年限的60%；采取加速折旧方法的，可以采取双倍余额递减法或者年数总和法
生物药品制造等6行业加速折旧
四个领域重点行业加速折旧
税额抵免优惠
专用设备的投资额的10%可以从企业当年的应纳税额中抵免；当年不足抵免的，可以在以后5个纳税年度结转抵免
减计收入
计算企业所得税
应纳税所得额的计算
收入总额
货币形式和非货币形式从各种来源取得的收入
不征税收入
财政拨款、行政事业性收费、政府性基金
免税收入
国债利息收入、居民企业之间的股息、红利等
扣除项目及其标准
工资、薪金支出据实扣除
职工福利费、工会经费、职工教育经费
14% 2% 8%
社会保险费
利息费用、借款费用、汇兑损失
业务招待费
发生额的60%扣除，但最高不得超过当年销售（营业）收入的5‰
广告费和业务宣传费
不超过当年销售（营业）收入15%的部分，准予扣除；超过部分，准予结转以后纳税年度扣除
公益性捐赠支出
不超过年度利润总额12%的部分，准予扣除。超过年度利润总额12%的部分，准予以后三年内在计算应纳税所得额时结转扣除
亏损弥补
企业某一纳税年度发生的亏损可以用下一年度的所得弥补，但最长不得超过5年
应纳所得税额的计算
居民为企业应纳税额计算
应纳税额=应纳税所得额×适用税率-减免税额-抵免税额
境外所得抵扣税额的计算
抵免限额=来源于某国的（税前）应纳税所得额×我国法定税率
居民企业核定征收应纳税额
应纳税所得额=应税收入额×应税所得率
非居民企业应纳税额的计算
应纳税额=年应纳税所得额×税率（减按10%）
企业所得税会计处理
资产计税基础
负债计税基础
暂时性差异
递延所得税资产、负债的确认
所得税费用的确定和计量
企业所得税纳税申报

任务一 认识企业所得税

企业所得税是国家对我国境内的企业和其他取得收入的组织的生产经营所得和其他所得依法征收的一种直接税。它是国家参与企业利润分配的重要手段。

一、企业所得税的纳税人

在中华人民共和国境内，企业和其他取得收入的组织（以下统称企业）为企业所得税的纳税人。除个人独资企业、合伙企业不征收企业所得税外，其他企业均为企业所得税的纳税人。

缴纳企业所得税的企业分为居民企业和非居民企业。

居民企业，是指依法在中国境内成立，或者依照外国（地区）法律成立但实际管理机构在中国境内的企业。例如，在我国注册成立的沃尔玛（中国）公司、通用汽车（中国）公司，就是我国的居民企业；在德国、法国等国家或地区注册的公司，但实际管理机构在我国境内，也是属于我国的居民企业。

非居民企业，是指依照外国（地区）法律成立且实际管理机构不在中国境内，但在中国境内设立机构、场所的，或者在中国境内未设立机构、场所，但有来源于中国境内所得的企业。例如，在我国设立的代表处及其他分支机构等外国企业。

二、企业所得税的征税对象

企业所得税的征税对象是企业取得的生产经营所得和其他所得。企业所得税的应纳所得税所得包括来源于中国境内、境外的所得。

居民企业应当就其来源于中国境内、境外的所得缴纳企业所得税。

非居民企业在中国境内设立机构、场所的，应当就其所设机构、场所取得的来源于中国境内的所得，以及发生在中国境外但与其所设机构、场所有实际联系的所得，缴纳企业所得税。

非居民企业在中国境内未设立机构、场所的，或者虽设立机构、场所，但取得的所得与其所设机构、场所没有实际联系的，应当就其来源于中国境内的所得缴纳企业所得税。

术语解析

为支持和鼓励个人投资兴办企业，促进国民经济持续、快速、健康发展，国务院决定，自2000年1月1日起，对个人独资企业和合伙企业停止征收企业所得税，其投资者的生产经营所得，比照个体工商户的生产、经营所得征收个人所得税。

术语解析

实际管理机构是指对企业的生产经营、人员、财务、财产等实施实质性全面管理和控制的机构。

术语解析

实际联系是指非居民企业在中国境内设立的机构、场所拥有据以取得所得的股权、债券，以及拥有、管理、控制据以取得所得的财产等。

三、企业所得税的税率

企业所得税实行比例税率。比例税率简便易行，透明度高，不会因征税而改变企业间收入分配比例，有利于促进效率的提高。现行规定是：

（一）基本税率为25%

适用于居民企业和在中国境内设有机构、场所且所得与机构、场所有关联的非居民企业。

（二）低税率为20%

适用于在中国境内未设立机构、场所的，或者虽设立机构、场所但取得的所得与其所设机构、场所没有实际联系的非居民企业，但实际征税时适用10%税率。

此外，国家需要重点扶持的高新技术企业，按15%的税率征收企业所得税。

想一想：欢乐颂公司已经被认定为高新技术企业，请问该公司要享受15%的企业所得税税率需要经过税务机关审批吗？

4－14 “企业所得税有哪些税收优惠”视频

四、企业所得税的税收优惠

税收优惠政策是指为了照顾某些纳税人的特殊情况而给予减征或免征所得税款的规定。税法规定的企业所得税的税收优惠方式包括免税、减税、加计扣除、加速折旧、减计收入、税额抵免等。

企业同时从事适用不同企业所得税待遇的项目的，其优惠项目应当单独计算所得，并合理分摊企业的期间费用；没有单独计算的，不得享受企业所得税优惠。

（一）免税与减税优惠

1. 从事农、林、牧、渔业项目的所得

企业（包括“公司＋农户”经营模式的企业）从事农、林、牧、渔业项目的所得，包括免征和减征两部分。

（1）企业从事下列项目的所得，免征企业所得税：①蔬菜、谷物、薯类、油料、豆类、棉花、麻类、糖料、水果、坚果的种植；②农作物新品种的选育；③中药材的种植；④林木的培育和种植；⑤牲畜、家禽

的饲养；⑥林产品的采集；⑦灌溉、农产品初加工、兽医、农技推广、农机作业和维修等农、林、牧、渔服务业项目；⑧远洋捕捞。

（2）企业从事下列项目的所得，减半征收企业所得税：①花卉、茶以及其他饮料作物和香料作物的种植；②海水养殖、内陆养殖等。

2. 从事国家重点扶持的公共基础设施项目投资经营的所得

税法所称国家重点扶持的公共基础设施项目，是指《公共基础设施项目企业所得税优惠目录》规定的港口码头、机场、铁路、公路、城市公共交通、电力、水利等项目。

企业从事国家重点扶持的公共基础设施项目的投资经营的所得，自项目取得第一笔生产经营收入所属纳税年度起，第一年至第三年免征企业所得税，第四年至第六年减半征收企业所得税。

企业承包经营、承包建设和内部自建自用上述规定的项目，不得享受上述企业所得税优惠。

术语解析

国家重点扶持的公共基础设施项目，是指《公共基础设施项目企业所得税优惠目录》规定的港口码头、机场、铁路、公路、城市公共交通、电力、水利等项目。

3. 从事符合条件的环境保护、节能节水项目的所得

符合条件的环境保护、节能节水项目，包括公共污水处理、公共垃圾处理、沼气综合开发利用、节能减排技术改造、海水淡化等。

企业从事符合条件的环境保护、节能节水项目的所得，自项目取得第一笔生产经营收入所属纳税年度起，第一年至第三年免征企业所得税，第四年至第六年减半征收企业所得税。

依照规定享受减免税优惠的项目，在减免税期限内转让的，受让方自受让之日起，可以在剩余期限内享受规定的减免税优惠；减免税期限届满后转让的，受让方不得就该项目重复享受减免税优惠。

术语解析

符合条件的环境保护、节能节水项目，包括公共污水处理、公共垃圾处理、沼气综合开发利用、节能减排技术改造、海水淡化等。

4. 符合条件的技术转让所得

（1）符合条件的技术转让所得免征、减征企业所得税，是指一个纳税年度内，居民企业转让技术所有权所得不超过500万元的部分，免征企业所得税；超过500万元的部分，减半征收所得税。

（2）技术转让的范围，包括居民企业转让专利技术、计算机软件著作权、集成电路布图设计权、植物新品种、生物医药新品种，5年（含）以上非独占许可使用权，以及财政部和国家税务总局确定的其他技术。

（3）符合条件的技术转让所得的计算方法：

技术转让所得＝技术转让收入－技术转让成本－相关税费

或

技术转让所得＝技术转让收入－无形资产摊销费用－相关税费－应分摊期间费用

（4）技术转让应签订技术转让合同。其中，境内的技术转让须经省级以上（含省级）科技部门认定登记，跨境的技术转让须经省级以上（含省级）商务部门认定登记，涉及财政经费支持产生技术的转让，需省级以上（含省级）科技部门审批。

（5）居民企业技术出口应由有关部门按照商务部、科技部发布的《中国禁止出口限制出口技术目录》进行审查。居民企业取得禁止出口和限制出口技术转让所得，不享受技术转让减免企业所得税优惠政策。

（6）居民企业从直接或间接持有股权之和达到100%的关联方取得的技术转让所得，不享受技术转让减免企业所得税优惠政策。

（7）享受技术转让所得减免企业所得税优惠的企业，应单独计算技术转让所得，并合理分摊企业的期间费用；没有单独计算的，不得享受技术转让所得企业所得税优惠。

（8）企业发生技术转让，应在纳税年度终了后至报送年度纳税申报表以前，向主管税务机关办理减免税备案手续。

（二）高新技术企业优惠

国家需要重点扶持的高新技术企业减按15%的税率征收企业所得税。根据《高新技术企业认定管理办法》的通知规定，认定为高新技术企业须同时满足以下条件：

（1）企业申请认定时须注册成立一年以上；

（2）企业通过自主研发、受让、受赠、并购等方式，获得对其主要产品（服务）在技术上发挥核心支持作用的知识产权的所有权；

（3）对企业主要产品（服务）发挥核心支持作用的技术属于《国家重点支持的高新技术领域》规定的范围；

（4）企业从事研发和相关技术创新活动的科技人员占企业当年职工总数的比例不低于10%；

（5）企业近三个会计年度（实际经营期不满三年的按实际经营时间计算，下同）的研究开发费用总额占同期销售收入总额的比例符合如下要求：

①最近一年销售收入小于5 000万元（含）的企业，比例不低于5%；

②最近一年销售收入在5 000万元至2亿元（含）的企业，比例不低于4%；

③最近一年销售收入在2亿元以上的企业，比例不低于3%。

其中，企业在中国境内发生的研究开发费用总额占全部研究开发费用总额的比例不低于60%；

（6）近一年高新技术产品（服务）收入占企业同期总收入的比例不低于60%；

（7）企业创新能力评价应达到相应要求；

(8) 企业申请认定前一年内未发生重大安全、重大质量事故或严重环境违法行为。

(三)技术先进型服务企业优惠

(1) 自2017年1月1日起，在全国范围内对经认定的技术先进型服务企业，减按15%的税率征收企业所得税。

(2) 享受本通知第一条规定的企业所得税优惠政策的技术先进型服务企业必须同时符合以下条件：

①在中国境内（不包括港、澳、台地区）注册的法人企业。

②从事《技术先进型服务业务认定范围（试行）》中的一种或多种技术先进型服务业务，采用先进技术或具备较强的研发能力。

③具有大专以上学历的员工占企业职工总数的50%以上。

④从事《技术先进型服务业务认定范围（试行）》中的技术先进型服务业务取得的收入占企业当年总收入的50%以上。

⑤从事离岸服务外包业务取得的收入不低于企业当年总收入的35%。

(四)小型微利企业优惠

根据《关于实施小微企业普惠性税收减免政策的通知》文件精神，自2019年1月1日至2021年12月31日，为进一步支持小微企业发展，实施了小微企业普惠性税收减免政策，内容如下：

(1) 对月销售额10万元以下（含本数）的增值税小规模纳税人，免征增值税。

(2) 对小型微利企业年应纳税所得额不超过100万元的部分，减按25%计入应纳税所得额，按20%的税率缴纳企业所得税；对年应纳税所得额超过100万元但不超过300万元的部分，减按50%计入应纳税所得额，按20%的税率缴纳企业所得税。

上述小型微利企业是指从事国家非限制和禁止行业，且同时符合年度应纳税所得额不超过300万元、从业人数不超过300人、资产总额不超过5 000万元等三个条件的企业。

从业人数，包括与企业建立劳动关系的职工人数和企业接受的劳务派遣用工人数。

从业人数和资产总额指标，应按企业全年的季度平均值确定。具体计算公式如下：

季度平均值 =（季初值 + 季末值）÷2

全年季度平均值 = 全年各季度平均值之和 ÷4

年度中间开业或者终止经营活动的，以其实际经营期作为一个纳税年度确定上述相关指标。

小型微利企业是指企业的全部生产经营活动产生的所得均负有我国企业所得税纳税义务的企业。仅就来源于我国所得负有我国纳税义务的非居民企业，不适用上述规定。

（五）加计扣除优惠

1. 一般企业研究开发费

企业开展研发活动中实际发生的研发费用，未形成无形资产计入当期损益的，在按规定据实扣除的基础上，在 2018 年 1 月 1 日至 2020 年 12 月 31 日期间，再按照实际发生额的 75% 在税前加计扣除；形成无形资产的，在上述期间按照无形资产成本的 175% 在税前摊销。

从 2017 年 1 月 1 日起，可以加计扣除的研究开发费按下列相关规定执行：

（1）人员人工费用。

人员人工费用指直接从事研发活动人员的工资薪金、基本养老保险费、基本医疗保险费、失业保险费、工伤保险费、生育保险费和住房公积金，以及外聘研发人员的劳务费用。

直接从事研发活动人员包括研究人员、技术人员、辅助人员。外聘研发人员是指与本企业或劳务派遣企业签订劳务用工协议（合同）和临时聘用的研究人员、技术人员、辅助人员。接受劳务派遣的企业按照协议（合同）约定支付给劳务派遣企业，且由劳务派遣企业实际支付给外聘研发人员的工资薪金等费用，属于外聘研发人员的劳务费用。

工资薪金包括按规定可以在税前扣除的对研发人员股权激励的支出。

直接从事研发活动的人员、外聘研发人员同时从事非研发活动的，企业应对其人员活动情况做必要记录，并将其实际发生的相关费用按实际工时占比等合理方法在研发费用和生产经营费用间分配，未分配的不得加计扣除。

（2）直接投入费用。

①研发活动直接消耗的材料、燃料和动力费用；

②用于中间试验和产品试制的模具、工艺装备开发及制造费，不构成固定资产的样品、样机及一般测试手段购置费，试制产品的检验费；

③用于研发活动的仪器、设备的运行维护、调整、检验、维修等费用，以及通过经营租赁方式租入的用于研发活动的仪器、设备租赁费。

（3）折旧费用。

用于研发活动的仪器、设备的折旧费。

（4）无形资产摊销。

用于研发活动的软件、专利权、非专利技术（包括许可证、专有技术、设计和计算方法等）的摊销费用。

（5）新产品设计费、新工艺规程制定费、新药研制的临床试验费、勘探开发技术的现场试验费。

（6）其他相关费用。

与研发活动直接相关的其他费用，如技术图书资料费、资料翻译费、专家咨询费、高新科技研发保险费，研发成果的检索、分析、评议、论证、鉴定、评审、评估、验收费用，知识产权的申请费、注册费、代理费，差旅费、会议费等。此项费用总额不得超过可加计扣除研发费用总额的10%。

2. 企业安置残疾人员所支付的工资

企业安置残疾人员所支付工资费用的加计扣除，是指企业安置残疾人员的，在按照支付给残疾职工工资据实扣除的基础上，按照支付给残疾职工工资的100%加计扣除。

企业享受安置残疾职工工资100%加计扣除应同时具备如下条件：

（1）依法与安置的每位残疾人签订了1年以上（含1年）的劳动合同或服务协议，并且安置的每位残疾人在企业实际上岗工作。

（2）为安置的每位残疾人按月足额缴纳了企业所在区县人民政府根据国家政策规定的基本养老保险、基本医疗保险、失业保险和工伤保险等社会保险。

（3）定期通过银行等金融机构向安置的每位残疾人实际支付了不低于企业所在区县适用的经省级人民政府批准的最低工资标准的工资。

（4）具备安置残疾人上岗工作的基本设施。

（六）创投企业优惠

创业投资企业从事国家需要重点扶持和鼓励的创业投资，可以按投资额的一定比例抵扣应纳税所得额。

创投企业优惠，是指创业投资企业采取股权投资方式投资于未上市的中小高新技术企业2年以上的，可以按照其投资额的70%在股权持有满2年的当年抵扣该创业投资企业的应纳税所得额；当年不足抵扣的，可以在以后纳税年度结转抵扣。

（七）加速折旧优惠

1. 可以加速折旧的固定资产

企业的固定资产由于技术进步等原因，确需加速折旧的，可以缩短折旧年限或者采取加速折旧的方法。可采用以上折旧方法的固定资产是指：

（1）由于技术进步，产品更新换代较快的固定资产；

（2）常年处于强震动、高腐蚀状态的固定资产。

采取缩短折旧年限方法的，最低折旧年限不得低于规定折旧年限的

60%；采取加速折旧方法的，可以采取双倍余额递减法或者年数总和法。

2. 生物药品制造等6个行业加速折旧规定

对生物药品制造业，专用设备制造业，铁路、船舶、航空航天和其他运输设备制造业，计算机、通信和其他电子设备制造业，仪器仪表制造业，信息传输、软件和信息技术服务业6个行业的企业2014年1月1日后新购进的固定资产，可缩短折旧年限或采取加速折旧的方法。

对上述6个行业的小型微利企业2014年1月1日后新购进的研发和生产经营共用的仪器、设备，单位价值不超过100万元的，允许一次性计入当期成本费用在计算应纳税所得额时扣除，不再分年度计算折旧；单位价值超过100万元的，可缩短折旧年限或采取加速折旧的方法。

对所有行业企业2014年1月1日后新购进的专门用于研发的仪器、设备，单位价值不超过100万元的，允许一次性计入当期成本费用在计算应纳税所得额时扣除，不再分年度计算折旧；单位价值超过100万元的，可缩短折旧年限或采取加速折旧方法。

对所有行业企业持有的单位价值不超过5 000元的固定资产，允许一次性计入当期成本费用在计算应纳税所得额时扣除，不再分年度计算折旧。

3. 轻工、纺织、机械、汽车四个领域重点行业（以下简称四个领域重点行业）加速折旧规定

四个领域重点行业企业2015年1月1日后新购进的固定资产（包括自行建造，下同），允许缩短折旧年限或采取加速折旧的方法。

四个领域重点行业企业是指以上述行业业务为主营业务，其固定资产投入使用当年的主营业务收入占企业收入总额50%（不含）以上的企业。所称收入总额，是指《企业所得税法》第六条规定的收入总额。

对四个领域重点行业小型微利企业2015年1月1日后新购进的研发和生产经营共用的仪器、设备，单位价值不超过100万元（含）的，允许在计算应纳税所得额时一次性全额扣除；单位价值超过100万元的，允许缩短折旧年限或采取加速折旧的方法。

上述规定缩短折旧年限的，最低折旧年限不得低于《企业所得税法实施条例》第六十条规定折旧年限的60%；采取加速折旧方法的，可采取双倍余额递减法或者年数总和法。

（八）税额抵免优惠

税额抵免，是指企业购置并实际使用《环境保护专用设备企业所得税优惠目录》《节能节水专用设备企业所得税优惠目录》《安全生产专

用设备企业所得税优惠目录》规定的环境保护、节能节水、安全生产等专用设备的，该专用设备的投资额的10%可以从企业当年的应纳税额中抵免；当年不足抵免的，可以在以后5个纳税年度结转抵免。

（九）减计收入

企业综合利用资源，生产符合国家产业政策规定的产品所取得的收入，可以在计算应纳税所得额时减计收入。

企业以《资源综合利用企业所得税优惠目录》规定的资源作为主要原材料，生产国家非限制和禁止并符合国家和行业相关标准的产品取得的收入，减按90%计入收入总额。

4－15 随堂练习一

任务二 计算企业所得税

一、企业应纳税所得额的计算

应纳税所得额是企业所得税的计税依据，按照企业所得税法的规定，应纳税所得额为企业每一个纳税年度的收入总额，减除不征税收入、免税收入、各项扣除以及允许弥补的以前年度亏损后的余额。基本公式为：

应纳税所得额＝收入总额－不征税收入－免税收入－各项扣除－允许弥补的以前年度亏损

企业应纳税所得额的计算以权责发生制为原则，属于当期的收入和费用，不论款项是否收付，均作为当期的收入和费用；不属于当期的收入和费用，即使款项已经在当期收付，均不作为当期的收入和费用。应纳税所得额的正确计算直接关系到国家财政收入和企业的税收负担，并且同成本、费用核算关系密切。因此，企业所得税法对应纳税所得额计算作了明确规定。主要内容包括收入总额、不征税收入和免税收入、扣除原则和范围、亏损弥补、资产的税务处理等。

4－16 “怎样区分企业所得税的应税收入、不征税收入和免税收入”视频

（一）收入总额

企业的收入总额包括以货币形式和非货币形式从各种来源取得的收入。企业收入的具体构成如下：

1. 一般收入的确认

（1）销售货物收入。它是指企业销售商品、产品、原材料、包装

物、低值易耗品以及其他存货取得的收入。

（2）劳务收入。它是指企业从事建筑安装、修理修配、交通运输、仓储租赁、金融保险、邮电通信、咨询经纪、文化体育、科学研究、技术服务、教育培训、餐饮住宿、中介代理、卫生保健、社区服务、旅游、娱乐、加工以及其他劳务服务活动取得的收入。

（3）转让财产收入。它是指企业转让固定资产、生物资产、无形资产、股权、债权等财产取得的收入。

企业转让股权收入，应于转让协议生效且完成股权变更手续时，确认收入的实现。转让股权收入扣除为取得该股权所发生的成本后，为股权转让所得。企业在计算股权转让所得时，不得扣除被投资企业未分配利润等股东留存收益中按该项股权所可能分配的金额。

（4）股息、红利等权益性投资收益。它是指企业因权益性投资从被投资方取得的收入。股息、红利等权益性投资收益，除国务院财政、税务主管部门另有规定外，按照被投资方作出利润分配决定的日期确认收入的实现。

被投资企业将股权（票）溢价所形成的资本公积转为股本的，不作为投资方企业的股息、红利收入，投资方企业也不得增加该项长期投资的计税基础。

依据《财政部　国家税务总局　证监会关于沪港股票市场交易互联互通机制试点有关税收政策的通知》的规定，自2014年11月17日起，对内地企业投资者通过沪港通投资香港联交所上市股票取得的股息红利所得，计入其收入总额，依法计征企业所得税。其中，内地居民企业连续持有H股满12个月取得的股息红利所得，依法免征企业所得税。

（5）利息收入。它是指企业将资金提供给他人使用但不构成权益性投资，或者因他人占用本企业资金取得的收入，包括存款利息、贷款利息、债券利息、欠款利息等收入。利息收入应按照合同约定的债务人应付利息的日期确认收入的实现。

（6）租金收入。它是指企业提供固定资产、包装物或者其他有形资产的使用权取得的收入。租金收入应按照合同约定的承租人应付租金的日期确认收入的实现。

（7）特许权使用费收入。它是指企业提供专利权、非专利技术、商标权、著作权以及其他特许使用权取得的收入。特许权使用费收入应按照合同约定的特许权使用人应付特许权使用费的日期确认收入的实现。

（8）接受捐赠收入。它是指企业接受的来自其他企业、组织或者个人无偿给予的货币性资产、非货币性资产。接受捐赠收入按照实际收到捐赠资产的日期确认收入的实现。

（9）其他收入。它是指企业取得的除以上收入外的其他收入，包括企业资产溢余收入、逾期未退包装物押金收入、确实无法偿付的应付款项、已经作坏账损失处理后又收回的应收款项、债务重组收入、补贴收入、违约金收入、汇兑收益等。

企业取得财产（包括各类资产、股权、债权等）转让收入、债务重组收入、接受捐赠收入、无法偿付的应付款收入等，不论是以货币形式还是非货币形式体现，除另有规定外，均应一次性计入确认收入的年度计算缴纳企业所得税。

2. 特殊收入的确认

（1）以分期收款方式销售货物的，按照合同约定的收款日期确认收入的实现。

（2）企业受托加工制造大型机械设备、船舶、飞机，以及从事建筑、安装、装配工程业务或者提供其他劳务等，持续时间超过 12 个月的，按照纳税年度内完工进度或者完成的工作量确认收入的实现。

（3）采取产品分成方式取得收入的，按照企业分得产品的日期确认收入的实现，其收入额按照产品的公允价值确定。

（4）企业发生非货币性资产交换，以及将货物、财产、劳务用于捐赠、偿债、赞助、集资、广告、样品、职工福利或者利润分配等用途的，应当视同销售货物、转让财产或者提供劳务，但国务院财政、税务主管部门另有规定的除外。

> **术语解析**
>
> 采取分期收款方式销售货物，增值税的纳税义务发生时间为书面合同约定的收款日期的当天；无书面合同或者书面合同没有约定收款日期，为货物发出的当天。

3. 处置资产收入的确认

（1）企业发生下列情形的处置资产，除将资产转移至境外以外，由于资产所有权属在形式和实质上均不发生改变，可作为内部处置资产，不视同销售确认收入，相关资产的计税基础延续计算。

①将资产用于生产、制造、加工另一产品；

②改变资产形状、结构或性能；

③改变资产用途（如自建商品房转为自用或经营）；

④将资产在总机构及其分支机构之间转移；

⑤上述两种或两种以上情形的混合；

⑥其他不改变资产所有权属的用途。

（2）企业将资产移送他人用于市场推广或销售、用于交际应酬、用于职工奖励或福利、用于股息分配、用于对外捐赠以及其他改变资产所有权属的用途的，因资产所有权属已发生改变而不属于内部处置资产，应按规定视同销售确定收入。

（3）企业发生第二条规定情形时，属于企业自制资产，应按企业同类资产同期对外销售价格确定销售收入；属于外购的资产，可按购入时的价格确定销售收入。

4. 非货币性资产投资企业所得税处理

非货币性资产，是指现金、银行存款、应收账款、应收票据以及准备持有至到期的债券投资等货币性资产以外的资产。

（1）居民企业（以下简称企业）以非货币性资产对外投资确认的非货币性资产转让所得，可在不超过5年期限内，分期均匀计入相应年度的应纳税所得额，按规定计算缴纳企业所得税。

（2）企业以非货币性资产对外投资，应对非货币性资产进行评估并按评估后的公允价值扣除计税基础后的余额，计算确认非货币性资产转让所得。

（3）企业以非货币性资产对外投资而取得被投资企业的股权，应以非货币性资产的原计税成本为计税基础，加上每年确认的非货币性资产转让所得，逐年进行调整。

（4）企业在对外投资5年内转让上述股权或投资收回的，应停止执行递延纳税政策，并就递延期内尚未确认的非货币性资产转让所得，在转让股权或投资收回当年的企业所得税年度汇算清缴时，一次性计算缴纳企业所得税；企业在计算股权转让所得时，可按规定将股权的计税基础一次调整到位。

5. 相关收入实现的确认

除企业所得税法及实施条例前述收入的规定外，企业销售收入的确认，必须遵循权责发生制原则和实质重于形式原则。

（1）企业销售商品同时满足下列条件的，应确认收入的实现：

①商品销售合同已经签订，企业已将商品所有权相关的主要风险和报酬转移给购货方；

②企业对已售出的商品既没有保留通常与所有权相联系的继续管理权，也没有实施有效控制；

③收入的金额能够可靠地计量；

④已发生或将发生的销售方的成本能够可靠地核算。

> **特别提示**
>
> 委托其他纳税人代销货物，增值税的纳税义务发生时间为收到代销单位的代销清单或者收到全部或者部分货款的当天；未收到代销清单及货款的，为发出代销货物满180天的当天。

想一想：《企业会计准则》中有关货物收入确认的条件是怎样的？

（2）符合上款收入确认条件，采取下列商品销售方式的，应按以下规定确认收入实现时间：

①销售商品采用托收承付方式的，在办妥托收手续时确认收入；

②销售商品采取预收款方式的，在发出商品时确认收入；

③销售商品需要安装和检验的，在购买方接受商品以及安装过程时确认收入。如果安装程序比较简单，可在发出商品时确认收入；

④销售商品采用支付手续费方式委托代销的，在收到代销清单时确认收入。

（3）采用售后回购方式销售商品，销售的商品按售价确认收入，回购的商品作为购进商品处理。有证据表明不符合销售收入确认条件的，如以销售商品方式进行融资，收到的款项应确认为负债。回购价格大于原售价的，差额应在回购期间确认为利息费用。

（4）采取以旧换新方式销售商品，应当按照销售商品收入的确认条件确认收入，回收的商品作为购进商品处理。

（5）采取商业折扣（折扣销售）条件销售商品：企业为促进商品销售而在商品价格上给予的价格扣除属于商业折扣，商品销售涉及商业折扣的，应当按照扣除商业折扣后的金额确定销售商品收入金额。

采取现金折扣（销售折扣）条件销售商品：债权人为鼓励债务人在规定的期限内付款而向债务人提供的债务扣除属于现金折扣，销售商品涉及现金折扣的，应当按扣除现金折扣前的金额确定销售商品收入金额，现金折扣在实际发生时作为财务费用扣除。

采取折让方式销售商品：企业因售出商品的质量不合格等原因而在售价上给予的减让属于销售折让；企业因售出商品质量、品种不符合要求等原因而发生的退货属于销售退回。企业已经确认销售收入的售出商品发生销售折让和销售退回，应当在发生当期冲减当期销售商品收入。

特别提示

在计算增值税时，对于商业折扣，销售额和折扣额在同一张发票上的“金额”栏分别注明的，可按折扣后的销售额征收增值税；未在同一张发票上的“金额”栏注明折扣额，而仅在发票的“备注”栏注明折扣额的，折扣额不得从销售额中减除。

（6）企业在各个纳税期末，提供劳务交易的结果能够可靠估计的，应采用完工进度（完工百分比）法确认提供劳务收入。

提供劳务交易的结果能够可靠估计，是指同时满足下列条件：

①收入的金额能够可靠地计量；

②交易的完工进度能够可靠地确定；

③交易中已发生和将发生的成本能够可靠地核算。

企业提供劳务完工进度的确定，可选用下列方法：

①已完成工作的测量；

②已提供劳务占劳务总量的比例；

③发生成本占总成本的比例。

企业应按照从接受劳务方已收或应收的合同或协议价款确定劳务收入总额，根据纳税期末提供劳务收入总额乘以完工进度扣除以前纳税年度累计已确认提供劳务收入后的金额，确认为当期劳务收入；同时，按照提供劳务估计总成本乘以完工进度扣除以前纳税期间累计已确认劳务成本后的金额，结转为当期劳务成本。

（7）采取买一赠一等方式组合销售本企业商品的，不属于捐赠，应将总的销售金额按各项商品的公允价值的比例来分摊确认各项的销售收入。

（二）不征税收入和免税收入

国家为了扶持和鼓励某些特殊的纳税人和特定的项目，或者避免因征税影响企业的正常经营，对企业取得的某些收入予以不征税或免税的特殊政策，以减轻企业的负担，促进经济的协调；或准予抵扣应纳税所得额，或者是对专项用途的资金作为非税收入处理，减轻企业的税负，增加企业可用资金。

> **特别提示**
>
> 企业的不征税收入用于支出所形成的费用，不得在计算应纳税所得额时扣除；企业的不征税收入用于支出所形成的资产，其计算的折旧、摊销不得在计算应纳税所得额时扣除。

1. 不征税收入

（1）财政拨款，是指各级人民政府对纳入预算管理的事业单位、社会团体等组织拨付的财政资金，但国务院和国务院财政、税务主管部门另有规定的除外。

（2）依法收取并纳入财政管理的行政事业性收费、政府性基金。行政事业性收费是指依照法律法规等有关规定，按照国务院规定程序批准，在实施社会公共管理，以及在向公民、法人或者其他组织提供特定公共服务过程中，向特定对象收取并纳入财政管理的费用。政府性基金，是指企业依照法律、行政法规等有关规定，代政府收取的具有专项用途的财政资金。

> **特别提示**
>
> 对企业取得的2012年度及以后年度发行的地方政府债券利息收入，免征企业所得税。

（3）国务院规定的其他不征税收入，是指企业取得的，由国务院财政、税务主管部门规定专项用途并经国务院批准的财政性资金。

财政性资金，是指企业取得的来源于政府及其有关部门的财政补助、补贴，贷款贴息，以及其他各类财政专项资金，包括直接减免的增值税和即征即退、先征后退、先征后返的各种税收，但不包括企业按规定取得的出口退税款。

2. 免税收入

（1）国债利息收入。为鼓励企业积极购买国债，支援国家建设，税法规定，企业因购买国债所得的利息收入，免征企业所得税。

企业到期前转让国债，或者从非发行者投资购买的国债，其持有期间尚未兑付的国债利息收入，按以下公式计算确定：

国债利息收入 = 国债金额 ×（适用年利率 ÷365）× 持有天数

（2）符合条件的居民企业之间的股息、红利等权益性收益，是指居民企业直接投资于其他居民企业取得的投资收益。

（3）在中国境内设立机构、场所的非居民企业从居民企业取得与该机构、场所有实际联系的股息、红利等权益性投资收益。该收益都不包括连续持有居民企业公开发行并上市流通的股票不足12个月取得的投资收益。

（4）符合条件的非营利组织的收入。具体是指：①接受其他单位或者个人捐赠的收入；②除财政拨款以外的其他政府补助收入，但不包括因政府购买服务取得的收入；③按照省级以上民政、财政部门规定收取的会费；④不征税收入和免税收入孳生的银行存款利息收入；⑤财政部、国家税务总局规定的其他收入。不包括其从事营利性活动取得的收入，但国务院财政、税务主管部门另有规定的除外。

符合条件的非营利组织是指：

①依法履行非营利组织登记手续；

②从事公益性或者非营利性活动；

③取得的收入除用于与该组织有关的、合理的支出外，全部用于登记核定或者章程规定的公益性或者非营利性事业；

④财产及其孳生息不用于分配；

⑤按照登记核定或者章程规定，该组织注销后的剩余财产用于公益性或者非营利性目的，或者由登记管理机关转赠给与该组织性质、宗旨相同的组织，并向社会公告；

⑥投入人对投入该组织的财产不保留或者享有任何财产权利；

⑦工作人员工资福利开支控制在规定的比例内，不变相分配该组织的财产；

⑧国务院财政、税务主管部门规定的其他条件。

《企业所得税法》第二十六条第四项所称符合条件的非营利组织的收入，不包括非营利组织从事营利性活动取得的收入，但国务院财政、税务主管部门另有规定的除外。

4－17 随堂练习二

（三）扣除原则和范围

1. 税前扣除项目的原则

企业申报的扣除项目和金额要真实、合法。所谓真实是指能提供证明有关支出确属已经实际发生；合法是指符合国家税法的规定，若其他法规规定与税收法规规定不一致，应以税收法规的规定为标准。除税收法规另有规定外，税前扣除一般应遵循以下原则：

4－18 “企业所得税税前扣除项目（一）”视频

（1）权责发生制原则，是指企业费用应在发生的所属期扣除，而不是在实际支付时确认扣除。

（2）配比原则，是指企业发生的费用应当与收入配比扣除。除特殊规定外，企业发生的费用不得提前或滞后申报扣除。

（3）相关性原则，是指企业可扣除的费用从性质和根源上必须与取得应税收入直接相关。

4－19 “企业所得税税前扣除项目（二）”视频

（4）确定性原则，是指企业可扣除的费用不论何时支付，其金额必须是确定的。

（5）合理性原则，是指符合生产经营活动常规，应当计入当期损益或者有关资产成本的必要和正常的支出。

2. 扣除项目的范围

《企业所得税法》规定，企业实际发生的与取得收入有关的、合理的支出，包括成本、费用、税金、损失和其他支出，准予在计算应纳税所得额时扣除。在实际中，计算应纳税所得额时还应注意三方面的内容：①企业发生的支出应当区分收益性支出和资本性支出。收益性支出在发生当期直接扣除；资本性支出应当分期扣除或者计入有关资产成本，不得在发生当期直接扣除；②企业的不征税收入用于支出所形成的费用或者财产，不得扣除或者计算对应的折旧、摊销扣除；③除企业所得税法和本条例另有规定外，企业实际发生的成本、费用、税金、损失和其他支出，不得重复扣除。

（1）成本，是指企业在生产经营活动中发生的销售成本、销货成本、业务支出以及其他耗费，即企业销售商品（产品、材料、下脚料、废料、废旧物资等）、提供劳务、转让固定资产、无形资产（包括技术转让）的成本。

（2）费用，是指企业每一个纳税年度为生产、经营商品和提供劳务等所发生的销售（经营）费用、管理费用和财务费用。已经计入成本的有关费用除外。

（3）税金，是指企业发生的除企业所得税和允许抵扣的增值税以外的企业缴纳的各项税金及其附加。

（4）损失，是指企业在生产经营活动中发生的固定资产和存货的盘亏、毁损、报废损失，转让财产损失，呆账损失，坏账损失，自然灾害等不可抗力因素造成以及其他损失。

企业发生的损失，减除责任人赔偿和保险赔款后的余额，依照国务院财政、税务主管部门的规定扣除。

企业已经作为损失处理的资产，在以后纳税年度又全部收回或者部分收回时，应当计入当期收入。

（5）其他支出，是指除成本、费用、税金、损失外，企业在生产经营活动中发生的与生产经营活动有关的、合理的支出。

3. 扣除项目及其标准

在计算应纳税所得额时，下列项目可按照实际发生额或者规定的标准扣除。

（1）工资、薪金支出。它是指企业每一纳税年度支付给在本企业任职或者受雇的员工的所有现金形式或者非现金形式的劳动报酬，包括基本工资、奖金、津贴、补贴、年终加薪、加班工资，以及与员工任职或者受雇有关的其他支出。企业发生的合理的工资薪金支出，准予扣除。

术语解析

工资薪金总额，是指企业按照有关规定实际发放的工资薪金总额，不包括企业的职工福利费、职工教育经费、工会经费以及养老保险费、医疗保险费、失业保险费、工伤保险费、生育保险费等社会保险费和住房公积金。

（2）职工福利费、工会经费、职工教育经费。

①企业发生的职工福利费支出，不超过工资薪金总额 14% 的部分准予扣除；

②企业拨缴的工会经费，不超过工资薪金总额 2% 的部分准予扣除；

③财政部与税务总局联合发布了《关于企业职工教育经费税前扣除政府的通知》，明确自 2018 年 1 月 1 日起，企业发出的职工教育经费支出，不超过工资薪金总额 8% 的部分，准予在计算企业所得税应纳所得额时扣除；超过部分准予在以后纳税年度结转扣除。

（3）社会保险费。

①企业依照国务院有关主管部门或者省级人民政府规定的范围和标准为职工缴纳的“五险一金”，即基本养老保险费、基本医疗保险费、失业保险费、工伤保险费、生育保险费等基本社会保险费和住房公积金，准予扣除。

②企业为投资者或者职工支付补充养老保险费、补充医疗保险费，在国务院财政、税务主管部门规定的范围和标准内，准予扣除。企业依照国家有关规定为特殊工种职工支付的人身安全保险费和符合国务院财政、税务主管部门规定可以扣除的商业保险费准予扣除。

③企业参加财产保险，按照规定缴纳的保险费，准予扣除，企业为投资者或者职工支付的商业保险费，不得扣除。

（4）利息费用。企业在生产、经营活动中发生的利息费用，按下列规定扣除：

①非金融企业向金融企业借款的利息支出、金融企业的各项存款利息支出和同业拆借利息支出、企业经批准发行债券的利息支出可据实扣除。

②非金融企业向非金融企业借款的利息支出，不超过按照金融企业同期同类贷款利率计算的数额的部分可据实扣除，超过部分不许扣除。

企业支付关联方利息所得税前扣除政策见本任务特别纳税调增部分内容。

（5）借款费用。

①企业在生产经营活动中发生的合理的不需要资本化的借款费用，准予扣除。

②企业为购置、建造固定资产、无形资产和经过 12 个月以上的建造才能达到预定可销售状态的存货发生借款的，在有关资产购置、建造期间发生的合理的借款费用，应予以资本化，作为资本性支出计入有关资产的成本；有关资产交付使用后发生的借款利息，可在发生当期扣除。

特别提示

《关于补充养老保险费补充医疗保险费有关企业所得税政策问题的通知》规定，自 2008 年 1 月 1 日起，企业根据国家有关政策规定，为在本企业任职或者受雇的全体员工支付的补充养老保险费、补充医疗保险费，分别在不超过职工工资总额 5% 标准内的部分，在计算应纳税所得额时准予扣除；超过的部分，不予扣除。

（6）汇兑损失。企业在货币交易中以及纳税年度终了时将人民币以外的货币性资产、负债按照期末即期人民币汇率中间价折算为人民币时产生的汇兑损失，除已经计入有关资产成本以及向所有者进行利润分配外，准予扣除。

特别提示

在计算业务招待费、广告费和业务宣传费的扣除限额时，销售（营业）收入包括销售货物收入、提供劳务收入、租金收入、视同销售收入等，即包括会计核算中的“主营业务收入”“其他业务收入”和会计上不确认收入但税法上确认的“视同销售收入”，但不包括“营业外收入”。

（7）业务招待费。企业发生的与生产经营活动有关的业务招待费支出，按照发生额的60%扣除，但最高不得超过当年销售（营业）收入的5‰。

对从事股权投资业务的企业（包括集团公司总部、创业投资企业等），其从被投资企业所分配的股息、红利以及股权转让收入，可以按规定的比例计算业务招待费扣除限额。

（8）广告费和业务宣传费。企业发生的符合条件的广告费和业务宣传费支出，除国务院财政、税务主管部门另有规定外，不超过当年销售（营业）收入15%的部分，准予扣除；超过部分，准予结转以后纳税年度扣除。

自2016年1月1日起至2020年12月31日止，对化妆品制造或销售、医药制造和饮料制造（不含酒类制造）企业发生的广告费和业务宣传费支出，不超过当年销售（营业）收入30%的部分，准予扣除；超过部分，准予在以后纳税年度结转扣除。

企业在筹建期间，发生的广告费和业务宣传费，可按实际发生额计入企业筹办费，可按上述规定在税前扣除。

烟草企业的烟草广告费和业务宣传费支出，一律不得在计算应纳税所得额时扣除。

企业申报扣除的广告费支出应与赞助支出严格区分。企业申报扣除的广告费支出，必须符合下列条件：广告是通过工商部门批准的专门机构制作的；已实际支付费用，并已取得相应发票；通过一定的媒体传播。

【实战训练4－1】2019年华龙企业取得销售收入3 000万元，广告费支出400万元，上年结转广告费60万元。根据企业所得税法律制度的规定，华龙企业2019年准予扣除的广告费是多少万元？

根据规定，企业发生的符合条件的广告费和业务宣传费支出，除国务院财政、税务主管部门另有规定外，不超过当年销售（营业）收入15%的部分，准予扣除；超过部分，准予结转以后纳税年度扣除。$400<3\,000\times15\%=450$，当年最多允许扣除广告费450万元。400万元全额扣除，另可从上年结转广告费60万元中扣除50万元。所以，2019年准予扣除的广告费为450万元。

（9）环境保护专项资金。企业依照法律、行政法规有关规定提取的用于环境保护、生态恢复等方面的专项资金，准予扣除。专项资金提取后改变用途的，不得扣除。

（10）保险费。企业参加财产保险，按照规定缴纳的保险费，准予扣除。

（11）租赁费。企业根据生产经营活动的需要租入固定资产支付的租赁费，按照下列方法扣除：

①以经营租赁方式租入固定资产发生的租赁费支出，按照租赁期限均匀扣除。

所谓经营租赁，是指所有权不转移的租赁。

②以融资租赁方式租入固定资产发生的租赁费支出，按照规定构成融资租入固定资产价值的部分应当提取折旧费，分期扣除。

所谓融资租赁，是指实质上转移了与资产所有权有关的全部风险和报酬的租赁。

（12）劳动保护费。企业发生的合理的劳动保护支出，准予扣除。

（13）公益性捐赠支出。公益性捐赠，是指企业通过公益性社会团体或者县级以上（含县级）人民政府及其部门，用于《中华人民共和国公益事业捐赠法》规定的公益事业的捐赠。

企业发生的公益性捐赠支出，不超过年度利润总额12%的部分，准予扣除。超过年度利润总额12%的部分，准予以后三年内在计算应纳税所得额时结转扣除。年度利润总额，是指企业依照国家统一会计制度的规定计算的年度会计利润。

企业发生的公益性捐赠支出未在当年税前扣除的部分，准予向以后年度结转扣除，但结转年限自捐赠发生年度的次年起计算最长不得超过三年。企业在对公益性捐赠支出计算扣除时，应先扣除以前年度结转的捐赠支出，再扣除当年发生的捐赠支出。

用于公益事业的捐赠支出，是指《中华人民共和国公益事业捐赠法》规定的向公益事业的捐赠支出，具体范围包括：

①救助灾害、救济贫困、扶助残疾人等困难的社会群体和个人的活动；

②教育、科学、文化、卫生、体育事业；

③环境保护、社会公共设施建设；

④促进社会发展和进步的其他社会公共和福利事业。

企事业单位、社会团体以及其他组织捐赠住房作为廉租住房的视同公益性捐赠按上述规定执行。

【实战训练4-2】华科企业2019年利润总额为2 000万元，工资薪金支出为1 500万元，已知在计算企业所得税应纳税所得额时，公益性捐赠支出、职工福利费支出、职工教育经费支出的扣除比例分别为不超过12%、14%和8%。请协助完成公益性捐赠、职工福利费、职工教育

术语解析

所谓经营租赁，是指所有权不转移的租赁。

所谓融资租赁，是指实质上转移了与资产所有权有关的全部风险和报酬的租赁。

术语解析

年度利润总额，是指企业依照国家统一会计制度的规定计算的年度会计利润。

纳税人"直接"向受赠人的捐赠不允许税前扣除。

经费扣除限额的计算。

公益性捐赠扣除限额 =2 000 ×12% =240（万元）；

职工福利费扣除限额 =1 500 ×14% =210（万元）；

职工教育经费扣除限额 =1 500 ×8% =120（万元）。

【实战训练4－3】 哇咔咔企业2019年度利润总额80万元，通过公益性社会团体向某灾区捐赠2万元，直接向某学校捐款5万元。根据企业所得税法律制度的规定，该企业在计算企业所得税应纳税所得额时，可以扣除捐赠支出是多少万元？

企业发生的公益性捐赠支出，不超过年度利润总额12%以内的部分，准予在计算应纳税所得额时扣除。可以扣除的公益性捐赠的限额 =80 ×12% =9.6（万元），2万元没有超过限额，可以完全扣除；直接向学校捐赠5万元不可以扣除。

（14）有关资产的费用。企业转让各类固定资产发生的费用，允许扣除。企业按规定计算的固定资产折旧费、无形资产和递延资产的摊销费，准予扣除。

（15）总机构分摊的费用。非居民企业在中国境内设立的机构、场所，就其中国境外总机构发生的与该机构、场所生产经营有关的费用，能够提供总机构出具的费用汇集范围、定额、分配依据和方法等证明文件，并合理分摊的，准予扣除。

（16）资产损失。企业当期发生的固定资产和流动资产盘亏、毁损净损失，由其提供清查盘存资料，经主管税务机关审核后，准予扣除；企业因存货盘亏、毁损、报废等原因不得从销项税中抵扣的进项税，应视同企业财产损失，准予与存货损失一起在所得税前按规定扣除。

（17）依照有关法律、行政法规和国家有关税法规定准予扣除的其他项目，如会员费、合理的会议费、差旅费、违约金、诉讼费用等。

（18）手续费及佣金支出。

①企业发生的与生产经营有关的手续费及佣金支出，不超过以下规定计算限额以内的部分，准予扣除；超过部分，不得扣除。

保险企业：财产保险企业按当年全部保费收入扣除退保金等后余额的15%（含本数，下同）计算限额；人身保险企业按当年全部保费收入扣除退保金等后余额的10%计算限额。

其他企业：按与具有合法经营资格中介服务机构或个人（不含交易双方及其雇员、代理人和代表人等）所签订服务协议或合同确认的收入金额的5%计算限额。

②企业应与具有合法经营资格中介服务企业或个人签订代办协议或合同，并按国家有关规定支付手续费及佣金。除委托个人代理外，企业以现金等非转账方式支付的手续费及佣金不得在税前扣除。企业为发行

权益性证券支付给有关证券承销机构的手续费及佣金不得在税前扣除。

③企业不得将手续费及佣金支出计入回扣、业务提成、返利、进场费等费用。

④企业已计入固定资产、无形资产等相关资产的手续费及佣金支出，应当通过折旧、摊销等方式分期扣除，不得在发生当期直接扣除。

⑤企业支付的手续费及佣金不得直接冲减服务协议或合同金额，并如实入账。

⑥企业应当如实向当地主管税务机关提供当年手续费及佣金计算分配表和其他相关资料，并依法取得合法真实凭证。

（19）电信企业在发展客户、拓展业务等过程中委托销售电话入网卡、电话充值卡所发生的手续费及佣金支出，不超过企业当年收入总额5%的部分，准予在企业所得税前据实扣除。

4. 不得扣除的项目

在计算应纳税所得额时，下列支出不得扣除：

（1）向投资者支付的股息、红利等权益性投资收益款项。

（2）企业所得税税款。

（3）税收滞纳金，是指纳税人违反税收法规，被税务机关处以的滞纳金。

（4）罚金、罚款和被没收财物的损失，是指纳税人违反国家有关法律、法规规定，被有关部门处以的罚款，以及被司法机关处以的罚金和被没收财物的损失。不包括纳税人按照经济合同规定支付的违约金（包括银行罚息）、罚款和诉讼费用。

（5）超过规定标准的捐赠支出。

（6）赞助支出，是指企业发生的与生产经营活动无关的各种非广告性质支出。

（7）未经核定的准备金支出，是指不符合国务院财政、税务主管部门规定的各项资产减值准备、风险准备等准备金支出。

（8）企业之间支付的管理费、企业内营业机构之间支付的租金和特许权使用费，以及非银行企业内营业机构之间支付的利息，不得扣除。

（9）与取得收入无关的其他支出。

（四）亏损弥补

（1）亏损是指企业依照企业所得税法的规定，将每一纳税年度的收入总额减除不征税收入、免税收入和各项扣除后小于零的数额。税法规定，企业某一纳税年度发生的亏损可以用下一年度的所得弥补，下一年度的所得不足以弥补的，可以逐年延续弥补，但最长不得超过5年。

4-20 随堂练习三

术语解析

5年内不论是盈利或者亏损，都作为实际弥补期限计算；亏损弥补期限自亏损年度的下一个年度起连续5年不间断地计算。

企业在汇总计算缴纳所得税时，其境外营业机构的亏损不得抵减境内营业机构的盈利。

（2）企业筹办期间不计算为亏损年度，企业自开始生产经营的年度，为开始计算企业损益的年度。企业从事生产经营之前进行筹办活动期间发生筹办费用支出，不得计算为当期的亏损，企业可以在开始经营之日的当年一次性扣除，也可以按照新税法有关长期待摊费用的处理规定处理，但一经选定，不得改变。

（五）资产的税务处理

税法规定，纳入税务处理范围的资产形式主要有固定资产、生物资产、无形资产、长期待摊费用、投资资产、存货等，均以历史成本为计税基础。历史成本是指企业取得该项资产时实际发生的支出。企业持有各项资产期间资产增值或者减值，除国务院财政、税务主管部门规定可以确认损益外，不得调整该资产的计税基础。

1. 固定资产的税务处理

固定资产，是指企业为生产产品、提供劳务、出租或者经营管理而持有的、使用时间超过 12 个月的非货币性资产，包括房屋、建筑物、机器、机械、运输工具以及其他与生产经营活动有关的设备、器具、工具等。

（1）固定资产计税基础

固定资产按照以下方法确定计税基础：

①外购的固定资产，以购买价款和支付的相关税费以及直接归属于使该资产达到预用途发生的其他支出为计税基础。

②自行建造的固定资产，以竣工结算前发生的支出为计税基础。

③融资租入的固定资产，以租赁合同约定的付款总额和承租人在签订租赁合同过程中发生的相关费用为计税基础，租赁合同未约定付款总额的，以该资产的公允价值和承租人在签订租赁合同过程中发生的相关费用为计税基础。

④盘盈的固定资产，以同类固定资产的重置完全价值为计税基础。

⑤通过捐赠、投资、非货币性资产交换、债务重组等方式取得的固定资产，以该资产的公允价值和支付的相关税费为计税基础。

⑥改建的固定资产，除已足额提取折旧的固定资产和租入的固定资产以外的其他固定资产，以改建过程中发生的改建支出增加计税基础。

想一想：外购固定资产若有增值税进项税，该进项税是否计入固定资产的计税基础？购买汽车缴纳的车辆购置税和牌照费是否计入固定资产原值计提折旧？

《中华人民共和国企业所得税法实施条例》第五十八条规定：“固定资产按照以下方法确定计税基础：外购的固定资产，以购买价款和支付的相关税费以及直接归属于使该资产达到预定用途发生的其他支出为计税基础。”由于车辆购置税和牌照费是汽车达到预定用途前发生的支出，因此应当计入固定资产原值计提折旧。

（2）固定资产折旧的范围

在计算应纳税所得额时，企业按照规定计算的固定资产折旧，准予扣除。下列固定资产不得计算折旧扣除：

①“房屋、建筑物以外”未投入使用的固定资产；

②以经营租赁方式租入的固定资产；

③以融资租赁方式租出的固定资产；

④已提足折旧继续使用的固定资产；

⑤与经营活动无关的固定资产；

⑥单独估价作为固定资产入账的土地；

⑦其他不得计提折旧扣除的固定资产。

（3）固定资产折旧的计提方法

①企业应当自固定资产投入使用月份的次月起计算折旧；停止使用的固定资产，应当自停止使用月份的次月起停止计算折旧。

②企业应当根据固定资产的性质和使用情况，合理确定固定资产的预计净残值。固定资产的预计净残值一经确定，不得变更。

③固定资产按照直线法计算的折旧，准予扣除。

（4）固定资产折旧的计提年限

①房屋、建筑物，为 20 年；

②飞机、火车、轮船、机器、机械和其他生产设备，为 10 年；

③与生产经营活动有关的器具、工具、家具等，为 5 年；

④飞机、火车、轮船以外的运输工具，为 4 年；

⑤电子设备，为 3 年。

（5）固定资产改扩建的税务处理

自 2011 年 7 月 1 日起，企业对房屋、建筑物固定资产在未足额提取折旧前进行改扩建的，如属于推倒重置的，该资产原值减除提取折旧后的净值，应并入重置后的固定资产计税成本，并在该固定资产投入使用后的次月起，按照税法规定的折旧年限，一并计提折旧；如属于提升功能、增加面积的，该固定资产的改扩建支出，并入该固定资产计税基础，并从改扩建完工投入使用后的次月起，重新按税法规定的该固定资产折旧年限计提折旧，如该改扩建后的固定资产尚可使用的年限低于税法规定的最低年限的，可以按尚可使用的年限计提折旧。

术语解析

经营租赁：由出租人计提折旧；融资租赁：由承租人计提折旧。

特别提示

由于技术进步，产品更新换代较快的固定资产，或者常年处于强震动、高腐蚀状态的固定资产，可以采取缩短折旧年限或者采取加速折旧的方法：（1）采取缩短折旧年限方法的，最低折旧年限不得低于法定折旧年限的 60%；（2）采取加速折旧方法的，可以采取双倍余额递减法或者年数总和法。

2. 生物资产的税务处理

生物资产，是指有生命的动物和植物。生物资产分为消耗性生物资产、生产性生物资产和公益性生物资产。消耗性生物资产，是指为出售而持有的，或在将来收获为农产品的生物资产，包括生长中的农田作物、蔬菜、用材林以及存栏待售的牲畜等。生产性生物资产，是指为产出农产品、提供劳务或出租等目的而持有的生物资产，包括经济林、薪炭林、产畜和役畜等。公益性生物资产，是指以防护、环境保护为主要目的的生物资产，包括防风固沙林、水土保持林和水源涵养林等。

（1）生物资产的计税基础

生产性生物资产按照以下方法确定计税基础：

①外购的生产性生物资产，以购买价款和支付的相关税费为计税基础；

②通过捐赠、投资、非货币性资产交换、债务重组等方式取得的生产性生物资产，以该资产的公允价值和支付的相关税费为计税基础。

（2）生物资产的折旧方法和折旧年限

生产性生物资产按照直线法计算的折旧，准予扣除。企业应当自生产性生物资产投入使用月份的次月起计算折旧；停止使用的生产性生物资产，应当自停止使用月份的次月起停止计算折旧。

企业应当根据生产性生物资产的性质和使用情况，合理确定生产性生物资产的预计净残值。生产性生物资产的预计净残值一经确定，不得变更。

生产性生物资产计算折旧的最低年限如下：

①林木类生产性生物资产，为10年；

②畜类生产性生物资产，为3年。

3. 无形资产的税务处理

无形资产，是指企业长期使用但没有实物形态的资产，包括专利权、商标权、著作权、土地使用权、非专利技术、商誉等。

（1）无形资产的计税基础

无形资产按照以下方法确定计税基础：

①外购的无形资产，以购买价款和支付的相关税费以及直接归属于使该资产达到预定用途发生的其他支出为计税基础；

②自行开发的无形资产，以开发过程中该资产符合资本化条件后至达到预定用途前发生的支出为计税基础；

③通过捐赠、投资、非货币性资产交换、债务重组等方式取得的无形资产，以该资产的公允价值和支付的相关税费为计税基础。

（2）无形资产摊销的范围

在计算应纳税所得额时，企业按照规定计算的无形资产摊销费用，准予扣除。下列无形资产不得计算摊销费用扣除：

①自行开发的支出已在计算应纳税所得额时扣除的无形资产；

②自创商誉；

③与经营活动无关的无形资产；

④其他不得计算摊销费用扣除的无形资产。

（3）无形资产的摊销方法及年限

无形资产的摊销，采取直线法计算。无形资产的摊销年限不得低于10年。作为投资或者受让的无形资产，有关法律规定或者合同约定了使用年限的，可以按照规定或者约定的使用年限分期摊销。外购商誉的支出，在企业整体转让或者清算时，准予扣除。

4. 长期待摊费用的税务处理

长期待摊费用，是指企业发生的应在1个年度以上或几个年度进行摊销的费用。在计算应纳税所得额时，企业发生的下列支出作为长期待摊费用，按照规定摊销的，准予扣除：

（1）已足额提取折旧的固定资产的改建支出；

（2）租入固定资产的改建支出；

（3）固定资产的大修理支出；

（4）其他应当作为长期待摊费用的支出。

企业的固定资产修理支出可在发生当期直接扣除。企业的固定资产改良支出，如果有关固定资产尚未提足折旧，可增加固定资产价值；如有关固定资产已提足折旧，可作为长期待摊费用，在规定的期间内平均摊销。

固定资产的改建支出，是指改变房屋或者建筑物结构、延长使用年限等发生的支出。已足额提取折旧的固定资产的改建支出，按照固定资产预计尚可使用年限分期摊销；租入固定资产的改建支出，按照合同约定的剩余租赁期限分期摊销；改建的固定资产延长使用年限的，除已足额提取折旧的固定资产、租入固定资产的改建支出外，其他的固定资产发生改建支出，应当适当延长折旧年限。

大修理支出，按照固定资产尚可使用年限分期摊销。

企业所得税法所指固定资产的大修理支出，是指同时符合下列条件的支出：

（1）修理支出达到取得固定资产时的计税基础50%以上。

（2）修理后固定资产的使用年限延长2年以上。

其他应当作为长期待摊费用的支出，自支出发生月份的次月起，分期摊销，摊销年限不得低于3年。

5. 存货的税务处理

存货，是指企业持有以备出售的产品或者商品、处在生产过程中的在产品、在生产或者提供劳务过程中耗用的材料和物料等。

（1）存货的计税基础

存货按照以下方法确定成本：

①通过支付现金方式取得的存货，以购买价款和支付的相关税费为成本；

②通过支付现金以外的方式取得的存货，以该存货的公允价值和支付的相关税费为成本；

③生产性生物资产收获的农产品，以产出或者采收过程中发生的材料费、人工费和分摊的间接费用等必要支出为成本。

（2）存货的成本计算方法

企业使用或者销售的存货的成本计算方法，可以在先进先出法、加权平均法、个别计价法中选用一种。计价方法一经选用，不得随意变更。

企业转让以上资产，在计算企业应纳税所得额时，资产的净值允许扣除。其中，资产的净值是指有关资产、财产的计税基础减除已经按照规定扣除的折旧、折耗、摊销、准备金等后的余额。

6. 投资资产的税务处理

投资资产，是指企业对外进行权益性投资和债权性投资而形成的资产。

（1）投资资产的成本

①通过支付现金方式取得的投资资产，以购买价款为成本；

②通过支付现金以外的方式取得的投资资产，以该资产的公允价值和支付的相关税费为成本。

（2）投资资产成本的扣除方法

企业对外投资期间，投资资产的成本在计算应纳税所得额时不得扣除，企业在转让或者处置投资资产时，投资资产的成本准予扣除。

（3）投资企业撤回或减少投资的税务处理

自2011年7月1日起，投资企业从被投资企业撤回或减少投资，其取得的资产中，相当于初始出资的部分，应确认为投资收回；相当于被投资企业累计未分配利润和累计盈余公积按减少实收资本比例计算的部分，应确认为股息所得；其余部分确认为投资资产转让所得。

被投资企业发生的经营亏损，由被投资企业按规定结转弥补；投资企业不得调整减低其投资成本，也不得将其确认为投资损失。

（六）特别纳税调整

与企业存在资金、经营、购销等方面存在直接或者间接的控制关系；直接或者间接地同为第三者控制；在利益上具有相关联的其他关系等三种关系之一的企业、其他组织或者个人，称为企业关联方。

企业与其关联方之间的业务往来，不符合独立交易原则而减少企业或者其关联方应纳税收入或者所得额的，税务机关有权按照合理方法调整，具体包括：

术语解析

独立交易原则，是指没有关联关系的交易各方，按照公平成交价格和营业常规进行业务往来遵循的原则。

（1）可比非受控价格法，是指按照没有关联关系的交易各方进行相同或者类似业务往来的价格进行定价的方法；

（2）再销售价格法，是指按照从关联方购进商品再销售给没有关联关系的交易方的价格，减除相同或者类似业务的销售毛利进行定价的方法；

（3）成本加成法，是指按照成本加合理的费用和利润进行定价的方法；

（4）交易净利润法，是指按照没有关联关系的交易各方进行相同或者类似业务往来取得的净利润水平确定利润的方法；

（5）利润分割法，是指将企业与其关联方的合并利润或者亏损在各方之间采用合理标准进行分配的方法；

（6）其他符合独立交易原则的方法。

企业与其关联方共同开发、受让无形资产，或者共同提供、接受劳务发生的成本，在计算应纳税所得额时应当按照独立交易原则进行分摊。

企业可以向税务机关提出与其关联方之间业务往来的定价原则和计算方法，税务机关与企业协商、确认后，达成预约定价安排。

术语解析

预约定价安排，是指企业就其未来年度关联交易的定价原则和计算方法，向税务机关提出申请，与税务机关按照独立交易原则协商、确认后达成的协议。

企业从其关联方接受的债权性投资与权益性投资的比例超过规定标准而发生的利息支出，不得在计算应纳税所得额时扣除。

企业实际支付给关联方的利息支出，不超过以下规定比例和税法及其实施条例有关规定计算的部分，准予扣除，超过的部分不得在发生当期和以后年度扣除。

企业实际支付给关联方的利息支出，除能够按照税法及其实施条例的有关规定提供相关资料，并证明相关交易活动符合独立交易原则的；或者该企业的实际税负不高于境内关联方的情形外，其接受关联方债权性投资与其权益性投资比例为：

（1）金融企业，为5∶1；

（2）其他企业，为2∶1。

企业同时从事金融业务和非金融业务，其实际支付给关联方的利息支出，应按照合理方法分开计算；没有按照合理方法分开计算的，一律按上述有关其他企业的比例计算准予税前扣除的利息支出。

企业如果能够按照税法及其实施条例的有关规定提供相关资料，并证明相关交易活动符合独立交易原则的；或者该企业的实际税负不高于境内关联方的，其实际支付给境内关联方的利息支出，在计算应纳税所得额时准予扣除。

企业实施其他不具有合理商业目的的安排而减少其应纳税收入或者所得额的，税务机关有权按照合理方法调整。

术语解析

不具有合理商业目的，是指以减少、免除或者推迟缴纳税款为主要目的。

税务机关根据税收法律、行政法规的规定，对企业作出特别纳税调整的，应当对补征的税款，自税款所属纳税年度的次年6月1日起至补缴税款之日止的期间，按日加收利息。加收的利息，不得在计算应纳税所得额时扣除。该利息应当按照税款所属纳税年度中国人民银行公布的与补税期间同期的人民币贷款基准利率加5个百分点计算。

企业与其关联方之间的业务往来，不符合独立交易原则，或者企业实施其他不具有合理商业目的安排的，税务机关有权在该业务发生的纳税年度起10年内，进行纳税调整。

4－21　随堂练习四

二、应纳所得税税额的计算

（一）居民企业应纳税额的计算

居民企业应缴纳所得税税额等于应纳税所得额乘以适用税率，基本计算公式为：

应纳税额＝应纳税所得额×适用税率－减免税额－抵免税额

根据计算公式可以看出，应纳税额的多少，取决于应纳税所得额和适用税率两个因素。在实际过程中，应纳税所得额的计算一般有两种方法。

4－22　“居民企业怎样计算企业所得税”视频

1. 间接计算法

在间接计算法下，在会计利润的基础上加上或减去按照税法规定调整的项目金额后，即为应纳税所得额。其计算公式为：

应纳税所得额＝会计利润总额±纳税调整项目金额

纳税调整项目金额包括两方面的内容：一是企业的财务会计处理和税法规定不一致的应予以调整的金额；二是企业按税法规定准予扣除的金额。

2. 直接计算法

在直接计算法下，企业每一纳税年度的收入总额减除不征税收入、免税收入、各项扣除以及允许弥补的以前年度亏损后的余额为应纳税所得额。其计算公式为：

应纳税所得额＝收入总额－不征税收入－免税收入－各项扣除金额－弥补亏损

【实战训练4－4】平安果果有限公司为居民企业，2019年发生经营业务如下：

（1）取得产品销售收入 3 800 万元。

（2）发生产品销售成本 2 200 万元。

（3）发生销售费用 770 万元（其中广告费 650 万元）；管理费用 460 万元（其中业务招待费 25 万元）；财务费用 70 万元。

（4）销售税金 170 万元（含增值税 120 万元）。

（5）营业外收入 100 万元，营业外支出 50 万元（含通过公益性社会团体向贫困山区捐款 30 万元，支付税收滞纳金 8 万元）。

（6）计入成本、费用中的实发工资总额 150 万元、拨缴职工工会经费 5 万元、发生职工福利费 30 万元、发生职工教育经费 5.75 万元。

要求：计算该公司 2019 年度实际应纳的企业所得税。

（1）会计利润总额 = 3 800 − 2 200 − 770 − 460 − 70 − 50 + 100 − 50 = 300（万元）

（2）广告费和业务宣传费调增所得额 = 650 − 3 800 × 15% = 650 − 570 = 80（万元）

（3）业务招待费调增所得额 = 25 − 25 × 60% = 25 − 15 = 10（万元）

3 800 × 5‰ = 19（万元）> 25 × 60% = 15（万元），因此税法只允许抵扣 15（万元）

（4）捐赠支出 30 万元 < 300 × 12% = 36（万元），所以不用调整。

（5）工会经费应调增所得额 = 5 − 150 × 2% = 2（万元）

（6）职工福利费应调增所得额 = 30 − 150 × 14% = 9（万元）

（7）职工教育经费 9.75 万元 < 150 × 8% = 12（万元），所以不用调整。

（8）应纳税所得额 = 300 + 80 + 10 + 2 + 9 = 401（万元）

（9）2019 年应缴企业所得税 = 401 × 25% = 100.25（万元）

（二）境外所得抵扣税额的计算

企业取得的下列所得已在境外缴纳的所得税税额，可以从其当期应纳税额中抵免，抵免限额为该项所得依照企业所得税法规定计算的应纳税额；超过抵免限额的部分，可以在以后 5 个年度内，用每年度抵免限额抵免当年应抵税额后的余额进行抵补：

（1）居民企业来源于中国境外的应税所得。

（2）非居民企业在中国境内设立机构、场所，取得发生在中国境外但与该机构、场所有实际联系的应税所得。

居民企业从其直接或者间接控制的外国企业分得的来源于中国境外的股息、红利等权益性投资收益，外国企业在境外实际缴纳的所得税税额中属于该项所得负担的部分，可以作为该居民企业的可抵免境外所得税税额，在企业所得税法规定的抵免限额内抵免。

术语解析

直接控制，是指居民企业直接持有外国企业 20% 以上股份。间接控制，是指居民企业以间接持股方式持有外国企业 20% 以上股份。

上述所称直接控制，是指居民企业直接持有外国企业 20% 以上股份。

上述所称间接控制，是指居民企业以间接持股方式持有外国企业 20% 以上股份，具体认定办法由国务院财政、税务主管部门另行制定。

已在境外缴纳的所得税税额，是指企业来源于中国境外的所得依照中国境外税收法律以及相关规定应当缴纳并已经实际缴纳的企业所得税性质的税款。

抵免限额，是指企业来源于中国境外的所得，依照企业所得税法和实施条例的规定计算的应纳税额。除国务院财政、税务主管部门另有规定外，该抵免限额应当分国（地区）不分项计算，计算公式为：

抵免限额 = 中国境内、境外所得依照企业所得税法和条例规定计算的应纳税总额 × 来源于某国（地区）的应纳税所得额 ÷ 中国境内、境外应纳税所得总额

该公式可以简化成：

抵免限额 = 来源于某国的（税前）应纳税所得额 × 我国法定税率

【实战训练 4－5】 包氏有限公司 2019 年度境内应纳税所得额为 150 万元，适用 25% 的企业所得税税率。另外，该公司分别在 A、B 两国设有分支机构（我国与 A、B 两国已经缔结避免双重征税协定），在 A 国分支机构的应纳税所得额为 80 万元，A 国税率为 20%；在 B 国的分支机构的应纳税所得额为 50 万元，B 国税率为 21%。假设该公司在 A、B 两国所得按我国税法计算的应纳税所得额和按 A、B 两国税法计算的应纳税所得额一致，两个分支机构在 A、B 两国分别缴纳了 24 万元和 10.5 万元的企业所得税。

要求：计算该公司汇总时在我国应缴纳的企业所得税税额。

（1）该公司按我国税法计算的境内、境外所得的应纳税额：

应纳税额 =（150 + 80 + 50）× 25% = 70（万元）

（2）A、B 两国的扣除限额：

A 国扣除限额 = 70 × [80 ÷（150 + 80 + 50）] = 20（万元）

B 国扣除限额 = 70 × [50 ÷（150 + 80 + 50）] = 12.5（万元）

在 A 国缴纳的所得税为 24 万元，高于扣除限额 20 万元，其超过扣除限额的部分 4 万元当年不能扣除。

在 B 国缴纳的所得税为 10.5 万元，低于扣除限额 12.5 万元，可全额扣除。

（3）汇总时在我国应缴纳的所得税 = 70 － 20 － 10.5 = 39.5（万元）

（三）居民企业核定征收应纳税额的计算

1. 核定征收企业所得税的范围

核定征收办法适用于居民企业纳税人具有下列情形之一的，核定征收企业所得税：

（1）依照法律、行政法规的规定可以不设置账簿的。

（2）依照法律、行政法规的规定应当设置但未设置账簿的。

（3）擅自销毁账簿或者拒不提供纳税资料的。

（4）虽设置账簿，但账目混乱或者成本资料、收入凭证、费用凭证残缺不全，难以查账的。

（5）发生纳税义务，未按照规定的期限办理纳税申报，经税务机关责令限期申报，逾期仍不申报的。

（6）申报的计税依据明显偏低，又无正当理由的。

特殊行业、特殊类型的纳税人和一定规模以上的纳税人不适用核定征收办法。上述特定纳税人由国家税务总局另行明确。

根据国家税务总局公告 2012 年第 27 号规定，自 2012 年 1 月 1 日起，专门从事股权（股票）投资业务的企业，不得核定征收企业所得税。

2. 核定征收的办法

税务机关应根据纳税人具体情况，对核定征收企业所得税的纳税人，核定应税所得率或者核定应纳所得税税额。

（1）具有下列情形之一的，核定其应税所得率：

①能正确核算（查实）收入总额，但不能正确核算（查实）成本费用总额的；

②能正确核算（查实）成本费用总额，但不能正确核算（查实）收入总额的；

③通过合理方法，能计算和推定纳税人收入总额或成本费用总额的。纳税人不属于以上情形的，核定其应纳所得税额。

（2）税务机关采用下列方法核定征收企业所得税：

①参照当地同类行业或者类似行业中经营规模和收入水平相近的纳税人的税负水平核定；

②按照应税收入额或成本费用支出额定率核定；

③按照耗用的原材料、燃料、动力等推算或测算核定；

④按照其他合理方法核定。

实行核定应税所得率征收办法的，应纳所得税税额的计算公式如下：

应纳所得税税额 = 应纳税所得额 × 适用税率

应纳税所得额 = 应税收入额 × 应税所得率

或：应纳税所得额 = 成本（费用）支出额 ÷ (1 − 应税所得率) × 应税所得率

实行应税所得率方式核定征收企业所得税的纳税人，经营多业的，无论其经营项目是否单独核算，均由税务机关根据其主营项目确定适用的应税所得率。主营项目应为纳税人所有经营项目中，收入总额或者成本（费用）支出额或者耗用原材料、燃料、动力数量所占比重最大的项目。

应税所得率应按表 4 − 1 规定的幅度标准执行。

表 4 − 1　应税所得率的幅度标准

行业	应税所得率（%）
农、林、牧、渔业	3 ~ 10
制造业	5 ~ 15
批发和零售贸易业	4 ~ 15
交通运输业	7 ~ 15
建筑业	8 ~ 20
饮食业	8 ~ 25
娱乐业	15 ~ 30
其他行业	10 ~ 30

纳税人的生产经营范围、主营业务发生重大变化，或者应纳税所得额或应纳税额增减变化达到 20% 的，应及时向税务机关申报调整已确定的应纳税额或应税所得率。

【实战训练 4 − 6】 2019 年某居民企业向主管税务机关申报收入总额 120 万元，成本费用支出总额 127.5 万元，全年亏损 7.5 万元。经税务机关检查，成本费用支出核算准确，但收入总额不能确定。税务机关对该企业采取核定征税办法，应税所得率为 25%。2019 年度该企业应缴纳企业所得税为多少万元？

2019 年度该企业应缴纳企业所得税为 127.5 ÷ (1 − 25%) × 25% × 25% = 10.63（万元）

（四）非居民企业应纳税额的计算

对于在中国境内未设立机构、场所的，或者虽设立机构、场所但取得的所得与其所设机构、场所没有实际联系的非居民企业的所得，按照下列方法计算应纳税所得额：

（1）股息、红利等权益性投资收益和利息、租金、特许权使用费所得，以收入全额为应纳税所得额。

营业税改征增值税试点中的非居民企业，应以不含增值税的收入全额作为应纳税所得额。

（2）转让财产所得，以收入全额减除财产净值后的余额为应纳税所得额。

（3）其他所得，参照前两项规定的方法计算应纳税所得额。

财产净值是指财产的计税基础减除已经按照规定扣除的折旧、折耗、摊销、准备金等后的余额。

非居民企业的应纳税额计算公式为：

应纳税额 = 年应纳税所得额 × 税率（减按 10%）

【实战训练 4－7】 A 国的甲企业在中国境内未设立机构、场所，但在 2019 年度从中国境内取得了下列所得：股息 100 万元、利息 80 万元、特许权使用费 120 万元。同时，该企业转让了其在中国境内的财产，转让收入为 280 万元，该财产的净值为 220 万元。要求：计算甲企业 2019 年度在中国境内应纳的企业所得税税额。

解析：该企业取得的股息、利息和特许权使用费的应纳税所得额 = 100 + 80 + 120 = 300（万元）

该企业取得财产转让所得的应纳税所得额 = 280 − 220 = 60（万元）

该企业在 2019 年度应纳所得税税额 = (300 + 60) × 10% = 36（万元）

（五）非居民企业所得税核定征收办法

非居民企业因会计账簿不健全，资料残缺难以查账，或者其他原因不能准确计算并据实申报其应纳税所得额的，税务机关有权采取以下方法核定其应纳税所得额。

（1）按收入总额核定应纳税所得额：适用于能够正确核算收入或通过合理方法推定收入总额，但不能正确核算成本费用的非居民企业。计算公式如下：

应纳税所得额 = 收入总额 × 经税务机关核定的利润率

（2）按成本费用核定应纳税所得额：适用于能够正确核算成本费用，但不能正确核算收入总额的非居民企业。计算公式如下：

应纳税所得额 = 成本费用总额 ÷ (1 − 经税务机关核定的利润率) × 经税务机关核定的利润率

（3）按经费支出换算收入核定应纳税所得额：适用于能够正确核算经费支出总额，但不能正确核算收入总额和成本费用的非居民企业。计算公式如下：

应纳税所得额 = 经费支出总额 ÷ (1 − 经税务机关核定的利润率 − 营

业税税率）×经税务机关核定的利润率

（4）税务机关可按照以下标准确定非居民企业的利润率：

①从事承包工程作业、设计和咨询劳务的，利润率为15%～30%。

②从事管理服务的，利润率为30%～50%。

③从事其他劳务或劳务以外经营活动的，利润率不低于15%。

税务机关有根据认为非居民企业的实际利润率明显高于上述标准的，可以按照比上述标准更高的利润率核定其应纳税所得额。

（5）非居民企业与中国居民企业签订机器设备或货物销售合同，同时提供设备安装、装配、技术培训、指导、监督服务等劳务，其销售货物合同中未列明提供上述劳务服务收费金额，或者计价不合理的，主管税务机关可以根据实际情况，参照相同或相近业务的计价标准核定劳务收入。无参照标准的，以不低于销售货物合同总价款的10%为原则，确定非居民企业的劳务收入。

（6）非居民企业为中国境内客户提供劳务取得的收入，同时提供的服务全部发生在中国境内的，应全额在中国境内申报缴纳企业所得税。凡其提供的服务同时发生在中国境内外，应以劳务发生地为原则划分其境内外收入，并就其在中国境内取得劳务收入申报缴纳企业所得税。税务机关对其境内外收入划分的合理性和真实性有疑义的，可以要求非居民企业提供真实有效的证明，并根据工作量、工作时间、成本费用等因素合理划分其境内外收入；如非居民企业不能提供真实有效的证明，税务机要可视同其提供的服务全部发生在中国境内，确定其劳务收入并据以征收企业所得税。

（7）采取核定征收方式征收企业所得税的非居民企业，在中国境内从事适用不同核定利润率的经营活动，并取得应税所得的，应分别核算并适用相应的利润率计算缴纳企业所得税；凡不能分别核算的，应从高适用利润率，计算缴纳企业所得税。

（8）拟采取核定征收方式的非居民企业应填写《非居民企业所得税征收方式鉴定表》（以下简称“鉴定表”），报送主管税务机关。主管税务机关应对企业报送的“鉴定表”的适用行业及所适用的利润率进行审核，并签注意见。

对经审核不符合核定征收条件的非居民企业，主管税务机关应自收到企业提交的“鉴定表”后15个工作日内向其下达“税务事项通知书”，将鉴定结果告知企业。非居民企业未在上述期限内收到“税务事项通知书”的，其征收方式视同已被认可。

（9）税务机关发现非居民企业采用核定征收方式计算申报的应纳税所得额不真实，或者明显与其承担的功能风险不相匹配的，有权予以调整。

任务三　企业所得税会计处理

由于会计制度和税法规定所遵循的原则不同，尤其是收益、费用和损失的确认和计量原则不同，会造成按会计制度规定与按税法规定计算的利润产生差异。而税法要求在申报所得税时应当以税法认定的利润口径进行申报，因此需要将会计利润根据税法的相关规定进行纳税调整，将调整后的应纳税所得额作为所得税的计税依据。财政部于 2006 年下发的新所得税会计准则改变了原先的所得税会计处理方法，要求企业一律采用资产负债表债务法核算递延所得税。

采用资产负债表债务法进行所得税费用核算时通常遵循以下几个步骤：①确定一项资产或负债的账面价值；②确定一项资产或负债的计税基础；③分析、计算暂时性差异；④确定递延所得税资产和递延所得税负债的期末余额；⑤确定递延所得税资产和递延所得税负债的本期发生额；⑥确定利润表中的所得税费用。

特别提示

固定资产账面价值＝实际成本－会计累计折旧－固定资产减值准备

固定资产计税基础＝实际成本－税法累计折旧

一、资产的计税基础

资产的计税基础是指企业计算可回收资产账面价值的过程，计算应税所得额时按照税法规定可以从应税经济利益中抵扣的金额，即某一项资产在未来期间计税时可税前扣除的金额。从税收角度考虑，资产的计税基础是假定企业按照税法规定进行核算所提供的资产负债表中资产的应有金额。

通常情况下，资产在取得时其入账价值与计税基础是相同的，后续计量过程中因企业会计准则规定与税法规定不同，可能造成计税基础与其账面价值不同，常见的有以下资产项目。

（一）固定资产

以各种方式取得的固定资产，初始确认时入账价值基本上是被税法认可的，即取得时其入账价值一般等于计税基础，但固定资产在持有期间进行后续计量时，会计与税收处理因折旧方法、折旧年限的不同以及固定资产减值准备的提取等方面会产生差异。

（1）折旧方法、折旧年限不同产生的差异。企业会计准则规定，企业可以根据消耗固定资产经济利益的方式合理选择折旧方法，例如，可以按直线法计提折旧，也可以按照双倍余额递减法、年数总和法等计提折旧，前提是有关的方法能够反映固定资产为企业带来经济利益的实现方式。税法一般规定固定资产的折旧方法，除某些按照规定可以加速折旧的情况外，基本上可以税前扣除的是按照直线法计提的折旧。

（2）因计提固定资产减值准备产生的差异。持有固定资产的期间内，在对固定资产计提了减值准备以后，因所计提的减值准备不允许税前扣除，账面价值下降，但计税基础不会随资产减值准备的提取而发生变化，也会造成其账面价值与计税基础的差异。

（二）无形资产

在无形资产后续计量和内部研究开发形成无形资产的初始确认方面，其入账价值与税法规定的成本之间会存在一定差异。

特别提示

使用寿命有限的无形资产账面价值＝实际成本－会计累计摊销－无形资产减值准备

使用寿命不确定的无形资产账面价值＝实际成本－无形资产减值准备

计税基础＝实际成本－税法累计摊销

（1）对于内部研究开发形成的无形资产，企业会计准则规定有关研究开发支出区分两个阶段，研究阶段的支出应当费用化计入当期损益，而开发阶段符合资本化条件以后发生的支出应当资本化作为无形资产的成本；税法规定，企业为开发新技术、新产品、新工艺发生的研究开发费用，未形成无形资产计入当期损益的，在 2018 年 1 月 1 日至 2020 年 12 月 31 日期间，再按照实际发生额的 75% 在税前加计扣除；形成无形资产的，在上述期间按照无形资产成本的 175% 在税前摊销。

（2）无形资产在后续计量时，会计与税法的差异主要产生于对无形资产是否需要摊销，无形资产摊销方法、摊销年限的不同以及无形资产减值准备的计提。

【实战训练 4－8】 H 公司当期发生研究开发支出共计 500 万元，其中研究阶段支出 100 万元，开发阶段不符合资本化条件的支出 120 万元，开发阶段符合资本化条件的支出 280 万元，假定 H 公司开发形成的无形资产在当期达到预定用途，并在当期摊销 20 万元。H 公司当期期末无形资产的计税基础为多少万元？

H 公司当期期末无形资产的计税基础为（280－20）×175%＝455（万元）

特别提示

公允价值计量且其变动计入当期损益的金融资产账面价值：期末按公允价值计量，公允价值变动计入当期损益（公允价值变动损益）

计税基础：取得时成本。

（三）以公允价值计量且其变动计入当期损益的金融资产

按照《企业会计准则第 22 号——金融工具确认和计量》的规定，对于以公允价值计量且其变动计入当期损益的金融资产，其于某一会计期末的账面价值为公允价值；税法规定按照企业会计准则确认的公允价值变动损益在计税时不予考虑，即有关金融资产在某一会计期末的计税基础为其取得成本。这就造成该类金融资产账面价值与其计税基础之间的差异。

（四）其他资产

因企业会计准则规定与税法规定不同，企业持有的其他资产，可能造成其账面价值与计税基础之间存在差异。

（1）投资性房地产。对于采用公允价值模式进行后续计量的投资性房地产，其期末账面价值为公允价值；而如果税法规定不认可该类资产在持有期间因公允价值变动产生的利得或损失，则其计税基础应以取得时支付的历史成本为基础计算确定，从而会造成账面价值与计税基础之间的差异。

（2）其他计提资产减值准备的各项资产。有关资产计提减值准备以后，其账面价值会随之下降，税法规定，资产的减值准备在转化为实质性损失之前，不允许税前扣除，即其计税基础不会因减值准备的提取而发生变化，从而造成资产的账面价值与其计税基础之间的差异。

二、负债的计税基础

负债的计税基础，是指负债的账面价值减去未来期间计算应纳税所得额时按照税法规定可予以抵扣的金额。

负债的计税基础 = 负债的账面价值 - 将来负债在兑付时允许扣税的金额

（一）预计负债

按照《企业会计准则第 13 号——或有事项》的规定，企业应将预计提供售后服务发生的支出在销售当期确认为费用，同时确认预计负债。税法规定，有关的支出实际发生时可全额税前扣除，该事项产生的预计负债在期末的计税基础为其账面价值与未来期间可税前扣除的金额之间的差额等于 0，即计税基础为 0。

因其他事项确认的预计负债，应按照税法规定的计税原则确定其计税基础。某些情况下，因有些事项确认的预计负债，如果税法规定其支出无论是否实际发生均不允许税前扣除，即未来期间按照税法规定可予抵扣的金额为 0，其账面价值与计税基础相同。

【实战训练 4-9】华梅梅公司 2018 年 12 月 31 日“预计负债——产品质量保证费用”科目贷方余额为 200 万元，2019 年实际发生产品质量保证费用 210 万元，2019 年 12 月 31 日预提产品质量保证费用 120 万元。税法规定，产品质量保证费用在实际发生时允许税前扣除，则 2019 年 12 月 31 日该项负债的计税基础为多少万元？

本题考查负债计税基础的确定。2019 年 12 月 31 日该项负债的余额在未来期间计算应纳税所得额时按照税法规定可予抵扣，因此计税基础为0。

（二）预收账款

企业在收到客户预付款项时，因不符合收入确认条件，会计上将其确认为负债。税法中对于收入的确认原则一般与会计规定相同，即会计上未确认收入时，计税时一般也不计入应纳税所得额，该部分经济利益在未来期间计税时可予税前扣除的金额为0，计税基础等于账面价值。

如果不符合企业会计准则规定的收入确认条件，但按照税法规定应计入当期应纳税所得额时，预收账款的计税基础为0，即因其产生时已经计算缴纳所得税，未来期间可全额税前扣除，计税基础为账面价值减去在未来期间可全额税前扣除的金额，即其计税基础为0。

【实战训练4-10】 H公司2019年12月31日收到客户预付的款项800万元。

（1）若预收的款项计入当期应纳税所得额

2019年12月31日预收账款的账面价值为800万元；因按税法规定预收的款项已计入当期应纳税所得额，所以在以后年度减少预收账款确认收入时，由税前会计利润计算应纳税所得额时应将其扣除。

2019年12月31日预收账款的计税基础=账面价值800-可从未来经济利益中扣除的金额800=0。

（2）若预收的款项不计入当期应纳税所得额

2019年12月31日预收账款的账面价值为800万元；2019年12月31日预收账款的计税基础=账面价值800-可从未来经济利益中扣除的金额0=800（万元）。

三、暂时性差异

暂时性差异，是指资产或负债的账面价值与其计税基础之间的差额。对于某些未作为资产和负债确认的项目，按照税法规定可以确定其计税基础的，该计税基础与其账面价值之间的差额也属于暂时性差异。

按照对未来期间应税金额的影响，暂时性差异可分为应纳税暂时性差异和可抵扣暂时性差异。

（一）应纳税暂时性差异

应纳税暂时性差异，是指在确定未来回收资产或清偿负债期间的应纳税所得额时，将导致产生应税金额的暂时性差异。该差异在未来期间转回时，会增加转回期间的应纳税所得额，即未来期间不考虑该事项影响的应纳税所得额的基础上，由于该暂时性差异的转回，会进一步增加转回期间的应纳税所得额和应交所得税金额。在该暂时性差异产生当期，应当确认相关的递延所得税负债。

应纳税暂时性差异一般产生于以下几种情况：

1. 资产的账面价值大于其计税基础

一项资产的账面价值代表的是企业在持续使用及最终出售该项资产时会取得的经济利益的总额，而计税基础代表的是一项资产在未来期间可予税前抵扣的总金额。资产的账面价值大于其计税基础，该项资产未来期间产生的经济利益不能全部税前抵扣，两者之间的差额需要缴税，产生应纳税暂时性差异。

2. 负债的账面价值小于其计税基础

一项负债的账面价值为企业预计在未来期间清偿该项负债时的经济利益的流出，而其计税基础代表的是账面价值在扣除税法规定未来期间允许税前扣除的金额后的差额。因负债的账面价值与其计税基础不同产生的暂时性差异实质上是税法规定就该项负债在未来期间可以税前扣除的金额。负债的账面价值小于其计税基础，则意味着就该项负债在未来期间可以税前抵扣的金额为负数，即应在未来期间应纳税所得额的基础上调增，增加应纳税所得额和应交所得税金额，产生应纳税暂时性差异。

【实战训练4－11】 A公司为增值税一般纳税人，目前适用的增值税税率为13%。2017年12月31日购入一台不需要安装的设备，购买价款为200万元，增值税税额为32万元，购入当日即投入使用，预计使用年限为5年，预计净残值为0，会计采用年限平均法计提折旧。税法规定采用双倍余额递减法计提折旧，折旧年限及残值与会计估计相同，A公司适用的所得税税率为25%。2019年12月31日该设备应纳税暂时性差异余额为多少万元？

账面价值＝200－200÷5×2＝120（万元），计税基础＝200－200×40%－（200－200×40%）×40%＝72（万元），应纳税暂时性差异余额＝120－72＝48（万元）。

（二）可抵扣暂时性差异

可抵扣暂时性差异是指在确定未来收回资产或清偿债务期间的应纳税所得额时将导致产生可抵扣金额的暂时性差异。该差异在未来期间转回时会减少转回期间的应纳税所得额，减少未来期间的应交所得税。在该暂时性差异产生当期，应当确认相关的递延所得税资产。

可抵扣暂时性差异一般产生于以下几种情况：

1. 资产的账面价值小于其计税基础

从经济含义来看，资产在未来期间产生的经济利益少，按照税法规定允许税前扣除的金额多，则企业在未来期间可以减少应纳税所得额并减少应交所得税，形成可抵扣暂时性差异。

2. 负债的账面价值大于其计税基础

负债产生的暂时性差异实质上是税法规定就该项负债可以在未来期间税前扣除的金额。一项负债的账面价值大于其计税基础，意味着未来期间按照税法规定构成负债的全部或部分金额可以自未来应税经济利益中扣除，减少未来期间的应纳税所得额和应交所得税，产生可抵扣暂时性差异。

4－23 “递延所得税负债和递延所得税资产”视频

四、资产负债表债务法的会计处理

（一）会计科目的设置

（1）“所得税费用”科目，核算企业根据所得税准则确认的应从当期利润总额中扣除的所得税费用。按照“当期所得税费用”“递延所得税费用”进行明细核算。资产负债表日，企业按照税法计算确定的当期应交所得税金额，借记本科目（当期所得税费用），贷记“应交税费——应交所得税”科目；根据所得税准则应予确认的递延所得税资产大于“递延所得税资产”科目余额的差额，借记“递延所得税资产”科目，贷记本科目（递延所得税费用）、“资本公积——其他资本公积”等科目；应予确认的递延所得税资产小于“递延所得税资产”科目余额的差额，做相反的会计分录。期末，应将本科目的余额转入“本年利润”科目，结转后本科目应无余额。

4－24 “所得税费用的会计处理”视频

（2）“应交税费——应交所得税”科目，核算企业按税法规定同税务部门进行结算的所得税。借方登记预缴或缴纳结算的所得税税额，贷方登记按应纳税所得额计算的应缴所得税税额。借方余额表示多缴的所得税税额，贷方的余额表示欠缴的所得税税额。

（3）“递延所得税资产”科目，核算企业确认的可抵扣暂时性差异产生的递延所得税资产。本科目期末余额在借方，反映企业确认的递延所得税资产。

（4）“递延所得税负债”科目，核算企业确认的应纳税暂时性差异产生的递延所得税负债。资产负债表日，企业确认的递延所得税负债，借记“所得税费用——递延所得税费用”科目，贷记本科目。资产负债表日，递延所得税负债的应有余额大于其账面余额的，应按其差额确认，借记“所得税费用——递延所得税费用”科目，贷记本科目；资产负债表日递延所得税负债的应有余额小于其账面余额的，做相反的会计分录。本科目期末余额在贷方，反映企业已确认的递延所得税负债。

（二）递延所得税资产的确认

（1）递延所得税资产的确认应以未来期间可能取得的应纳税所得额为限。资产、负债的账面价值与其计税基础不同产生可抵扣暂时性差异的，在估计未来期间能够取得足够的应纳税所得额用以利用该可抵扣暂时性差异时，应当以很可能取得用来抵扣可抵扣暂时性差异的应纳税所得额为限，确认相关的递延所得税资产；在可抵扣暂时性差异转回的未来期间内，若企业无法产生足够的应纳税所得额用以抵减可抵扣暂时性差异的影响时，使得与递延所得税资产相关的经济利益无法实现的，该部分递延所得税资产不应确认。

（2）按照税法规定可以结转以后年度的未弥补亏损和税款抵减，应视同可抵扣暂时性差异处理。在预计可利用可弥补亏损或税款抵减的未来期间内能够取得足够的应纳税所得额时，应当以很可能取得的应纳税所得额为限，确认相应的递延所得税资产，同时减少确认当期的所得税费用。

（3）适用税率的确定。确认递延所得税资产时，应估计相关可抵扣暂时性差异的转回时间，采用转回期间适用的所得税税率为基础计算确定。无论相关的可抵扣暂时性差异转回期间如何，递延所得税资产均不予折现。

（4）资产负债表日，企业应当对递延所得税资产的账面价值进行复核。如果未来期间很可能无法取得足够的应纳税所得额用以利用递延所得税资产的利益，应当减记递延所得税资产的账面价值。递延所得税资产的账面价值减记以后，继后期间根据新的环境和情况判断能够产生足够的应纳税所得额利用可抵扣暂时性差异，使得递延所得税资产包含的经济利益能够实现的，应相应恢复递延所得税资产的账面价值。

递延所得税资产的计算公式：

“递延所得税资产”的余额 = 该时点可抵扣暂时性差异 × 当时的所得税税率

当期递延所得税资产变动额 =（年末可抵扣暂时性差异 − 年初可抵扣暂时性差异）× 所得税税率

如果所得税税率发生变化，则：

当期递延所得税资产变动额 = 年末可抵扣暂时性差异 × 新的所得税税率 − 年初可抵扣暂时性差异 × 新的所得税税率

递延所得税资产的增加在借方，减少在贷方，当其增加时（年末数 > 年初数）应该做如下处理：

借：递延所得税资产

　　贷：所得税费用

特别提示

所得税费用在贷方，表示收益增加。

所得税费用在借方，表示费用增加。

递延所得税资产的减少（年末数 < 年初数）与上述情况正好相反，做相反的分录。

借：所得税费用

　　贷：递延所得税资产

（三）递延所得税负债的确认

（1）应纳税暂时性差异在转回期间将增加未来期间企业的应纳税所得额和应交所得税，导致企业经济利益的流出，从其发生当期看，构成企业应支付税金的义务，应作为递延所得税负债确认。除直接计入所有者权益的交易或事项以及企业合并外，在确认递延所得税负债的同时，应增加利润表中的所得税费用。

（2）递延所得税负债应以相关应纳税暂时性差异转回期间适用的所得税税率计量。在确认递延所得税负债时，以现行适用税率为基础计算确定，递延所得税负债的确认不要求折现。

递延所得税负债的计算公式：

"递延所得税负债"的余额 = 该时点应纳税暂时性差异 × 当时的所得税税率

当期递延所得税负债变动额 =（年末应纳税暂时性差异 − 年初应纳税暂时性差异）× 所得税税率

如果所得税税率发生变化，则：

当期递延所得税负债变动额 = 年末应纳税暂时性差异 × 新的所得税税率 − 年初应纳税暂时性差异 × 旧的所得税税率

递延所得税负债的增加在贷方，减少在借方，当期增加时（年末数 > 年初数）应该做如下处理：

借：所得税费用

　　贷：递延所得税负债

递延所得税负债的减少（年末数 < 年初数）与上述情况正好相反，做相反的分录。

借：递延所得税负债

　　贷：所得税费用

（四）所得税费用的确定和计量

采用资产负债表债务法核算所得税的情况下，利润表中的所得税费用 = 当期所得税费用 + 递延所得税费用（ − 递延所得税收益）。

当期所得税费用即当期应交所得税。

当期应交所得税 = 应纳税所得额 × 所得税税率

应纳税所得额 = 税前会计利润 + 纳税调整增加额 − 纳税调整减少额

递延所得税费用（或收益）= 当期递延所得税负债的增加 + 当期递延所得税资产的减少 − 当期递延所得税负债的减少 − 当期递延所得税资产的增加

如果某项交易或事项按照企业会计准则规定应计入所有者权益，由该交易或事项产生的递延所得税资产或递延所得税负债及其变化也应计入所有者权益，不构成利润表中的递延所得税费用（或收益）。

【实战训练 4－12】 甲公司递延所得税负债年初数为 400 000 元，年末数为 500 000 元，递延所得税资产年初数为 250 000 元，年末数为 200 000 元。当期应交所得税 5 000 000 元。甲公司的会计处理如下：

（1）当期所得税：

借：所得税费用——当期所得税费用　　5 000 000

　　贷：应交税费——应交所得税　　5 000 000

（2）递延所得税：

借：所得税费用——递延所得税费用　　100 000

　　贷：递延所得税负债　　100 000

借：所得税费用——递延所得税费用　　50 000

　　贷：递延所得税资产　　50 000

（3）甲公司所得税费用的计算如下：

递延所得税费用 =（500 000 − 400 000）+（250 000 − 200 000）= 借方 100 000 + 借方 50 000 = 借方 150 000（元）

利润表中的所得税费用 = 当期所得税费用 + 递延所得税费用 = 借方 5 000 000 + 借方 150 000 = 借方 5 150 000（元）

甲公司将上述三个会计分录合并后如下：

借：所得税费用　　5 150 000

　　贷：应交税费——应交所得税　　5 000 000

　　　　递延所得税负债　　100 000

　　　　递延所得税资产　　50 000

4－25　随堂练习五

五、应付税款法

应付税款法是将本期税前会计利润与应纳税所得额之间的差异造成的影响纳税的金额直接计入当期损益，而不递延到以后各期。在应付税款法下，当期计入损益的所得税费用等于当期应缴的所得税。

《小企业会计准则》规定小企业应当按照企业所得税法规定计算的当期应纳税额，确认所得税费用。

企业按照税法规定计算应缴的所得税时记：

借：所得税费用

　　贷：应交税费——应交所得税

企业按规定预缴应纳所得税税额时，做如下会计分录：

借：应交税费——应交所得税

　　贷：银行存款

任务四　企业所得税纳税申报

4－26 “怎样申报企业所得税”视频

一、纳税地点

企业所得税由纳税人向其所在地主管税务机关缴纳。

（1）除税收法律、行政法规另有规定外，居民企业以企业登记注册地确定纳税地点，但登记注册地在境外的，以实际管理机构所在地为纳税地点。企业注册登记地是指企业依照国家有关规定登记注册的所在地。

（2）居民企业在中国境内设立不具有法人资格的营业机构的，应当汇总计算并缴纳企业所得税。企业汇总计算并缴纳企业所得税时，应当统一核算应纳税所得额，具体办法由国务院财政、税务主管部门另行制定。

（3）非居民企业在中国境内设立机构、场所的，应当就其所设机构、场所取得的来源于中国境内的所得，以及发生在中国境外但与其所设机构、场所有实际联系的所得，以机构、场所所在地为纳税地点。非居民企业在中国境内设立两个或者两个以上机构、场所的，经税务机关审核批准，可以选择由其主要机构、场所汇总缴纳企业所得税。非居民企业经批准汇总缴纳企业所得税后，需要增设、合并、迁移、关闭机构、场所或者停止机构、场所业务的，应当事先由负责汇总申报缴纳企业所得税的主要机构、场所向其所在地税务机关报告；需要变更汇总缴纳企业所得税的主要机构、场所的，依照前款规定办理。

（4）对非居民企业在中国境内未设立机构、场所的，或者虽设立机构、场所但取得的所得与其所设机构、场所没有实际联系的，以扣缴义务人所在地为纳税地点。

（5）除国务院另有规定外，企业之间不得合并缴纳企业所得税。

二、纳税期限

企业所得税按年计征，分月或者分季预缴，年终汇算清缴，多退少补。

企业所得税的纳税年度，自公历1月1日起至12月31日止。企业在一个纳税年度的中间开业，或者由于合并、关闭等原因终止经营活动，使该纳税年度的实际经营期不足12个月的，应当以其实际经营期为1个纳税年度。企业清算时，应当以清算期间作为1个纳税年度。

自年度终了之日起5个月内，向税务机关报送年度企业所得税纳税申报表，并汇算清缴，结清应缴应退税款。

企业在年度中间终止经营活动的，应当自实际经营终止之日起60日内，向税务机关办理当期企业所得税汇算清缴。

三、纳税申报

（一）企业所得税预缴纳税申报表

按月或按季预缴的，应当自月份或者季度终了之日起15日内，向税务机关报送预缴企业所得税纳税申报表，预缴税款。

查账征收企业所得税的居民纳税人及在中国境内设立机构的非居民纳税人在月（季）度预缴企业所得税时应填制《中华人民共和国企业所得税月（季）度预缴纳税申报表（A类）》；实行核定征收管理办法（包括核定应税所得率和核定税额征收方式）缴纳企业所得税的纳税人在月（季）度申报缴纳企业所得税时应填制《中华人民共和国企业所得税月（季）度预缴纳税申报表（B类）》。

企业在报送企业所得税纳税申报表时，应当按照规定附送财务会计报告和其他有关资料。

（二）企业所得税年度纳税申报表

查账征收企业所得税的纳税人在年度汇算清缴时，无论盈利或亏损，都必须在规定的期限内进行纳税申报，填写企业所得税纳税年度申报表及其有关附表。

企业应当在办理注销登记前，就其清算所得向税务机关申报并依法缴纳企业所得税。

依照企业所得税法缴纳的企业所得税，以人民币计算。所得以人民币以外的货币计算的，应当折合成人民币计算并缴纳税款。

四、企业所得税网上申报

2013 年 5 月，国务院发布了《关于取消和下放一批行政审批项目等事项的决定》，其中包含取消了“对纳税人申报方式核准”税务行政审批项目，纳税人可以自主选择申报方式。随着网络和信息化的发展，纳税人的申报绝大多数采用电子申报方式。

4－27 《中华人民共和国企业所得税月（季）度预缴纳税申报表（A 类，2018 年版）》及填报说明（2020 年修订）

下面以浙江省企业所得税申报为例说明（见图 4－1 ~ 图 4－12）。

1. 登录电子税务局

图 4－1　电子税务局界面

资料来源：国家税务总局浙江省电子税务局。

4－28 《中华人民共和国企业所得税月（季）度预缴和年度纳税申报表（B 类，2018 年版）》及填报说明（2020 年修订）

2. 点击【我要办税】进入系统登录界面

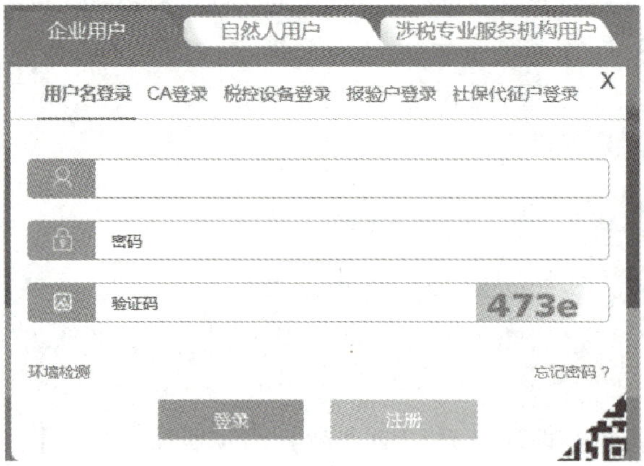

图 4－2　系统登录界面

资料来源：国家税务总局浙江省电子税务局。

3. 进入系统后点击【税费申报与缴纳】

图 4-3　税费申报与缴纳界面

资料来源：国家税务总局浙江省电子税务局。

4. 选择进入

首先，必须完成财务报表填报；然后点击【企业所得税预缴申报】。

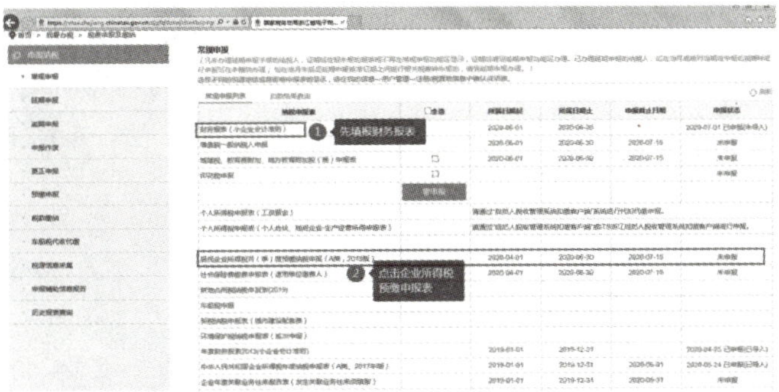

图 4-4　企业所得税预缴申报界面

资料来源：国家税务总局浙江省电子税务局。

5. 企业所得税具体申报步骤

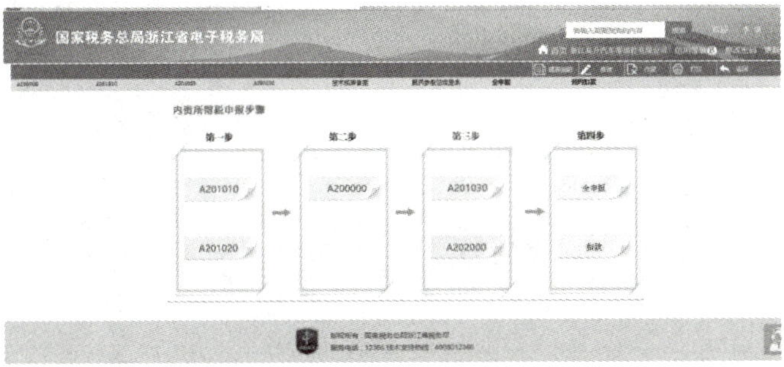

图 4-5　企业所得税具体申报步骤

资料来源：国家税务总局浙江省电子税务局。

第一步：填列 A201010 免税、减计收入、所得减免等优惠明细表并保存；填列 A201020 资产加速折旧、摊销（扣除）优惠明细表并保存。

图 4-6　A201010 免税、减计收入、所得减免等优惠明细表

资料来源：国家税务总局浙江省电子税务局。

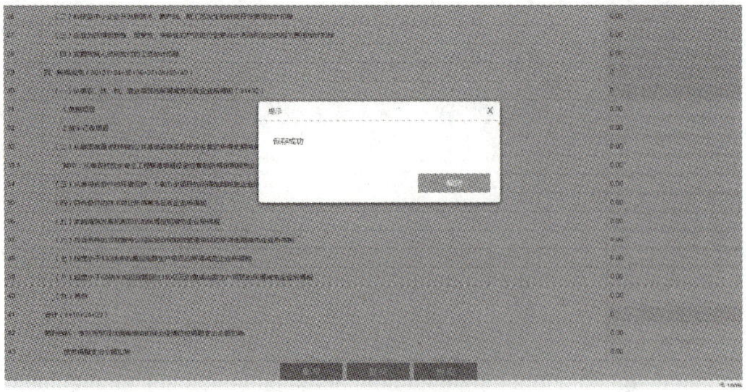

图 4-7　保存界面

资料来源：国家税务总局浙江省电子税务局。

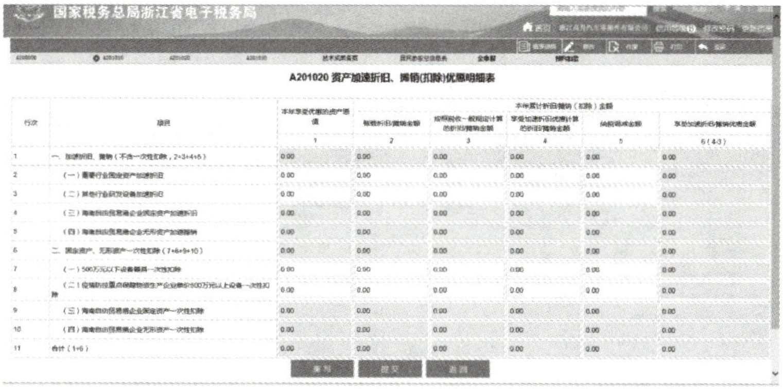

图 4－8 A201020 资产加速折旧、摊销（扣除）优惠明细表

资料来源：国家税务总局浙江省电子税务局。

第二步：填列 A200000 中华人民共和国企业所得税月（季）度预缴纳税申报表（A 类）。

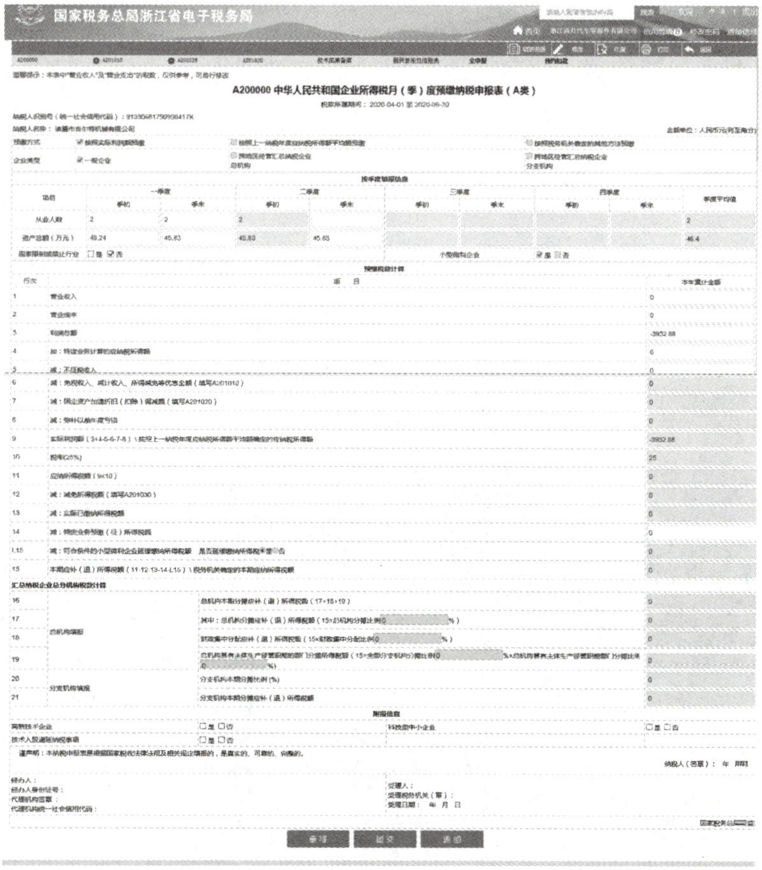

图 4－9 A200000 中华人民共和国企业所得税月（季）度预缴纳税申报表（A 类）

资料来源：国家税务总局浙江省电子税务局。

第三步：填列 A201030 减免所得税优惠明细表并保存。

图 4－10　A201030 减免所得税优惠明细表

资料来源：国家税务总局浙江省电子税务局。

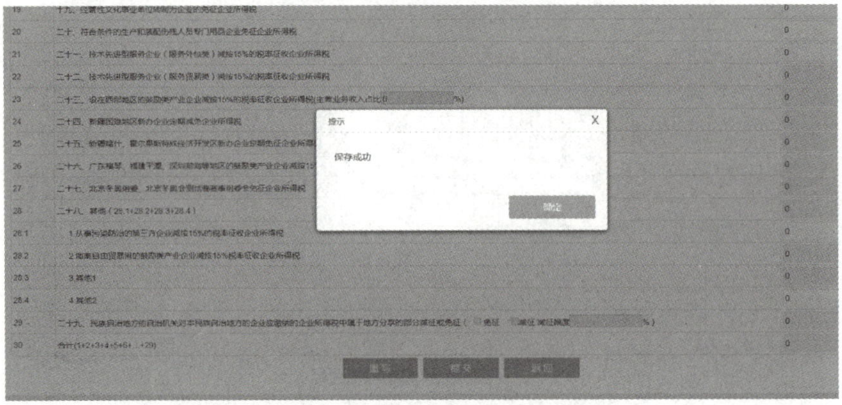

图 4－11　保存界面

资料来源：国家税务总局浙江省电子税务局。

第四步：完成全申报。

图 4－12　完成全申报界面

资料来源：国家税务总局浙江省电子税务局。

五、源泉扣缴

非居民企业在中国境内未设立机构、场所的，或者虽设立机构、场所但取得的所得与其所设机构、场所没有实际联系的，应当就其来源于中国境内的所得缴纳企业所得税。并实行源泉扣缴，以支付人为扣缴义务人。税款由扣缴义务人在每次支付或者到期应支付时，从支付或者到期应支付的款项中扣缴。

对非居民企业在中国境内取得工程作业和劳务所得应缴纳的所得税，税务机关可以指定工程价款或者劳务费的支付人为扣缴义务人。可以指定扣缴义务人的情形，包括：

（1）预计工程作业或者提供劳务期限不足一个纳税年度，且有证据表明不履行纳税义务的；

（2）没有办理税务登记或者临时税务登记，且未委托中国境内的代理人履行纳税义务的；

（3）未按照规定期限办理企业所得税纳税申报或者预缴申报的。

上述规定的扣缴义务人，由县级以上税务机关指定，并同时告知扣缴义务人所扣税款的计算依据、计算方法、扣缴期限和扣缴方式。

以上应当扣缴的所得税，扣缴义务人未依法扣缴或者无法履行扣缴义务的，由纳税人在所得发生地缴纳。纳税人未依法缴纳的，税务机关可以从该纳税人在中国境内其他收入项目的支付人应付的款项中，追缴该纳税人的应纳税款。

扣缴义务人每次代扣的税款，应当自代扣之日起 7 日内缴入国库，并向所在地的税务机关报送扣缴企业所得税报告表。

【实战案例】企业信息

企业名称：浙江灵光笔业制造有限公司

成立日期：2013 年 1 月 1 日

住所：浙江省绍兴市越城区平安路 1000 号

法定代表人：陈红

财务负责人：吴晗

社会统一信用代码：923300014567XX215G

公司主要经营范围为：主要从事笔的生产和销售，公司当前主要生产圆珠笔、中性笔。

企业所得税税率 25%，公司为一般纳税人，增值税税率 16%。

地处浙江省绍兴市，公司适用的城市维护建设税税率为 7%，教育费附加征收率为 3%，地方教育费附加征收率为 2%。

印花税（购销合同）的计税依据为主营业务收入的 60%，税率为 0.03%。水利建设基金的计税依据为主营业务收入，税率为 1‰。

以下是该公司 2019 年 7 月业务中部分原始资料（见图 4－13 及表 4－2～表 4－6）：

1. 2019 年 7 月 8 日

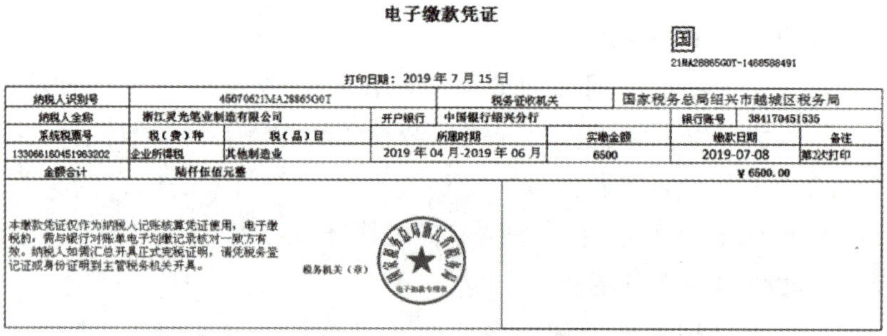

电子缴款凭证

21MA28865G0T-1488588491

打印日期：2019 年 7 月 15 日

纳税人识别号	45670621MA28865G0T		税务征收机关	国家税务总局绍兴市越城区税务局		
纳税人全称	浙江灵光笔业制造有限公司		开户银行	中国银行绍兴分行	银行账号	384170451535
系统税票号	税（费）种	税（品）目	所属时期	实缴金额	缴款日期	备注
133066160451983202	企业所得税	其他制造业	2019 年 04 月-2019 年 06 月	6500	2019-07-08	第2次打印
金额合计	陆仟伍佰元整				¥6500.00	

本缴款凭证仅作为纳税人记账核算凭证使用，电子缴税的，需与银行对账单电子划缴记录核对一致方有效。纳税人如需汇总开具正式完税证明，请凭税务登记证或身份证明到主管税务机关开具。

税务机关（章）

图 4－13　所得税完税凭证

2. 2019 年 7 月 31 日

表 4－2　　应纳税额（增值税）计算单

2019 年 7 月　　单位：元

上期留抵税额	本期进项税额	本期销项税额	本期应纳税额
0	1 013 400	1 132 600	119 200

会计主管：吴晗　　制表：吴晗

表 4－3　　　　应交税费计算表

年　月　　　　单位：元

税种、税目	计税依据	税率	应收税金	备注
城建税				
教育费附加				
地方教育费附加				
印花税				
水利建设基金				
合计				

会计主管：吴晗　　　　制表：吴晗

3. 2019 年 7 月 31 日

表 4－4　　　　库存商品计算单

2019 年 7 月　　　　单位：元

项目	圆珠笔	中性笔		合计
期初余额	401 003	691 332		1 092 335
本期完工	117 675	245 052		362 727
合计	518 678	936 384		1 455 062
本期销售	510 820	936 384		1 447 204
本期余额	7 858	0		7 858

会计主管：吴晗　　　　制表：吴晗

4. 2019 年 7 月 31 日

表 4－5　　　　2019 年 7 月收入汇总表　　　　单位：元

项目	金额
圆珠笔	819 000
中性笔	1 275 000
主营业务收入小计	2 094 000
出租包装物	50 000
其他业务收入小计	50 000
企业债券利息收入	80 000
国库券利息收入	60 000
投资收益小计	140 000
处置固定资产	100 000
营业外收入小计	100 000
总　　计	2 384 000

制表：吴晗　　　　会计主管：吴晗

5. 2019 年 7 月 31 日

表 4－6　**2019 年 7 月费用汇总表**　单位：元

项目	金额
销售费用	180 000
管理费用	500 000
财务费用	120 000
营业外支出	
总　　计	800 000

制表：吴晗　　　　会计主管：吴晗

【课后作业】

4－29　课后作业

4－30　随堂练习参考答案

4－31　课后作业参考答案

4－32　实战案例参考答案

项目五　个人所得税税务处理

【知识目标】

1. 理解个人所得税的基本内涵
2. 掌握个人所得税纳税义务人的界定
3. 掌握个人所得税的征税范围及税率
4. 掌握不同所得项目的个人所得税计算
5. 掌握个人所得税的会计处理方法
6. 掌握个人所得税纳税申报基本知识

【技能目标】

1. 根据经济业务进行个人所得税判断
2. 能够计算个人所得税
3. 能够针对个人发生的不同经济业务进行个人所得税会计处理
4. 能够完成个人所得税纳税申报表的填制并进行纳税申报

【素质、思政目标】

1. 树立依法纳税的意识
2. 坚定税收取之于民、用之于民的认识
3. 培养热爱祖国、纳税光荣的情感

【税法导航】

5－1　《中华人民共和国个人所得税法》

5－2　《中华人民共和国个人所得税法实施条例》

5－3　《个人所得税专项附加扣除暂行办法》

【知识地图】

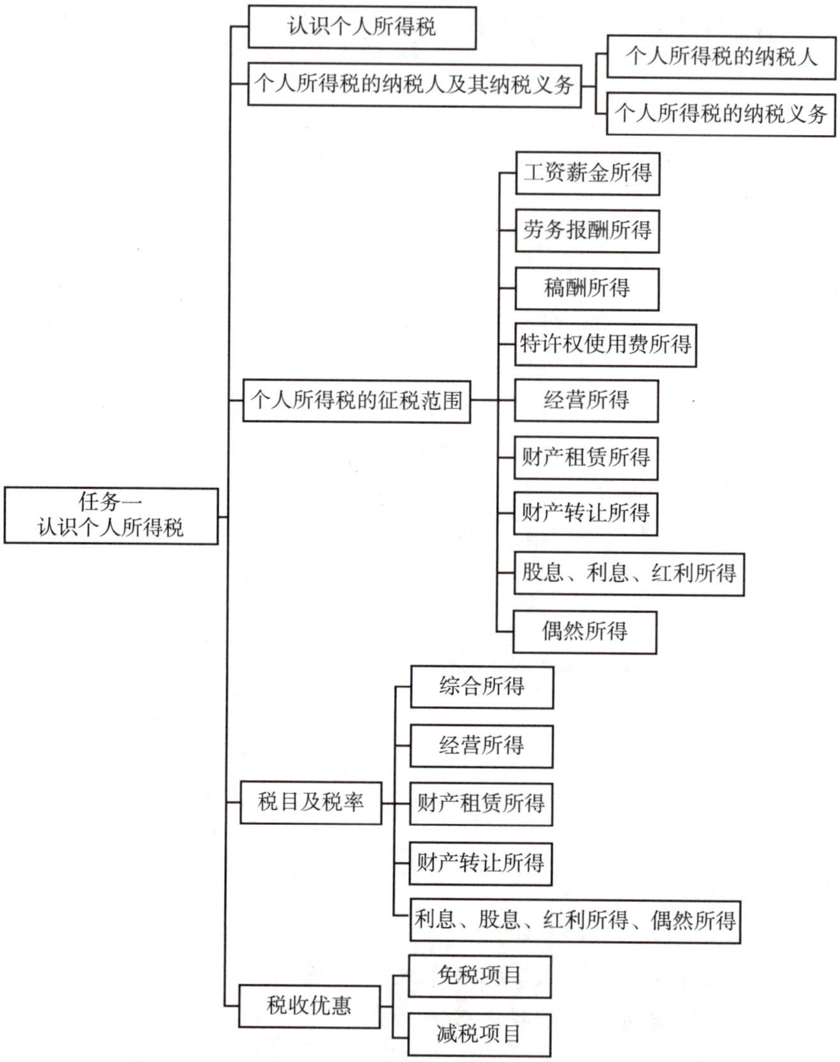
任务一
认识个人所得税
认识个人所得税
个人所得税的纳税人及其纳税义务
个人所得税的纳税人
个人所得税的纳税义务
个人所得税的征税范围
工资薪金所得
劳务报酬所得
稿酬所得
特许权使用费所得
经营所得
财产租赁所得
财产转让所得
股息、利息、红利所得
偶然所得
税目及税率
综合所得
经营所得
财产租赁所得
财产转让所得
利息、股息、红利所得、偶然所得
税收优惠
免税项目
减税项目

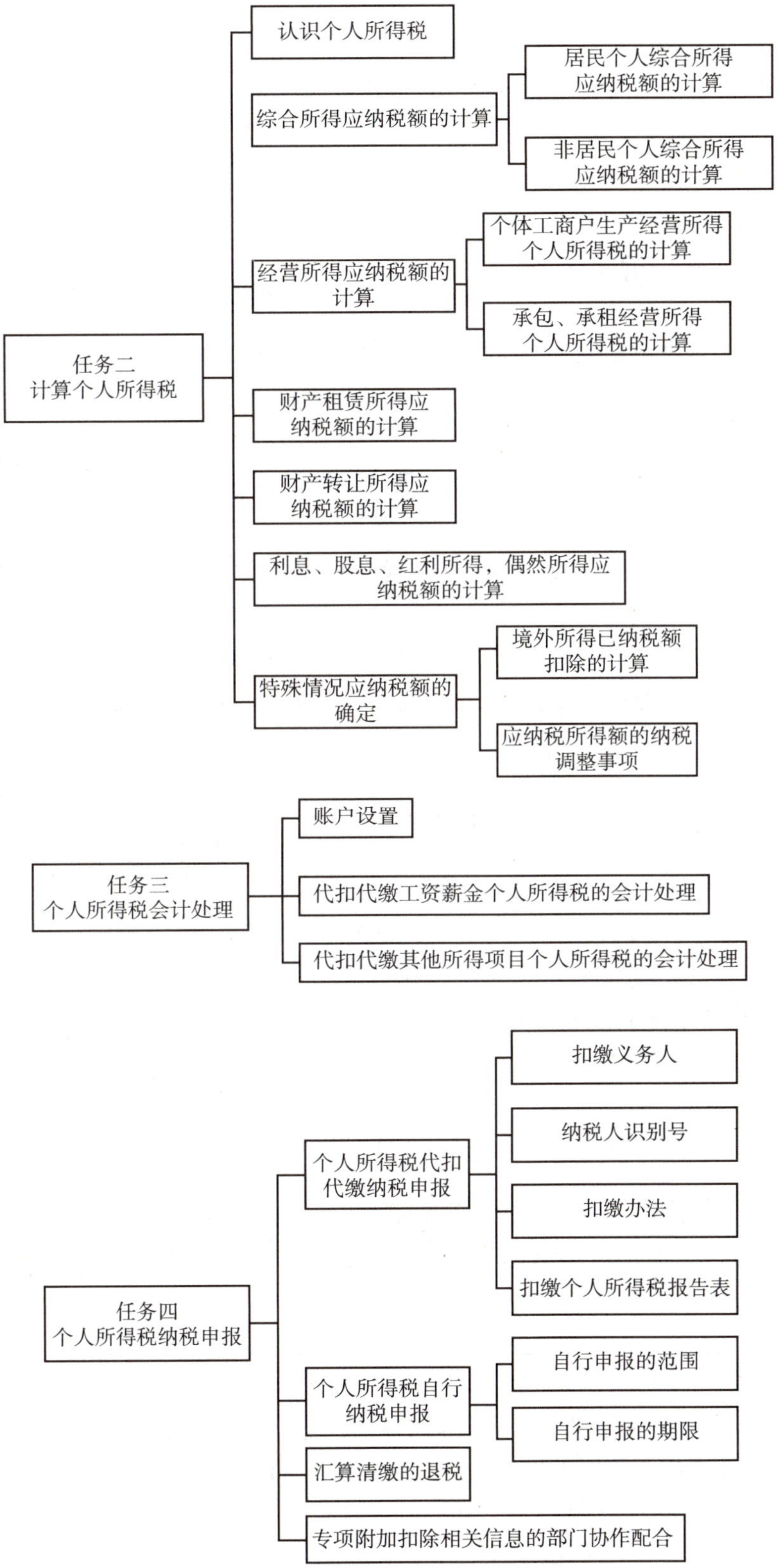
任务二
计算个人所得税
认识个人所得税
综合所得应纳税额的计算
居民个人综合所得应纳税额的计算
非居民个人综合所得应纳税额的计算
经营所得应纳税额的计算
个体工商户生产经营所得个人所得税的计算
承包、承租经营所得个人所得税的计算
财产租赁所得应纳税额的计算
财产转让所得应纳税额的计算
利息、股息、红利所得，偶然所得应纳税额的计算
特殊情况应纳税额的确定
境外所得已纳税额扣除的计算
应纳税所得额的纳税调整事项
任务三
个人所得税会计处理
账户设置
代扣代缴工资薪金个人所得税的会计处理
代扣代缴其他所得项目个人所得税的会计处理
任务四
个人所得税纳税申报
个人所得税代扣代缴纳税申报
扣缴义务人
纳税人识别号
扣缴办法
扣缴个人所得税报告表
个人所得税自行纳税申报
自行申报的范围
自行申报的期限
汇算清缴的退税
专项附加扣除相关信息的部门协作配合

任务一　认识个人所得税

一、个人所得税概述

个人所得税是国家对本国公民、居住在本国境内的个人的所得和境外个人来源于本国的所得征收的一种所得税。

术语解析

所得税又称所得课税、收益税，指国家对法人、自然人和其他经济组织在一定时期内的各种所得征收的税收。

二、个人所得税的纳税人及其纳税义务

个人所得税的纳税义务人及纳税对象为中国公民、个体经营者、个人独资企业投资者、合伙企业投资者、在中国有所得的外籍人员和香港、澳门、台湾同胞。上述纳税人依据住所和居住时间两个标准，区分为居民个人和非居民个人，分别承担不同的纳税义务（见表 5－1）。

特别提示

所谓习惯性居住，是判定纳税义务人是居民或非居民的一个法律意义上的标准，不是指实际居住或在某一个特定时期内的居住地。如因学习、工作、探亲、旅游等而在中国境外居住的，在其原因消除之后，必须回到中国境内居住的个人，则中国为该纳税人习惯性居住地。

表 5－1　居民个人和非居民个人的区别

纳税人类别	承担的纳税义务	判断标准
居民个人	承担无限纳税义务，即其取得的应纳税所得，无论是来源于中国境内还是中国境外，都要在中国缴纳个人所得税	满足住所和居住时间两个标准之一： （1）住所标准：在中国境内有住所的个人，是指因户籍、家庭、经济利益关系而在中国境内习惯性居住的个人 （2）居住时间标准：在境内居住满 183 天，是指在一个纳税年度内，在中国境内居住满 183 天
非居民个人	承担有限纳税义务，即其仅应就来源于中国境内的所得，在中国缴纳个人所得税	同时满足： （1）在中国境内无住所 （2）在中国境内不居住或在境内居住不满 183 天

2018 年新修订的《中华人民共和国个人所得税法实施条例》对在中国境内无住所的个人境内、境外取得所得的征免税办法进行了具体规定，总结如表 5－2 所示：

表 5－2　境内无住所的个人境内、境外取得所得的征免税规定

居住时间	纳税人性质	境内所得		境外所得	
		境内支付	境外支付	境内支付	境外支付
一个纳税年度中在中国境内连续或者累计居住不超过 90 天	非居民个人	征税	免税	不征税	不征税
一个纳税年度中在中国境内连续或者累计居住超过 90 天但未满 183 天	非居民个人	征税	征税	不征税	不征税
在境内居住累计满 183 天的年度连续不满六年的，或满六年但其间有单次离境超过 30 天	居民个人	征税	征税	征税	免税
在境内居住累计满 183 天的年度连续满六年的纳税人，且在六年内未出现单次离境超过 30 天的，从第六年起，仍在中国境内居住累计满 183 天	居民个人	征税	征税	征税	征税

下列所得，不论支付地点是否在中国境内，均为来源于中国境内的所得：

（一）因任职、受雇、履约等而在中国境内提供劳务取得的所得；

（二）将财产出租给承租人在中国境内使用而取得的所得；

（三）许可各种特许权在中国境内使用而取得的所得；

（四）转让中国境内的不动产等财产或在中国境内转让其他财产取得的所得；

（五）从中国境内企事业单位和其他经济组织或者居民个人取得的利息、股息、红利所得。

想一想：居民个人和非居民个人纳税义务有什么不同？

【实战训练 5－1】 博爱家纺有限公司因进口梳棉机，聘请了来自美国的工程师乔科里来华进行技术指导。合同约定服务期自 2019 年 1 月 1 日起，为期 1 年。乔科里在我国境内无住所，2019 年度多次出入境，先后共离境 5 次，离境时间分别为 23 日、45 日、59 日、48 日和 20 日。财务经理请阿肯判断乔科里在 2019 年度是否是我国的居民个人，负有什么样的个税纳税义务？

乔科里 2019 年离境天数 $=23+45+59+48+20=195$（日）。当年在我国境内居住时长累计未满 183 天，且在我国无住所，属于我国非居

民个人，应就其来源于中国境内的所得（不论是境内还是境外支付的），在中国缴纳个人所得税。

三、征税范围

现行个人所得税的应税所得共九项：

（一）工资、薪金所得

工资、薪金所得是指个人因任职或受雇而取得的工资、薪金、奖金、年终加薪、劳动分红、津贴、补贴以及与任职或者受雇有关的其他所得。

（二）劳务报酬所得

劳务报酬所得是指个人从事设计、装潢、安装、制图、化验、测试、医疗、法律、会计、咨询、讲学、新闻、广播、翻译、审稿、书画、雕刻、影视、录像、演出、表演、广告、展览、技术服务、介绍服务、经纪服务、代办服务以及其他劳务取得的所得。

劳务报酬所得与工资、薪金所得是有区别的。劳务报酬所得，是个人独立从事各种技艺、提供技术性劳务取得的报酬。工资、薪金所得，则是属于非独立个人劳务活动，即在机关、团体、学校、部队、企业、事业单位及其他组织中任职、受雇而得到的报酬。

特别提示

一般地，我们可以按是否任职、受雇于某一单位作为区分工资、薪金所得还是劳务报酬所得的标准。

想一想：个人可以同时取得劳务报酬所得与工资、薪金所得吗？

【实战训练 5－2】 月末，财务经理请阿肯计算工资和劳务费。阿肯看到有两笔设计费支出业务：一笔是本企业设计师阿轩的设计奖励 2 000 元，另一笔是聘请上海著名设计师阿浩的设计费支出 10 000 元。这两笔设计费支出，性质一样吗？

支付给本公司设计师阿轩的设计奖励费，属于任职、受雇而得到的报酬，应并入阿轩当月的工资、薪金所得代扣代缴个人所得税，支付给非本企业雇员阿浩的设计费，应按照劳务报酬所得代扣代缴个人所得税。

（三）稿酬所得

稿酬所得，是指个人因其作品以图书、报纸期刊形式出版、发表而取得的所得。这里所说的“作品”，是指包括中外文字、图片、乐谱等能以图书、报纸期刊方式出版、发表的作品；“个人作品”，包括本人的著作、翻译的作品等。个人取得遗作稿酬，应按“稿酬所得”项目计税。

想一想：网络稿费收入属于稿酬所得税目吗？

（四）特许权使用费所得

特许权使用费所得，是指个人提供专利权、著作权、商标权、非专利技术以及其他特许权的使用权取得的所得。提供著作权的使用权取得的所得，不包括稿酬所得。

（五）经营所得

经营所得包括：

1. 个体工商户从事生产、经营活动取得的所得，个人独资企业投资人、合伙企业的个人合伙人来源于境内注册的个人独资企业、合伙企业生产、经营的所得；

2. 个人依法取得执照，从事办学、医疗、咨询以及其他有偿服务活动取得的所得；

3. 对企业、事业单位的承包经营、承租经营以及转包、转租取得的所得；

4. 个人从事其他生产、经营活动取得的所得。

（六）利息、股息、红利所得

利息、股息、红利所得，是指个人拥有债权、股权而取得的利息、股息、红利所得。

（七）财产租赁所得

财产租赁所得是指个人出租不动产、机器设备、车船以及其他财产取得的所得。

（八）财产转让所得

财产转让所得是指个人转让有价证券、股权、合伙企业中的财产份额、不动产、机器设备、车船以及其他财产取得的所得。

（九）偶然所得

偶然所得是指个人得奖、中奖、中彩以及其他偶然性质的所得。

想一想： 去美国拉斯维加斯旅游取得的博彩收入，回国后需要缴纳个人所得税吗？

上述第（一）项至第（四）项所得统称“综合所得”。对于综合所得，居民个人应按纳税年度合并计算个人所得税，非居民个人应按月或者按次分项计算个人所得税；第（五）项至第（九）项所得，应当分别计算个人所得税。

四、税目及税率

现行个人所得税法的税率设计有超额累进税率和比例税率两种形式。

（一）综合所得

居民个人取得综合所得，按年合并计算个人所得税。其中工资薪金所得有扣缴义务人的，由扣缴义务人按月预扣预缴税款，适用居民个人工资、薪金所得预扣预缴税率表（见表5－3）。

表5－3　　居民个人工资、薪金所得预扣预缴税率

级数	全年应纳税所得额（含税）	税率（%）	速算扣除数
1	不超过36 000元的部分	3	0
2	超过36 000元至144 000元的部分	10	2 520
3	超过144 000元至300 000元的部分	20	16 920
4	超过300 000元至420 000元的部分	25	31 920
5	超过420 000元至660 000元的部分	30	52 920
6	超过660 000元至960 000元的部分	35	85 920
7	超过960 000元的部分	45	181 920

居民个人取得劳务报酬所得、稿酬所得和特许权使用费所得有扣缴义务人的，由扣缴义务人按月或者按次预扣预缴税款，劳务报酬所得适用居民个人劳务报酬所得预扣预缴税率表（见表5－4），稿酬所得和特许权使用费所得只有20%一档预扣率。

表5－4　　居民个人劳务报酬所得预扣预缴税率

级数	预扣预缴应纳税所得额	预扣率（%）	速算扣除数
1	不超过20 000元	20	0
2	超过20 000元至50 000元的部分	30	2 000
3	超过50 000元的部分	40	7 000

居民个人取得综合所得需要办理汇算清缴的，应当在取得所得的次年3月1日至6月30日内办理汇算清缴。年度汇算清缴时，适用税率同表5－3。

值得注意的是，非居民个人取得的工资薪金所得、劳务报酬所得、稿酬所得和特许权使用费所得，应分别计算纳税，适用按月换算后的非居民个人月度税率表（见表5－5）。

表 5－5　　非居民个人月度税率

级数	全月（当次）应纳税所得额（含税）	税率（%）	速算扣除数
1	不超过 3 000 元的部分	3	0
2	超过 3 000 元至 12 000 元的部分	10	210
3	超过 12 000 元至 25 000 元的部分	20	1 410
4	超过 25 000 元至 35 000 元的部分	25	2 660
5	超过 35 000 元至 55 000 元的部分	30	4 410
6	超过 55 000 元至 80 000 元的部分	35	7 160
7	超过 80 000 元的部分	45	15 160

（二）经营所得

个体工商户的生产经营所得适用 5% ～35% 的五级超额累进税率，每一级距指每一纳税年度的收入总额减除成本、费用以及损失的余额。具体所得税税率见表 5－6。

表 5－6　　经营所得适用税率

级数	全年应纳税所得额（含税级距）	税率（%）	速算扣除数
1	不超过 30 000 元的部分	5	0
2	超过 30 000 元至 90 000 元的部分	10	1 500
3	超过 90 000 元至 300 000 元的部分	20	10 500
4	超过 300 000 元至 500 000 元的部分	30	40 500
5	超过 500 000 元的部分	35	65 500

（三）财产租赁所得

每次收入不超过 4 000 元的，减除费用 800 元；4 000 元以上的，减除 20% 的费用，然后就其余额按比例税率 20% 征收。

（四）财产转让所得

财产转让所得减除财产原值和合理费用后的余额，按比例税率 20% 征收。

（五）利息、股息、红利所得、偶然所得

利息、股息、红利所得、偶然所得全额计税无扣除，均适用 20% 的比例税率。

五、税收优惠

（一）个人所得税的免税项目

（1）省级人民政府、国务院部委和中国人民解放军军以上单位，

以及外国组织、国际组织颁发的科学、教育、技术、文化、卫生、体育、环境保护等方面的奖金。

（2）国债和国家发行的金融债券利息。

国债利息，是指个人持有中华人民共和国财政部发行的债券而取得的利息；国家发行的金融债券利息，是指个人持有经国务院批准发行的金融债券而取得的利息。

（3）按照国家统一规定发给的补贴、津贴。是指根据国务院规定发给的政府特殊津贴、院士（指中国科学院和工程院院士）津贴、资深院士津贴，以及国务院规定免纳个人所得税的其他补贴、津贴。

（4）福利费、抚恤金、救济金。福利费，是指根据国家有关规定，从企业、事业单位、国家机关、社会团体提留的福利费或者工会经费中支付给个人的生活补助费；救济金，是指各级人民政府民政部门支付给个人的生活困难补助费。

（5）保险赔款。

（6）军人的转业费、复员费、退役金。

（7）按照国家统一规定发给干部、职工的安家费、退职费、基本养老金或者退休费、离休费、离休生活补助费。

（8）依照我国有关法律规定应予免税的各国驻华使馆、领事馆的外交代表、领事官员和其他人员的所得。

（9）中国政府参加的国际公约、签订的协议中规定免税的所得。

（10）国务院规定的其他免税所得。

此外，个人因解除劳动关系取得的一次性补偿收入（包括用人单位发放的经济补偿金、生活补助费和其他补助费用），在当地上年职工平均工资3倍数额以内的部分，免征个人所得税。对持《就业创业证》的人员从事个体经营的，在3年内按每户每年9 600元为限额依次扣减其当年实际应缴纳的增值税、城市维护建设税、教育费附加、地方教育附加和个人所得税。

（二）个人所得税的减税项目

5-4 随堂练习一

（1）残疾、孤老人员和烈属的所得。

（2）因自然灾害造成重大损失的。

上述减免税项目由国务院具体规定，并报全国人民代表大会常务委员会备案。

此外，财政部、国家税务总局还公告了《继续有效的个人所得税优惠政策目录》，纳税人可以参照执行目录所列的优惠政策。

任务二 计算个人所得税

【知识准备】

一、综合所得应纳税额的计算

（一）居民个人的应税收入和扣除项目

居民个人的综合所得，以每一纳税年度的收入额减除费用 60 000 元以及专项扣除、专项附加扣除和依法确定的其他扣除后的余额，为应纳税所得额。

1. 应税收入

应税收入额包括工资薪金收入、劳务报酬收入、稿酬收入和特许权使用费收入的总额。其中，劳务报酬所得、稿酬所得、特许权使用费所得以收入减除 20% 的费用后的余额为收入额。稿酬所得的收入额减按 70% 计算，即实际按稿酬收入的 56% 计入综合所得。

保险营销员、证券经纪人取得的佣金收入，属于劳务报酬所得，以不含增值税的收入减除 20% 的费用后的余额为收入额，收入额减去展业成本以及附加税费后，并入当年综合所得，计算缴纳个人所得税。保险营销员、证券经纪人展业成本按照收入额的 25% 计算。

2. 专项扣除

专项扣除包括居民个人按照国家规定的范围和标准缴纳的基本养老保险、基本医疗保险、失业保险等社会保险费和住房公积金等。

3. 专项附加扣除

专项附加扣除包括子女教育、继续教育、大病医疗、住房贷款利息或者住房租金、赡养老人等支出，以及住房贷款利息和住房租金等支出。具体的扣除标准为：

（1）子女教育专项附加扣除

纳税人的子女接受学前教育和学历教育的相关支出，按照每个子女每年 12 000 元（每月 1 000 元）的标准定额扣除。

受教育子女的父母分别按扣除标准的 50% 扣除；经父母约定，也可以选择由其中一方按扣除标准的 100% 扣除。具体扣除方式在一个纳税年度内不得变更。

> **特别提示**
>
> 专项扣除、专项附加扣除和依法确定的其他扣除，以居民个人一个纳税年度的应纳税所得额为限额。一个纳税年度扣除不完的，不结转以后年度扣除。

> **术语解析**
>
> 学前教育包括年满 3 岁至小学入学前教育。学历教育包括义务教育（小学和初中教育）、高中阶段教育（普通高中、中等职业教育）、高等教育（大学专科、大学本科、硕士研究生、博士研究生教育）。

（2）继续教育专项附加扣除

纳税人接受学历继续教育的支出，在学历教育期间按照每年 4 800 元（每月 400 元）定额扣除。同一学历（学位）继续教育的扣除期限不能超过 48 个月。纳税人接受技能人员职业资格继续教育、专业技术人员职业资格继续教育支出，在取得相关证书的当年，按照 3 600 元定额扣除。

5-5《个人所得税专项附加扣除操作办法（试行）》

个人接受本科及以下学历（学位）继续教育，符合规定扣除条件的，可以由其父母按照子女教育支出扣除，也可以由本人按照继续教育支出扣除，但不得同时扣除。

（3）大病医疗专项附加扣除

一个纳税年度内，纳税人发生的与基本医保相关的医药费用支出，扣除医保报销后个人负担（指医保目录范围内的自付部分）累计超过 15 000 元的部分，由纳税人在办理年度汇算清缴时，在 80 000 元限额内据实扣除。

纳税人发生的医药费用支出可以选择由本人或者其配偶扣除；未成年子女发生的医药费用支出可以选择由其父母一方扣除。

（4）住房贷款利息专项附加扣除

纳税人本人或配偶使用商业银行或住房公积金个人住房贷款为本人或其配偶购买住房，发生的首套住房贷款利息支出，在偿还贷款期间，可以按照每年 12 000 元（每月 1 000 元）标准定额扣除。非首套住房贷款利息支出，纳税人不得扣除。纳税人只能享受一套首套住房贷款利息扣除。

经夫妻双方约定，可以选择由其中一方扣除，具体扣除方式在一个纳税年度内不得变更。纳税人应当留存住房贷款合同、贷款还款支出凭证。

术语解析

主要工作城市是指纳税人任职受雇所在城市，无任职受雇单位的，为其经常居住城市。城市范围包括直辖市、计划单列市、副省级市、地级市（地区、州、盟）全部行政区域范围。

（5）住房租金专项附加扣除

纳税人本人及配偶在纳税人的主要工作城市没有住房，而在主要工作城市租赁住房发生的租金支出，可以按照以下标准定额扣除：

①承租的住房位于直辖市、省会城市、计划单列市以及国务院确定的其他城市，扣除标准为每年 18 000 元（每月 1 500 元）；

②承租的住房位于其他城市的，市辖区户籍人口超过 100 万的，扣除标准为每年 13 200 元（每月 1 100 元）。

③承租的住房位于其他城市的，市辖区户籍人口不超过 100 万（含）的，扣除标准为每年 9 600 元（每月 800 元）。

夫妻双方主要工作城市相同的，只能由一方扣除住房租金支出。夫妻双方主要工作城市不相同的，且各自在其主要工作城市都没有住房的，可以分别扣除住房租金支出。

住房租金支出由签订租赁住房合同的承租人扣除。

纳税人及其配偶不得同时分别享受住房贷款利息专项附加扣除和住

房租金专项附加扣除。

（6）赡养老人专项附加扣除

纳税人赡养60岁（含）以上父母以及其他法定赡养人的赡养支出，可以按照以下标准定额扣除：

①纳税人为独生子女的，按照每年24 000元（每月2 000元）的标准定额扣除；

②纳税人为非独生子女的，应当与其兄弟姐妹分摊每年24 000元（每月2 000元）的扣除额度，分摊方式包括平均分摊、被赡养人指定分摊或者赡养人约定分摊，具体分摊方式在一个纳税年度内不得变更。

采取指定分摊或约定分摊方式的，每一纳税人分摊的扣除额最高不得超过每年12 000元（每月1 000元），并签订书面分摊协议。指定分摊与约定分摊不一致的，以指定分摊为准。纳税人赡养2个及以上老人的，不按老人人数加倍扣除。

术语解析

其他法定赡养人是指祖父母、外祖父母的子女已经去世，实际承担对祖父母、外祖父母赡养义务的孙子女、外孙子女。

4. 其他扣除

其他扣除包括个人缴付符合国家规定的企业年金、职业年金，个人购买符合国家规定的商业健康保险、税收递延型商业养老保险的支出，以及国务院规定可以扣除的其他项目。

（二）居民个人工资薪金所得的预扣预缴

扣缴义务人向居民个人支付工资、薪金所得时，应当按照累计预扣法计算预扣税款，并按月办理扣缴申报。

累计预扣法，是指扣缴义务人在一个纳税年度内预扣预缴税款时，以纳税人在本单位截至当前月份工资、薪金所得累计收入减除累计免税收入、累计减除费用、累计专项扣除、累计专项附加扣除和累计依法确定的其他扣除后的余额为累计预扣预缴应纳税所得额，适用居民个人工资、薪金所得预扣预缴税率表，计算累计应预扣预缴税额，再减除累计减免税额和累计已预扣预缴税额，其余额为本期应预扣预缴税额。

5－6《关于完善调整部分纳税人个人所得税预扣预缴方法的公告》

具体计算公式如下：

本期应预扣预缴税额＝（累计预扣预缴应纳税所得额×预扣率－速算扣除数）－累计减免税额－累计已预扣预缴税额

累计预扣预缴应纳税所得额＝累计收入－累计免税收入－累计减除费用－累计专项扣除－累计专项附加扣除－累计依法确定的其他扣除

其中：累计减除费用，按照5 000元/月乘以纳税人当年截至本月在本单位的任职受雇月份数计算。

对一个纳税年度内首次取得工资、薪金所得的居民个人，扣缴义务人在预扣预缴个人所得税时，可按照5 000元/月乘以纳税人当年截至本月月份数计算累计减除费用。

（三）居民个人劳务报酬、稿酬所得、特许权使用费所得的预扣预缴

劳务报酬所得、稿酬所得、特许权使用费所得，以每次收入额为预扣预缴应纳税所得额，计算应预扣预缴税额。

劳务报酬所得、稿酬所得、特许权使用费所得以收入减除费用后的余额为收入额；其中，稿酬所得的收入额减按70%计算。

劳务报酬所得、稿酬所得、特许权使用费所得，属于一次性收入的，以取得该项收入为一次；属于同一项目连续性收入的，以一个月内取得的收入为一次。

1. 劳务报酬所得预扣预缴税额的计算

（1）居民个人劳务报酬每次收入不超过4 000元的：

预扣预缴税额 = 预扣预缴应纳税所得额 × 预扣率 = (每次收入 − 800) × 20%

（2）每次收入在4 000元以上但预扣预缴应纳税所得额不超过20 000元的：

预扣预缴税额 = 预扣预缴应纳税所得额 × 预扣率 = 每次收入 × (1 − 20%) × 20%

（3）每次收入的预扣预缴应纳税所得额超过20 000元的：

预扣预缴税额 = 预扣预缴应纳税所得额 × 预扣率 − 速算扣除数 = 每次收入 × (1 − 20%) × 预扣率 − 速算扣除数

2. 稿酬所得预扣预缴税额的计算

（1）每次收入不超过4 000元的：

预扣预缴税额 = 预扣预缴应纳税所得额 × 预扣率 = (每次收入 − 800) × 70% × 20%

（2）每次收入在4 000元以上的：

预扣预缴税额 = 预扣预缴应纳税所得额 × 预扣率 = 每次收入 × (1 − 20%) × 70% × 20%

3. 特许权使用费所得预扣预缴税额的计算

（1）每次收入不超过4 000元的：

预扣预缴税额 = 预扣预缴应纳税所得额 × 预扣率 = (每次收入 − 800) × 20%

（2）每次收入在4 000元以上的：

预扣预缴税额 = 预扣预缴应纳税所得额 × 预扣率 = 每次收入 × (1 − 20%) × 20%

【实战训练5−3】 财务经理请阿肯计算本公司的工程师宋金磊综合所得应预缴代扣的个人所得税。阿肯看到他2020年1～2月取得各项综

合所得如下：

2020年1月税前工资、薪金收入为30 000元，每月减除费用5 000元。每月负担养老保险2 400元，基本医疗保险600元，失业保险150元，住房公积金2 400元。每月赡养老人允许扣除2 000元，没有其他专项附加扣除。当月，还从南海公司取得一次性劳务报酬收入共40 000元。

2020年2月税前工资、薪金收入为26 000元，每月减除费用5 000元。每月负担养老保险2 400元，基本医疗保险600元，失业保险150元，住房公积金2 400元。每月赡养老人允许扣除2 000元，没有其他专项附加扣除。当月，还从北海出版社取得一次性稿酬收入12 000元。

阿肯应当分别计算宋金磊1～2月工资薪金所得、劳务报酬所得和稿酬所得的应纳税所得额，然后查税率表计算应纳个人所得税额。

（1）2020年1月宋金磊的累计工资薪金所得应纳税所得额＝30 000－5 000－2 400－600－150－2 400－2 000＝17 450（元）

2020年1月宋金磊的工资薪金所得应由本公司预扣预缴的个人所得税＝17 450×3%＝523.5（元）

（2）2020年1月宋金磊的劳务报酬所得应由南海公司预扣预缴的个人所得税＝40 000×(1－20%)×30%－2 000＝7 600（元）

（3）2020年2月宋金磊的累计工资薪金所得应纳税所得额＝(30 000＋26 000)－5 000×2－2 400×2－600×2－150×2－2 400×2－2 000×2＝30 900（元）

2020年2月宋金磊的工资薪金所得应由本公司预扣预缴的个人所得税＝30 900×3%－523.5＝403.5（元）

（4）2020年2月宋金磊的稿酬所得应由北海出版社预扣预缴的个人所得税＝12 000×(1－20%)×70%×20%＝1 344（元）

需要说明的是，正在接受全日制学历教育的学生因实习取得劳务报酬所得的，扣缴义务人预扣预缴个人所得税时，可按照累计预扣法计算并预扣预缴税款。

（四）综合所得的汇算清缴

居民个人的综合所得各项目应当按月或按次预扣缴，次年进行全年度汇算清缴。

全年综合所得应纳的个人所得税税额＝(全年税前工资薪金总额＋全年劳务报酬所得额＋全年稿酬所得额＋全年特许权使用费所得额－60 000－全年专项扣除总额－全年专项附加扣除总额－全年其他扣除总额)×适用税率－速算扣除数

年度预扣预缴税额与年度应纳税额不一致的，由居民个人于次年3月1日至6月30日向主管税务机关办理综合所得年度汇算清缴，税款多退少补。

5－7《国家税务总局关于办理2019年度个人所得税综合所得汇算清缴事项的公告》

【实战训练5-4】宋金磊为博爱公司员工，2019年每月取得税前工资薪金收入11 000元，每月负担“三险一金”2 035元，每月专项附加扣除额为3 000元。当年，为境内春风纺织公司提供技术支持服务，取得税前劳务报酬30 000元；出版设计图纸一本，取得夏花出版社支付的税前稿酬收入20 000元。将一项纺纱专利提供给秋月公司使用，取得秋月纺织公司税前特许权使用费收入共10 000元。

假定上述四家单位已预扣预缴宋金磊的个人所得税5 000元。宋金磊本人应在2020年3月1日~6月30日对其2019年度综合所得的个人所得税进行汇算清缴。

2019年综合所得的应纳税所得额＝11 000×12＋30 000×（1－20%）＋20 000×（1－20%）×70%＋10 000×（1－20%）－60 000－2 035×12－3 000×12＝54 780（元）

2019年综合所得应纳个人所得税＝54 780×10%－2 520＝2 958（元）

2019年汇算清缴应退回的个人所得税＝5 000－2 958＝2 042（元）

5-8《财政部 税务总局关于个人所得税法修改后有关优惠政策衔接问题的通知》

（五）全年一次性奖金个人所得税的过渡政策

居民个人取得符合规定的全年一次性奖金，在2021年12月31日前，不并入当年综合所得，以全年一次性奖金收入除以12个月得到的数额，按照综合所得月度税率表，确定适用税率和速算扣除数，单独计算纳税。计算公式为：

应纳税额＝全年一次性奖金收入×适用税率－速算扣除数

居民个人取得全年一次性奖金，也可以选择并入当年综合所得计算纳税。自2022年1月1日起，居民个人取得全年一次性奖金，应并入当年综合所得计算缴纳个人所得税。

【实战训练5-5】财务经理请阿肯按照不并入综合所得的方法计算本公司的工程师宋金磊2019年年终奖应代扣的个人所得税。阿肯看到，宋金磊税前取得全年一次性奖金30 000元。

阿肯先计算出平均每月工资奖金＝30 000÷12＝2 500（元），查表得知适用税率为3%，速算扣除数0元。

由此可得全年一次奖金应纳税额＝48 000×3%＝1 440（元）

（六）股权激励个人所得税的计算

居民个人取得股票期权、股票增值权、限制性股票、股权奖励等股权激励（以下简称“股权激励”），符合规定的，在2021年12月31日前，不并入当年综合所得，全额单独适用综合所得税税率表，计算纳税。计算公式为：

应纳税额＝股权激励收入×适用税率－速算扣除数

居民个人一个纳税年度内取得两次以上（含两次）股权激励的，应合并按上述公式计算纳税。

（七）单位低价向职工售房的个人所得税计算

单位按低于购置或建造成本价格出售住房给职工，职工因此而少支出的差额部分，符合规定的，不并入当年综合所得，以差额收入除以12个月得到的数额，按照月度税率表确定适用税率和速算扣除数，单独计算纳税。计算公式为：

应纳税额 = 职工实际支付的购房价款低于该房屋的购置或建造成本价格的差额 × 适用税率 − 速算扣除数

（八）解除劳动关系、提前退休、内部退养的一次性补偿收入的个人所得税计算

1. 居民个人与用人单位解除劳动关系取得一次性补偿收入（包括用人单位发放的经济补偿金、生活补助费和其他补助费），在当地上年职工平均工资3倍数额以内的部分，免征个人所得税；超过3倍数额的部分，不并入当年综合所得，单独适用综合所得税税率表，计算纳税。

2. 个人办理提前退休手续而取得的一次性补贴收入，应按照办理提前退休手续至法定离退休年龄之间实际年度数平均分摊，确定适用税率和速算扣除数，单独适用综合所得税税率表，计算纳税。计算公式：

应纳税额 = {[（一次性补贴收入 ÷ 办理提前退休手续至法定退休年龄的实际年度数）− 费用扣除标准] × 适用税率 − 速算扣除数} × 办理提前退休手续至法定退休年龄的实际年度数

3. 个人办理内部退养手续后从原任职单位取得的一次性收入，应按办理内部退养手续后至法定离退休年龄之间的所属月份进行平均，并与领取当月的工资薪金合并后，减除当月费用扣除标准，以余额为基数确定适用税率，再将当月工资薪金加上取得的一次性收入，减去费用扣除标准，按适用税率计征个人所得税。

（九）个人领取企业年金、职业年金个人所得税的计算

个人达到国家规定的退休年龄，领取的企业年金、职业年金，符合规定的，不并入综合所得，全额单独计算应纳税款。其中按月领取的，适用月度税率表计算纳税；按季领取的，平均分摊计入各月，按每月领取额适用月度税率表计算纳税。

5－9《财政部 人力资源和社会保障部 国家税务总局关于企业年金职业年金个人所得税有关问题的通知》

（十）非居民个人综合所得应纳税额的计算

非居民个人的工资、薪金所得，以每月收入额减除费用5 000元后

的余额为应纳税所得额；非居民个人取得的劳务报酬所得、稿酬所得、特许权使用费所得，以每次收入额为应纳税所得额，适用按月换算后的非居民个人月度税率表（参考表5－5）计算应纳税额。

劳务报酬所得、稿酬所得、特许权使用费所得以收入减除20%的费用后的余额为收入额。稿酬所得的收入额减按70%计算。

5－10《关于非居民个人和无住所居民个人有关个人所得税政策的公告》

非居民个人取得的劳务报酬所得、稿酬所得、特许权使用费所得，属于一次性收入的，以取得该项收入为一次；属于同一项目连续性收入的，以一个月内取得的收入为一次。

非居民个人取得经营所得、财产租赁所得、财产转让所得、股息利息红利所得、偶然所得等，计算方法与居民个人相同。

【实战训练5－6】 新加坡华侨梁亦甫为非居民个人，2020年1月起受聘到博爱家纺有限公司担任公司高管。财务经理请阿肯计算其2020年1月的综合所得应代扣的个人所得税。阿肯看到梁亦甫当月工资性收入为25 000元。当月为政府有关部门开展“海上丝绸之路，企业走出去”系列讲座，取得劳务报酬10 000元，另外取得来自新加坡的特许权使用费收入折合人民币20 000元。

阿肯先计算梁亦甫当月综合所得的应纳税所得额，然后查税率表计算应纳个人所得税额。

梁亦甫为非居民个人，仅就其来源于中国境内的所得在我国缴纳个人所得税。

其当月工资薪金所得应在我国缴纳个人所得税＝(25 000＋5 000)×20%－1 410＝2 590（元）

其当月劳务报酬所得应在我国缴纳个人所得税＝10 000×(1－20%)×10%－210＝590（元）

二、经营所得应纳税额的计算

（一）经营所得额的确定

1. 计税基本规定

经营所得，以每一纳税年度的收入总额减除成本、费用以及损失后的余额，为应纳税所得额。计算公式为：

应纳税所得额＝收入总额－成本－费用－税金－损失－其他支出－允许弥补的以前年度亏损

个体工商户从事生产经营以及与生产经营有关的活动取得的货币形式和非货币形式的各项收入，为收入总额。包括：销售货物收入、提供劳务收入、转让财产收入、利息收入、租金收入、接受捐赠收入、其他收入。

成本、费用，是指个体工商户从事其他生产、经营活动发生的各项直接支出和分配计入成本的间接费用以及销售费用、管理费用、财务费用。

损失，是指个体工商户从事其他生产经营活动发生的固定资产和存货的盘亏、毁损、报废损失，转让财产损失、坏账损失、自然灾害等不可抗力因素造成的损失以及其他损失。

税金是指个体工商户在生产经营活动中发生的除个人所得税和允许抵扣的增值税以外的各项税金及其附加；如消费税、城市维护建设税、资源税、土地使用税、土地增值税、房产税、车船税、印花税、耕地占用税以及视同税金的教育费附加等。

其他支出是指除成本、费用、税金、损失外，个体工商户在生产经营活动中发生的与生产经营活动有关的、合理的支出。

个人将其所得对教育、扶贫、济困等公益慈善事业进行捐赠，捐赠额未超过纳税人申报的应纳税所得额 30% 的部分，可以从其应纳税所得额中扣除；国务院规定对公益慈善事业捐赠实行全额税前扣除的，从其规定。

5－11《财政部 税务总局关于公益慈善事业捐赠个人所得税政策的公告》

特别提示

这里的应纳税所得额，是指计算扣除捐赠额之前的应纳税所得额。

2. 不得在所得税税前列支的项目

（1）个人所得税税款；

（2）税收滞纳金；

（3）罚金、罚款和被没收财物的损失；

（4）不符合扣除规定的捐赠支出；

（5）赞助支出；

（6）用于个人和家庭的支出；

（7）与取得生产经营收入无关的其他支出；

（8）国家税务总局规定不准扣除的支出。

（二）经营所得应纳个人所得税的计算

1. 个体工商户生产经营所得

取得经营所得的个人，没有综合所得的，计算其每一纳税年度的应纳税所得额时，应当减除费用 6 万元、专项扣除、专项附加扣除以及依法确定的其他扣除。专项附加扣除在办理汇算清缴时减除。经营者按其应纳税所得额，适用 5 级超额累进税率计算，计算公式为：

全年应纳税额＝全年应纳税所得额×适用税率－速算扣除数

【实战训练 5－7】 个体工商户范珍香 2019 年实现销售快餐收入 340 万元，耗用食材辅料的成本 250 万元，支付 5 名雇工工资计 24.8 万元（符合当地税务机关规定标准），缴纳房租、水电煤等费用 10 万元，发生业务招待费5万元，通过国家机关向社会福利院捐赠12万元。请你帮助该个体户计算2019年应缴纳的个人所得税。

范珍香2019年各项费用项目扣除标准：

业务招待费扣除额：340×0.5%＝1.7（万元）<5×60%＝3（万元）

准予扣除的业务招待费限额＝1.7万元

捐赠前应纳税所得额＝340－250－24.8－10－1.7＝53.5（万元）

准予扣除公益救济性捐赠限额＝12万元<53.5×30%＝16.05（万元），12万元的捐赠可以税前全部扣除。

应纳税所得额＝53.5－12＝41.5（万元）

应纳个人所得税额＝41.5×30%－4.05＝8.4（万元）

另外，由于个体工商户经营所得的应纳税额实行按年计算、分月或分季预缴、年终汇算清缴、多退少补的方法，所以在实际工作中，需要分别计算按月预缴税额和年终汇算清缴税额，其计算公式如下：

全年应纳税所得额＝当月应纳税所得额＋本年前期累计的应纳税所得额

全年应纳个人所得税额＝全年应纳税所得额×适用税率－速算扣除数

本月应缴纳税额＝全年应纳个人所得税额－本年前期累计已预缴税额

【实战训练5－8】个体工商户朱轶群经营一家“逸群饭店”，财税账证健全。2019年12月销售额为548 000元，购进蔬菜、水果、粮油等食材费用为264 000元，缴纳水电费、房租等费用为76 000元，缴纳其他税费合计为120 400元。当月支付给员工工资36 000元。1～11月累计应纳税所得额为156 900元，1～11月累计已预缴个人所得税15 270元。试计算该经营户12月份应缴纳的个人所得税。

由于个体工商户经营所得税税率表中的应纳税所得额是全年的，该个体工商户应先计算12月的应纳税所得额，从而得出全年累计应纳税所得额。然后按全年累计应纳税所得额计算全年应缴纳的个人所得税，扣除1～11月预缴的，即为12月应缴纳的个人所得税。

（1）12月应纳税所得额＝548 000－264 000－76 000－120 400－36 000－3 500＝48 100（元）

（2）全年累计应纳税所得额＝156 900＋48 100＝205 000（元）

（3）全年应纳个人所得税额＝205 000×20%－10 500＝30 500（元）

（4）12月份应缴纳个人所得税＝30 500－15 270＝15 230（元）

2. 承包、承租、转包、转租经营所得

对取得承包、承租、转包、转租经营所得的个人，没有综合所得的，计算其每一纳税年度的应纳税所得额时，应当减除费用6万元、专项扣除、专项附加扣除以及依法确定的其他扣除。专项附加扣除在办理汇算清缴时减除。

应纳税所得额 = 纳税年度承包、承租、转包、转租经营收入总额 - 60 000。具体公式表示为：

应纳税额 = 应纳税所得额 × 适用税率 - 速算扣除数

【实战训练 5-9】 2019 年 1 月起，吴艳梅承包了鹿鸣书店，2019 年全年书店实现经营利润总额 149 600 元。按合同规定：承包人每年从承包利润中上交承包费 60 000 元。吴艳梅 2019 年承包书店需缴纳多少个人所得税？

2019 年吴艳梅应缴纳个人所得税计算如下：

应纳税所得额 = (149 600 - 60 000) - 60 000 = 29 600（元）

应纳个人所得税额 = 29 600 × 5% = 1 480（元）

三、财产租赁所得应纳税额的计算

财产租赁所得以个人每次取得的收入，定额或定率减除规定费用后的余额为应纳税所得额。财产租赁所得以一个月内取得的收入为一次。计算方法为：

每次收入不超过 4 000 元的，应纳税所得额 = 每次收入 - 800；

每次收入超过 4 000 元的，应纳税所得额 = 每次收入 × (1 - 20%)

【实战训练 5-10】 宋金磊 2019 年 1 月 1 日起将其一块闲置空地出租做临时停车场，每月收取租金 2 500 元，计算宋金磊 2019 年度出租空地收入应当缴纳的个人所得税。

每月应纳税额 = (2 500 - 800) × 20% = 340（元）

2019 年度应纳个人所得税税额合计 = 340 × 12 = 4 080（元）

四、财产转让所得应纳税额的计算

财产转让所得以每次转让财产取得的收入额减除财产原值和合理费用后的余额为应纳税所得额。其中合理费用是指卖出财产时按规定支付的有关费用。财产转让所得按 20% 的比例税率计算应纳税额。用公式表示为：

应纳税所得额 = 每次收入 - 财产原值 - 合理费用

应纳税额 = 应纳税所得额 × 20%

其中，每次收入指一件财产的所有权一次转让取得的收入。财产原值是指：

（1）有价证券，为买入价以及买入时按照规定交纳的有关费用；

（2）建筑物，为建造费或购进价格以及其他有关费用；

（3）土地使用权，为取得土地使用权所支付的金额，开发土地的

特别提示

一般地，个人发生非货币性资产交换，以及将财产用于捐赠、偿债、赞助、投资等用途的，应当视同转让财产并缴纳个人所得税。

费用以及其他有关费用；

（4）机器设备、车船，为购进价格、运输费、安装费以及其他有关费用；

其他财产，参照以上方法确定；

纳税义务人未提供完整、准确的财产原值凭证的，不能正确计算财产原值的，由主管税务机关核定其财产原值。

财产转让所得计税时允许扣除的合理费用，是指卖出财产时按规定支付的有关费用。

【实战训练 5－11】 2020 年 2 月，宋金磊将其 2015 年购入的临街商铺以 1 500 万元的价格出售。该商铺购进价格为 900 万元，过户公证等费用 3 万元，计算宋金磊应缴纳的个人所得税。

应纳税所得额＝1 500－(900＋3)＝597（万元）

应纳税额＝597×20%＝119.4（万元）

五、利息、股息、红利所得，偶然所得应纳税额的计算

利息、股息红利所得，偶然所得以每次收入额为应纳税所得额，无任何扣除事项。其中，利息、股息、红利所得，以支付利息、股息、红利时取得的收入为一次，偶然所得，以每次取得该项收入为一次。其个人所得税计算公式为：

应纳税额＝应纳税所得额（每次收入额）×适用税率

【实战训练 5－12】 2020 年 3 月，宋金磊在商场抽奖，获得价值 20 000 元的 75 寸高清智能云电视一台。商场应代扣多少个人所得税？

该笔中奖应代扣的个人所得税税额＝20 000×20%＝4 000（元）

> **特别提示**
>
> 这里所说的“已在境外缴纳的个人所得税”是指纳税人从中国境外取得所得，依照该所得来源国或者地区的法律应当并实际缴纳的税额。

六、特殊情况应纳税额的确定

（一）境外所得已纳税额扣除的计算

居民个人从境内和境外取得的综合所得或者经营所得，应当分别合并计算应纳税额；从境内和境外取得的其他所得应当分别单独计算应纳税额。

个人独资企业、合伙企业及个人从事其他生产、经营活动在境外营业机构的亏损，不得抵减境内营业机构的盈利。

居民个人从境外取得所得，已在境外缴纳的个人所得税税款，准予在境内应纳税额中扣除，但扣除额不得超过该纳税人境外所得依照我国个人所得税法计算的应纳税额。

纳税人从中国境外一国（或地区）实际已缴纳的个人所得税税额，低于依照我国税法计算的该国（或地区）扣除限额的，须在我国缴纳差额部分的税款；超过该国（或地区）扣除限额的，其超过部分不能在本纳税年度的应纳税额中扣除。但是可以在以后纳税年度的该国家或者地区抵免限额的余额中补扣。补扣期限最长不得超过五年。

抵免限额的具体计算方法如下：

（1）来源于一国（地区）综合所得的抵免限额 = 中国境内、境外综合所得依照个人所得税法和本条例的规定计算的综合所得应纳税总额 × 来源于该国（地区）的综合所得收入额 ÷ 中国境内、境外综合所得收入总额；

（2）来源于一国（地区）经营所得抵免限额 = 中国境内、境外经营所得依照个人所得税法和本条例的规定计算的经营所得应纳税总额 × 来源于该国（地区）的经营所得的应纳税所得额 ÷ 中国境内、境外经营所得的应纳税所得额；

（3）来源于一国（地区）的其他所得项目抵免限额，为来源于该国（地区）的其他所得项目依照个人所得税法和本条例的规定计算的应纳税额。

【实战训练 5 - 13】 宋金磊因毛纺技术精湛，2019 年向哈萨克斯坦某纺织公司转让一项专利使用权，取得特许权使用费收入 90 000 元，该项所得在哈萨克斯坦已缴纳个人所得税 1 000 元；在韩国投资，取得红利收入 54 000 元，已由韩国公司代扣个人所得税 10 000 元。宋金磊 2019 年度应在我国补交的个人所得税税额为多少元？（以上均为折合人民币金额）

宋金磊应分别计算境外两国所得按我国税法计算的应纳税额：

（1）哈萨克斯坦特许权使用费所得应纳税额 =（90 000 - 60 000）× 3% = 900（元）

哈萨克斯坦的扣除限额 = 900（元）

宋金磊已在哈萨克斯坦缴纳个税税款 1 000 元，超过扣除限额 900 元的本年度应纳税额，不必在我国补交个人所得税。

（2）韩国红利所得应纳税额 = 54 000 × 20% = 10 800（元）

宋金磊已在韩国缴纳税款 10 000 元，低于扣除限额，应在我国补交个人所得税额 = 10 800 - 10 000 = 800（元）

（二）共同取得同一项目所得的个人所得税计算

两个或者两个以上的个人共同取得同一项目收入的，应当对每个人取得的收入分别按照个人所得税法规定减除费用后计算纳税。

（三）应纳税所得额的纳税调整事项

纳税人有下列情形之一的，税务机关有权按照合理方法进行纳税调整：

（1）个人与其关联方之间的业务往来，不符合独立交易原则且无正当理由；

术语解析

独立交易原则，是指没有关联关系的交易各方，按照公平成交价格和营业常规进行业务往来遵循的原则。

关联方，是指与个人有下列关联关系之一的个人、企业或者其他经济组织：

①夫妻、直系血亲、兄弟姐妹，以及其他抚养、赡养、扶养关系；

②资金、经营、购销等方面的直接或者间接控制关系；

③其他经济利益关系。

个人之间有前款第一项关联关系的，其中一方个人与企业或者其他组织存在前款第二项和第三项关联关系的，另一方个人与该企业或者其他组织构成关联方。

（2）居民个人控制的，或者居民个人和居民企业共同控制的设立在实际税负明显偏低的国家（地区）的企业，无合理经营需要，对应当归属于居民个人的利润不作分配或者减少分配；

术语解析

实际税负明显偏低，是指实际税负低于《中华人民共和国企业所得税法》规定的税率的50%。

这里的控制，包括两种情况：

①居民个人、居民企业直接或者间接单一持有外国企业10%以上有表决权股份，且由其共同持有该外国企业50%以上股份；

②居民个人、居民企业持股比例未达到第一项规定的标准，但在股份、资金、经营、购销等方面对该外国企业构成实质控制。

（3）个人实施其他不具有合理商业目的的安排而获取不当税收利益。

术语解析

不具有合理商业目的，是指以减少、免除或者推迟缴纳税款为主要目的。

税务机关依照前款规定作出纳税调整，需要补征税款的，应当补征税款，并依法加收利息。

5－12　随堂练习二

任务三　个人所得税会计处理

【知识准备】

一、账户设置

对于采用自行申报个人所得税的纳税人，除实行查账征收的个体工商户外，一般不涉及个人所得税的会计核算。因而个人所得税的会计处理主要指的是个体工商户和企业代扣代缴职工或其他个人的个人所得税所涉及的会计核算。实行查账征收的个体工商户，应设置“应交税费——应交个人所得税”科目，核算其应缴纳的个人所得税，一般企业涉及的代扣代缴个人所得税业务，应设置“应交税费——代扣个人所得税”科目，核算其代扣代缴个人所得税情况。

二、代扣代缴工资、薪金个人所得税的会计处理

职工工资、薪金所得应纳个人所得税，由企业每月向职工支付工资、薪酬时代扣代缴。企业对扣缴的个人所得税，通过“应交税费——应交个人所得税”账户核算。企业在向职工支付工资、薪金所得的同时代扣税款，计入账户的贷方，实际解缴时计入该账户的借方，期末余额一般在贷方，表示期末已代扣尚未解缴的个人所得税。

【实战训练 5－14】博爱家纺有限公司 2019 年 5 月工资结算单见表 5－7。

表 5－7　　博爱家纺有限公司 2019 年 5 月工资结算单

姓名	职务	基本工资	……	应发工资	代扣个税	实发工资
曲筱筱	总经理	8 000	……	14 000	1 380	12 620
宋金磊	工程总监	6 000	……	9 600	855	8 745
安笛	财务总监	6 000	……	9 300	829	8 471
樊胜梅	人事经理	5 000	……	8 900	692	8 208
关雎儿	采购经理	5 000	……	8 500	530	7 970
邱盈盈	营销经理	5 000	……	8 800	686	8 114
⋮		⋮	⋮	⋮	⋮	⋮
合计		180 080		200 000	10 265	189 735

博爱家纺有限公司当月会计处理如下：

（1）当企业向银行提现备发工资时：

借：库存现金　　189 735

　　贷：银行存款　　189 735

（2）发放工资同时代扣税款时：

借：应付职工薪酬——工资　　200 000

　　贷：库存现金　　189 735

　　应交税费——应交个人所得税　　10 265

(3) 5月31日分配工资费用时：

借：生产成本等账户　　200 000

　　贷：应付职工薪酬——工资　　200 000

(4) 6月15日，实际缴纳个人所得税时：

借：应交税费——应交个人所得税　　10 265

　　贷：银行存款　　10 265

三、代扣代缴其他所得项目个人所得税的会计处理

支付承包经营承租经营所得，劳务报酬所得，稿酬所得，特许权使用费所得，利息、股息、红利所得，财产租赁所得，财产转让所得，偶然所得的单位，代扣代缴个人所得税时，应通过“其他应付款——代扣个人所得税”科目（或“应交税费——代扣个人所得税”科目）。在支付上述各项所得的同时，按税法规定计算应代扣的个人所得税额，将代扣的个人所得税按各人姓名、支付的金额、代扣的税款登记在代扣代缴税款账簿上，而后在支付时告知每个领款人已扣缴的个人所得税数额，并填写扣缴报告表。然后记入“其他应付款——代扣个人所得税”科目。为正确记录、反映个人所得税的扣缴事项，扣缴义务人应通过“应交税费——应交个人所得税”科目和“应付股利”“管理费用”“应付债券”“应付账款”“其他应付款”等有关账户进行核算。

【实战训练5-15】博爱家纺有限公司租用包亦凡拥有的临街商业用房一幢做直营门店，月租金20 000元，计算博爱公司每月应代扣代缴的个人所得税并进行相应的会计处理。

博爱家纺有限公司应当为包亦凡代扣代缴个人所得税＝20 000×(1－20%)×20%＝3 200（元）

博爱公司有关会计处理如下：

(1) 租赁费用列支时：

借：管理费用　　20 000

　　贷：其他应付款——包亦凡　　20 000

(2) 支付租赁费代扣个人所得税时：

借：其他应付款——包亦凡　　20 000

　　贷：应交税费——应交个人所得税　　3 200

　　　　银行存款　　16 800

(3) 按规定缴纳扣缴的个人所得税时：

借：应交税费——应交个人所得税　　3 200

贷：银行存款　　　　　　　　　　　　3 200

【实战训练 5－16】 博爱家纺有限公司于 2019 年 5 月向个人魏巍购入提花机一台，价款 100 000 元，在出售过程中由卖方负担有关税费 5 000 元，该设备魏巍于 2012 年购入时原价为 80 000 元。计算博爱公司每月应代扣代缴的个人所得税并进行相应的会计处理。

博爱公司应代扣代缴的个人所得税 =（100 000 － 80 000 － 5 000）× 20% = 3 000（元）

博爱公司有关会计处理如下：

（1）支付设备款项代扣个人所得税时：

借：固定资产　　　　　　　　　　100 000

　贷：应交税费——应交个人所得税　　　3 000

　　　银行存款　　　　　　　　　　　97 000

（2）按规定缴纳代扣的个人所得税时：

借：应交税费——应交个人所得税　　3 000

　贷：银行存款　　　　　　　　　　　3 000

5－13　随堂练习三

任务四　个人所得税纳税申报

【知识准备】

5－14《个人所得税扣缴申报管理办法（试行）》

一、个人所得税代扣代缴纳税申报

（一）扣缴义务人

《个人所得税代扣代缴暂行办法》规定："凡支付个人应纳税所得的企业（公司）、事业单位、机关、社团组织、军队、驻华机构、个体户等单位或者个人，为个人所得税的扣缴义务人。"扣缴义务人向个人支付应纳税所得（包括现金、实物和有价证券）时，不论纳税人是否属于本单位人员，均应代扣代缴其应纳的个人所得税税款。

国务院税务主管部门可以指定掌握所得信息并且对所得取得过程有控制权的单位为扣缴义务人。

特别提示

此处的支付，包括现金支付、汇拨支付、转账支付和以有价证券、实物以及其他形式的支付。

（二）纳税人识别号

个人应当凭纳税人识别号实名办税。扣缴义务人扣缴税款时，纳税人应当向扣缴义务人提供纳税人识别号。纳税人有中国居民身份证号码的，以中国居民身份证号码为纳税人识别号；没有中国居民身份证号码的个人在首次发生纳税义务时，由税务机关赋予其纳税人识别号。

（三）扣缴办法

（1）扣缴义务人必须依照法律、行政法规规定或者税务机关依照法律、行政法规确定的申报期限、申报内容如实办理全员全额扣缴申报，在扣缴税款的次月内，向主管税务机关报送代扣代缴、代收代缴税款报告表以及税务机关根据实际需要要求扣缴义务人报送的其他有关资料。

（2）综合所得的预扣缴及汇算清缴办法。

①单位预扣缴

居民个人取得综合所得按年计算个人所得税；有扣缴义务人的，由扣缴义务人按月或者按次预扣预缴税款。

居民个人向扣缴义务人提供专项附加扣除信息的，扣缴义务人按月预扣预缴税款时应当按照规定予以扣除，不得拒绝。除大病医疗以外，子女教育、赡养老人、住房贷款利息、住房租金、继续教育，纳税人可以选择在单位发放工资薪金时，按月享受专项附加扣除政策。

首次享受时，纳税人应填报《个人所得税专项附加扣除信息表》给任职受雇单位，单位在每个月发放工资时，应为职工办理专项附加扣除。

一个纳税年度内，如未及时将扣除信息报送任职受雇单位，以致在单位预扣预缴工资、薪金所得税未享受扣除或未足额享受扣除的，可以在当年剩余月份内向单位申请补充扣除，也可以在次年 3 月 1 日至 6 月 30 日内，向汇缴地主管税务机关进行汇算清缴申报时办理扣除。

5 - 15 《个人所得税专项附加扣除信息采集表》及填写说明

②年度汇算清缴

纳税人取得综合所得需要办理汇算清缴的，应当在取得所得的次年 3 月 1 日至 6 月 30 日期间办理。需要办理汇算清缴的包括下列情形：

a. 在两处或者两处以上取得综合所得，且综合所得年收入额减去专项扣除的余额超过 6 万元；

b. 取得劳务报酬所得、稿酬所得、特许权使用费所得中一项或者多项所得，且综合所得年收入额减去专项扣除的余额超过 6 万元；

c. 纳税年度内预缴税额低于应纳税额的。

居民个人取得劳务报酬所得、稿酬所得、特许权使用费所得，应当在汇算清缴时向税务机关提供有关信息，办理专项附加扣除。

非居民个人取得综合所得，有扣缴义务人的，由扣缴义务人按月或者按次扣缴税款，不办理汇算清缴。

纳税人同时从两处以上取得工资、薪金所得，并由扣缴义务人办理专项附加扣除的，对同一专项附加扣除项目，纳税人只能选择从其中一处扣除。

（3）经营所得的预扣缴及汇算清缴办法。

纳税人取得经营所得，按年计算个人所得税，由纳税人在月度或者季度终了后15日内向税务机关报送纳税申报表，并预缴税款；在取得所得的次年3月31日前办理汇算清缴。

纳税人取得利息、股息、红利所得，财产租赁所得，财产转让所得和偶然所得，按月或者按次计算个人所得税，有扣缴义务人的，由扣缴义务人按月或者按次代扣代缴税款。

（4）无扣缴义务人的缴纳办法。

纳税人取得应税所得没有扣缴义务人的，应当在取得所得的次月15日内向税务机关报送纳税申报表，并缴纳税款。

纳税人取得应税所得，扣缴义务人未扣缴税款的，纳税人应当在取得所得的次年6月30日前，缴纳税款；税务机关通知限期缴纳的，纳税人应当按照期限缴纳税款。

居民个人从中国境外取得所得的，应当在取得所得的次年3月1日至6月30日内申报纳税。非居民个人在中国境内从两处以上取得工资、薪金所得的，应当在取得所得的次月15日内申报纳税。

纳税人因移居境外注销中国户籍的，应当在注销中国户籍前办理税款清算。

5－16 《个人所得税申报表》（国家税务总局2019年12月31日修订版）

（四）申报流程

详细申报流程见图5－1～图5－16。

1. 登录自然人电子税务局（扣缴端）

（1）扣缴义务人输入账号和密码，登录自然人电子税务局（扣缴端）

图5－1 登录界面

资料来源：国家税务总局浙江省电子税务局。

（2）进入个人所得税代扣代缴界面

图 5－2　个人所得税代扣代缴界面

资料来源：国家税务总局浙江省电子税务局。

2. 采集并录入人员信息

（1）打开“人员信息采集”页面，点击【添加】，将采集到的人员信息逐一录入。也可以选择导出 Excel 模板，在模板中输入人员信息后导入系统。

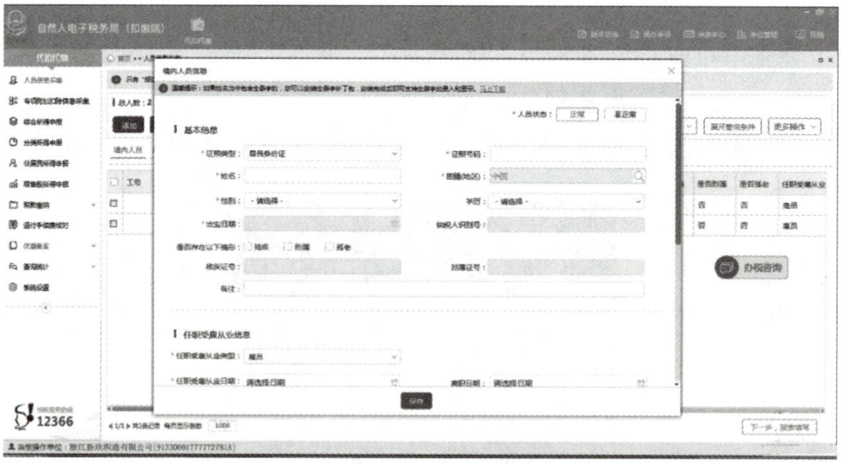

图 5－3　人员信息采集界面

资料来源：国家税务总局浙江省电子税务局。

（2）报送已经录入的员工信息。

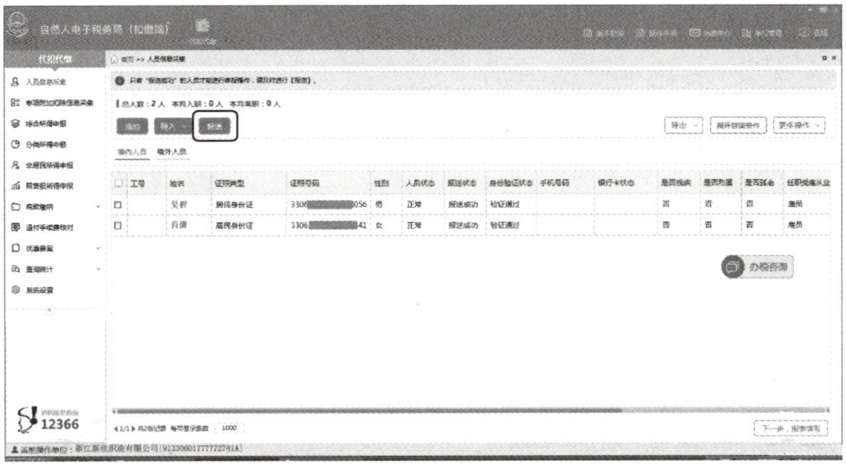

图 5－4　员工信息界面

资料来源：国家税务总局浙江省电子税务局。

3. 采集并录入受雇职工专项附加扣除信息

（1）打开“专项附加扣除信息采集”页面，点击“添加”，将采集到的信息逐一录入。也可以选择导出 Excel 模板，在模板中输入专项附加扣除信息后导入系统。

图 5－5　专项附加扣除信息采集界面

资料来源：国家税务总局浙江省电子税务局。

（2）报送已经录入的专项附加扣除信息。上年度已经采集报送信息的，可以迁入上年数据。

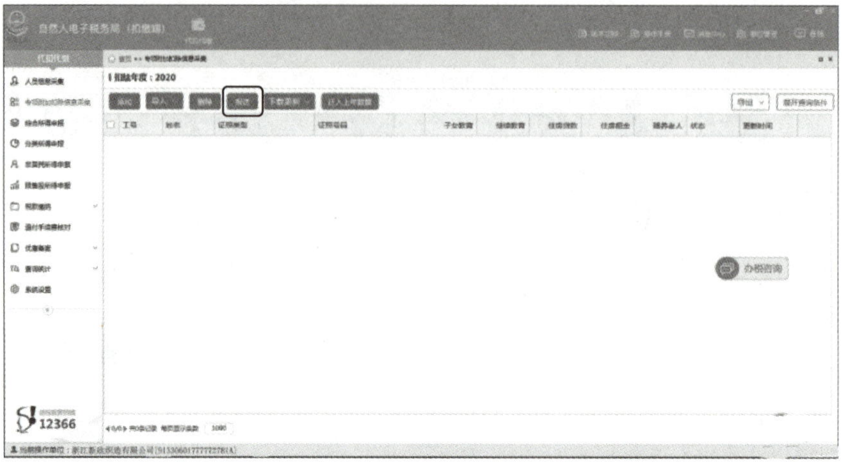

图 5-6 报送信息界面

资料来源：国家税务总局浙江省电子税务局。

4. 综合所得申报

（1）打开“综合所得申报”界面，可见综合所得申报的四个步骤：

①收入及减除填写，填写各项工资薪金所得以及税前扣除项目；

②税款计算，系统根据填写的收入及减除项目，自动计算应代扣代缴的个人所得税；

③附表填写，填写各种其他可扣除的减免事项、商业健康保险、税收递延型养老保险附表；

④申报表报送，向税务局报送有关电子申报表。

综合所得预扣预缴的所有项目如下所示。

图 5-7 综合所得预扣预缴项目

资料来源：国家税务总局浙江省电子税务局。

（2）申报正常工资薪金所得

①打开“正常工资薪金所得”菜单，添加收入及扣除信息。

图 5－8　正常工资薪金所得界面

资料来源：国家税务总局浙江省电子税务局。

②也可以复制上月申报的数据，或者导入标准模板，提高信息录入速度。

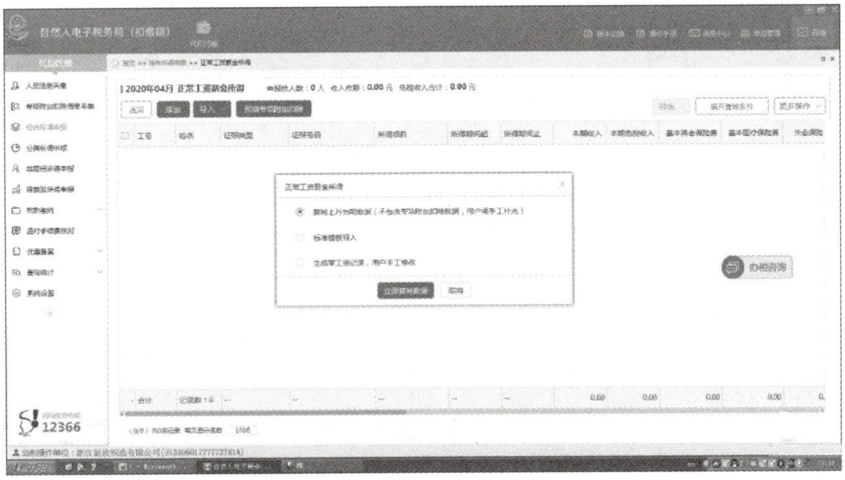

图 5－9　导入正常工资薪金所得界面

资料来源：国家税务总局浙江省电子税务局。

③收入与扣除项目录入结果如下所示。

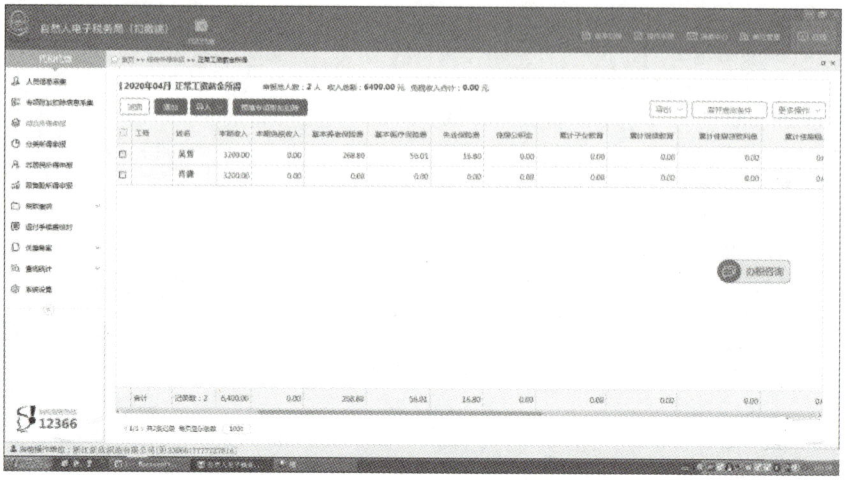

图 5－10　收入与扣除项目录入结果

资料来源：国家税务总局浙江省电子税务局。

④点击“返回”，回到“综合所得预扣预缴表”页面。“正常工资薪金所得”的状态显示“已填写”。

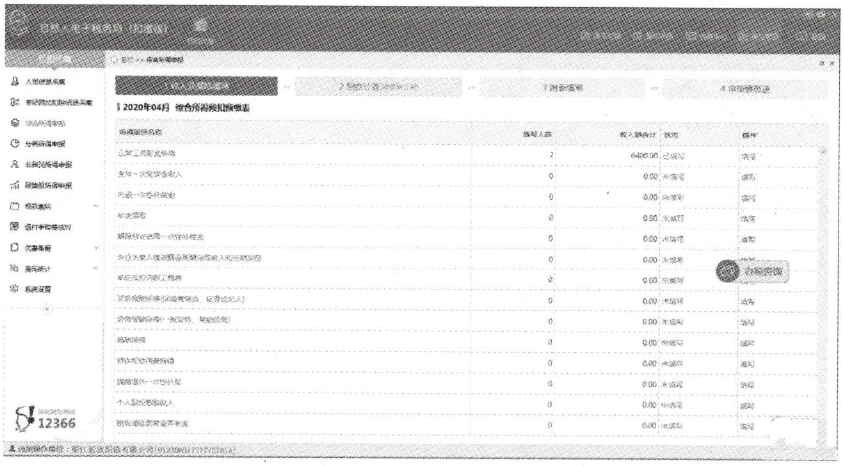

图 5－11　正常工资薪金所得状态

资料来源：国家税务总局浙江省电子税务局。

（3）申报劳务报酬、稿酬、特许权使用费所得

①打开“劳务报酬所得（一般劳务、其他劳务）”菜单，添加收入及扣除信息。

图 5-12　劳务报酬所得（一般劳务、其他劳务）

资料来源：国家税务总局浙江省电子税务局。

②点击【返回】，回到“综合所得预扣预缴表”页面。

稿酬、特许权使用费所得的预扣预缴填报流程与劳务报酬所得基本相同。

（4）税款计算

工资薪金所得、劳务报酬所得、稿酬所得和特许权使用费所得的收入及减除项目都填报完毕后，点击第二步：税款计算，系统自动计算当月应代扣代缴的个人所得税。

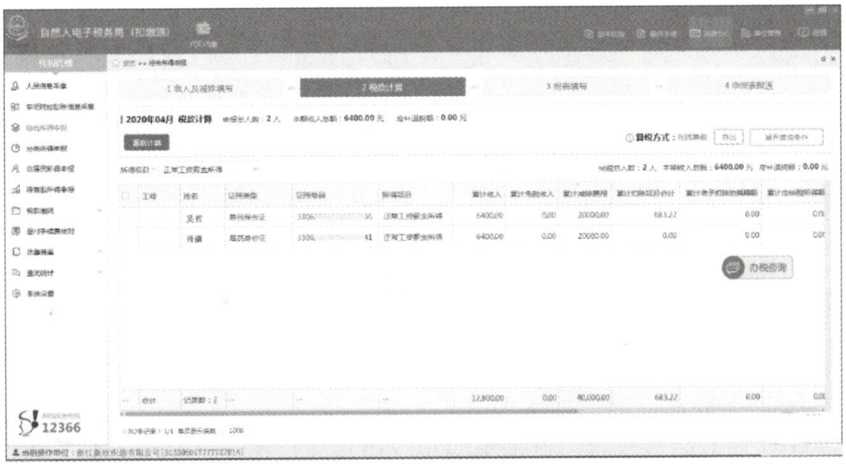

图 5-13　税款计算

资料来源：国家税务总局浙江省电子税务局。

（5）附表填写

如企业为员工提供商业健康保险、税延性养老保险等其他扣除项目，应填写附表。

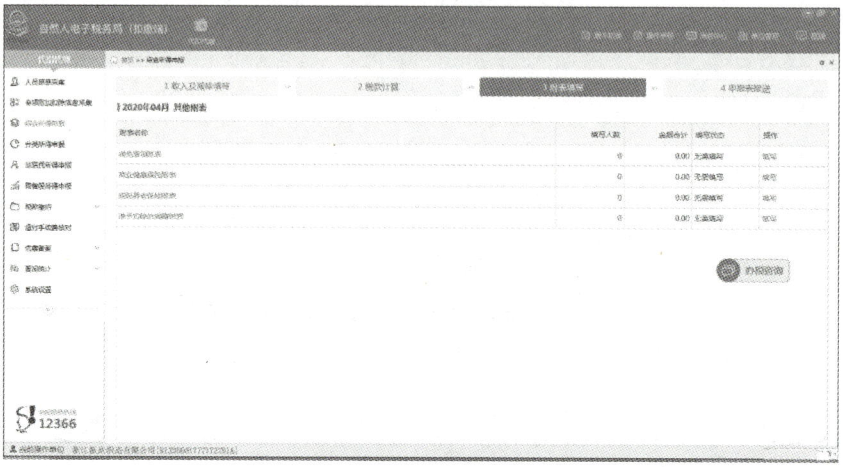

图 5－14 其他附表

资料来源：国家税务总局浙江省电子税务局。

图 5－15 商业健康保险

资料来源：国家税务总局浙江省电子税务局。

（6）申报表报送

①完成上述步骤后，点击第四步，申报表报送。核对无误后，点击【发送申报】，报送综合所得预扣预缴表。

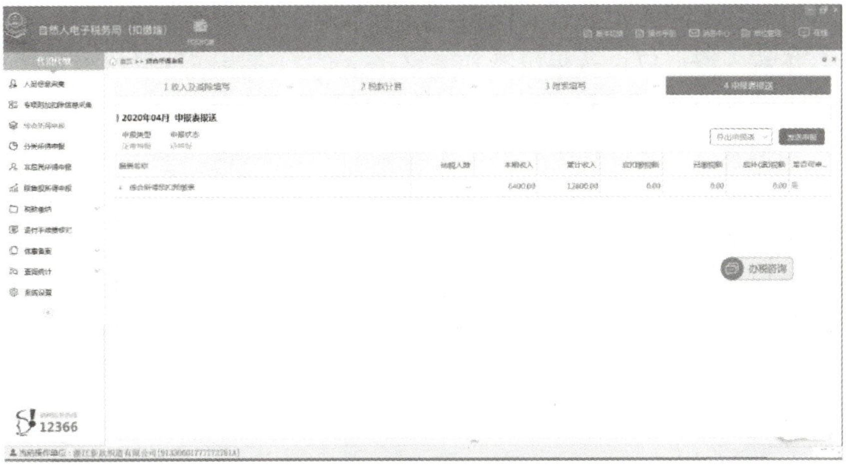

图 5-16 申报表报送

资料来源：国家税务总局浙江省电子税务局。

②综合所得预扣预缴表报送后，等待税务局处理。申报成功后，需缴纳税款的，从企业开户银行自动扣款。

以上举例说明了综合所得预扣预缴的流程，其他分类所得的流程基本相同，不再赘述。

二、个人所得税自行纳税申报

（一）自行申报的范围

凡依据个人所得税法负有纳税义务的纳税人，有下列情形之一的，应当按照本办法的规定办理纳税申报：

（1）取得综合所得需要办理汇算清缴的；

（2）取得应税所得，没有扣缴义务人的；

（3）扣缴义务人未扣缴税款；

（4）取得境外所得；

（5）因移居境外注销中国户籍；

（6）非居民个人在中国境内从两处以上取得工资、薪金所得；

（7）国务院规定的其他情形。

5-17《国家税务总局关于个人所得税自行纳税申报有关问题的公告》

（二）自行申报的期限

（1）纳税人取得综合所得需要办理汇算清缴的，应当在取得所得的次年 3 月 1 日至 6 月 30 日内办理汇算清缴。

（2）纳税人取得经营所得的，应当在月度或者季度终了后 15 日内向税务机关报送纳税申报表，并预缴税款；次年3月31日前办理汇算清缴。

纳税人取得应税所得没有扣缴义务人的，应当在取得所得的次月15日内向税务机关报送纳税申报表，并缴纳税款。

纳税人取得应税所得，扣缴义务人未扣缴税款的，纳税人应当在次年6月30日前，缴纳税款；税务机关通知限期缴纳的，纳税人应当按照期限缴纳税款。

纳税人从中国境外取得所得的，应当在取得所得的次年3月1日至6月30日内申报纳税。

纳税人因移居境外注销中国户籍的，应当在注销中国户籍前办理税款清算。

三、汇算清缴的退税

纳税人办理汇算清缴退税或者扣缴义务人为纳税人办理汇算清缴退税的，税务机关审核后，按照国库管理的有关规定办理退税。

纳税人有下列情形之一的，税务机关可以不予办理退税：

①纳税申报或者提供的汇算清缴信息，经税务机关核实为虚假信息，并拒不改正的；

②法定汇算清缴期结束后申报退税的。

特别提示

专项附加扣除相关信息，包括纳税人本人、配偶、未成年子女、被赡养老人等个人身份信息，以及国务院税务主管部门规定的其他与专项附加扣除相关的信息。

四、专项附加扣除相关信息的部门协作配合

下列单位和个人，应当向税务机关提供或者协助核实专项附加扣除的相关信息：

①公安、人民银行、金融监督管理、教育、卫生、民政、人力资源社会保障、住房城乡建设、自然资源、医疗保障等与专项附加扣除信息相关的部门；

②纳税人任职或者受雇单位所在地、经常居住地、户籍所在地的公安派出所、居民委员会或者村民委员会；

③与专项附加扣除信息有关的其他单位和个人。

上述部门应当按照相应的数据格式和标准与税务机关共享专项附加扣除相关信息。

5-18　随堂练习四

【实战案例】

中国居民宋金磊就职于浙江博爱家纺有限公司。2019年取得以下收入：

（1）每月税前工资、薪金收入为15 000元，每月负担基本养老保

险费1 200元，基本医疗保险费300元，失业保险费75元，住房公积金1 200元。此外，宋金磊每月可扣除赡养老人支出1 000元，子女教育支出1 000元，没有其他专项附加扣除和其他扣除项目。

（2）为浙江利森纺织公司提供技术咨询服务，全年取得劳务报酬收入30 000元。

（3）通过出版社出版学术著作一部，全年取得稿酬收入20 000元。

（4）将一项家纺专利授权绍兴洁雅家纺公司使用，全年取得税前特许权使用费收入10 000元。

要求：

（1）计算该公司每月应为宋金磊预缴（代扣代缴）的个人所得税。

（2）计算当年浙江利森纺织公司、出版社、绍兴洁雅家纺公司应为宋金磊预缴（代扣代缴）的个人所得税。

（3）完成宋金磊当年综合所得个人所得税的汇算清缴。

5－19　随堂练习及实战案例参考答案及解析

5－20　个人所得税教学课件

项目六　其他税种税务处理

【知识目标】

1. 理解其他税种的相关概念
2. 掌握其他税种的计算和会计处理
3. 掌握其他税种的纳税申报

【技能目标】

1. 能根据经济业务进行税种判断
2. 能针对经济业务准确进行其他税种的计算
3. 能针对经济业务进行其他税种的会计处理
4. 能正确填制其他税种纳税申报表并完成纳税申报

【素质、思政目标】

1. 培养诚实守信的职业道德
2. 树立遵纪守法、依法纳税的意识
3. 培养团队合作、善于沟通的能力

【税法导读】

6-1　《中华人民共和国海关法》（2017 年修正版）

6-2　《中华人民共和国城市维护建设税法》

6-3　《中华人民共和国房产税暂行条例》

6-4　《中华人民共和国土地增值税暂行条例》

6－5 《中华人民共和国印花税法（征求意见稿）》

6－6 《中华人民共和国社会保险法》

【知识地图】

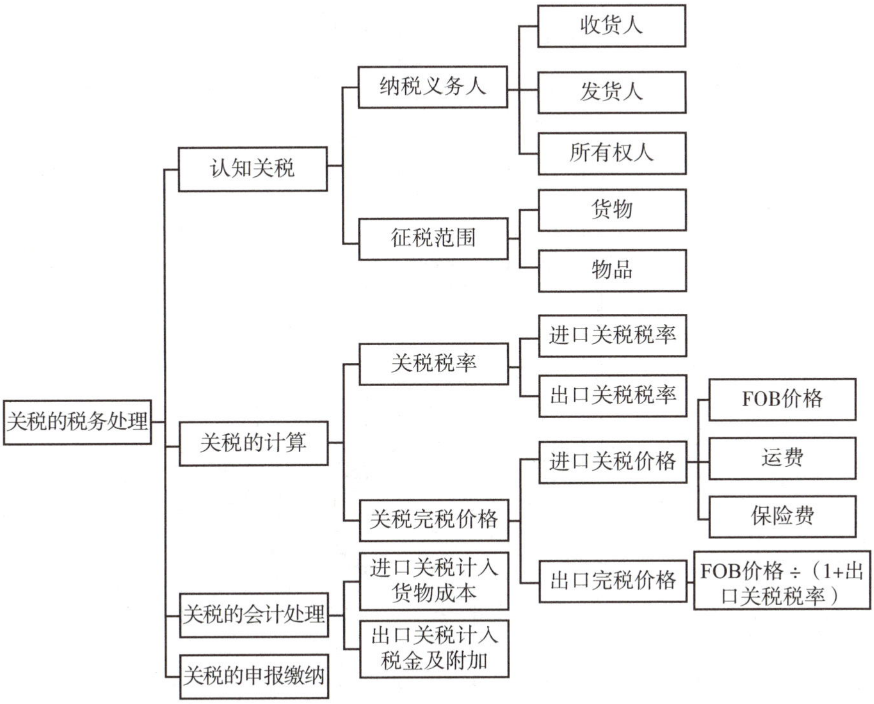

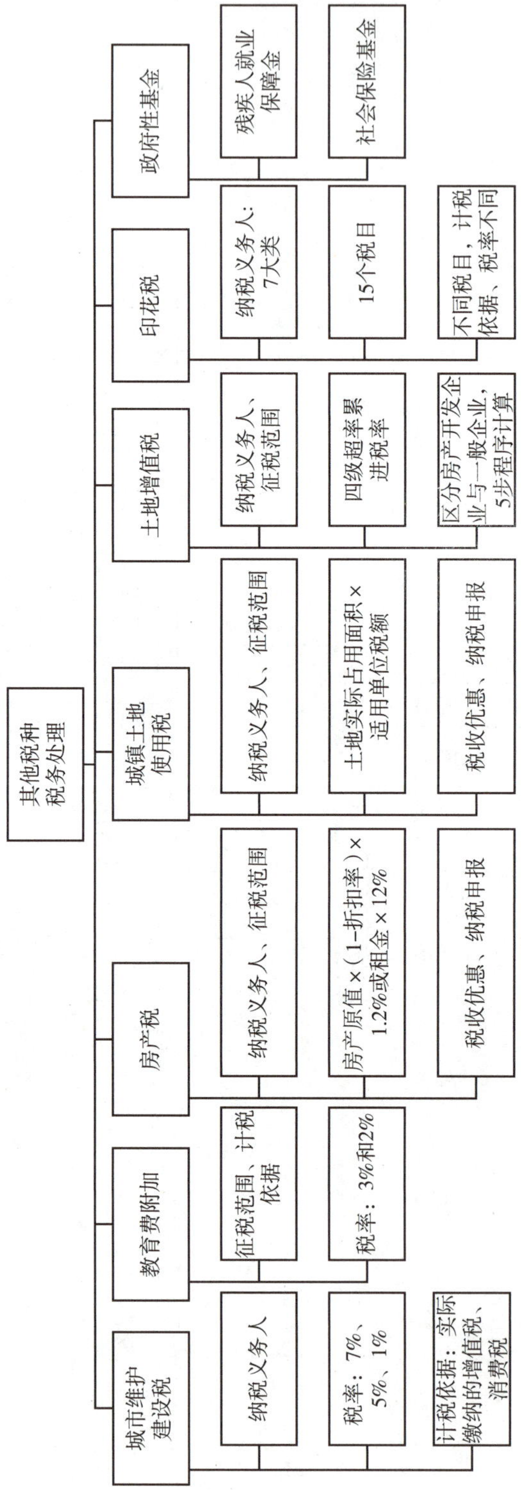
其他税种税务处理
城市维护建设税
纳税义务人
税率：7%、5%、1%
计税依据：实际缴纳的增值税、消费税
教育费附加
征税范围、计税依据
税率：3%和2%
房产税
纳税义务人、征税范围
房产原值×（1−折扣率）×1.2%或租金×12%
税收优惠、纳税申报
城镇土地使用税
纳税义务人、征税范围
土地实际占用面积×适用单位税额
税收优惠、纳税申报
土地增值税
纳税义务人、征税范围
四级超率累进税率
区分房产开发企业与一般企业，5步程序计算
印花税
纳税义务人：7大类
15个税目
不同税目，计税依据、税率不同
政府性基金
残疾人就业保障金
社会保险基金

任务一 其他税种概述

我国现行的税制，就其实体法而言，是中华人民共和国成立后经过几次较大的改革逐步演变而来的，主要是在1994年税制改革后形成的，按征税对象大致分为以下5类：

1. 商品（货物）和劳务税类。包括增值税、消费税和关税。主要在生产、流通或者服务业中发挥调节作用。

2. 所得税类。包括企业所得税、个人所得税和土地增值税。主要是在国民收入形成后，对生产经营者的利润和个人的纯收入发挥调节作用。

3. 财产和行为税类。包括房产税、车船税、印花税、契税，主要是对某些财产和行为发挥调节作用。

4. 资源税和环境保护税类。包括资源税、环境保护税和城镇土地使用税，主要是对因开发和利用自然资源差异而形成的级差收入发挥调节作用。

5. 特定目的税类。包括城市维护建设税、车辆购置税、耕地占用税、船舶吨税和烟叶税。主要是为了达到特定目的，对特定对象和特定行为发挥调节作用。

上述税种一共18个，此外还包括由税务机关征收的国家各项专用基金，如教育费附加、地方教育附加、残疾人就业保障金和社会保险基金等。

考虑到本教材主要适用于一般的制造型企业和商业贸易企业，从高职高专财经类专业课程和企业税务会计人员的实际需要出发，本章节论述的其他税种主要是关税、城市维护建设税和教育费附加、房产税和城镇土地使用税、土地增值税、印花税以及残疾人就业保障金和社会保险基金，对特殊类型企业才会涉及的资源税、环境保护税、烟叶税、耕地占用税、船舶吨税等税种，本章节则不做具体阐述。

任务二　关税的税务处理

一、认知关税

（一）海关与关税

术语解析

我国进口环节的增值税和消费税都是由海关代征的。

海关是国家的进出关境监督管理机关。在我国由国务院设立海关总署，统一管理全国海关。国家在对外开放的口岸和海关监管业务集中的地点设立海关。海关的隶属关系，不受行政区划的限制。海关依法独立行使职权，向海关总署负责。

关税是由海关依据有关法律、法规，以进出关境的货物和物品为征税对象而征收的一种商品税。《海关法》规定，准许进出口的货物、进出境物品，由海关依法征收关税。

按征税对象进行分类，关税可以分为进口关税、出口关税和过境关税。在国际贸易中反倾销税、反补贴税、报复关税等均属于进口关税。而过境关税是针对过境货物所征收的关税。

按照征税标准可以将关税划分为从量税、从价税；以及复合税、滑准税等。

按照征税性质可以将关税划分为普通关税、优惠关税和差别关税，此种划分方法主要适用于进口关税；前文提到的反倾销税、反补贴税、报复关税就属于差别关税。

（二）关税的纳税义务人与征税范围

1. 纳税义务人

进口货物的收货人、出口货物的发货人、进出境物品的所有人，是关税的纳税义务人。进出境物品的所有人包括该物品的所有人和推定为所有人的人。一般情况下，对于携带进境的物品，推定其携带人为所有人；对分离运输的行李，推定相应的进出境旅客为所有人；对以邮递方式进境的物品，推定其收件人为所有人；以邮递或其他运输方式出境的物品，推定其寄件人或托运人为所有人。

跨境电子商务零售进口商品按照货物征收关税和进口环节增值税、消费税，购买跨境电子商务零售进口商品的个人作为纳税义务人，实际交易价格（包括货物零售价格、运费和保险费）作为完税价格，电子商务企业、电子商务交易平台企业或物流企业可作为代收代缴义务人。

2. 征税范围

按照关税条例的规定，关税征收的对象是进出境的货物和物品。凡是准许进出口的货物，除国家另有规定的以外，均应由海关依照进出口税则征收进口关税或出口关税。

> **术语解析**
> 货物是指贸易性商品；物品指非贸易性物品，如随身携带的行李、自用物品等。

（三）关税的税则及税率

1. 关税税则

关税税则又称海关税则、关税税率表，是指一国制定和公布的对进出其关境（customs boundary）的货物征收关税的条例和税率的分类表。表内包括各项征税或免税货物的详细名称、税率、征税标准（从价或从量），计税单位等。我国关税税则中规定的应税商品共分21类，具体如下：

第一类　活动物；动物产品（第1～5章）

第二类　植物产品（第6～14章）

第三类　动、植物油、脂及其分解产品；精制的食用油脂；动、植物蜡（第15章）

第四类　食品；饮料、酒及醋；烟草、烟草及烟草代用品的制品（第16～24章）

第五类　矿产品（第25～27章）

第六类　化学工业及其相关工业的产品（第28～38章）

第七类　塑料及其制品：橡胶及其制品（第39～40章）

第八类　生皮、皮革、毛皮及其制品；鞍具及挽具；旅行用品、手提包及类似容器；动物肠线（蚕胶丝除外）制品（第41～43章）

第九类　木及木制品；木炭；软木及软木制品；稻草、秸秆、针茅或其他编结材料制品；篮筐及柳条编织品（第44～46章）

第十类　木浆及其他纤维状纤维素浆；回收（废碎）纸或纸板；纸、纸板及其制品（第47～49章）

第十一类　纺织原料及纺织制品（第50～63章）

第十二类　鞋、帽、伞、杖、鞭及其零件；已加工的羽毛及其制品；人造花；人发制品（第64～67章）

第十三类　石料、石膏、水泥、石棉、云母及类似材料的制品；陶瓷产品；玻璃及其制品（第68～70章）

第十四类　天然或养殖珍珠、宝石或半宝石、贵金属、包贵金属及其制品；仿首饰；硬币（第71章）

第十五类　贱金属及其制品（第72～83章）

第十六类　机器、机械器具、电气设备及其零件；录音机及放声机、电视图像、声音的录制和重放设备及其零件（第84～85章）

第十七类　车辆、航空器、船舶及有关运输设备（第86～89章）

第十八类　光学、照相、电影、计量、检验、医疗或外科用仪器及设备、精密仪器及设备；钟表；乐器；上述物品（第90～92章）

第十九类　武器、弹药及其零件、附件（第93章）

第二十类　杂项制品（第94～96章）

第二十一类　艺术品、收藏品及古物（第97章）

2020年税则税目共计8 549个。

2. 关税税率

6－7 《中华人民共和国进出口税则（2020）》

依据《中华人民共和国进出口关税条例》（以下简称《进出口关税条例》）规定，进口关税设置最惠国税率、协定税率、特惠税率、普通税率、关税配额税率等。出口关税设置出口税率。对进口货物或出口货物在一定期限内可以实行暂定税率。

（1）进口关税税率

①最惠国税率

最惠国税率适用原产于与我国共同适用最惠国待遇条款的世界贸易组织成员国或地区的进口货物；或原产于与我国签订有相互给予最惠国待遇条款的双边贸易协定的国家或地区的进口货物；以及原产于中华人民共和国境内的进口货物。

根据《2020年关税调整方案》，自2020年1月1日起对859项商品（不含关税配额商品）实施进口暂定税率；自2020年7月1日起，取消7项信息技术产品进口暂定税率。

对《中华人民共和国加入世界贸易组织关税减让表修正案》附表所列信息技术产品最惠国税率自2020年7月1日起实施第五步降税。

6－8 《2020年进口暂定税率等调整方案》

②协定税率

协定税率适用原产于与我国签订含有关税优惠条款的区域性贸易协定的国家或者地区的进口货物。

根据我国与有关国家或地区签署的贸易协定或关税优惠安排，除此前已经国务院批准实施的协定税率外，自2020年1月1日起，对我国与新西兰、秘鲁、哥斯达黎加、瑞士、冰岛、新加坡、澳大利亚、韩国、智利、格鲁吉亚、巴基斯坦的双边贸易协定以及亚太贸易协定的协定税率进一步降低。

2020年7月1日起，按照我国与瑞士的双边贸易协定和亚太贸易协定规定，进一步降低有关协定税率。

③特惠税率

特惠税率适用原产于与我国签订有特殊优惠关税协定的国家或地区

的进口货物。根据我国与有关国家或地区签署的贸易或关税优惠协定，2020 年除赤道几内亚外，对与我国建交并完成换文手续的其他最不发达国家继续实施特惠税率。自 2020 年 1 月 1 日起，赤道几内亚停止享受零关税特惠待遇。

④普通税率

普通税率适用原产于上述国家或地区以外的国家和地区的进口货物；或者原产地不明的国家或者地区的进口货物。

⑤关税配额税率

根据《2020 年关税调整方案》，我国继续对小麦等 8 类商品实施关税配额管理，税率不变。其中，对尿素、复合肥、磷酸氢铵 3 种化肥的配额税率继续实施 1% 的暂定税率。继续对配额外进口的一定数量棉花实施滑准税。

适用最惠国税率的进口货物有暂定税率的，应当适用暂定税率；适用协定税率、特惠税率的进口货物有暂定税率的，应当从低适用税率；适用普通税率的进口货物，不适用暂定税率。

想一想：进口关税税率有哪几种？它们是如何使用的？

（2）出口关税税率

我国仅对少数资源性的产品及易于竞相杀价、盲目出口、需要规范出口秩序的半制成品征收出口关税。

根据《2020 年关税调整方案》，我国自 2020 年 1 月 1 日起继续对铬、铁等 107 项出口商品征收出口关税。适用出口税率的出口货物有暂定税率的，应当适用暂定税率。

3. 税率的运用

出口货物，应当适用海关接受该货物申报进口或者出口之日实施的税率。

进口货物到达前，经海关核准先行申报的，应当适用装载该货物的运输工具申报进境之日实施的税率补征和退还进出口货物关税，一般情况下适用该进出口货物原申报进口或者出口之日所实施的税率。

因纳税义务人违反规定需要追征税款的，应当适用该行为发生之日实施的税率；行为发生之日不能确定的，适用海关发现该行为之日实施的税率。

保税货物经批准不复运出境的；减免税货物经批准转让或者移作他用的；暂时进境货物经批准不复运出境，以及暂时出境货物经批准不复运进境的；租赁进口货物，分期缴纳税款等情形，需缴纳税款的，应当适用海关接受申报办理纳税手续之日实施的税率。

（四）跨境电子商务零售进口税收政策

跨境电子商务零售进口税收政策适用于从其他国家或地区进口的、《跨境电子商务零售进口商品清单》范围内的以下商品：

（1）所有通过与海关联网的电子商务交易平台交易，能够实现交易、支付、物流电子信息“三单”比对的跨境电子商务零售进口商品；

（2）未通过与海关联网的电子商务交易平台交易，但快递、邮政企业能够统一提供交易、支付、物流等电子信息，并承诺承担相应法律责任进境的跨境电子商务零售进口商品。

不属于跨境电子商务零售进口的个人物品以及无法提供交易、支付、物流等电子信息的跨境电子商务零售进口商品，按现行规定执行。

跨境电子商务零售进口商品的单次交易限值为人民币 2 000 元，个人年度交易限值为人民币 20 000 元。在限值以内进口的跨境电子商务零售进口商品，关税税率暂设为 0%；进口环节增值税、消费税取消免征税额，暂按法定应纳税额的 70% 征收。超过单次限值、累加后超过个人年度限值的单次交易，以及完税价格超过 2 000 元限值的单个不可分割商品，均按照一般贸易方式全额征税。

跨境电子商务零售进口商品自海关放行之日起 30 日内退货的，可申请退税，并相应调整个人年度交易总额。

（五）关税税收优惠

1. 法定减免

（1）下列进出口货物，免征关税：

①关税税额在人民币 50 元以下的一票货物；

②无商业价值的广告品和货样；

③外国政府、国际组织无偿赠送的物资；

④在海关放行前损失的货物；

⑤进出境运输工具装载的途中必需的燃料、物料和饮食用品。

在海关放行前遭受损坏的货物，可以根据海关认定的受损程度减征关税。

法律规定的其他免征或者减征关税的货物，海关根据规定予以免征或者减征。

（2）下列进出口货物，可以暂不缴纳关税：

暂时进境或者暂时出境的下列货物，在进境或者出境时纳税义务人向海关缴纳相当于应纳税款的保证金或者提供其他担保的，可以暂不缴纳关税，并应当自进境或者出境之日起 6 个月内复运出境或者复运进境；需要延长复运出境或者复运进境期限的，纳税义务人应当根据海关总署的规定向海关办理延期手续：

①在展览会、交易会、会议及类似活动中展示或者使用的货物；

②文化、体育交流活动中使用的表演、比赛用品；

③进行新闻报道或者摄制电影、电视节目使用的仪器、设备及用品；

④开展科研、教学、医疗活动使用的仪器、设备及用品；

⑤在第①～④项所列活动中使用的交通工具及特种车辆；

⑥货样；

⑦供安装、调试、检测设备时使用的仪器、工具；

⑧盛装货物的容器；

⑨其他用于非商业目的的货物。

上述所列暂时进境货物在规定的期限内未复运出境的，或者暂时出境货物在规定的期限内未复运进境的，海关应当依法征收关税。

上述所列可以暂时免征关税范围以外的其他暂准进境货物，应当按照该货物的完税价格和其在境内滞留时间与折旧时间的比例计算征收进口关税。具体办法由海关总署规定。

因残损、短少、品质不良或者规格不符等原因，由进出口货物的发货人、承运人或者保险公司免费补偿或者更换的相同货物，进出口时不征收关税。被免费更换的原进口货物不退运出境或者原出口货物不退运进境的，海关应当对原进出口货物重新按照规定征收关税。

（3）有下列情形之一的，纳税义务人自缴纳税款之日起 1 年内，可以申请退还关税，并应当以书面形式向海关说明理由，提供原缴款凭证及相关资料：

①已征进口关税的货物，因品质或者规格原因，原状退货复运出境的；

②已征出口关税的货物，因品质或者规格原因，原状退货复运进境，并已重新缴纳因出口而退还的国内环节有关税收的；

③已征出口关税的货物，因故未装运出口，申报退关的。

海关应当自受理退税申请之日起 30 日内查实并通知纳税义务人办理退还手续。纳税义务人应当自收到通知之日起 3 个月内办理有关退税手续。

按照其他有关法律、行政法规规定应当退还关税的，海关应当按照有关法律、行政法规的规定退税。

2. 特定减免税

特定减免税又称政策性减免税。目前我国对于科教用品、残疾人专用品、慈善捐赠物资、加工贸易产品、边境贸易进口物资、保税区进出口货物、出口加工区进出口货物、进口设备等方面存在特定减免税。

3. 临时减免税

法定减免和特定减免以外的减免税，根据世界贸易组织相关精神，一般对临时性减免税有较为严格控制，一般不办理个案临时性减免税。

4. 进境物品的减免税

海关总署规定数额以内的个人自用进境物品，免征进口税。

自2010年9月1日起，个人邮寄物品，应征进口税额在人民币50元（含50元）以下的海关予以免征。

二、关税的计算

6－9《中华人民共和国海关审定进出口货物完税价格办法》

（一）关税的计税依据（完税价格）

完税价格，是指海关在计征关税时使用的计税价格。完税价格是由海关根据有关规定对进出口货物进行审定或估定后确定的计税价格，它是海关征收关税的依据。

1. 一般进口货物完税价格

（1）以成交价格为基础的完税价格

进口货物的完税价格由海关以符合《进出口关税条例》相关规定条件的成交价格以及该货物运抵中华人民共和国境内输入地点起卸前的运输及其相关费用、保险费为基础审查确定。进口货物的成交价格，是指卖方向中华人民共和国境内销售该货物时买方为进口该货物向卖方实付、应付的，并依法调整后的价款总额，包括直接支付的价款和间接支付的价款。

> **特别提示**
>
> 进口货物完税价格中的运费和保险费视不同的情况，确定的方法也不同。

采用以成交价格为基础的完税价格，其进口货物的成交价格应当符合下列条件（见表6－1）：

①对买方处置或者使用该货物不予限制，但法律、行政法规规定实施的限制、对货物转售地域的限制和对货物价格无实质性影响的限制除外；

②进口货物的价格不得受到使该货物成交价格无法确定的条件或者因素的影响；

③卖方不得直接或者间接获得因买方销售、处置或者使用进口货物而产生的任何收益，或者虽然有收益但是能够按照相关的规定做出调整；

④买卖双方之间没有特殊关系，或者虽然有特殊关系但是按照相关规定未对成交价格产生影响。

进口货物完税价格＝成交价格＋采购费用（包括货物运抵中国关境内输入地起卸前的运输、保险和其他劳务等费用）

表 6－1　　应计入和不应计入进口关税完税价格的项目

计入进口关税完税价格的项目	不计入进口关税完税价格的项目
基本构成：成交价格＋运抵口岸的运费＋保险费 综合考虑可能调整的项目： ①由买方负担的除购货佣金以外的佣金和经纪费； ②由买方负担的与该货物视为一体的容器费用； ③由买方负担的包装材料费用和包装劳务费用； ④与该货物的生产和向中华人民共和国境内销售有关的，由买方以免费或者以低于成本的方式提供并可以按适当比例分摊的材料、部件、零件、工具、模具、消耗材料及类似货物的价款，以及在境外的工程设计、技术研发、工艺及制图等相关服务的费用； ⑤作为该货物向中华人民共和国境内销售的条件，买方向卖方或者有关方直接或者间接支付的、与该货物有关的特许权使用费。 ⑥卖方直接或者间接从买方对该货物进口后销售、处置或者使用所得中获得的收益。	①向自己的采购代理人支付的购货佣金和劳务费用； ②厂房、机械或者设备等货物进口后发生的建设、安装、装配、维修或者技术援助费用，但是保修费用除外； ③进口货物运抵境内输入地点起卸后的运输及其相关费用、保险费； ④进口关税、进口环节海关代征税及其他国内税； ⑤为在境内复制进口货物而支付的费用； ⑥境内外技术培训及境外考察费用； ⑦符合条件的利息费用。

术语解析

购货佣金，是指买方为购买进口货物向自己的采购代理人支付的劳务费用。

经纪费，是指买方为购买进口货物向代表买卖双方利益的经纪人支付的劳务费用。

想一想：佣金、运费及保险费哪种情形可以计入进口关税完税价格？哪种情形可以不计入进口关税完税价格？

（2）进口货物的海关估价方法

对于价格不符合上文成交价格应满足的四个条件或成交价格不能确定的进口货物，海关经了解有关情况，并且与纳税义务人进行价格磋商后，依次以下列方法审查确定该货物的完税价格：

①相同货物成交价格估价方法。与该货物同时或者大约同时向中华人民共和国境内销售的相同货物的成交价格。

②类似货物成交价格估价方法。与该货物同时或者大约同时向中华人民共和国境内销售的类似货物的成交价格。

③倒扣价格估价方法。与该货物进口的同时或者大约同时，将该进口货物、相同或者类似进口货物在第一级销售环节销售给无特殊关系买方最大销售总量的单位价格。但应当扣除：a. 同等级或者同种类货物在中华人民共和国境内第一级销售环节销售时通常的利润和一般费用以及通常支付的佣金；b. 进口货物运抵境内输入地点起卸后的运输及其相关费用、保险费；c. 进口关税及国内税收。

④计算价格估价方法。按照下列各项总和计算的价格：生产该货物所使用的料件成本和加工费用，向中华人民共和国境内销售同等级或者同种类货物通常的利润和一般费用，该货物运抵境内输入地点起卸前的运输及其相关费用、保险费。

⑤以合理方法估定的价格。合理方法，是指当海关不能根据成交价格估价方法、相同货物成交价格估价方法、类似货物成交价格估价方

法、倒扣价格估价方法和计算价格估价方法确定完税价格时，海关根据客观、公平、统一的原则，以客观量化的数据资料为基础审查确定进口货物完税价格的估价方法。

纳税义务人向海关提供有关资料后，可以提出申请，颠倒上述第③和第④项的适用次序。

海关在采用合理方法确定进口货物的完税价格时，不得使用以下价格：a. 境内生产的货物在境内的销售价格；b. 可供选择的价格中较高的价格；c. 货物在出口地市场的销售价格；d. 以计算价格估价方法所规定之外的价值或者费用计算的相同或者类似货物的价格；e. 出口到第三国或者地区的货物的销售价格；f. 最低限价或者武断、虚构的价格。

（3）进口货物完税价格中的运输及其相关费用、保险费的计算

①运输相关费用的确定

进口货物的运输及其相关费用，应当按照由买方实际支付或者应当支付的费用计算。如果进口货物的运输及其相关费用无法确定的，海关应当按照该货物进口同期的正常运输成本审查确定。

运输工具作为进口货物，利用自身动力进境的，海关在审查确定完税价格时，不再另行计入运输及其相关费用。

②保险费用的确定

进口货物的保险费，应当按照实际支付的费用计算。如果进口货物的保险费无法确定或者未实际发生，海关应当按照“货价加运费”两者总额的3‰计算保险费，其计算公式为：

保险费 =（货价 + 运费）×3‰

③邮运进口货物运保费的确定

邮运进口的货物，应当以邮费作为运输及其相关费用、保险费。

2. 特殊贸易下进口货物的完税价格

对于某些特殊、灵活的贸易方式（如寄售等）下进口的货物，在进口时没有“成交价格”可作依据，为此，《进出口关税条例》和《海关审定进出口货物完税价格办法》对这些进口货物制定了确定其完税价格的方法，主要有：

①运往境外加工的货物的完税价格。出境时已向海关报明，并在海关规定期限内复运进境的，应当以境外加工费和料件费以及该货物复运进境的运输及其相关费用、保险费为基础审查确定完税价格。

②运往境外修理的机械器具、运输工具或者其他货物的完税价格。出境时已向海关报明并在海关规定期限内复运进境的，应当以境外修理费和料件费为基础审查确定完税价格。

③租赁方式进口的货物，按照下列方法审查确定完税价格：以租金方式对外支付的租赁货物，在租赁期间以海关审查确定的租金作为完税

价格，利息应当予以计入；留购的租赁货物以海关审查确定的留购价格作为完税价格；纳税义务人申请一次性缴纳税款的，可以选择申请按照前文提到的海关估价方法确定完税价格，或者按照海关审查确定的租金总额作为完税价格。

④对于国内单位留购的进口货样、展览品和广告陈列品，以留购价格作为完税价格。但对于留购货样、展览品和广告陈列品的买方，除按留购价格付款外，又直接或间接给卖方一定利益的，海关可以另行确定上述货物的完税价格。

⑤减税或者免税进口的货物应当补税时，应当以海关审查确定的该货物原进口时的价格，扣除折旧部分价值作为完税价格，其计算公式如下：

完税价格 = 海关审查确定的该货物原进口时的价格 ×［1 − 补税时实际已进口的时间（月）÷（监管年限 ×12）］

上述计算公式中“补税时实际已进口的时间”按月计算，不足1个月但是超过15日的，按照1个月计算；不超过15日的，不予计算。

⑥易货贸易、寄售、捐赠、赠送等不存在成交价格的进口货物，海关与纳税义务人进行价格磋商后，按照前文提到的海关估价方法确定完税价格。

⑦进口载有专供数据处理设备用软件的介质，具有下列情形之一的，应当以介质本身的价值或者成本为基础审查确定完税价格：

a. 介质本身的价值或者成本与所载软件的价值分列；

b. 介质本身的价值或者成本与所载软件的价值虽未分列，但是纳税义务人能够提供介质本身的价值或者成本的证明文件，或者能提供所载软件价值的证明文件。

含有美术、摄影、声音、图像、影视、游戏、电子出版物的介质不适用前款规定。

3. 出口货物完税价格

（1）以出口成交价格为基础确定出口完税价格

出口货物的完税价格由海关以该货物的成交价格为基础审查确定，并且应当包括货物运至中华人民共和国境内输出地点装载前的运输及其相关费用、保险费。出口货物的成交价格，是指该货物出口销售时，卖方为出口该货物应当向买方直接收取和间接收取的价款总额。

下列税收、费用不计入出口货物的完税价格：

①出口关税；

②在货物价款中单独列明的货物运至中华人民共和国境内输出地点装载后的运输及其相关费用、保险费。

一般情况下，出口货物完税价格如下：

出口货物完税价格 = 离岸价格（FOB）÷（1 + 出口关税税率）

想一想：进口关税完税价格和出口关税完税价格的确定有何区别？

（2）海关估定出口完税价格

出口货物的成交价格不能确定的，海关经了解有关情况，并且与纳税义务人进行价格磋商后，依次以下列价格审查确定该货物的完税价格：

①同时或者大约同时向同一国家或者地区出口的相同货物的成交价格；

②同时或者大约同时向同一国家或者地区出口的类似货物的成交价格；

③根据境内生产相同或者类似货物的成本、利润和一般费用（包括直接费用和间接费用）、境内发生的运输及其相关费用、保险费计算所得的价格；

④按照合理方法估定的价格。

（二）税额计算

1. 从价计税

应纳税额 = 应税进出口货物数量 × 单位完税价格 × 适用税率

在国际贸易中常因不同的成交条件，进出口货物标价方法也有所不同，常见的有离岸价格（FOB）、成本价格加运费价格（CFR）、到岸价格（CIF，成本加运费加保险费）。

以 CIF 成交的进口货物，如果申报价格符合规定的“成交价格”条件，则可以直接计算关税。

以 FOB 和 CFR 条件成交的进口货物，在计算关税时首先应把进口货物的申报价格折算成 CIF 价格，再计算应纳关税。

出口货物时应以不含关税的 FOB 价格计算出口关税，如果以 CIF 或 CFR 价格成交的应折算成 FOB 价格，再计算出口关税。

2. 从量计税

应纳税额 = 应税进口货物数量 × 关税单位税额

3. 复合计税

应纳税额 = 应税进口货物数量 × 关税单位税额 + 应税进口货物数量 × 单位完税价格 × 适用税率

4. 滑准税

滑准税是指关税的税率随着进口商品价格的变动而反方向变动的一种税率形式，即价格越高，税率越低，税率为比例税率。因此，对实行滑准税率的进口商品应纳关税税额的计算方法与从价税的计算方法相同。

三、关税的会计处理

（一）科目设置

企业应当在“应交税费”科目下设置“应交进口关税”和“应交出口关税”两个明细科目，分别用来核算企业发生的和实际缴纳的进出口关税，其贷方反映企业在进出口报关时经海关核准应缴纳的进出口关税，其借方反映企业实际缴纳的进出口关税，余额在贷方反映企业应缴而未缴的进出关税。

（二）进口关税的会计处理

进口关税计入进口货物的成本。企业在计算出应缴纳进口关税时，应借记“在途物资”“材料采购”“固定资产”等科目，贷记“应交税费——应交进口关税”科目。企业交纳进口关税时，借记“应交税费——应交进口关税”科目，贷记“银行存款”科目。

（三）出口关税的会计处理

出口关税计入“税金及附加”。企业在计算出应缴纳出口关税时，应借记“税金及附加”科目，贷记“应交税费——应交出口关税”科目。企业交纳出口关税时，借记“应交税费——应交出口关税”科目，贷记“银行存款”科目。

【实战训练 6－1】 绍兴市日能贸易有限公司 2020 年 6 月进口高档红酒 100 箱，到岸价折合人民币共 1 200 000 元，适用关税税率 25%，计算应纳关税金额并进行相应的会计处理。

应纳税额＝关税完税价格×适用税率＝1 200 000×25%＝300 000（元），

借：在途物资　　　　300 000

　　贷：应交税费——应交进口关税　　　　300 000

以银行存款交纳进口关税时，作会计分录如下：

借：应交税费——应交进口关税　　　　300 000

　　贷：银行存款　　　　300 000

四、关税的申报缴纳

（一）进出口货物报关时间

进口货物的收货人、受委托的报关企业应当自运输工具申报进境之日起14日内向海关申报。

出口货物发货人、受委托的报关企业应当在货物运抵海关监管区后、装货的24小时以前向海关申报。

海关以接受申报数据的日期为接受申报的日期。未按期缴纳税款的，从滞纳税款之日起，按日加收滞纳税款万分之五的滞纳金。海关征收关税、滞纳金等，应当按人民币计征。

（二）报关应提交的材料

进、出口货物报关时需要提交的材料主要有：进、出口货物报关单；合同；发票；装箱清单；载货清单（舱单）；提（运）单；代理报关授权委托协议；进出口许可证件；海关要求的加工贸易手册（纸质或者电子数据的）及其他进出口有关单证。

2012年开始，我国海关在部分地方试点运用信息化技术改变海关验核进出口企业递交纸质报关单及随附单证办理通关手续，直接对企业通过中国电子口岸录入申报的报关单及随附单证的电子数据进行无纸审核、验放处理的通关作业方式。2017年2月以后，企业经与直属海关、第三方认证机构（中国电子口岸数据中心）签订电子数据应用协议后，可在全国海关适用“通关作业无纸化”通关方式。

（三）关税的缴纳

纳税义务人应当自海关填发税款缴款书之日起15日内向指定银行缴纳税款。纳税义务人因不可抗力或者在国家税收政策调整的情形下，不能按期缴纳税款的，经依法提供税款担保后，可以延期缴纳税款，但是最长不得超过6个月。

（四）关税的退还

1. 纳税人发现多缴关税的退还

纳税义务人发现多缴税款的，自缴纳税款之日起1年内，可以以书面形式要求海关退还多缴的税款并加算银行同期活期存款利息；海关应当自受理退税申请之日起30日内查实并通知纳税义务人办理退还手续。纳税义务人应当自收到通知之日起3个月内办理有关退税手续。

纳税义务人可以申请退还关税的具体情形包括：

（1）已征进口关税的货物，因品质或者规格原因，原状退货复运出境的；

（2）已征出口关税的货物，因品质或者规格原因，原状退货复运进境，并已重新缴纳因出口而退还的国内环节有关税收的；

（3）已征出口关税的货物，因故未装运出口，申报退关的。

2. 海关发现多征税款的退还

海关发现多征税款的，应当立即通知纳税义务人办理退还手续。

纳税义务人发现多缴税款的，自缴纳税款之日起1年内，可以以书面形式要求海关退还多缴的税款并加算银行同期活期存款利息；海关应当自受理退税申请之日起30日内查实并通知纳税义务人办理退还手续。纳税义务人应当自收到通知之日起3个月内办理有关退税手续。

（五）关税的补征

进出口货物放行后，海关发现少征或者漏征税款的，应当自缴纳税款或者货物放行之日起1年内，向纳税义务人补征税款。

（六）关税的追征

因纳税义务人违反规定造成少征或者漏征税款的，海关可以自缴纳税款或者货物放行之日起3年内追征税款，并从缴纳税款或者货物放行之日起按日加收少征或者漏征税款万分之五的滞纳金。

海关发现海关监管货物因纳税义务人违反规定造成少征或者漏征税款的，应当自纳税义务人应缴纳税款之日起3年内追征税款，并从应缴纳税款之日起按日加收少征或者漏征税款万分之五的滞纳金。

想一想：关税的退还、补证与追证的区别?

任务三 城市维护建设税和教育费附加的税务处理

一、城市维护建设税

城市维护建设税（以下简称“城建税”）是国家对缴纳增值税、消费税的单位和个人，就其实际缴纳的增值税、消费税税额为计税依据而征收的一种税。

城市维护建设税从性质看，具有附加税性质。城建税以纳税人实际缴纳增值税、消费税税额为计税依据，其本身并没有特定的、独立的征税对象；从其收入用途看，属于特定目的税范畴。城建税是一种具有受益性质的特定目的税，其税款专款专用于城市的公用事业和公共设施的维护和建设。

（一）纳税义务人

城市维护建设税是对从事工商经营，缴纳增值税、消费税的单位和个人征收的一种税。

城建税的纳税义务人，是指负有缴纳增值税、消费税义务的单位和个人，包括国有企业、集体企业、私营企业、股份制企业、其他企业和行政单位、事业单位、军事单位、社会团体、其他单位，以及个体工商户及其他个人。

自2010年12月1日起，对外商投资企业、外国企业及外籍个人（以下简称外资企业）征收城建税。

6－10 《财政部国家税务总局关于对外资企业征收城市维护建设税和教育费附加有关问题的通知》

城市维护建设税的代扣代缴、代收代缴，一律比照增值税、消费税的有关规定办理。增值税、消费税的代扣代缴、代收代缴义务人同时也是城市维护建设税的代扣代缴、代收代缴义务人。

（二）税率

城市维护建设税按纳税人所在地的不同，设置了两档地区差别比例税率，即：

（1）纳税人所在地在市区的，税率为7%；

（2）纳税人所在地在县城、镇的，税率为5%；

（3）纳税人所在地不在市区、县城或镇的，税率为1%。

城建税的适用税率，应当按纳税人所在地的规定税率执行。但是，对下列两种情况，可按缴纳增值税、消费税所在地的规定税率就地缴纳城建税：

1. 由受托方代扣代缴、代收代缴增值税、消费税的单位和个人，其代扣代缴、代收代缴的城建税按受托方所在地适用税率执行；

2. 流动经营等无固定纳税地点的单位和个人，在经营地缴纳增值税、消费税的，其城建税的缴纳按经营地适用税率执行。

（三）计税依据

城市维护建设税的计税依据为纳税人实际缴纳的增值税、消费税税额，以及出口货物、劳务或者跨境销售服务、无形资产增值税免抵税额。

对进口货物或者境外单位和个人向境内销售劳务、服务、无形资产缴纳的增值税、消费税税额，不征收城市维护建设税。

纳税人违反增值税、消费税有关税法而加收的滞纳金和罚款，是税务机关对纳税人违法行为的经济制裁，不作为城建税的计税依据，但纳税人在被查补增值税、消费税和被处以罚款时，应同时对其偷漏的城建税进行补税、征收滞纳金和罚款。

城建税以增值税、消费税税额为计税依据并同时征收，如果要免征或者减征增值税、消费税，也就要同时免征或者减征城建税。

但对出口产品退还增值税、消费税的，不退还已缴纳的城建税。

2005 年 1 月 1 日起，经国家税务局正式审核批准的当期免抵的增值税税额应纳入城市维护建设税和教育费附加的计征范围，分别按规定的税（费）率征收城市维护建设税和教育费附加。2005 年 1 月 1 日前，已按抵免的增值税税额征收的城市维护建设税和教育费附加不再退还，未征的不再补征。

自 2016 年 5 月 1 日起，纳税人跨地区提供建筑服务、销售和出租不动产的，应在建筑服务发生地、不动产所在地预缴增值税时，以预缴增值税税额为计税依据，并按预缴增值税所在地的城市维护建设税适用税率和教育费附加征收率就地计算缴纳城市维护建设税和教育费附加。

预缴增值税的纳税人在其机构所在地申报缴纳增值税时，以其实际缴纳的增值税税额为计税依据，并按机构所在地的城市维护建设税适用税率和教育费附加征收率就地计算缴纳城市维护建设税和教育费附加。

想一想：进口环节缴纳的增值税和消费税，是否作为城市维护建设税的计税依据?

（四）应纳税额

城市维护建设税的应纳税额按照纳税人实际缴纳的增值税、消费税额和出口货物、劳务或者跨境销售服务、无形资产增值税免抵税额乘以税率计算。

其计算公式为：

应纳税额 =（实际缴纳的增值税、消费税税额之和 + 出口货物、劳务或者跨境销售服务、无形资产增值税免抵税额）× 适用税率

【实战训练 6 -2】绍兴市日能贸易有限公司位于绍兴市区，2020 年 5 月应缴增值税 25 000 元，消费税 3 000 元。计算该企业应缴纳的城建税税额。

实务操作中，企业在申报应缴增值税和消费税时就应当同时向税务机关申报缴纳城建税，而非等到实际缴纳扣款后再计算城建税。

应缴纳的城建税税额 =（应缴纳的增值税 + 应缴纳的消费税）× 适用税率 =（25 000 + 3 000）× 7% = 1 960（元）

（五）会计处理

城市维护建设税计入“税金及附加”，企业应当在“应交税费”账

户下设置“应交城市维护建设税”明细账户，专门用来核算企业城市维护建设税的发生和缴纳情况。

企业在计算出应缴纳的城市维护建设税时，应借记“税金及附加”科目，贷记“应交税费——应交城市维护建设税”科目；企业交纳城市维护建设税时，借记“应交税费——应交城市维护建设税”科目，贷记“银行存款”科目。

【实战训练 6-3】 绍兴市日能贸易有限公司位于绍兴市区，2020 年 5 月，该企业已计算出应缴纳的城建税为 1 960 元，要求编制相关的会计分录。

绍兴市日能贸易有限公司应当根据计算出的应纳税额作如下会计分录：

借：税金及附加　　1 960

　贷：应交税费——应交城市维护建设税　　1 960

（六）税收优惠

城建税原则上不单独减免，但因城建税又具附加税性质，当主税发生减免时，城建税相应发生税收减免。城建税的税收减免具体有以下几种情况：

（1）城建税按减免后实际缴纳的增值税、消费税税额计征，即随增值税、消费税的减免而减免。

（2）对于因减免税而需进行增值税、消费税退库的，城建税也可同时退库。

（3）海关对进口产品代征的增值税、消费税，不征收城建税。

（4）对增值税、消费税实行先征后返、先征后退、即征即退办法的，除另有规定外，对随增值税、消费税附征的城市维护建设税和教育费附加，一律不退（返）还。

（5）为支持国家重大水利工程建设，对国家重大水利工程建设基金免征城市维护建设税。

（6）为进一步支持小微企业发展，2019 年 1 月 1 日至 2021 年 12 月 31 日，由省、自治区、直辖市人民政府根据本地区实际情况，以及宏观调控需求确定，对增值税小规模纳税人可以在 50% 的税额幅度内减征城市维护建设税。

（七）纳税申报

1. 纳税地点

城建税以纳税人实际缴纳的增值税、消费税额为计税依据，因此纳税人缴纳增值税、消费税的地点，就是该纳税人缴纳城建税的地点。但属于下列情况的企业，单位纳税地点为例外：

（1）对代扣代缴增值税、消费税的单位和个人，其纳税地点为代扣、代缴地。

（2）对跨省开采的油田，下属生产单位与核算单位不在同一省内的，其生产的原油，在油井所在地缴纳城建税。

（3）管道输油部门的收入，由取得收入的各管理局于所在地缴纳。

（4）对流动经营等无固定纳税地点的单位和个人，应随同增值税、消费税在经营地缴纳城建税。

2. 纳税期限

城建税的纳税期限分别与增值税、消费税的纳税期限一致。根据增值税法和消费税法规定，增值税、消费税的纳税期限分别为 1 日、3 日、5 日、10 日、15 日或者 1 个月。增值税、消费税的纳税人的具体纳税期限，由主管税务机关根据纳税人应纳税额大小分别核定；不能按照固定期限纳税的，可以按次纳税。

3. 申报流程

城建税的申报流程及申报表如图 6－1 和图 6－2 所示：

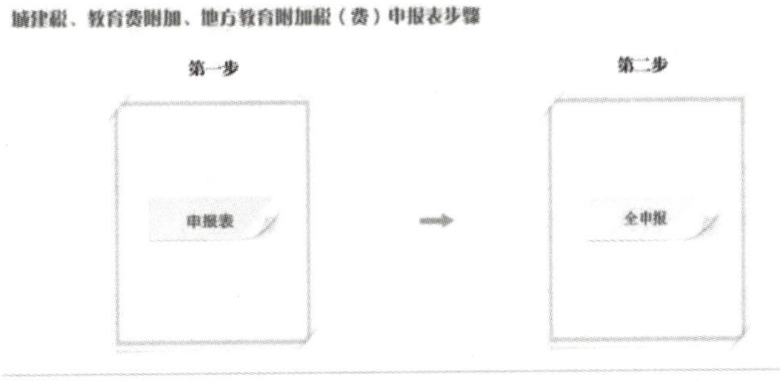

图 6－1　城建税的申报流程

资料来源：国家税务总局浙江省电子税务局。

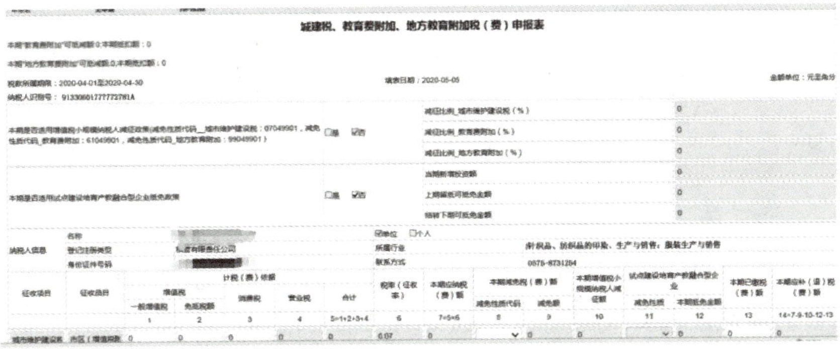

图 6－2　城建税、教育费附加、地方教育附加税（费）申报表

资料来源：国家税务总局浙江省电子税务局。

二、教育费附加和地方教育附加

特别提示

对外资企业2010年12月1日（含）之后发生纳税义务的增值税、消费税、营业税（已停征）征收教育费附加；对外资企业2010年12月1日前发生的纳税义务的增值税、消费税，不征收教育费附加。

（一）征收范围和计征依据

教育费附加和地方教育附加对缴纳增值税、消费税的单位和个人征收，以其实际缴纳的增值税、消费税为计征依据，分别与增值税、消费税同时缴纳。

自2010年12月1日起，对外商投资企业、外国企业及外籍个人（以下简称外资企业）征收教育费附加。

（二）计征比率及计算

现行教育费附加征收比率为3%。地方教育附加征收率统一为2%。

按照规定，教育费附加和地方教育附加应当与增值税、消费税同时缴纳。凡是办有职工子弟学校的单位，应当按规定缴纳教育费附加和地方教育附加，然后由教育部门根据其办学的情况酌情返还给办学单位，作为对其所办学校经费的补贴。

教育费附加和地方教育附加的计算公式为：

应纳教育费附加或地方教育附加＝实际缴纳的增值税、消费税额之和×征收比率（3%或2%）

【实战训练6－4】绍兴市日能贸易有限公司位于绍兴市区，2020年5月应缴增值税25 000元，消费税3 000元。计算该企业应缴纳的教育费附加和地方教育费附加。

实务操作中，企业在申报应缴增值税和消费税时就应当同时向税务机关申报缴纳城建税，而非等到实际缴纳扣款后再计算城建税。

应缴纳的教育费附加金额＝（应缴纳的增值税＋应缴纳的消费税）×适用税率＝（25 000＋3 000）×3%＝840（元）

应缴纳的地方教育费附加金额＝（应缴纳的增值税＋应缴纳的消费税）×适用税率＝（25 000＋3 000）×2%＝560（元）

（三）会计处理

教育费附加计入“税金及附加”，企业应当在“应交税费”账户下设置“应交教育费附加”和“应交地方教育附加”明细账户，专门用来核算企业教育费附加和地方教育附加的发生和缴纳情况。

企业在计算出应缴纳的教育费附加和地方教育费附加时，应借记“税金及附加”科目，贷记“应交税费——应交教育费附加”“应交税费——

应交地方教育附加”科目；企业交纳城市维护建设税时，借记“应交税费——应交教育费附加”“应交税费——应交地方教育附加”科目。

【实战训练 6-5】 绍兴市日能贸易有限公司位于绍兴市区，2020 年 5 月，该企业已计算出应缴纳的教育费附加为 840 元、地方教育费附加为 560 元，要求编制相关的会计分录。

绍兴市日能贸易有限公司应当根据计算出的金额作如下会计分录：

借：税金及附加	1 400	
贷：应交税费——应交教育费附加		840
应交税费——应交地方教育费附加		560

（四）减免优惠

1. 对海关进口的产品征收的增值税、消费税，不征收教育费附加。

2. 对由于减免增值税、消费税而发生退税的，可同时退还已征收的教育费附加。但对出口产品退还增值税、消费税的，不退还已征的教育费附加。

3. 对国家重大水利工程建设基金免征教育费附加。

4. 自 2016 年 2 月 1 日起，按月纳税的月销售额或营业额不超过 10 万元（按季度纳税的季度销售额或营业额不超过 30 万元）的缴纳义务人，免征教育费附加、地方教育附加。

5. 为进一步支持小微企业发展，2019 年 1 月 1 日至 2021 年 12 月 31 日，由省、自治区、直辖市人民政府根据本地区实际情况，以及宏观调控需求确定，对增值税小规模纳税人可以在 50% 的税额幅度内减征教育费附加、地方教育费附加。

任务四　房产税和城镇土地使用税的税务处理

一、房产税

（一）纳税义务人

房产税的纳税人，是指在我国城市、县城、建制镇和工矿区内拥有房屋产权的单位和个人。具体包括：

（1）产权属于国家所有的，其经营管理的单位为纳税人；产权属于集体和个人的，集体单位和个人为纳税人。

（2）产权出典的，承典人为纳税人。

（3）产权所有人、承典人均不在房产所在地的，房产代管人或者使用人为纳税人。

（4）产权未确定以及租典纠纷未解决的，房产代管人或者使用人为纳税人。

（5）纳税单位和个人无租使用房产管理部门、免税单位及纳税单位的房产，由使用人代为缴纳房产税。

（6）对居民住宅区内业主共有的经营性房产，由实际经营（包括自营和出租）的代管人或使用人缴纳房产税。房产税的纳税人，是指在我国城市、县城、建制镇和工矿区内拥有房屋产权的单位和个人。

术语解析

产权出典，是指产权所有人将房屋、生产资料等的产权，在一定期限内典当给他人使用，而取得资金的一种融资业务。这种业务大多发生于出典人急需用款，但又想保留产权回赎权的情况。

（二）征税范围

房产税以房产为征税对象。房地产开发企业建造的商品房，在出售前，不征收房产税；但对出售前房地产开发企业已使用或出租、出借的商品房应按规定征收房产税。

（1）房产税的征税范围为城市、县城、建制镇和工矿区（不包括农村）的房屋。

（2）独立于房屋之外的建筑物，如围墙、烟囱、水塔、菜窖、室外游泳池等不属于房产税的征税对象。

（3）房地产开发企业建造的商品房，在出售前，不征收房产税，但对出售前房地产开发企业已使用或出租、出借的商品房应按规定征收房产税。

（三）税率

我国现行房产税采用的是比例税率。由于房产税的计税依据分为从价计征和从租计征两种形式，所以房产税的税率也有两种：一是按房产原值一次减除10%～30%后的余值计征的，年税率为1.2%；二是依照房产租金收入计征的，年税率为12%。

自2008年3月1日起，对个人出租住房，按4%的税率征收房产税。

术语解析

房产原值，是指纳税人按照会计制度的规定，在“固定资产”账簿中记载的房屋的原价。若“固定资产”账簿中没有记载房屋原价的，由房产所在地税务机关参考同类房产，确定房屋原值。

（四）计税依据

房产税的计税依据是房产的计税价值或房产的租金收入。按照房产计税价值征税的，称为从价计征；按照房产租金收入计征的，称为从租计征。

1. 从价计征

《房产税暂行条例》规定，房产税依照房产原值一次减10%～30%

后的余值计算缴纳。各地扣除比例由当地省、自治区、直辖市人民政府确定。

（1）在具体确定房产原值时，房产原值应当包括与房屋不可分割的各种附属设备或一般不单独计算价值的配套设施，包括暖气、卫生、通风、照明、煤气等设备，各种管线如蒸汽、压缩空气、石油、给水排水等管道及电力、电信、电缆导线、电梯、升降机、过道、晒台等。

（2）纳税人对房屋进行改建、扩建的，要相应增加房产的原值。

自2010年12月21日起，对按照房产原值计税的房产，无论会计上如何核算，房产原值均应包含地价，包括为取得土地使用权支付的价款、开发土地发生的成本费用等。宗地容积率低于0.5的，按房产建筑面积的2倍计算土地面积并据此确定计入房产原值的地价。

2. 从租计征

《房产税暂行条例》规定，房产出租的，以房产租金收入为房产税的计税依据。

对出租房产，租赁双方签订的租赁合同约定有免收租金期限的，免收租金期间由产权所有人按照房产原值缴纳房产税。

出租的地下建筑，按照出租地上房屋建筑的有关规定计算征收房产税。

> **术语解析**
>
> 房产的租金收入，是房屋产权所有人出租房产使用权所得的报酬，包括货币收入和实物收入。
>
> 对于以劳务或其他形式作为报酬付房租收入的，应当根据当地同类房产的租金水平，确定一个标准租金，按规定计征房产税。

想一想：从价计征与从租计征的区别有哪些？

（五）应纳税额的计算

1. 地上建筑房产税的计算

根据有关规定，位于地上的建筑物房产税的计算方法有两种：

（1）按房产原值一次减除10%～30%后的余值（简称房产余值）计算。其计算公式为：

年应纳税额＝房产账面原值×（1－10%～30%）×1.2%

对无租使用其他单位房产的应税单位和个人；产权出典的房产的承典人均按房产余值计算房产税。融资租赁的房产也按房产余值缴纳房产税。

对以房产投资联营、投资者参与投资利润分红、共担风险的，按房产余值作为计税依据计缴房产税。

对以房产投资收取固定收入、不承担经营风险的，实际上是以联营名义取得房屋租金，应以出租方取得的租金收入为计税依据计缴房产税。

（2）按租金收入计算，其计算公式为：

年应纳税额＝年租金收入×适用税率（12%）

6－11 房产税随堂练习

以上方法是按年计征的，如分期缴纳，比如按半年缴纳，则以年应纳税额除以2；按季缴纳，则以年应纳税额除以4；按月缴纳，则以年应纳税额除以12。

2. 具备房屋功能的地下建筑房产税计算

凡在房产税征收范围内的具备房屋功能的地下建筑，包括与地上房屋相连的地下建筑以及完全建在地面以下的建筑、地下人防设施等，均应当依照有关规定征收房产税。上述具备房屋功能的地下建筑是指有屋面和维护结构，能够遮风避雨，可供人们在其中生产、经营、工作、学习、娱乐、居住或储藏物资的场所。

（1）自用的地下建筑，按以下方式计税：

①工业用途房产，以房屋原价的50%～60%作为应税房产原值。

应纳房产税的税额＝应税房产原值×[1－(10%～30%)]×1.2%

②商业和其他用途房产，以房屋原价的70%～80%作为应税房产原值。

应纳房产税的税额＝应税房产原值×[1－(10%～30%)]×1.2%

房屋原价折算为应税房产原值的具体比例，由各省、自治区、直辖市和计划单列市财政和税务部门在上述幅度内自行确定。

③对于与地上房屋相连的地下建筑，如房屋的地下室、地下停车场、商场的地下部分等，应将地下部分与地上房屋视为一个整体按照地上房屋建筑的有关规定计算征收房产税。

（2）租的地下建筑，按照出租地上房屋建筑的有关规定计算征收房产税。

（六）会计处理

企业应当在“应交税费”账户下设置“应交房产税”明细账户，专门用来核算企业应交房产税的发生和缴纳情况。该账户的贷方反映企业按税收政策法规计算出的应当缴纳的房产税，借方反映企业实际向税务机关缴纳的房产税，余额在贷方反映企业应交而未交的房产税。

企业缴纳的房产税应该在“税金及附加”科目中列支，企业计算应交房产税时，借记“税金及附加”科目，贷记“应交税费——应交房产税”科目；缴纳房产税时，借记“应交税费——应交房产税”科目，贷记“银行存款”科目。

【实战训练6－6】 浙江大桥贸易有限公司2020年5月应缴纳的房产税为15 000元，其对应的房产税的会计处理为：

（1）计算应交房产税时：

借：税金及附加　　　　15 000

贷：应交税费——应交房产税　　15 000

（2）实际缴纳房产税时：

借：应交税费——应交房产税　　15 000

贷：银行存款　　15 000

（七）税收优惠

（1）国家机关、人民团体、军队自用的房产免征房产税。但上述免税单位的出租房产以及非自身业务使用的生产、营业用房，不属于免税范围。

（2）由国家财政部门拨付事业经费的单位，如学校、医疗卫生单位、托儿所、幼儿园、敬老院、文化、体育、艺术这些实行全额或差额预算管理的事业单位所有的，本身业务范围内使用的房产免征房产税。

自 2016 年 1 月 1 日起，对国家机关、军队、人民团体、财政补助事业单位、居民委员会、村民委员会拥有的体育场馆，用于体育活动的房产、土地，免征房产税和城镇土地使用税。

企业拥有并运营管理的大型体育场馆，其用于体育活动的房产、土地，减半征收房产税和城镇土地使用税。经费自理事业单位、体育社会团体、体育基金会、体育类民办非企业单位拥有并运营管理的体育场馆，同时符合向社会开放，用于满足公众体育活动需要；体育场馆取得的收入主要用于场馆的维护、管理和事业发展；拥有体育场馆的体育社会团体、体育基金会及体育类民办非企业单位，除当年新设立或登记的以外，前一年度登记管理机关的检查结论为“合格”等条件的，其用于体育活动的房产、土地，免征房产税和城镇土地使用税。享受上述税收优惠体育场馆的运动场地用于体育活动的天数不得低于全年自然天数的 70%。体育场馆辅助用房及配套设施用于非体育活动的部分，不得享受上述税收优惠。

高尔夫球、马术、汽车、卡丁车、摩托车的比赛场、训练场、练习场，除另有规定外，不得享受房产税、城镇土地使用税优惠政策。各省、自治区、直辖市财政、税务部门可根据本地区情况适时增加不得享受优惠体育场馆的类型。

（3）宗教寺庙、公园、名胜古迹自用的房产免征房产税。

宗教寺庙自用的房产，是指举行宗教仪式等的房屋和宗教人员使用的生活用房。

公园、名胜古迹自用的房产，是指供公共参观游览的房屋及其管理单位的办公用房。

宗教寺庙、公园、名胜古迹中附设的营业单位，如影剧院、饮食部、茶社、照相馆等所使用的房产及出租的房产，不属于免税范围，应照章纳税。

（4）个人所有非营业用的房产免征房产税。（不适用上海和重庆两市）

（5）对行使国家行政管理职能的中国人民银行总行（含国家外汇管理局）所属分支机构自用的房产，免征房产税。

（6）经财政部批准免税的其他房产，主要有：

①对非营利性医疗机构、疾病控制机构和妇幼保健机构等卫生机构自用的房产，免征房产税。

②从 2001 年 1 月 1 日起，对按政府规定价格出租的公有住房和廉租住房，包括企业和自收自支始业单位向职工出租的单位自有住房，房管部门向居民公租的公有住房，落实私房政策中带户发还产权并以政府规定租金标准向居民出租的私有住房等，暂免征收房产税。

③经营公租房的租金收入，免征房产税。公有租赁住房经营管理单位应单独核算公共租赁住房租金收入，未单独核算的，不得享受免征房产税优惠政策。

（7）自 2016 年 1 月 1 日至 2021 年 12 月 31 日，对专门经营农产品的农产品批发市场、农贸市场（包括自有和承租）的房产、土地，暂免征收房产税和城镇土地使用税。对同时经营其他产品的农产品批发市场和农贸市场使用的房产、土地，按其他产品与农产品交易场地面积的比例确定征免房产税和城镇土地使用税。

（8）自 2018 年 10 月 1 日至 2020 年 12 月 31 日，对按照去产能和调结构政策要求停产停业、关闭的企业，自停产停业次月起，免征房产税、城镇土地使用税。企业享受免税政策的期限累计不得超过 2 年。

（9）自 2019 年 1 月 1 日至 2021 年 12 月 31 日，对国家级、省级科技企业孵化器、大学科技园和国家备案众创空间自用以及无偿或通过出租等方式提供给在孵对象使用的房产，免征房产税。

2018 年 12 月 31 日以前认定的国家级科技企业孵化器、大学科技园，自 2019 年 1 月 1 日起享受规定的税收优惠政策。2019 年 1 月 1 日以后认定的国家级、省级科技企业孵化器、大学科技园和国家备案众创空间，自认定之日次月起享受规定的税收优惠政策。2019 年 1 月 1 日以后被取消资格的，自取消资格之日次月起停止享受规定的税收优惠政策。

（10）自 2019 年 1 月 1 日至 2021 年 12 月 31 日，对高校学生公寓免征房产税。

（11）自 2019 年 1 月 1 日至 2020 年 12 月 31 日，对向居民供热收取采暖费的供热企业，为居民供热所使用的厂房及土地免征房产税、城镇土地使用税。对供热企业其他厂房及土地，应当按照规定征收房产税、城镇土地使用税。

术语解析

对个人拥有的营业用房或者出租的房产，不属于免税房产，应照章纳税。

上海和重庆两地自 2011 年起试点对个人拥有住宅征收房产税。

（12）为进一步支持小微企业发展，2019 年 1 月 1 日至 2021 年 12 月 31 日，由省、自治区、直辖市人民政府根据本地区实际情况，以及宏观调控需要确定，对增值税小规模纳税人可以在 50% 的税额幅度内减征房产税。

想一想：我国免征房产税的情形有哪些？

（八）征收管理

1. 纳税义务发生时间

（1）纳税人自建的房屋，自建成次月起征收房产税。

（2）纳税人委托施工企业建设的房屋，从办理验收手续的次日起征收房产税。纳税人在办理验收手续前已经使用或出租、出借的新建房屋，应从使用或出租、出借的当日起，缴纳房产税。

（3）纳税人将原有房产用于生产经营，从生产经营之日起，缴纳房产税。

（4）纳税人出租、出借房产，自交付出租、出借房产之次月起，缴纳房产税。

（5）纳税人购置新建商品房，自房屋交付使用之次月起缴纳房产税。

（6）融资租赁的房产，由承租人自融资租赁合同约定开始日的次月起依照房产余值缴纳房产税。合同未约定开始日的，由承租人自合同签订的次月起依照房产余值缴纳房产税。

2. 纳税期限

房产税实行按年计算，分期（半年或季度）缴纳的征收办法。具体纳税期限由省、自治区、直辖市人民政府确定。

3. 纳税地点

房产税应向房产所在地的税务机关缴纳。房产不在同一地方的纳税人，应按房产的坐落地分别向房产所在地的税务机关纳税。

4. 纳税申报

2019 年 10 月 1 日起，将城镇土地使用税和房产税的纳税申报表、减免税明细申报表、税源明细表分别合并为《城镇土地使用税　房产税纳税申报表》《城镇土地使用税　房产税减免税明细申报表》《城镇土地使用税　房产税税源明细表》。房产税的纳税人应按有关规定，及时办理纳税申报。首次进行纳税申报的纳税人，需要申报其全部房产的相关信息，此后办理纳税申报时，如果纳税人的房产及减免税等相关信息未发生变化的，可仅对上次申报信息进行确认；发生变化的，仅就变化的内容进行填写。

6－12 “跟我一起学习房产税”视频

二、城镇土地使用税

6－13 《中华人民共和国城镇土地使用税暂行条例》

（一）纳税义务人

在城市、县城、建制镇和工矿区范围内使用土地的单位和个人，为城镇土地使用税的纳税人。

所称单位，包括国有企业、集体企业、私营企业、股份制企业、外商投资企业、外国企业以及其他企业和事业单位、社会团体、国家机关、军队以及其他单位；所称个人，包括个体工商户以及其他个人。具体来说，通常包括以下几类：

（1）拥有土地使用权的单位和个人。

（2）拥有土地使用权的单位和个人不在土地所在地的，其土地的实际使用人和代管人为纳税人。

（3）土地使用权未确定或权属纠纷未解决的，其实际使用人为纳税人。

（4）土地使用权共有的，共有各方都是纳税人，由共有各方分别纳税。

（二）征税范围

城镇土地使用税的征税对象是土地。征税范围包括在城市、县城、建制镇和工矿区内的国家所有的土地和集体所有的土地。

建立在城市、县城、建制镇和工矿区以外的工矿企业则不需缴纳城镇土地使用税。对农林牧渔业用地和农民居住用房屋及土地，不征收房产税和土地使用税。

自2009年1月1日起，公园、名胜古迹内的索道公司经营用地，应按规定缴纳城镇土地使用税。

自2009年12月1日起，单独建造的地下建筑用地，按规定征收城填土地使用税。已取得地下土地使用权证的，按土地使用权证确认的土地面积计算应征税款；未取得地下土地使用权证或地下土地使用权证上未标明土地面积的，按地下建筑垂直投影面积计算应征税款。对上述地下建筑用地暂按应征税款的50%征收城镇土地使用税。

想一想：我国哪些土地不证收城镇土地使用税？

（三）税率

城镇土地使用税采用定额税率，即采用有幅度的差别税额，按大、中、小城市和县城、建制镇、工矿区分别规定每平方米土地使用税年应纳税额。具体标准见表6－2。

表6－2 城镇土地使用税税率

级别	人口（人）	每平方米税额（元）
大城市	50万以上	1.5～30
中等城市	20万～50万	1.2～24
小城市	20万以下	0.9～18
县城、建制镇、工矿区	—	0.6～12

各省、自治区、直辖市人民政府可根据市政建设情况和经济繁荣程度在规定税额幅度内，确定所辖地区的适用税额幅度。经济落后地区，土地使用税的适用税额标准可适当降低，但降低额不得超过上述规定最低税额的30%。经济发达地区的适用税额标准可以适当提高，但须报财政部批准。

（四）优惠政策

1. 法定免缴土地使用税的优惠

（1）国家机关、人民团体、军队自用的土地。

（2）由国家财政部门拨付事业经费的单位自用的土地。

（3）宗教寺庙、公园、名胜古迹自用的土地。

（4）市政街道、广场、绿化地带等公共用地。

（5）直接用于农、林、牧、渔业的生产用地。

（6）经批准开山填海整治的土地和改造的废弃土地，从使用的月份免缴土地使用税5年至10年。

（7）对非营利性医疗机构、疾病控制机构和妇幼保健机构等卫生机构自用的土地，免税。

（8）企业办的学校、医院、托儿所、幼儿园，其用地能与企业其他用地明确区分的，免税。

（9）免税单位无偿使用纳税单位的土地（如公安、海关等单位使用铁路、民航等单位的土地），免税。纳税单位无偿使用免税单位的土地，纳税单位应照章纳税。纳税单位与免税单位共同使用、共有使用权土地的多层建筑，对纳税单位可按其占用的建筑面积占建筑总面积的比例计税。

（10）对行使国家行政管理职能的中国人民银行总行（含国家外汇管理局）所属分支机构自用的土地，免征城镇土地使用税。

（11）为了体现国家的产业政策，支持重点产业的发展，对石油、电力、煤炭等能源用地，民用港口、铁路等交通用地和水利设施用地，三线调整企业、烟厂、采石场、邮电等一些特殊用地划分了征免税界限和给予政策性减免税照顾。具体规定如下：

①对石油天然气生产建设中用于地质勘探、钻井、井下作业、油气田地面工程等施工临时用地暂免征收城镇土地使用税。

②对企业的铁路专用线、公路等用地，在厂区以外、与社会公用地段未加隔离的，暂免征收城镇土地使用税。

③对企业厂区以外的公共绿化用地和向社会开放的公园用地，暂免征收城镇土地使用税。

④对盐场的盐滩、盐矿的矿井用地，暂免征收城镇土地使用税。

2. 财政部等规定的减免城镇土地使用税

①自2016年1月1日至2021年12月31日，对专门经营农产品的农产品批发市场、农贸市场（包括自有和承租）的房产、土地，暂免征收房产税和城镇土地使用税。对同时经营其他产品的农产品批发市场和农贸市场使用的房产、土地，按其他产品与农产品交易场地面积的比例确定征免房产税和城镇土地使用税。

②自2018年10月1日至2020年12月31日，对按照去产能和调结构政策要求停产停业、关闭的企业，自停产停业次月起，免征房产税、城镇土地使用税。企业享受免税政策的期限累计不得超过2年。

③自2019年1月1日至2021年12月31日，对国家级、省级科技企业孵化器、大学科技园和国家备案众创空间自用以及无偿或通过出租等方式提供给在孵对象使用的房产，免征城镇土地使用税。

2018年12月31日以前认定的国家级科技企业孵化器、大学科技园，自2019年1月1日起享受规定的税收优惠政策。2019年1月1日以后认定的国家级、省级科技企业孵化器、大学科技园和国家备案众创空间，自认定之日次月起享受规定的税收优惠政策。2019年1月1日以后被取消资格的，自取消资格之日次月起停止享受规定的税收优惠政策。

④自2019年1月1日至2020年12月31日，对向居民供热收取采暖费的供热企业，为居民供热所使用的厂房及土地免征房产税、城镇土地使用税。对供热企业其他厂房及土地，应当按照规定征收房产税、城镇土地使用税。

⑤自2020年1月1日起至2022年12月31日止，对物流企业自有（包括自用和出租）或承租的大宗商品仓储设施用地，减按所属土地等级适用税额标准的50%计征城镇土地使用税。

3. 省、自治区、直辖市税务局确定减免土地使用税的优惠

（1）下列土地由省级税务局确定减免土地使用税：个人所有的居住房屋及院落用地；免税单位职工家属的宿舍用地；集体和个人办的各类学校、医院、托儿所及幼儿园用地；民政部门举办的安置残疾人占一定比例的福利工厂用地；基建项目在建期间使用的土地以及城镇集贸市场用地；各类危险品仓库、厂房所需的防火、防爆、防毒等安全防范用地等。

（2）纳税人缴纳土地使用税确有困难需要定期减免的，由省、自治区、直辖市税务机关审核后，报国家税务局批准。

（3）为进一步支持小微企业发展，2019 年 1 月 1 日至 2021 年 12 月 31 日，由省、自治区、直辖市人民政府根据本地区实际情况，以及宏观调控需要确定，对增值税小规模纳税人可以在 50% 的税额幅度内减征城镇土地使用税。

（五）城镇土地使用税的计税依据

城镇土地使用税以纳税人实际占用的土地面积为计税依据，计税单位为平方米。纳税人实际占用的土地面积按下列办法确定：

（1）由省、自治区、直辖市人民政府确定的单位组织测定土地面积的，以测定的面积为准；

（2）尚未组织测量，但纳税人持有政府部门核发的土地使用证书的，以证书确认的土地面积为准；

（3）尚未核发土地使用证书的，应由纳税人申报土地面积，据以纳税，待核发土地使用证后再作调整。

城镇土地使用税按纳税人实际占用的土地面积和规定的税额按年计算，分期纳税。

年度应纳税额 = 应税土地实际占用面积 × 适用单位税额

月（或季、半年）度应纳税额 = 年度应纳税额 ÷ 12（或 4、2）

（六）会计处理

企业按规定计算出应缴纳的城镇土地使用税时，借记“税金及附加”科目，贷记“应交税费——应交城镇土地使用税”科目；实际缴纳时，借记“应交税费——应交城镇土地使用税”科目，贷记“银行存款”科目。

6－14 城镇土地使用税随堂练习

（七）征收管理

1. 纳税义务发生时间

（1）新征用的耕地，自批准征用之日起满 1 年时开始缴纳土地使用税；

（2）新征用的非耕地，自批准征用次月起缴纳土地使用税；

（3）以出让或转让方式有偿取得土地使用权的，应由受让方从合同约定交付土地时间的次月起缴纳城镇土地使用税；合同未约定交付土地时间的，由受让方从合同签订的次月起缴纳城镇土地使用税；

（4）购置新建商品房，自房屋交付使用之次月起计征城镇土地使用税；

（5）购置存量房，自办理房屋权属转移、变更登记手续，房地产权属登记机关签发房屋权属证书之次月起计征城镇土地使用税；

（6）出租、出借房产，自交付出租、出借房产之次月起计征城镇土地使用税。

2. 纳税期限

城镇土地使用税按年计算、分期缴纳。一般按月、季或半年征收一次。缴纳期限由省、自治区、直辖市人民政府确定。

3. 纳税地点

城镇土地使用税的纳税地点为土地所在地，由土地所在地税务机关负责征收。纳税人使用的土地不属于同一省（自治区、直辖市）管辖范围的，应由纳税人分别向土地所在地的税务机关缴纳土地使用税。在同一省（自治区、直辖市）管辖范围内，纳税人跨地区使用的土地，如何确定纳税地点，由各省、自治区、直辖市税务局确定。

6－15 “城镇土地使用税”视频

4. 纳税申报

2019 年 10 月 1 日起，将城镇土地使用税和房产税的纳税申报表、减免税明细申报表、税源明细表分别合并为《城镇土地使用税　房产税纳税申报表》《城镇土地使用税　房产税减免税明细申报表》《城镇土地使用税　房产税税源明细表》。房产税的纳税人应按有关规定，及时办理纳税申报。首次进行纳税申报的纳税人，需要申报其全部房产的相关信息，此后办理纳税申报时，如果纳税人的房产及减免税等相关信息未发生变化的，可仅对上次申报信息进行确认；发生变化的，仅就变化的内容进行填写。

任务五　土地增值税的税务处理

一、纳税义务人

土地增值税的纳税义务人为转让国有土地使用权、地上的建筑及其附着物（以下简称“转让房地产”）并取得收入的单位和个人。单位包括各类企业、事业单位、国家机关和社会团体及其他组织。个人包括个体经营者。

二、征税范围

转让国有土地使用权、地上的建筑物及其附着物，并取得收入的行为，都是土地增值税的征税范围。纳税人将开发产品用于职工福利、奖励、对外投资、分配给股东或投资人、抵偿债务、换取其他单位和个人的非货币性资产等，发生所有权转移时应视同销售房地产。

（1）对转让土地使用权的，只对转让国有土地使用权的行为征税，转让集体土地使用权的行为没有纳入征税范围。这是因为根据《中华人民共和国土地管理法》的规定，集体土地未经国家征用的不得转让。因此，转让集体土地是违法行为，所以不能纳入征税范围。

（2）转让房地产的，只对转让后取得的增值收入征税，虽然发生转让房地产行为，但没有增值收入，如通过继承、赠与等无偿转让房地产的行为不在土地增值税的征税范围。

（3）只对转让房地产的征税，不转让的不征税。实际工作中，可以房地产权属是否发生转让，作为界定其是否属于土地增值税征税范围的标准。例如，出租房地产虽然取得了收入，但没有发生房地产产权的转让，所以，不属于土地增值税的征税范围。

想一想：哪些情形不属于土地增值税的征税范围？

三、税率

土地增值税实行 30% ~60% 的四级超率累进税率，它是以增值额与扣除项目金额的比率大小从低到高划分为四个级次。

（1）增值额未超过扣除项目金额 50% 的部分，税率为 30% 。

（2）增值额超过扣除项目金额 50% 未超过 100% 的部分，税率为 40% 。

（3）增值额超过扣除项目金额 100% 未超过 200% 的部分，税率为 50% 。

（4）增值额超过扣除项目金额 200% 的部分，税率为 60% 。

四级超率累进税率每级增值额未超过扣除项目金额的比例，均包括本比例数。超率累进税率表见表 6 -3。

表 6－3　　土地增值税四级超率累进税率

级数	增值额与扣除项目金额的比率	税率（%）	速算扣除系数（%）
1	不超过 50% 的部分	30	0
2	超过 50% ～100% 的部分	40	5
3	超过 100% ～200% 的部分	50	15
4	超过 200% 的部分	60	35

想一想：超率累进与超额累进一样吗？

四、土地增值税的计算

土地增值税的计税依据为纳税人转让土地所得的增值额，即纳税人转让土地取得的收入减除规定扣除项目金额后的余额。即：

土地增值额 = 转让房地产收入 − 法定扣除项目金额

（一）应税收入的确定

应税收入是指纳税人转让房产所取得的全部价款及有关的经济利益，包括货币收入、实物收入以及其他收入在内的全部收入。纳税人转让房地产取得的收入为不含增值税收入。纳税人转让房地产的土地增值税应税收入不含增值税。适用增值税一般计税方法的纳税人，其转让房地产的土地增值税应税收入不含增值税销项税额；适用简易计税方法的纳税人，其转让房地产的土地增值税应税收入不含增值税应纳税额。

简化土地增值税预征税款计算，房地产开发企业采取预收款方式销售自行开发的房地产项目的，可按照以下方法计算土地增值税预征计征依据：土地增值税预征的计征依据 = 预收款 − 应预缴增值税税款。

对于县级及县级以上人民政府要求房地产开发企业在售房时代收的各项费用，如果代收费用是计入房价中向购买方一并收取的，可作为转让房地产所取得的收入计税；如果代收费用未计入房价中，而是在房价之外单独收取的，可以不作为转让房地产的收入。

对于代收费用作为转让收入计税的，在计算扣除项目金额时，可予以扣除，但不允许作为加计 20% 扣除的基数；对于代收费用未作为转让房地产的收入计税的，在计算增值额时不允许扣除代收费用。

术语解析

土地价款，以出让方式取得土地使用权的，为支付的土地出让金；以行政划拨方式取得土地使用权的，为转让土地使用权时按规定补交的出让金；以转让方式取得土地使用权的，为支付的地价款。

（二）扣除项目的确定

计算转让房地产增值额的扣除项目具体包括：

（1）取得土地使用权所支付的金额，包括纳税人为取得土地使用权所支付的土地价款和按国家统一规定缴纳的有关费用。

房地产开发企业为取得土地使用权所支付的契税，应视同“按国家统一规定缴纳的有关费用”，记入“取得土地使用权所支付的金额”中扣除。

（2）房地产开发（具体包括开发土地和新建房屋及配套设施）成本，包括土地征用及拆迁补偿费、前期工程费、建筑安装工程费、基础设施费、公共设施配套费、开发间接费用。

土地征用及拆迁补偿费，包括土地征用费、耕地占用税、劳动力安置费及有关地上、地下附着物拆迁补偿的净支出、安置动迁用房支出等。

前期工程费，包括规划、设计、项目可行性研究和水文、地质、勘察、测绘、“三通一平”等支出。

建筑安装工程费，是指以出包方式支付给承包单位的建筑安装工程费，以自营方式发生的建筑安装工程费。

基础设施费，包括开发小区内道路、供水、供电、供气、排污、排洪、通信、照明、环卫、绿化等工程发生的支出。

公共配套设施费，包括不能有偿转让的开发小区内公共配套设施发生的支出。

开发间接费用，是指直接组织、管理开发项目发生的费用，包括工资、职工福利费、折旧费、修理费、办公费、水电费、劳动保护费、周转房摊销等。

营改增后，土地增值税纳税人接受建筑安装服务取得的增值税发票，应按照《国家税务总局关于全面推开营业税改征增值税试点有关税收征收管理事项的公告》（2016 年）规定，在发票的备注栏注明建筑服务发生地县（市、区）名称及项目名称，否则不得计入土地增值税扣除项目金额。

6－16《国家税务总局关于营改增后土地增值税若干征管规定的公告》

（3）房地产开发费用，是指与房地产开发项目有关的销售费用、管理费用、财务费用。根据新会计制度的规定，与房地产开发有关的费用直接计入当年损益，不按房地产项目进行归集或分摊。故作为土地增值税扣除项目的房地产开发费用，不按纳税人房地产开发项目实际发生的费用进行扣除，而按《土地增值税暂行条例实施细则》（以下简称《实施细则》）的标准进行扣除。

《实施细则》规定，财务费用中的利息支出，凡能够按转让房地产项目计算分摊并提供金融机构证明的，可将不高于商业银行同类同期贷款利率所支付的利息据实扣除。其他房地产开发费用（即取得土地使用权所支付的金额和房地产开发成本）按上述第 1 项和第 2 项规定计算的金额之和的 5% 以内计算扣除。

术语解析

扣除项目中的利息支出另有专门规定：利息的上浮幅度按国家的有关规定执行，超过上浮幅度的部分不允许扣除；对于超过贷款期限的利息部分和加罚的利息不允许扣除。

允许扣除的房地产开发费用 = 利息 +（取得土地使用权所支付的金

额 + 房地产开发成本）×5%

凡不能按转让房地产项目计算分摊利息支出或不能提供金融机构证明的，房地产开发费用按上述第 1 项和第 2 项规定计算的金额之和的 10% 以内计算扣除。计算扣除的具体比例，由各省、自治区、直辖市人民政府确定。

允许扣除的房地产开发费用 =（取得土地使用权所支付的金额 + 房地产开发成本）×10%

（4）与转让房地产有关的税金。这是指在转让房地产时缴纳的城市维护建设税、印花税。因转让房地产缴纳的教育费附加，也可视同税金予以扣除。

营改增后，房地产开发企业实际缴纳的城市维护建设税（以下简称“城建税”）、教育费附加，凡能够按清算项目准确计算的，允许据实扣除。凡不能按清算项目准确计算的，则按该清算项目预缴增值税时实际缴纳的城建税、教育费附加扣除。

其他转让房地产行为的城建税、教育费附加扣除比照上述规定执行。

（5）财政部规定的其他扣除项目。从事房地产开发的纳税人可按规定数额加计扣除。

加计扣除额 =（取得土地使用权所支付的金额 + 房地产开发成本）× 20%

其扣除方法采取项目年终结利和竣工清算税款时一并扣除的方法。

房地产开发企业逾期开发缴纳的土地闲置费不得扣除。

（6）旧房及建筑物的评估价格。纳税人转让旧房的，应按房屋及建筑物的评估价格、取得土地使用权所支付的地价款或出让金、按国家统一规定缴纳的有关费用和转让环节缴纳的税金作为扣除项目金额计征土地增值税。对取得土地使用权时未支付地价款或不能提供已支付的地价款凭据的，在计征土地增值税时不允许扣除。

①旧房及建筑物的评估价格是指在转让已使用的房屋及建筑物时，由政府批准设立的房地产评估机构评定的重置成本价乘以成新度折扣率后的价格。即：

评估价格 = 重置成本价 × 成新度折扣率

纳税人转让旧房及建筑物时因计算纳税的需要而对房地产进行评估，其支付的评估费用允许在计算增值额时予以扣除。对于纳税人隐瞒、虚报房地产成交价格，提供扣除项目金额不实以及转让房地产的成交价格低于房地产评估价格，又无正当理由的按房地产评估价格计算征收土地增值税所发生的评估费用，不允许在计算土地增值税时予以扣除。

②“营改增”后，纳税人转让旧房及建筑物，凡不能取得评估价格，但能提供购房发票的，扣除项目的金额按照下列方法计算：

a. 提供的购房凭据为营改增前取得的营业税发票的，按照发票所载金额（不扣减营业税）并从购买年度起至转让年度止每年加计5%计算。

b. 提供的购房凭据为营改增后取得的增值税普通发票的，按照发票所载价税合计金额从购买年度起至转让年度止每年加计5%计算。

c. 提供的购房发票为营改增后取得的增值税专用发票的，按照发票所载不含增值税金额加上不允许抵扣的增值税进项税额之和，并从购买年度起至转让年度止每年加计5%计算。

对纳税人购房时缴纳的契税，凡能提供契税完税凭证的，准予作为“与转让房地产有关的税金”予以扣除，但不作为加计5%的基数。

对于转让旧房及建筑物，既没有评估价格，又不能提供购房发票的，税务机关可以根据《中华人民共和国税收征收管理法》第三十五条的规定，实行核定征收。

想一想：开发新房与转让旧房在土地增值税扣除项目上的区别？

（三）应纳税额的计算

土地增值税按照纳税人转让房地产所取得的增值额和规定的税率计算征收。计算方法主要有两种：

1. 分步计算法

按照每一级距的土地增值额乘以该级距相应的税率，分别计算各级次土地增值税税额，然后将其相加汇总，求得应纳税额。土地增值税的计算公式为

应纳税额 = ∑（每级距的土地增值税 × 适用税率）

2. 速算扣除法

在实际工作中，一般采取速算扣除法计算，公式为

应纳税额 = 增值额 × 适用税率 − 允许扣除项目金额 × 速算扣除系数

计算程序如下：

（1）计算扣除项目金额。

（2）计算增值额。

增值额 = 转让收入额 − 扣除项目金额

（3）计算增值额占扣除项目金额的比重。

增值率 = 增值额 ÷ 扣除项目金额 × 100%

（4）依据增值率确定适用税率和速算扣除系数。

（5）依据适用税率计算应纳税额。

土地增值税税额 = 增值额 × 适用税率 – 扣除项目金额 × 速算扣除系数

【实战训练 6 – 7】 浙江天乐房地产开发有限公司转让一块已开发的土地使用权，取得转让收入 1 500 万元，为取得土地使用权支付金额 300 万元，开发土地成本 85 万元，开发土地费用 60 万元，应纳有关税费 78 万元。税务机关要求天乐公司申报计算转让该土地应当缴纳的土地增值税。

天乐房地产开发有限公司转让土地使用权的土地增值税计算如下：

（1）扣除项目金额 = (300 + 85) × (1 + 20%) + 60 + 78 = 600（万元）

（2）增值额 = 1 500 – 600 = 900（万元）

（3）增值额占扣除项目金额的比重 = 900 ÷ 600 = 150%，适用税率 50%，扣除率 15%。

（4）土地增值税税额 = 900 × 50% – 600 × 15% = 360（万元）

五、土地增值税的预征与清算

土地增值税以纳税人取得的预收款为计税依据，预收款包括预售款、定金、实物及其他经济利益。按下列公式计算预征税额：

土地增值税预征税额 = 预收款 × 预征率

除保障性住房外，东部地区省份预征率不得低于 2%，中部和东北地区省份不得低于 1.5%，西部地区省份不得低于 1%，各地要根据不同类型房地产确定适当的预征率。

土地增值税以国家有关部门审批的房地产开发项目为单位进行清算，对于分期开发的项目，以分期项目为单位清算。

开发项目中同时包含普通住宅和非普通住宅的，应分别计算增值额。

（一）土地增值税的清算条件

（1）符合下列情形之一的，纳税人应进行土地增值税的清算：

①房地产开发项目全部竣工、完成销售的；

②整体转让未竣工决算房地产开发项目的；

③直接转让土地使用权的。

（2）符合下列情形之一的，主管税务机关可要求纳税人进行土地增值税清算：

①已竣工验收的房地产开发项目，已转让的房地产建筑面积占整个项目可售建筑面积的比例在 85% 以上，或该比例虽未超过 85%，但剩余的可售建筑面积已经出租或自用的；

②取得销售（预售）许可证满三年仍未销售完毕的；

③纳税人申请注销税务登记但未办理土地增值税清算手续的；

④省税务机关规定的其他情况。

（二）非直接销售和自用房地产的收入确定

（1）房地产开发企业将开发产品用于职工福利、奖励、对外投资、分配给股东或投资人、抵偿债务、换取其他单位和个人的非货币性资产等，发生所有权转移时应视同销售房地产，其收入按下列方法和顺序确认：

①按本企业在同一地区、同一年度销售的同类房地产的平均价格确定；

②由主管税务机关参照当地当年、同类房地产的市场价格或评估价值确定。

（2）房地产开发企业将开发的部分房地产转为企业自用或用于出租等商业用途时，如果产权未发生转移，不征收土地增值税，在税款清算时不列收入，不扣除相应的成本和费用。

（三）土地增值税的扣除项目

（1）房地产开发企业办理土地增值税清算时计算与清算项目有关的扣除项目金额，应根据前文“扣除项目的确定”部分内容处理。除另有规定外，扣除取得土地使用权所支付的金额、房地产开发成本、费用及与转让房地产有关税金，须提供合法有效凭证；不能提供合法有效凭证的，不予扣除。

（2）房地产开发企业办理土地增值税清算所附送的前期工程费、建筑安装工程费、基础设施费、开发间接费用的凭证或资料不符合清算要求或不实的，税务机关可参照当地建设工程造价管理部门公布的建安造价定额资料，结合房屋结构、用途、区位等因素，核定上述四项开发成本的单位面积金额标准，并据以计算扣除。具体核定方法由省税务机关确定。

（3）房地产开发企业开发建造的与清算项目配套的居委会和派出所用房、会所、停车场（库）、物业管理场所、变电站、热力站、水厂、文体场馆、学校、幼儿园、托儿所、医院、邮电通信等公共设施，按以下原则处理：

①建成后产权属于全体业主所有的，其成本、费用可以扣除；

②建成后无偿移交给政府、公用事业单位用于非营利性社会公共事业的，其成本、费用可以扣除；

③建成后有偿转让的，应计算收入，并准予扣除成本、费用。

（4）房地产开发企业销售已装修的房屋，其装修费用可以计入房地产开发成本。

房地产开发企业的预提费用，除另有规定外，不得扣除。

（5）属于多个房地产项目共同的成本费用，应按清算项目可售建筑面积占多个项目可售总建筑面积的比例或其他合理的方法，计算确定清算项目的扣除金额。

（四）清算后再转让房地产的处理

在土地增值税清算时未转让的房地产，清算后销售或有偿转让的，纳税人应按规定进行土地增值税的纳税申报，扣除项目金额按清算时的单位建筑面积成本费用乘以销售或转让面积计算。

单位建筑面积成本费用 = 清算时的扣除项目总金额 ÷ 清算的总建筑面积

六、会计处理

6－17 《财政部关于印发企业缴纳土地增值税会计处理规定的通知》

企业应当在“应交税费”账户下设置“应交土地增值税”明细账户，专门用来核算企业应交土地增值税的发生和缴纳情况。该账户的贷方反映企业按税收政策法规计算出的应当缴纳的土地增值税，借方反映企业实际向税务机关缴纳的土地增值税，期末余额在贷方，反映企业应交而未交的土地增值税。

由于土地增值税纳税人的经营内容不同，对土地增值税的会计处理也存在一定的差异。

（一）主营房地产业务的企业应纳土地增值税的账务处理

企业的主营业务是房地产开发和销售，因此，企业转让国有土地使用权、地上建筑物及其附着物，其收支均应通过“主营业务收入”“主营业务成本”“税金及附加”等账户进行核算。企业在取得房地产转让收入时，应借记“银行存款”“应收账款”等，贷记“主营业务收入”账户；按销售房地产取得的增值额和适用税率计算应纳土地增值税时，应借记“税金及附加”，贷记“应交税费——应交土地增值税”账户；实际缴纳土地增值税时，应借记“应交税费——应交土地增值税”，贷记“银行存款”账户。

（二）兼营房地产业务的企业应纳土地增值税的账务处理

6－18 土地增值税随堂练习

兼营房地产业务的企业，转让国有土地使用权、地上建筑物及其附着物，其收支均应通过“其他业务收入”“其他业务成本”等账户进行核算。企业在取得房地产转让收入时，应借记“银行存款”“应收账款”等，贷记“其他业务收入”账户；按销售房地产取得的增值额和适用税率计算应纳土地增值税时，应借记“税金及附加”，贷记“应交税费——应交土地增值税”账户；实际缴纳土地增值税时，应借记“应交税费——应交土地增值税”，贷记“银行存款”账户。

（三）转让房地产业务企业应纳土地增值税的账务处理

企业转让国有土地使用权连同地上建筑物及其附着物，一并在“固定资产”账户核算。企业转让房地产取得收入时，应借记“银行存款”等，贷记“固定资产清理”账户；转让房地产计算应缴纳的土地增值税时，应借记“固定资产清理”，贷记“应交税费——应交土地增值税”账户。

企业转让以行政划拨方式取得的国有土地使用权，如仅转让国有土地使用权，其转让时应缴纳的土地增值税，借记“其他业务成本”等，贷记“应交税费——应交土地增值税”账户；如国有土地使用权连同地上建筑物及其他附着物一并转让，其转让时应缴纳的土地增值税，借记“固定资产清理”账户，贷记“应交税费——应交土地增值税”账户。

七、税收优惠

（一）建造普通标准住宅的税收优惠

纳税人建造普通标准住宅出售，增值额未超过扣除项目金额20%的，免征土地增值税。“普通标准住宅”，是指按所在地一般民用住宅标准建造的居住用住宅。高级公寓、别墅、度假村等不属于普通标准住宅。

术语解析

2005年6月1日起，普通标准住宅应同时满足：住宅小区建筑容积率在1.0以上；单套建筑面积在120平方米以下；实际成交额低于同级别土地上住房平均交易价格1.2倍以下。

对于纳税人既建造普通标准住宅，又建造其他房地产开发的，应分别核算增值额。不分别核算增值额或不能准确核算增值额的，其建造的普通标准住宅不能适用这一免税规定。

对企事业单位、社会团体以及其他组织转让旧房作为公租房房源，且增值额未超过扣除项目金额20%的，免征土地增值税。

（二）国家征用收回的房地产的税收优惠

因国家建设需要依法征用、收回的房地产，免征土地增值税。

（三）因城市规划、国家建设需要而搬迁由纳税人自行转让原房地产的税收优惠

因城市实施规划、国家建设的需要而搬迁，由纳税人自行转让原房地产的，免征土地增值税。

（四）自2008年11月1日起，对个人销售住房暂免征收土地增值税

> **术语解析**
>
> 整体改建是指不改变原企业的投资主体，并承继原企业权利、义务的行为。

（五）企业改制重组有关土地增值税政策

按照《中华人民共和国公司法》的规定，非公司制企业整体改建为有限责任公司或者股份有限公司，有限责任公司（股份有限公司）整体改建为股份有限公司（有限责任公司）。对改建前的企业将国有土地、房屋权属转移、变更到改建后的企业，暂不征土地增值税。

按照法律规定或者合同约定，两个或两个以上企业合并为一个企业，且原企业投资主体存续的，对原企业将国有土地、房屋权属转移、变更到合并后的企业，暂不征土地增值税。

按照法律规定或者合同约定，企业分设为两个或两个以上与原企业投资主体相同的企业，对原企业将国有土地、房屋权属转移、变更到分立后的企业，暂不征土地增值税。

单位、个人在改制重组时以国有土地、房屋进行投资，对其将国有土地、房屋权属转移、变更到被投资的企业，暂不征土地增值税。

上述改制重组有关土地增值税政策不适用于房地产开发企业。

（六）其他

对于一方出地，一方出资金，双方合作建房，建成后按比例分房自用的，暂免征收土地增值税；建成后转让的，应征收土地增值税。

对个人之间互换自有居住用房地产的，经当地税务机关核实，可以免征土地增值税。

八、纳税申报

（一）纳税义务发生的时间与地点

土地增值税由房地产所在地税务机关负责征收。纳税人应当自转让房地产合同签订之日起7日内，向房地产所在地主管税务机关办理纳税申报。因经常发生房地产转让行为而难以在每次转让后纳税申报的纳税人，经税务机关审核同意后，可以定期进行纳税申报，具体情况由税务机关根据情况确定。

纳税人转让的房地产坐落在两个或两个以上地区的，应按房地产所在地分别申报、缴纳土地增值税。

（二）纳税申报

土地增值税的纳税申报人主要分为两大类：一类是从事房地产开发的纳税人，即房地产开发公司；另一类是其他纳税人，这两类纳税人的申报要求有所不同。

国家税务总局同时规定，纳税人必须按照税法的有关规定，向房地产所在地主管税务机关如实申报转让房地产所取得的收入、扣除项目金额以及应纳土地增值税税额，并按期缴纳税款。

（1）从事房地产开发的纳税人，对其开发项目在清算审核结束前所转让房地产取得的收入应报送：

①《土地增值税预缴纳税申报表（从事房地产开发的纳税人预缴适用）》2 份。

②新开发的房地产开发项目，纳税人应在首次报送预缴纳税申报表时，附报《房地产开发项目情况登记表》等有关资料。

（2）非从事房地产开发的纳税人应报送：

①《土地增值税纳税申报表（非从事房地产开发的纳税人适用）》2 份。

②房屋及建筑物产权、土地使用权证书原件及复印件。

③土地转让、房产买卖合同和发票原件及复印件。

④房地产评估报告及其他与转让房地产有关的资料。

（3）房地产企业土地增值税清算

房地产开发项目全部竣工、完成销售的纳税人，须在满足清算条件之日起 90 日内到主管税务机关办理清算手续；整体转让未竣工决算房地产开发项目的纳税人，须在主管税务机关限定的期限内办理清算手续。

纳税人办理土地增值税清算应报送以下资料：

①房地产开发企业清算土地增值税书面申请、土地增值税纳税申报表；

②项目竣工决算报表、取得土地使用权所支付的地价款凭证、国有土地使用权出让合同、银行贷款利息结算通知单、项目工程合同结算单、商品房购销合同统计表等与转让房地产的收入、成本和费用有关的证明资料；

③主管税务机关要求报送的其他与土地增值税清算有关的证明资料等。

纳税人委托税务中介机构审核鉴证的清算项目，还应报送中介机构出具的《土地增值税清算税款鉴证报告》。

6－19 “土地增值税到底有多难”视频

任务六　印花税的税务处理

一、纳税义务人

订立、领受在中华人民共和国境内具有法律效力的应税凭证，或者在中华人民共和国境内进行证券交易的单位和个人，为印花税的纳税人。它具体包括：

1. 立合同人

即合同的当事人。是指对凭证有直接权利义务关系的单位和个人，不包括保人、证人和鉴定人。

当事人的代理人有代理纳税的义务，他与纳税人负有同等的税收法律义务和责任。

2. 立账簿人

营业账簿的纳税人是立账簿人。所谓立账簿人，指设立并使用营业账簿的单位和个人。例如，企业单位因生产、经营需要，设立了营业账簿，该企业即为纳税人。

3. 立据人

产权转移书据的纳税人是立据人。是指土地、房屋权属转移过程中买卖双方的当事人。

4. 领受人

权利、许可证照的纳税人是领受人。领受人，是指领取或接受并持有该项凭证的单位和个人。例如，某人因其发明创造，经申请依法取得国家专利机关颁发的专利证书，该人即为纳税人。

5. 使用人

在国外书立领受，但在国内使用的应税凭证，其使用人为纳税人。

6. 各类电子应税凭证的签订人

即以电子形式签订的各类应税凭证的当事人。

7. 证券交易的单位和个人

证券交易，是指在依法设立的证券交易所上市交易或者在国务院批准的其他证券交易场所转让公司股票和以股票为基础发行的存托凭证。

证券登记结算机构为证券交易印花税的扣缴义务人。

值得注意的是，对应税凭证，凡由两方或两方以上当事人共同书立的，其当事人各方都是印花税的纳税人，应各就其所持凭证的计税金额履行纳税义务。

想一想：印花税的纳税义务人有哪些？

二、税目与税率

印花税的税目，指印花税法明确规定的应当纳税的项目，它具体划定了印花税的征税范围。一般地说，列入税目的就要征税，未列入税目的就不征税。

印花税税目与税率见表6－4。

表6－4　　　　印花税税目与税率

税目		税率	备注
合同	买卖合同	支付价款的万分之三	指动产买卖合同
	借款合同	借款金额的万分之零点五	指银行金融机构和借款人（不包括银行同业拆借）订立的借款合同
	融资租赁合同	租金的万分之零点五	
	租赁合同	租金的千分之一	
	承揽合同	支付报酬的万分之三	
	建设工程合同	支付价款的万分之三	
	运输合同	运输费用的万分之三	指货运合同和多式联运合同（不包括管道运输合同）
	技术合同	支付价款、报酬或者使用费的万分之三	
	保管合同	保管费的千分之一	
	仓储合同	仓储费的千分之一	
	财产保险合同	保险费的千分之一	不包括再保险合同
产权转移书据	土地使用权出让和转让数据；房屋等建筑物、构筑物所有权、股权（不包括上市和挂牌公司股票）、商标专用权、著作权、专利权、专有技术使用权转让书据	支付价款的万分之五	

续表

税目		税率	备注
权利、许可证照	不动产权证书、营业执照、商标注册证、专利证书	每件五元	
营业账簿		实收资本（股本）、资本公积合计金额的万分之二点五	
证券交易		成交金额的千分之一	对证券交易的出让方征收，不对证券交易的受让方征收

自2015年12月24日起，在融资性售后回租业务中，对承租人、出租人因出售租赁资产及购回租赁资产所签订的合同，不征收印花税。

三、计税依据

印花税的计税依据，按照下列方法确定：

（一）应税合同的计税依据，为合同列明的价款或者报酬，不包括增值税税款；合同中价款或者报酬与增值税税款未分开列明的，按照合计金额确定。

（二）应税产权转移书据的计税依据，为产权转移书据列明的价款，不包括增值税税款；产权转移书据中价款与增值税税款未分开列明的，按照合计金额确定。

若应税合同、产权转移书据未列明价款或者报酬的，按照下列方法确定计税依据：

（1）按照订立合同、产权转移书据时市场价格确定；依法应当执行政府定价的，按照其规定确定。

（2）不能按照上述第（1）项规定的方法确定的，按照实际结算的价款或者报酬确定。

（三）应税营业账簿的计税依据，为营业账簿记载的实收资本（股本）、资本公积合计金额。

（四）应税权利、许可证照的计税依据，按件确定。

（五）证券交易的计税依据，为成交金额。

以非集中交易方式转让证券时无转让价格的，按照办理过户登记手续前一个交易日收盘价计算确定计税依据；办理过户登记手续前一个交易日无收盘价的，按照证券面值计算确定计税依据。

四、应纳税额的计算

（一）适用比例税率的应纳税额

应税合同、应税产权转移书据、应税营业账簿、证券交易的应纳税额适用比例税率，计税公式为：

应纳税额＝计税依据×适用税率

（二）适用定额税率的应纳税额

应税权利、许可证照的应纳税额适用定额税率，计税公式为：

应纳税额＝计税依据×适用定额

（三）应纳税额计算的特殊规定

1. 同一应税凭证载有两个或者两个以上经济事项并分别列明价款或者报酬的，按照各自适用税目税率计算应纳税额；未分别列明价款或者报酬的，按税率高的计算应纳税额。

2. 同一应税凭证由两方或者两方以上当事人订立的，应当按照各自涉及的价款或者报酬分别计算应纳税额。

3. 有些合同，在签订时无法确定计税金额，在签订时先按定额5元贴花，以后结算时再按实际金额计税，补贴印花。

五、会计处理

6－20 印花税随堂练习

根据财政部关于印发《增值税会计处理规定》的通知规定，“营业税金及附加”科目名称调整为“税金及附加”科目，该科目核算企业经营活动发生的消费税、城市维护建设税、资源税、教育费附加及房产税、城镇土地使用税、车船税、印花税等相关税费。

印花税属于不需要预计应交数的税金，因此不通过“应交税费”科目核算，而是在缴纳的当期直接记入“税金及附加”科目。

想一想：印花税的会计处理与其他税种有什么区别？

六、税收优惠

（一）对已缴纳印花税凭证的副本或者抄本免税。

（二）农民、农民专业合作社、农村集体经济组织、村民委员会购买农业生产资料或者销售自产农产品订立的买卖合同和农业保险合同，免征印花税。

（三）无息或者贴息借款合同、国际金融组织向我国提供优惠贷款订立的借款合同、金融机构与小型微型企业订立的借款合同，免征印花税。

（四）财产所有权人将财产赠与政府、学校、社会福利机构订立的产权转移书据，免征印花税。

（五）军队、武警部队订立、领受的应税凭证，免征印花税。

（六）转让、租赁住房订立的应税凭证，免征个人（不包括个体工商户）应当缴纳的印花税。

（七）对与高校学生签订的高校学生公寓租赁合同，自 2016 年 1 月 1 日至 2018 年 12 月 31 日，继续免征印花税。

（八）对公租房经营管理单位建造公租房涉及的印花税予以免征。

（九）自 2008 年 3 月 1 日起，对个人出租、承租住房签订的租赁合同，免征印花税。自 2008 年 11 月 1 日起，对个人销售或购买住房暂免征收印花税。

（十）自 2018 年 9 月 10 日起，对社保基金会、社保基金投资管理人管理的社保基金转让非上市公司股权，免征社保基金会、社保基金投资管理人应缴纳的印花税。

（十一）为进一步支持小微企业发展，2019 年 1 月 1 日至 2021 年 12 月 31 日，由省、自治区、直辖市人民政府根据本地区实际情况，以及宏观调控需要确定，对增值税小规模纳税人可以在 50% 的税额幅度内减征印花税（不含证券交易印花税）。

七、征收管理

（一）纳税义务发生时间

印花税纳税义务发生时间为纳税人订立、领受应税凭证或者完成证券交易的当日。证券交易印花税扣缴义务发生时间为证券交易完成的当日。

（二）纳税地点

1. 单位纳税人应当向其机构所在地的主管税务机关申报缴纳印花税；

2. 个人纳税人应当向应税凭证订立、领受地或者居住地的税务机关申报缴纳印花税；

3. 纳税人出让或者转让不动产产权的，应当向不动产所在地的税务机关申报缴纳印花税；

4. 证券交易印花税的扣缴义务人应当向其机构所在地的主管税务机关申报缴纳扣缴的税款。

（三）纳税流程

印花税的纳税流程及纳税申报表如图 6－3 和图 6－4 所示：

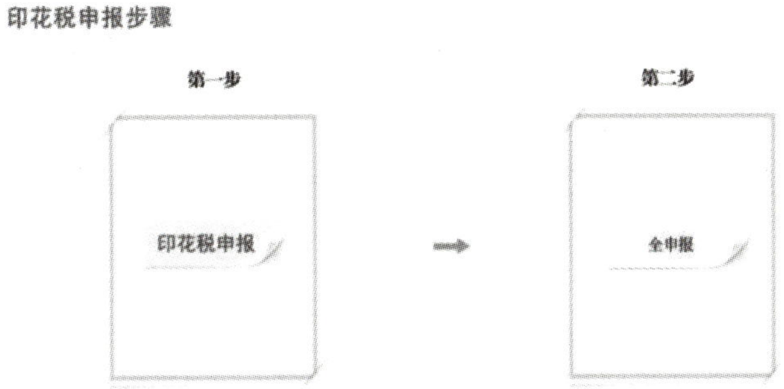

图 6－3　印花税申报步骤

资料来源：国家税务总局浙江省电子税务局。

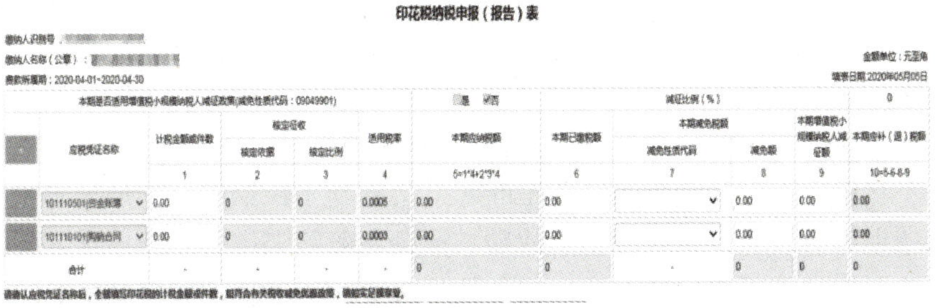

印花税纳税申报（报告）表

纳税人识别号：[redacted]
纳税人名称（公章）：[redacted]
税款所属期：2020-04-01~2020-04-30　　金额单位：元至角
填表日期：2020年05月05日

本期是否适用增值税小规模纳税人减征政策(减免性质代码：09049901)					是 否	减征比例（%）				0
应税凭证名称	计税金额或件数	核定征收		适用税率	本期应纳税额	本期已缴税额	本期减免税额		本期增值税小规模纳税人减征额	本期应补（退）税额
		核定依据	核定比例				减免性质代码	减免额		
	1	2	3	4	5=1*4+2*3*4	6	7	8	9	10=5-6-8-9
101110501资金账簿	0.00	0	0	0.0005	0.00	0.00		0.00	0.00	0.00
101110101购销合同	0.00	0	0	0.0003	0.00	0.00		0.00	0.00	0.00
合计	-	-	-	-	0	0	-	0	0	0

图 6－4　印花税纳税申报（报告）表

资料来源：国家税务总局浙江省电子税务局。

（四）纳税申报

印花税按季、按年或者按次计征。

实行按季、按年计征的，纳税人应当于季度、年度终了之日起 15 日内申报并缴纳税款；实行按次计征的，纳税人应当于纳税义务发生之日起 15 日内申报并缴纳税款。

证券交易印花税按周解缴。证券交易印花税的扣缴义务人应当于每周终了之日起 5 日内申报解缴税款及孳息。

已缴纳印花税的凭证所载价款或者报酬增加的，纳税人应当补缴印花税；已缴纳印花税的凭证所载价款或者报酬减少的，纳税人可以向主管税务机关申请退还印花税税款。

印花税的纳税人应按照规定及时办理纳税申报，并如实填写《印花税纳税申报表》。

任务七　残疾人就业保障金和社会保险基金的税务处理

一、残疾人就业保障金

（一）有关政策

《中华人民共和国残疾人保障法》第三十三条规定："国家机关、社会团体、企业事业单位、民办非企业单位应当按照规定的比例安排残疾人就业，并为其选择适当的工种和岗位。达不到规定比例的，按照国家有关规定履行保障残疾人就业义务。"《残疾人就业条例》第九条规定："用人单位安排残疾人就业达不到其所在地省、自治区、直辖市人民政府规定比例的，应当缴纳残疾人就业保障金。"通过实行征缴残疾人就业保障金制度，既有利于推动和促进用人单位积极吸收残疾人就业，从根本上解决残疾人就业难问题；又有利于积累资金，加大对残疾人培训教育、自谋职业、扶贫救助、社会保障等工作的扶持力度，促进残疾人生活状况进一步改善，推进残疾人事业与经济社会协调发展。

残疾人就业保障基金是指在实施分散按比例安排残疾人就业的地区，凡安排残疾人达不到省、自治区、直辖市人民政府规定比例的机关、团体、企业事业单位和城乡集体经济组织，根据地方有关法规的规定，按照年度差额人数和上年度本地区职工年平均工资计算缴纳用于残疾人就业的专项资金。其按属地原则缴纳，中央部门所属单位按照所在地地方法规的有关规定办理。机关、团体、企业事业单位和城乡集体经济组织，应当按照《中华人民共和国残疾人保障法》的有关规定，积极创造条件，逐步达到规定的安排比例。

6－21 《关于完善残疾人就业保障金制度更好促进残疾人就业的总体方案》

根据《关于完善残疾人就业保障金制度更好促进残疾人就业的总体方案》规定，自 2020 年 1 月 1 日起，将残疾人就业保障金由单一标准征收调整为分档征收，用人单位安排残疾人就业比例 1%（含）以上但低于本省（区、市）规定比例的，三年内按应缴费额 50% 征收；1% 以下的，三年内按应缴费额 90% 征收。

（二）计征办法

自2020年1月1日起，用人单位在职职工年平均工资未超过当地社会平均工资（用人单位所在地统计部门公布的上年度城镇单位就业人员平均工资）2倍（含）的，按用人单位在职职工年平均工资计征残疾人就业保障金；超过当地社会平均工资2倍以上的，按当地社会平均工资2倍计征残疾人就业保障金。当地社会平均工资按照所在地城镇非私营单位就业人员平均工资和城镇私营单位就业人员平均工资加权计算。

应缴残疾人就业保障基金=（上年用人单位在职职工人数×所在地省、自治区、直辖市人民政府规定的安排残疾人就业比例（如1.5%）-上年用人单位实际安排的残疾人就业人数）×上年用人单位在职职工年平均工资

（三）税收优惠

1. 按照《残疾人就业条例》规定，国家对集中使用残疾人的用人单位依法给予税收优惠，并在生产、经营、技术、资金、物资、场地使用等方面给予扶持。凡是用人单位安排残疾人就业达到其所在地省、自治区、直辖市人民政府规定比例的，可以免缴当年度的残疾人就业保障金。

2. 根据《财政部关于调整残疾人就业保障金征收政策的公告》，自2020年1月1日起至2022年12月31日，在职职工人数在30人（含）以下的企业，暂免征收残疾人就业保障金。

（四）计征方法

残疾人就业保障基金计算公式为：

应缴残疾人就业保障基金=（用人单位上年度从业人员总数×所在地政府规定安排比例-从业残疾职工数）×上年度当地从业人员年平均劳动报酬标准

企业、城乡集体经济组织缴纳的残疾人就业保障基金从管理费用中列支，机关、团体和事业单位缴纳的残疾人就业保障基金从单位预算经费包干结余或收支结余中列支。

（五）会计处理

企业按规定计算出应缴纳的残疾人就业保障金，借记“管理费用——残疾人就业保障金”科目，贷记“应交税费——应交残疾人就业保障金”科目。实际上缴时，借记“应交税费——应交残疾人就业保障金”科目，贷记“银行存款”科目。

6-22 残疾人就业保障金随堂练习

（六）基金申报

残疾人就业保障金由用人单位所在地的税务机关负责征收。

自2020年1月1日起，残疾人就业保障金的缴费次数由目前的按月缴纳调整为按年一次性缴纳，缴纳时间为每年9月征期。

用人单位应按规定时限向当地税务机关申报缴纳残疾人就业保障金。在申报时，应提供在职职工人数、上年实际安排残疾人就业人数、上年在职职工年平均工资等信息，并保证信息的真实性和完整性。

税务机关定期将残疾人就业保障金征收入库数据及用人单位申报的安置残疾职工人数传送给同级残联部门。由当地残联对用人单位申报的安置残疾人数进行审核，发现的问题及时传递给税务征收机关。

二、社会保险基金

（一）社会保险的概念

社会保险是指国家在既定的社会政策下，通过立法手段建立社会保险基金，在劳动者因年老、疾病、伤残、失业、生育及死亡等原因，暂时或永久失去劳动能力或劳动机会，从而失去全部或部分生活来源的时候，由国家或社会对其本人或家庭给予一定的物质帮助的社会保障制度。

社会保险的保障范围，即社会保险的覆盖面，是指社会保险的被保险人即劳动者的范围。从抽象的意义上说，社会保险保障的范围是全体劳动者，每个劳动者都有权利获得社会保险所提供的用于满足基本生活需要的物质补偿。但是，对于一个具体的国家或地区来说，在一定时期内，社会保险的保障范围受到国家财政的支持能力、工业化程度、社会保险制度的健全程度及社会制度等因素的影响。

（二）社会保险的主要种类

不同国家或地区社会保险险种的设置并不是统一的，无论是在名称上还是在内容上都表现出多样性。依据《中华人民共和国社会保险法》，我国建立基本养老保险、基本医疗保险、工伤保险、失业保险、生育保险等社会保险制度。建立社会保险基金，包括基本养老保险基金、基本医疗保险基金、工伤保险基金、失业保险基金和生育保险基金。

社会保险的征缴范围

据《社会保险法》规定用人单位应当自用工之日起30日内为其职

工向社会保险经办机构申请办理社会保险登记。未办理社会保险登记的，由社会保险经办机构核定其应当缴纳的社会保险费。用人单位应当自行申报、按时足额缴纳社会保险费，非因不可抗力等法定事由不得缓缴、减免。职工应当缴纳的社会保险费由用人单位代扣代缴。

基本养老保险费的征缴范围：国有企业、城镇集体企业、外商投资企业、城镇私营企业和其他城镇企业及其职工，实行企业化管理的事业单位及其职工。

基本医疗保险费的征缴范围：国有企业、城镇集体企业、外商投资企业、城镇私营企业和其他城镇企业及其职工，国家机关及其工作人员，事业单位及其职工，民办非企业单位及其职工，社会团体及其专职人员。

失业保险费的征缴范围：国有企业、城镇集体企业、外商投资企业、城镇私营企业和其他城镇企业及其职工，事业单位及其职工。

省、自治区、直辖市人民政府根据当地实际情况，可以规定将城镇个体工商户纳入基本养老保险、基本医疗保险的范围，并可以规定将社会团体及其专职人员、民办非企业单位及其职工以及有雇工的城镇个体工商户及其雇工纳入失业保险的范围。

根据《工伤保险条例》规定，我国境内的企业、事业单位、社会团体、民办非企业单位、基金会、律师事务所、会计师事务所等组织和有雇工的个体工商户应当依条例规定参加工伤保险，为本单位全部职工或者雇工缴纳工伤保险费。用人单位应当按时缴纳工伤保险费。职工个人不缴纳工伤保险费。工伤保险费的征缴按照《社会保险费征缴暂行条例》关于基本养老保险费、基本医疗保险费、失业保险费的征缴规定执行。

根据《企业职工生育保险试行办法》规定，由企业按照其工资总额的一定比例向社会保险经办机构缴纳生育保险费，建立生育保险基金。生育保险基金是由用人单位缴纳，职工个人不缴纳生育保险费。

根据2018年12月29日《全国人民代表大会常务委员会关于修改〈中华人民共和国社会保险法〉的决定》，自2018年12月29日起，将生育保险基金并入职工基本医疗保险基金统一管理，对生育保险基金不再单独建账、核算，与职工基本医疗保险基金合并编制预算，按照两项保险缴费比例之和确定新的费率。两项保险合并实施后，生育保险个人不缴费的政策保持不变。

想一想：哪些社会保险费仅需企业缴纳、无须个人缴纳？

（三）社会保险费阶段性减免

为减轻新冠肺炎疫情对企业特别是中小微企业的影响，2020年2

月18日国务院常务会议决定阶段性减免企业基本养老保险、失业保险、工伤保险单位缴费部分，根据《人力资源社会保障部 财政部 税务总局关于延长阶段性减免企业社会保险费政策实施期限等问题的通知》规定：

1. 自2020年2月起，各省、自治区、直辖市及新疆生产建设兵团可根据受疫情影响情况和基金承受能力，免征中小微企业三项社会保险单位缴费部分，免征期限至2020年12月底。

2. 自2020年2月起，各省、自治区、直辖市（除湖北省外）及新疆生产建设兵团对大型企业等其他参保单位（不含机关事业单位）三项社会保险单位缴费部分可减半征收，减征期限至2020年6月底。

3. 自2020年2月起，湖北省可免征大型企业等其他参保单位（不含机关事业单位）三项社会保险单位缴费部分，免征期限至2020年6月底。

4. 受疫情影响生产经营出现严重困难的企业，可申请缓缴社会保险费，缓缴期限至2020年12月底，缓缴期间免收滞纳金。

（四）社会保险费计征办法

根据《关于阶段性降低社会保险费率的通知》规定，从2016年5月1日起，企业职工基本养老保险单位缴费比例超过20%的省（区、市），将单位缴费比例降至20%；单位缴费比例为20%且2015年底企业职工基本养老保险基金累计结余可支付月数高于9个月的省（区、市），可以阶段性将单位缴费比例降低至19%，降低费率的期限暂按两年执行。失业保险总费率在2015年已降低1个百分点基础上可以阶段性降至1%~1.5%，其中个人费率不超过0.5%，降低费率的期限暂按两年执行。具体方案由各省（区、市）确定。

自2015年10月1日起，不同工伤风险类别的行业执行不同的工伤保险行业基准费率。各行业工伤风险类别对应的全国工伤保险行业基准费率为，一类至八类分别控制在该行业用人单位职工工资总额的0.2%、0.4%、0.7%、0.9%、1.1%、1.3%、1.6%、1.9%左右。并根据行业风险程度细化基准费率档次，根据工伤发生率对单位（企业）适当上浮或下浮费率。将生育保险费率从不超过1%降到不超过0.5%。

因为各地社会保险缴费基数和缴费比例不一致，下文仅以浙江省为例进行具体介绍。

1. 基本养老保险费的计费依据和费率

用人单位每月按照全部职工工资总额的一定比例缴纳基本养老保险费，缴费比例一般不得超过20%，并应当随着职工个人缴费比例的提高而逐步下降。具体比例按照国家和省人民政府规定的权限审批确定。

职工个人每月按照本人上一年度月平均工资（以下简称缴费工资）的一定比例缴纳基本养老保险费，缴费比例根据经济发展水平和职工工资的增长逐步提高，最终达到本人缴费工资的8%。具体比例由省人民政府规定。职工缴费工资低于上一年度全省职工月平均工资60%的，按照60%确定；高于上一年度全省职工月平均工资300%的，按照300%确定。全省职工月平均工资以省统计部门定期公布的数字为准。城镇个体劳动者每月按照缴费工资的18%缴纳基本养老保险费，其缴费工资低于上一年度全省职工月平均工资80%的，按照80%确定；高于上一年度全省职工月平均工资300%的，按照300%确定。省人民政府可以根据本省实际，对城镇个体劳动者的缴费标准进行调整。

2. 基本医疗保险费的计费依据和费率

2018年12月29日前，基本医疗保险费由用人单位和职工共同缴纳，用人单位缴费率控制在职工工资总额的5%左右，职工缴费率一般为本人工资收入的2%。

2018年12月29日前，生育保险费按职工工资总额的0.5%至1%缴纳，职工个人不缴纳生育保险费。

自2018年12月29日起，将生育保险基金并入职工基本医疗保险基金统一管理，按照两项保险缴费比例之和确定新的费率。合并后的基本医疗保险费不增加用人单位缴费负担，同时生育保险个人不缴费的政策保持不变，用人单位缴费率控制在职工工资总额的5.5%至6%左右，职工缴费率一般为本人工资收入的2%。

3. 失业保险费的计费依据和费率

企业、事业单位、社会团体、民办非企业单位、城镇个体工商户，按照本单位全部职工工资总额的0.5%缴纳失业保险费；国家机关按照本单位劳动合同制职工工资总额的2%缴纳失业保险费。职工个人按照本人工资的0.5%缴纳失业保险费，其中农民合同制职工本人不缴纳失业保险费。

4. 工伤保险费的计费依据和费率

工伤保险费由企业按照职工工资总额的一定比例缴纳，职工个人不缴纳工伤保险费。工伤保险费根据各行业的伤亡事故风险和职业危害程度的类别实行差别费率。目前将行业分为三个类别：一类为风险较小行业，二类为中等风险行业，三类为风险较大行业。三类行业的基准费率分别控制在用人单位职工工资总额的0.5%左右，1.0%左右，2.0%左右。

（五）社会保险费计算

单位缴纳社会保险计算公式为：

单位缴纳社会保险费用＝单位缴纳基数×缴费率

以浙江省基本养老保险为例，单位缴纳职工基本养老保险按照当月全部职工工资总额的14%缴纳。在确定单位缴费基数时，职工个人当年月平均工资低于上一年度浙江省职工月平均工资60%的，按60%确定，高于300%的，按300%确定。

（六）社会保险费会计处理

根据企业会计准则，对于个人承担的社会保险费应计入“其他应付款——社会保险费（养老、医疗、失业保险）”科目，单位承担部分应计入“应付职工薪酬——社会保险费”科目。

计提养老、医疗、失业、工伤保险（单位承担部分）的会计处理如下：

借：管理费用

　　销售费用

　　研发支出

　　制造费用

　　生产成本

　　贷：应付职工薪酬——社会保险费——养老保险

　　　　应付职工薪酬——社会保险费——医疗保险

　　　　应付职工薪酬——社会保险费——失业保险

　　　　应付职工薪酬——社会保险费——工伤保险

【实战训练6-8】 绍兴市日能贸易有限公司工资结算单有关资料如表6-5所示（假定都是管理人员）：

表6-5　　绍兴市日能贸易有限公司工资结算单

姓名	社保企业部分	应发工资	代扣个人社保	代扣个人所得税	实发工资
王胜利	2 560	8 000	850	260	6 890
潘从军	2 450	10 000	780	589	8 631
……	……	……	……	……	……
合计	35 000	120 000	12 000	5 000	103 000

根据上述工资结算单进行相应的会计处理。

（1）月末工资分配时：

借：管理费用　　155 000

　　贷：应付职工薪酬——工资　　120 000

　　　　　　　　　——社保费（企业部分）　　35 000

（2）发放工资同时代扣税款时：

借：应付职工薪酬　　120 000

　　贷：银行存款　　103 000

　　　　应交税费——应交个人所得税　　5 000

其他应付款——社保费（个人部分）　　12 000

（3）上缴社保费时：

借：其他应付款——社保费（个人部分）　　12 000

　　应付职工薪酬——社保费（企业部分）　　35 000

　　贷：银行存款　　47 000

（七）社会保险费申报

2018 年 7 月，中共中央办公厅、国务院办公厅印发的《国税地税征管体制改革方案》明确，从 2019 年 1 月 1 日起，将基本养老保险费、基本医疗保险费、失业保险费、工伤保险费、生育保险费等各项社会保险费交由税务部门统一征收。

缴费单位必须按月向主管税务机关申报应缴纳的社会保险费，并在规定的期限内足额缴纳；社会保险费申报时需要填报《社会保险费缴费申报表》，并以货币形式全额缴纳社会保险费的单位部分和个人部分，其中社会保险费的个人部分由所在单位从其本人工资中代扣代缴。

社会保险费申报流程及申报表如图 6－5 和图 6－6 所示：

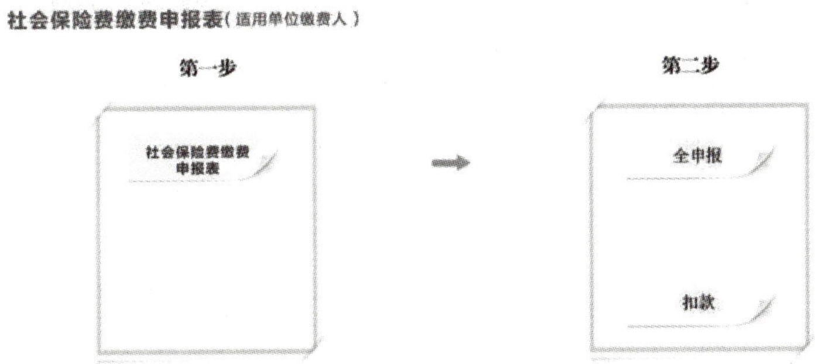

图 6－5　社会保险费缴费申报流程

资料来源：国家税务总局浙江省电子税务局。

社会保险费缴费申报表

正常申报 ◉ 补缴申报 ○

缴费人识别码　　　　费款所属日期：2020-04-01至2020-04-30　　　　金额单位：元(列至角分)

缴费单位名称		单位地址		联系电话	
缴费银行		缴费账号		登记注册类型	私营有限责任公司

费种	征收品目	征收子目	缴费基数	费率	应缴费额	减免幅度	减免费额	已缴费额	本期应缴费额	缴费人数
1	2	3	4	5	6＝4*5	7	8＝6*7	9	10＝6-8-9	11
企业职工基本养老保险费	职工基本养老保险(单位缴纳)	企业缴纳	0	0.14	0	1	0	0.00	0	1
企业职工基本养老保险费	职工基本养老保险(个人缴纳)	企业职工缴纳	3360	0.08	268.8	0	0	0.00	268.8	1
失业保险费	失业保险(单位缴纳)	企业缴纳	0	0.005	0	1	0	0.00	0	1
失业保险费	失业保险(个人缴纳)	企业职工缴纳	3360	0.005	16.8	0	0	0.00	16.8	1
基本医疗保险费	职工基本医疗保险(单位缴纳)	基本医疗保险费、Ⅱ	0	0.056	0	0.5	0	0.00	0	1
基本医疗保险费	职工基本医疗保险(个人缴纳)	职工缴纳	5601	0.01	56.01	0	0	0.00	56.01	1
工伤保险费	工伤保险	企业缴纳	0	0.0023	0	1	0	0.00	0	1
合计	——	——	——	——	341.61	——	0	0	341.61	——

销售（营业）收入		本期工资总额		职工人数	
	本缴费单位所申报的社会保险费真实、准确，如有虚假内		我单位授权 为本缴费人代理申报人，任何与申报有关的往来文件，都可寄此代理机		本申报表是按照社会保险

图 6－6　社会保险费缴费申报表

资料来源：国家税务总局浙江省电子税务局。

【课后作业】

6－23　课后作业

6－24　课后作业参考答案及解析

【实战案例】

绍兴市日能贸易有限公司为增值税一般纳税人，公司位于县城，2020 年 3 月发生的相关税费的单据如下：

电子缴款凭证

纳税人识别号	91330621MA29CPEJ72		税务征收机关	国家税务总局绍兴市柯桥区税务局		
纳税人全称	绍兴市日能贸易有限公司	开户银行	招商银行股份有限公司绍兴分行		银行账号	575903697410506
系统税票号	税（费）种	税（品）目	所属时期	实缴金额	缴款日期	备注
320180418000066328	增值税	商业(13%)	2020年03月 － 2020年03月	4652.77	2020-04-16	第0次打印
金额合计	肆仟陆佰伍拾贰元柒角柒分				¥ 4652.77	

本缴款凭证仅作为纳税人记账核算凭证使用，电子缴税的，需与银行对账单电子划缴记录核对一致方有效。纳税人如需汇总开具正式完税证明，请凭税务登记证或身份证明到主管税务机关开具。

（印章：国家税务总局浙江省税务局 电子扣款专用章 3301060240492）

电子缴税付款凭证

征收机关：原直属华舍重点片管理组　　　　转账日期：2020-04-15

纳税人名称	绍兴市日能贸易有限公司		
纳税人识别号	91330621MA29CPEJ72	收款国库（银行）名称	国家金库绍兴市柯桥区支库
付款人全称	绍兴市日能贸易有限公司		
付款人账号	575903697410506	付款人开户银行	招商银行股份有限公司绍兴分行

税（费）种名称	税款所属期	实缴金额
企业职工基本养老保险基金收入-职工基本养老保险(个人缴纳)	2020.03.01-2020,03.31	225.60
失业保险基金收入-失业保险(个人缴纳)	2020.03.01-2020.03.31	14.10
工伤保险基金收入-工伤保险	2020.03.01-2020.03.31	51.70
基本医疗保险基金收入-职工基本医疗保险(单位缴纳)	2020.03.01-2020.03.31	235.00
生育保险基金收入-生育保险	2020.03.01-2020.03.31	28.20
失业保险基金收入-失业保险(单位缴纳)	2020.03.01-2020.03.31	14.10
企业职工基本养老保险基金收入-职工基本养老保险(单位缴纳)	2020.03.01-2020.03.31	394.80
金额合计（大写）：玖佰陆拾叁元伍角		小写¥：963.50

本付款凭证与银行对账单付款记录一致方才有效 征收机关（章）	上述款项已扣缴，请与银行对账单核对一致 扣款单位（章）

打印密码：CLJXW-IHMIJ-ABCDE-FGHIe-SKRDH-FJNRS-ATCGE-FGHIe-VBL4E-FGHIJ-ABCDE-FMHL7-DBFS

电子缴税付款凭证

征收机关：原轻纺城柯桥街道三管理组　　　　转账日期：2020-04-15

纳税人名称	绍兴市日能贸易有限公司			
纳税人识别号	91330621MA29CPEJ72	收款国库（银行）名称	国家金库绍兴市柯桥区支库	
付款人全称	绍兴市日能贸易有限公司			
付款人账号	575903697410506	付款人开户银行	招商银行股份有限公司绍兴分行	
税（费）种名称			税款所属期	实缴金额
印花税-购销合同			2020.03.01-2020.03.31	4.30
金额合计（大写）：肆元叁角				小写¥：4.30
本付款凭证与银行对账单付款记录一致方才有效　征收机关（章）			上述款项已扣缴，请与银行对账单核对一致　扣款单位（章）	

打印密码：CHLKF-FIIIJ-ABCDE-FGHIJ-ANLDH-FJNRS-ATCGE-FGHI1-PBX4E-FGHIJ-ABCDE-FMHL7-DBFS

要求：2020 年 3 月末，绍兴市日能贸易有限公司会计应如何计提城市维护建设税及教育费附加、公司应根据实际需缴纳的单位部分的社会保险费、印花税？并进行会计处理。